Abriendo puertas

Antología de literatura en español   Tomo I

Editors

Wayne S. Bowen, PhD
Professor Emeritus of Spanish,
California State University, Fresno

Bonnie Tucker Bowen, M.A.
AP* Spanish teacher
and College Board Consultant

Contenido

Introducción vii

Cómo usar el libro *Abriendo puertas: Antología de literatura en español* **Tomo I** viii

Recursos de web xvii

Enlaces del Internet recomendados xix

Fórmula para redactar un buen ensayo analítico xxii

Bosquejo general de horas recomendadas para enseñar todos los textos de *Abriendo puertas* xxiv

Plan de estudios por géneros xxvi

Plan de estudios por temas xxx

Plan de estudios por cronología xxxvii

Diccionario de épocas y corrientes literarias importantes xl

Plan de estudios semanal xlii

Sección I

En la Sección 1, las obras son tratadas con extenso apoyo pedagógico y material suplementario, que incluyen:

- **Antes de leer**
- **Vocabulario**
- **Después de leer**
- **Preguntas**
- **Guía de estudio**

- **Tesis de ensayo**
- **Prueba de vocabulario**
- **Preguntas de opción múltiple**
- **Guía de respuestas**

EL CUENTO

El hijo 2
Horacio Quiroga (Uruguay)

Mi caballo mago 13
Sabine R. Ulibarrí (Nuevo México, EE.UU.)

No oyes ladrar los perros 25
Juan Rulfo (México)

La siesta del martes 35
Gabriel García Márquez (Colombia)

El Sur 44
Jorge Luis Borges (Argentina)

La muerte y la brújula 54
Jorge Luis Borges (Argentina)

Continuidad de los parques 69
Julio Cortázar (Argentina)

La noche boca arriba 81
Julio Cortázar (Argentina)

Chac Mool 94
Carlos Fuentes (México)

Un señor muy viejo con unas alas enormes 107
Gabriel García Márquez (Colombia)

El ahogado más hermoso del mundo 118
Gabriel García Márquez (Colombia)

Dos palabras 130
Isabel Allende (Chile)

Un día de éstos 143
Gabriel García Márquez (Colombia)

La prodigiosa tarde de Baltazar 152
Gabriel García Márquez (Colombia)

La viuda de Montiel 162
Gabriel García Márquez (Colombia)

Romance del rey moro que perdió Alhama (¡Ay de mi Alhama!) 174
Anónimo (España)

Romancero gitano 184
Federico García Lorca (España)

Soneto XXIII ("En tanto que de rosa y azucena") 198
Garcilaso de la Vega (España)

Poemas de Gustavo Adolfo Bécquer 207
Gustavo Adolfo Bécquer (España)

Poemas de José Martí 219
José Martí (Cuba)

Poemas de Rubén Darío 230
Rubén Darío (Nicaragua)

Poemas de Sor Juana Inés de la Cruz 241
Sor Juana Inés de la Cruz (México)

Poemas de Antonio Machado 252
Antonio Machado (España)

Poemas de Pablo Neruda 264
Pablo Neruda (Chile)

Sección 2

Esta sección consiste de minilecciones, con detalladas respuestas a las preguntas de la antología, para orientar al maestro en la discusión de cada una de las obras.

¡Adiós, Cordera! 276
Leopoldo Alas, "Clarín" (España)

Las medias rojas 279
Emilia Pardo Bazán (España)

Las ataduras 281
Carmen Martín Gaite (España)

El alacrán de fray Gómez, de *Tradiciones peruanas* 285
Ricardo Palma (Perú)

Romance del conde Arnaldos 287
Anónimo (España)

Soneto CLXVI ("Mientras por competir con tu cabello") 289
Luis de Góngora y Argote (España)

Un Soneto, dos versiones 291
Francisco de Quevedo y Villegas (España)

En una tempestad 294
José María Heredia (Cuba)

Canción del pirata 296
José de Espronceda (España)

Poemas de Alfonsina Storni 298
Alfonsina Storni (Argentina)

A Julia de Burgos 300
Julia de Burgos (Puerto Rico)

Autorretrato 302
Rosario Castellanos (México)

Poemas de Nicolás Guillén 304
Nicolás Guillén (Cuba)

Introducción

Este manual está destinado a los maestros de *AP Spanish Literature*. Constituye una guía que, esperamos, cumpla con su propósito de facilitar la enseñanza de las obras literarias en español que están incluidas en la nueva lista de lecturas obligatorias promulgada por The College Board. El manual, cuyo título en inglés es *Teachers' Resource Manual*, consta de dos tomos, cada uno de los cuales corresponde al tomo respectivo de *Abriendo puertas: antología de literatura en español*.

El manual contiene para cada uno de los textos contenidos en *Abriendo puertas*:

- **Un estudio preliminar**
- **Vocabulario escogido**
- **Una prueba de vocabulario**
- **Una guía de estudio, para el mayor provecho de la lectura del estudiante**
- **Respuestas sugeridas para las actividades de la guía de estudio**
- **Datos sobre el marco geográfico, histórico y cultural de cada lectura**
- **Preguntas de opción múltiple, semejantes a las del examen de *AP Spanish Literature*, con respuestas correctas**
- **Preguntas sobre el texto correspondientes a las preguntas de la antología**
- **Respuestas sugeridas para las preguntas de la antología, con referencias para el maestro**
- **Tesis de ensayo, semejantes a las tesis de ensayo del examen de *AP Spanish Literature***
- **Sugerencias para el desarrollo de las tesis, con referencias para el maestro**

Conviene que los maestros tengan en cuenta que el manual no reproduce todo el material didáctico incluido en la antología. Ésta ofrece una introducción a cada texto, abundante vocabulario a pie de página, con glosas en español accesible al estudiante, y notas aclaratorias sobre alusiones geográficas, históricas o literarias, también a pie de página. La antología incluye además una cronología ilustrada, y un índice comprensivo.

Cómo usar el libro *Abriendo puertas: Antología de literatura en español* Tomo I

La organización de la *Guía del maestro*

Cada lección en este libro se divide en cuatro secciones que dan al maestro las herramientas necesarias para evaluar a los estudiantes y enseñarles a interpretar las obras.

❶ Antes de leer

Información

La guía del maestro contiene información detallada para ayudar a los maestros a preparar y extender su enseñanza. Estas secciones establecen el contexto de la selección y dan información preliminar que los estudiantes necesitan para entender mejor la obra.

Páginas 41–53 del libro de lecturas

La siesta del martes

GABRIEL GARCÍA MÁRQUEZ

Antes de leer

Pobre y vestida de un luto riguroso, hecho que se explica en el transcurso del cuento, la protagonista de "La siesta del martes" se nos presenta como una mujer algo marchita y taciturna, hablando con la niña en mandatos maternales pero tajantes. Parece vieja, al menos para ser la madre de la niña, por su manera de vestir y por su "cuerpo pequeño, blando y sin formas". Después veremos que no sólo es la madre de la niña de doce años, sino también de un hijo ya hombre.

El cura de Macondo, y su hermana también, se dan cuenta de que el pueblo se ha asomado a atisbar el paso de "la madre del ladrón". Comprenden que ella será objeto de la curiosidad mórbida y de las malas lenguas de todos, en su derrotero al cementerio para cumplir su deber de madre. A pesar de las instancias, tanto del cura como de su hermana, a que se quede, la madre, con un escueto, "Así vamos bien", sale a encarar el calor y la hostilidad de Macondo.

Vocabulario

escueto—que tiene únicamente lo esencial; sin adornos ni lujo; sin muchos detalles.

estancado—sin movimiento; paralizado.

sopor (m.)—modorra; estado soñoliento, como efecto del gran calor.

estrépito—ruido grande.

agobiado—abrumado; fatigado; vencido.

angosto—estrecho.

armario—mueble con puertas, estantes, y cajones.

rumor (m.)—ruido leve.

a tientas—con las manos, sin el auxilio de la vista.

disparar—hacer fuego; descargar (un arma de fuego).

porrazo—golpe duro; paliza.

insolación—malestar causado por exposición prolongada a los rayos solares.

limosna—caridad; ofrecimiento de dinero; dádiva.

derretirse—convertirse en líquido por el calor.

catafalco—sepulcro, tumba

Al leer

Consulte la **Guía de estudio** como herramienta para comprender mejor esta obra.

Después de leer

Conviene saber que García Márquez ha contado muchas veces que la mujer de "La siesta del martes" está inspirada en el recuerdo de un día en que él vio llegar a Aracataca, abrasada por el sol y por la curiosidad de todo el pueblo, una mujer, con una niña de la mano y un ramo de flores para la tumba de su hijo, mientras en toda Aracataca corría el rumor: "Aquí viene la madre del ladrón". García Márquez durante años consideró éste su mejor cuento.

Conviene saber que el texto de "La siesta del martes" trae una descripción de las llaves del cementerio: "dos llaves grandes y oxidadas, como la niña imaginaba y como imaginaba la madre cuando era niña y como debió imaginar el propio sacerdote alguna vez que eran las llaves de San Pedro". Ésta es una referencia al versículo del evangelio cristiano en que Jesucristo encarga al apóstol san Pedro las llaves del reino de Dios, encomendándole la vigilancia sobre la entrada de los fieles difuntos al cielo. Las llaves del cementerio se parecen a las imaginadas por la mujer, por su hija, y aun por el

La siesta del martes 35

Vocabulario

Una muestra del vocabulario del libro del estudiante se destaca a continuación en la *Guía del maestro*. El estudio de estas palabras aumenta la comprensión del estudiante y le prepara para la **Prueba de vocabulario** que también aparece en la lección.

Páginas 41–53 del libro de lecturas

La siesta del martes

GABRIEL GARCÍA MÁRQUEZ

Antes de leer

Pobre y vestida de un luto riguroso, hecho que se explica en el transcurso del cuento, la protagonista de "La siesta del martes" se nos presenta como una mujer algo marchita y taciturna, hablando con la niña en mandatos maternales pero tajantes. Parece vieja, al menos para ser la madre de la niña, por su manera de vestir y por su "cuerpo pequeño, blando y sin formas". Después veremos que no sólo es la madre de la niña de doce años, sino también de un hijo ya hombre.

El cura de Macondo, y su hermana también, se dan cuenta de que el pueblo se ha asomado a atisbar el paso de "la madre del ladrón". Comprenden que ella será objeto de la curiosidad mórbida y de las malas lenguas de todos, en su derrotero al cementerio para cumplir su deber de madre. A pesar de las instancias, tanto del cura como de su hermana, a que se quede, la madre, con un escueto, "Así vamos bien", sale a encarar el calor y la hostilidad de Macondo.

Vocabulario

escueto—que tiene únicamente lo esencial; sin adornos ni lujo; sin muchos detalles.

estancado—sin movimiento; paralizado.

sopor (m.)—modorra; estado soñoliento, como efecto del gran calor.

estrépito—ruido grande.

agobiado—abrumado; fatigado; vencido.

angosto—estrecho.

armario—mueble con puertas, estantes, y cajones.

rumor (m.)—ruido leve.

a tientas—con las manos, sin el auxilio de la vista.

disparar—hacer fuego; descargar (un arma de fuego).

porrazo—golpe duro; paliza.

insolación—malestar causado por exposición prolongada a los rayos solares.

limosna—caridad; ofrecimiento de dinero; dádiva.

derretirse—convertirse en líquido por el calor.

catafalco—sepulcro, tumba

Al leer

Consulte la **Guía de estudio** como herramienta para comprender mejor esta obra.

Después de leer

Conviene saber que García Márquez ha contado muchas veces que la mujer de "La siesta del martes" está inspirada en el recuerdo de un día en que él vio llegar a Aracataca, abrasada por el sol y por la curiosidad de todo el pueblo, una mujer, con una niña de la mano y un ramo de flores para la tumba de su hijo, mientras en toda Aracataca corría el rumor: "Aquí viene la madre del ladrón". García Márquez durante años consideró éste su mejor cuento.

Conviene saber que el texto de "La siesta del martes" trae una descripción de las llaves del cementerio: "dos llaves grandes y oxidadas, como la niña imaginaba y como imaginaba la madre cuando era niña y como debió imaginar el propio sacerdote alguna vez que eran las llaves de San Pedro". Ésta es una referencia al versículo del evangelio cristiano en que Jesucristo encarga al apóstol san Pedro las llaves del reino de Dios, encomendándole la vigilancia sobre la entrada de los fieles difuntos al cielo. Las llaves del cementerio se parecen a las imaginadas por la mujer, por su hija, y aun por el

La siesta del martes 35

❷ Al leer

Aquí, los estudiantes deben leer la selección y usar la **Guía de estudio** que aparece en esta lección.

Páginas 41–53 del libro de lecturas

La siesta del martes

GABRIEL GARCÍA MÁRQUEZ

Antes de leer

Pobre y vestida de un luto riguroso, hecho que se explica en el transcurso del cuento, la protagonista de "La siesta del martes" se nos presenta como una mujer algo marchita y taciturna, hablando con la niña en mandatos maternales pero tajantes. Parece vieja, al menos para ser la madre de la niña, por su manera de vestir y por su "cuerpo pequeño, blando y sin formas". Después veremos que no sólo es la madre de la niña de doce años, sino también de un hijo ya hombre.

El cura de Macondo, y su hermana también, se dan cuenta de que el pueblo se ha asomado a atisbar el paso de "la madre del ladrón". Comprenden que ella será objeto de la curiosidad mórbida y de las malas lenguas de todos, en su derrotero al cementerio para cumplir su deber de madre. A pesar de las instancias, tanto del cura como de su hermana, a que se quede, la madre, con un escueto, "Así vamos bien", sale a encarar el calor y la hostilidad de Macondo.

Vocabulario

escueto—que tiene únicamente lo esencial; sin adornos ni lujo; sin muchos detalles.

estancado—sin movimiento; paralizado.

sopor (m.)—modorra; estado soñoliento, como efecto del gran calor.

estrépito—ruido grande.

agobiado—abrumado; fatigado; vencido.

angosto—estrecho.

armario—mueble con puertas, estantes, y cajones.

rumor (m.)—ruido leve.

a tientas—con las manos, sin el auxilio de la vista.

disparar—hacer fuego; descargar (un arma de fuego).

porrazo—golpe duro; paliza.

insolación—malestar causado por exposición prolongada a los rayos solares.

limosna—caridad; ofrecimiento de dinero; dádiva.

derretirse—convertirse en líquido por el calor.

catafalco—sepulcro, tumba

Al leer

Consulte la **Guía de estudio** como herramienta para comprender mejor esta obra.

Después de leer

Conviene saber que García Márquez ha contado muchas veces que la mujer de "La siesta del martes" está inspirada en el recuerdo de un día en que él vio llegar a Aracataca, abrasada por el sol y por la curiosidad de todo el pueblo, una mujer, con una niña de la mano y un ramo de flores para la tumba de su hijo, mientras en toda Aracataca corría el rumor: "Aquí viene la madre del ladrón". García Márquez durante años consideró éste su mejor cuento.

Conviene saber que el texto de "La siesta del martes" trae una descripción de las llaves del cementerio: "dos llaves grandes y oxidadas, como la niña imaginaba y como imaginaba la madre cuando era niña y como debió imaginar el propio sacerdote alguna vez que eran las llaves de San Pedro". Ésta es una referencia al versículo del evangelio cristiano en que Jesucristo encarga al apóstol san Pedro las llaves del reino de Dios, encomendándole la vigilancia sobre la entrada de los fieles difuntos al cielo. Las llaves del cementerio se parecen a las imaginadas por la mujer, por su hija, y aun por el

La siesta del martes 35

---

❸ Después de leer

Preguntas

Las preguntas al final de la selección en el libro del estudiante están repetidas aquí. Las respuestas de las preguntas aparecen después de la **Prueba de vocabulario** en la *Guía del maestro*.

Páginas 41–53 del libro de lecturas

La siesta del martes

GABRIEL GARCÍA MÁRQUEZ

Antes de leer

Pobre y vestida de un luto riguroso, hecho que se explica en el transcurso del cuento, la protagonista de "La siesta del martes" se nos presenta como una mujer algo marchita y taciturna, hablando con la niña en mandatos maternales pero tajantes. Parece vieja, al menos para ser la madre de la niña, por su manera de vestir y por su "cuerpo pequeño, blando y sin formas". Después veremos que no sólo es la madre de la niña de doce años, sino también de un hijo ya hombre.

El cura de Macondo, y su hermana también, se dan cuenta de que el pueblo se ha asomado a atisbar el paso de "la madre del ladrón". Comprenden que ella será objeto de la curiosidad mórbida y de las malas lenguas de todos, en su derrotero al cementerio para cumplir su deber de madre. A pesar de las instancias, tanto del cura como de su hermana, a que se quede, la madre, con un escueto, "Así vamos bien", sale a encarar el calor y la hostilidad de Macondo.

Vocabulario

escueto—que tiene únicamente lo esencial; sin adornos ni lujo; sin muchos detalles.
estancado—sin movimiento; paralizado.
sopor (m.)—modorra; estado soñoliento, como efecto del gran calor.
estrépito—ruido grande.
agobiado—abrumado; fatigado; vencido.
angosto—estrecho.
armario—mueble con puertas, estantes, y cajones.
rumor (m.)—ruido leve.
a tientas—con las manos, sin el auxilio de la vista.
disparar—hacer fuego; descargar (un arma de fuego).
porrazo—golpe duro; paliza.
insolación—malestar causado por exposición prolongada a los rayos solares.
limosna—caridad; ofrecimiento de dinero; dádiva.
derretirse—convertirse en líquido por el calor.
catafalco—sepulcro, tumba

Al leer

Consulte la **Guía de estudio** como herramienta para comprender mejor esta obra.

Después de leer

Conviene saber que García Márquez ha contado muchas veces que la mujer de "La siesta del martes" está inspirada en el recuerdo de un día en que él vio llegar a Aracataca, abrasada por el sol y por la curiosidad de todo el pueblo, una mujer, con una niña de la mano y un ramo de flores para la tumba de su hijo, mientras en toda Aracataca corría el rumor: "Aquí viene la madre del ladrón". García Márquez durante años consideró éste su mejor cuento.

Conviene saber que el texto de "La siesta del martes" trae una descripción de las llaves del cementerio: "dos llaves grandes y oxidadas, como la niña imaginaba y como imaginaba la madre cuando era niña y como debió imaginar el propio sacerdote alguna vez que eran las llaves de San Pedro". Ésta es una referencia al versículo del evangelio cristiano en que Jesucristo encarga al apóstol san Pedro las llaves del reino de Dios, encomendándole la vigilancia sobre la entrada de los fieles difuntos al cielo. Las llaves del cementerio se parecen a las imaginadas por la mujer, por su hija, y aun por el

La siesta del martes 35

Guía de estudio

La **Guía de estudio** ayuda al estudiante a reflexionar
sobre diversos temas relacionados con la selección,
facilitando de esta manera la comprensión de
lectura. Las respuestas correspondientes a la **Guía
de estudio** aparecen al final de la lección.

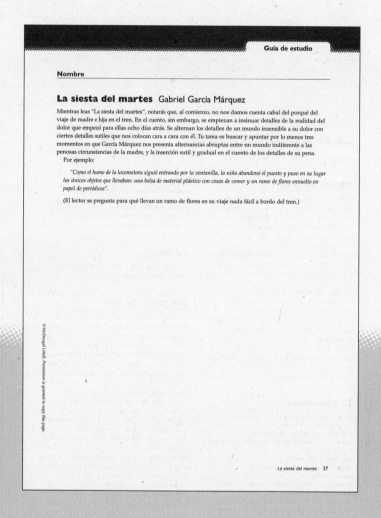

Nombre

La siesta del martes Gabriel García Márquez

Mientras leas "La siesta del martes", notarás que, al comienzo, no nos damos cuenta cabal del porqué del
viaje de madre e hija en el tren. En el cuento, sin embargo, se empiezan a insinuar detalles de la realidad del
dolor que empezó para ellas ocho días atrás. Se alternan los detalles de un mundo insensible a su dolor con
ciertos detalles sutiles que nos colocan cara a cara con él. Tu tarea es buscar y apuntar por lo menos tres
momentos en que García Márquez nos presenta alternancias abruptas entre un mundo indiferente a las
penosas circunstancias de la madre, y la inserción sutil y gradual en el cuento de los detalles de su pena.
    Por ejemplo:

*"Como el humo de la locomotora siguió entrando por la ventanilla, la niña abandonó el puesto y puso en su lugar
los únicos objetos que llevaban: una bolsa de material plástico con cosas de comer y un ramo de flores envuelto en
papel de periódicos".*

(El lector se pregunta para qué llevan un ramo de flores en su viaje nada fácil a bordo del tren.)

La siesta del martes 37

Tesis de Ensayo

El propósito de esta sección es enseñar al estudiante a redactar los diversos ensayos que pueden presentarse en la Sección II del examen de *AP Spanish Literature* en lo que se refiere a las Lecturas Obligatorias. Las tesis de ensayo contenidas en esta *Guía para el maestro* incluyen 1) tesis de análisis temático, y 2) tesis de análisis textual.

1. Éstas pueden pedir un ensayo de un solo texto determinado, o también uno de comparación y contraste entre dos textos. Pueden también basarse en un solo texto escogido por el estudiante entre dos sugeridos, o bien, en dos textos escogidos entre varios.

2. Éstas pueden basarse en una cita de un crítico o de un autor, o en un texto parcial de la Lista de Lecturas Obligatorias. Pueden contener una o dos preguntas. Cuando una sola pregunta se presenta, se pide la redacción de un ensayo analítico. Véase la "Fórmula para redactar un buen ensayo analítico". Cuando se presentan dos preguntas, cada pregunta debe contestarse con una respuesta de extensión menor que un ensayo formal: uno o dos párrafos de varias oraciones cada uno, o bien, unas cien palabras por respuesta.

Como queda dicho, las lecciones de esta guía a veces contienen una tesis de ensayo que sugiere tres o más títulos, a semejanza de las tesis de esta índole en el examen de *AP Spanish Literature*. En estos casos se incluye, por supuesto, el texto de la lección a la cual corresponde la tesis. Ante una tesis de este tipo, el maestro tiene varias opciones: por un lado, puede pedir al estudiante que, al escoger los textos para desarrollar su ensayo, se valga del texto de aquella lección; por otro lado, puede dejar al estudiante en libertad de escoger los títulos que él mismo desee. Pero le queda al maestro una tercera opción, que se espera encuentre muy útil: aplicar la misma tesis de ensayo en otro momento del año, en conexión con otros textos allí sugeridos.

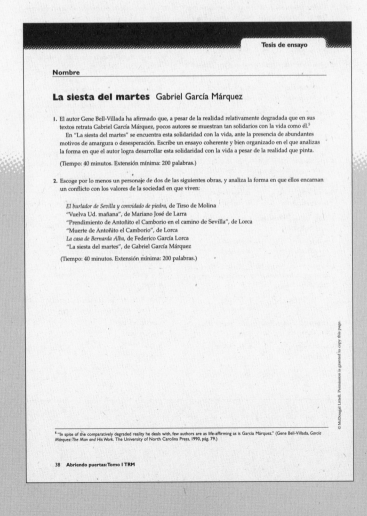

Prueba de vocabulario

La **Prueba de Vocabulario** enfoca la atención del estudiante en palabras importantes, muy frecuentes en el español contemporáneo, que se encuentran en la antología. Las lecturas de la antología contienen alusiones clásicas, regionalismos y palabras empleadas por el autor en un sentido fuera de lo común. Estas palabras, aclaradas en notas a pie de página, no llevan negritas.

Otras palabras glosadas a pie de página, e impresas en negritas, son de gran interés para la formación del estudiante. Aumentarán su capacidad de expresarse con propiedad al escribir los ensayos del Examen de *AP Spanish Literature*. La **Prueba de Vocabulario** brinda al maestro una herramienta rápida y cómoda para estimular a sus estudiantes a elevar su nivel de expresión.

Nombre

La siesta del martes Gabriel García Márquez

Lee las frases siguientes y completa el sentido de cada una eligiendo la palabra más apropiada entre las cuatro opciones.

1. Me marcho dentro de cinco minutos; así que quiero que me digas lo que pasó, pero no con todos sus pelos y señales; la verdad ____, nada más.

   a. escueta   **c.** escuálida
   b. esquivada   **d.** escalada

2. ¡Otro embotellamiento de tránsito! No vamos a llegar a tiempo; mira, todos los coches están ____.

   a. estampados   **c.** estoqueados
   b. estaqueados   **d.** estancados

3. Hacía un calor insoportable; nadie se movía; todos estaban sumidos en el ____ del trópico.

   a. soborno   **c.** sopor
   b. socorro   **d.** soplido

4. Los pasajeros que viajaban en los vagones tenían que conversar a gritos, a causa del ____ de la locomotora.

   a. estrépito   **c.** estreptococo
   b. estreñimiento   **d.** estribillo

5. No puedo jugar contigo ahora, mi hijito; estoy ____ de trabajo.

   a. agachado   **c.** abrigado
   b. agobiado   **d.** agregado

6. Llegamos a un puente tan ____, que tuvimos que dejar pasar el coche que venía en sentido opuesto, antes de cruzarlo.

   a. angustiado   **c.** antagónico
   b. anfibio   **d.** angosto

7. Es irónico; los detectives encontraron el arma homicida en el ____ de la víctima.

   a. armenio   **c.** armisticio
   b. armario   **d.** arpegio

8. Todos esperaban en silencio; no se oía más que el leve ____ de la llovizna.

   a. rumor   **c.** rumbo
   b. rubor   **d.** rumano

9. Ya en las entrañas de la cueva, la oscuridad era total; tuvimos que andar ____.

   a. a tentáculos   **c.** a tientas
   b. a tendones   **d.** a tiradas

10. Cuando el policía vio el puñal en manos del maleante, sacó su pistola y ____ a quemarropa.

    a. disipó   **c.** disparó
    b. discrepó   **d.** disparató

11. El otro, enfurecido, alzó el bastón y le dio tal ____ al pobre diablo que lo dejó como muerto.

    a. portento   **c.** polanco
    b. polaco   **d.** porrazo

12. La pobre mujer se quedó dormida en la playa al mediodía, y le dio una ____.

    a. insuflación   **c.** instantánea
    b. insurrección   **d.** insolación

13. Ese pobre anciano no tiene pensión; vive de ____; anda mendigando por las calles.

    a. limosna   **c.** limonero
    b. limo   **d.** limusina

14. Todos sabemos que si dejamos un pedazo de hielo en la acera en pleno verano, muy pronto ____.

    a. se derrumba
    b. se derrocha
    c. se derrite
    d. se derriba

La siesta del martes 39

Preguntas de opción múltiple

Las **Preguntas de opción múltiple** dan al maestro otra herramienta para evaluar el nivel de comprensión del estudiante. Se concentran en detalles de la trama, en los temas presentes, y en características estilísticas del autor. Para contestar estas preguntas, el estudiante tendrá que leer el texto con atención. Además, las preguntas de opción múltiple se asemejan a las que tratarán obras incluidas en la Lista de Lecturas Obligatorias, de la Sección I del examen de *AP Spanish Literature*.

Nombre

La siesta del martes Gabriel García Márquez

Contesta las siguientes preguntas, o completa la idea, eligiendo en cada caso la respuesta más apropiada.

1. Vemos la relación estrecha que existía entre la madre y su hijo en todos los hechos siguientes, MENOS uno. ¿Cuál es?

   a. El narrador describe la voz y la expresión de la madre, usando el adjetivo "apacible", en dos momentos distintos del cuento; por otro lado, al caer atravesado por la bala del antiguo revólver de la solitaria viuda Rebeca, Carlos Centeno Ayala exhala sus últimas palabras, "Ay, mi madre", con voz también "apacible".

   b. Carlos Centeno Ayala vino, de forastero, hasta Macondo a robar, para evitar que nadie en el pueblo lo reconociera.

   c. Resueltamente, la madre describe a su hijo como "un hombre muy bueno", después de haber declarado su nombre, con apellidos paterno y materno, destacando la unión entre madre e hijo.

   d. La preocupación más grande de la madre es qué hacer ahora, vieja y sola, para mantener a su hija, después de muerto el hijo que las mantenía.

2. Una advertencia que le da la mujer a su hija al terminar la larga ida en tren hasta Macondo, es:

   —Después, aunque te estés muriendo de sed no tomes agua en ninguna parte. Sobre todo, no vayas a llorar.

   Una connotación posible de esta advertencia es:

   a. que ésta es una madre insensible a las necesidades tanto corporales como sentimentales de su hija.

   b. que la madre tiene miedo al agua posiblemente contaminada de microbios del pueblo de Macondo.

   c. que la madre está resuelta a visitar la tumba de su hijo y a salir de Macondo después, sin deberle nada al pueblo que mató a su hijo; al hacerlo, tanto madre como hija presentarán una cara estoica.

   d. que no sirve llorar más de lo que ya han llorado.

3. En todas las afirmaciones siguientes MENOS una, se escucha un tono de compasión en las voces del sacerdote y de su hermana. ¿Cuál es la afirmación que no encierra compasión?

   a. —La voluntad de Dios es inescrutable.

   b. —Es mejor que salgan por la puerta del patio.

   c. —Esperen a que baje el sol.

   d. —Se van a derretir. Espérense y les presto una sombrilla.

❹ Guía de respuestas

La **Guía de respuestas** da al maestro ejemplos de cómo los estudiantes pueden responder a las preguntas en las secciones **Después de leer, Guía de estudio, Tesis de ensayo** y **Vocabulario**. El maestro puede usar las respuestas para evaluar a los estudiantes o para ayudarles a estudiar.

Guía de respuestas

No oyes ladrar los perros
Juan Rulfo

Preguntas

1. Al base del texto escueto de Rulfo, sabemos que el padre crió solo a este hijo ya hombre. Ignacio fue el primer hijo del matrimonio. La madre murió en el segundo parto, y quedaron los dos, padre e hijo, solos.

Sin embargo, ateniéndonos a la característica más constante del texto de Rulfo —su economía de expresión—, podemos contar más interrogantes que datos sobre sus desavenencias. Lo que tenemos basta y aun sobra, pero los estudiantes no dejarán de notar que recorrerán casi toda su extensión antes de encontrar todos los datos que hay. Los motivos de la ira de este padre son las graves ofensas del hijo a la honra familiar, ofensas que deshonran su estirpe, la herencia de su sangre.

La realidad de esta familia se revela con mínimos detalles: sí, cuando niño, Ignacio tenía un hambre insaciable y era rabioso, su comportamiento sigue igual en la edad adulta; a todas luces le rige una rabia egocéntrica. Según el padre, vive de robar y matar a la gente, gente buena. Imperdonablemente ha matado a su propio padrino. Si existe alguna lógica oculta tras la delincuencia del hijo, no lo llega a saber el lector.

La relación desolada entre los dos se refleja en el inhóspito trasfondo del cuento: terreno hostil, pedregoso y reseco, sin hitos que marquen el paso de un padre incapaz de ver bien, ni de oír los ladridos de los perros que le renueven la esperanza de llegar a Tonaya. Al comenzar el cuento, el padre le implora ayuda al hijo. Ignacio, arisco, responde apenas. Hacia el final del cuento se entiende que este hijo, repositorio de las esperanzas paternales toda una vida, no le ha correspondido nunca.

La sombra larga de las dos figuras del cuento, creada por la luz de la luna llena, lleva ecos claros de "Nocturno III", poema trágico del colombiano José Asunción Silva (1865–1896); en él, el poeta

Guía de estudio

a. Aquí la luz de la luna nos define el ambiente nocturno, iluminando el drama de este relato rulfiano. Cuento sombrío, desesperanzado y triste, sería impensable que recorriera su trayectoria sino de noche. Esta luna no proporciona al escaso paisaje ni belleza ni encanto; levanta el velo de la noche apenas lo suficiente para revelar al lector la tragedia de sus dos personajes. La luna, en este fragmento, es el indicio temporal en la progresión dramática, pues va siempre delante de la figura doble de padre e hijo, y conforme asciende, más cuenta nos damos del paso del tiempo.

b. Aquí la luna brinda un mayor dramatismo a las imágenes descritas por Rulfo. Las sombras crecen y se profundizan, acentuando el carácter fúnebre del relato y dando lugar a un posible presagio de la muerte.

c. Aquí la evocación de la muerte es evidente: la luna, reflejada en el rostro de Ignacio, le da una dimensión espectral. Por otro lado, la opacidad acentúa la idea de una desaparición gradual.

d. La luna sube, parsimoniosa y firme, conforme la resistencia del viejo decae y la vida de Ignacio se apaga. Hemos llegado al centro del relato, con la luna en lo alto del cielo, dando claridad al paisaje de la tragedia, al mismo tiempo que se aclara el panorama narrativo: nos enteramos entonces por qué el hombre reniega de su hijo y cuáles son las razones personales que lo impulsan a llevarlo, a pesar de las dificultades, a Tonaya, en busca de un médico.

e. La luna, en este fragmento, anuncia el desenlace del cuento, el punto final de la progresión dramática que acaba con la llegada a Tonaya; su tranquilo reflejo sobre los tejados de las casas, armoniza a la perfección con las lágrimas o la sangre de Ignacio, y su subsiguiente quietud. Sin embargo, el autor no nos libera del misterio: ¿murió, o no murió? No se sabe.

Tesis de ensayo

1. Éste es un ejemplo del tipo de pregunta de análisis temático, como las que se verán en la Pregunta N° 2 del examen de *AP Spanish Literature*.
2. Éste es un ejemplo del tipo de Pregunta N° 2, de análisis temático que se verá en el examen de *AP Spanish Literature*.

Prueba de vocabulario

Las respuestas correctas son:
1. d, 2. a, 3. c, 4. c, 5. a, 6. c, 7. d, 8. b, 9. b, 10. a.

Preguntas de opción múltiple

Las respuestas correctas son:
1. b, 2. d, 3. c, 4. a, 5. b, 6. d.

Recursos de web

La página web de Nextext provee apoyo valioso para todos sus productos. La información en la sección **Antes de leer**, las pruebas, los enlaces y las respuestas correctas servirán para que tanto los maestros como los estudiantes ahorren tiempo y dinero.

Al adoptar un título, o una serie de títulos, de Nextext, se tendrá acceso a todos estos recursos.

El maestro recibirá contraseñas de maestro y de estudiante para acceder a la página web de Nextext. Podrá dar a sus estudiantes la contraseña estudiantil, dándoles acceso a las herramientas que allí se encuentran para medir su propia comprensión de las lecturas o para investigar por su cuenta. O bien, el maestro podrá usar sólo la contraseña de maestro, y acceder al sector "estudiantes" para imprimir los recursos que allí se proporcionan, utilizándolos como pruebas o tareas.

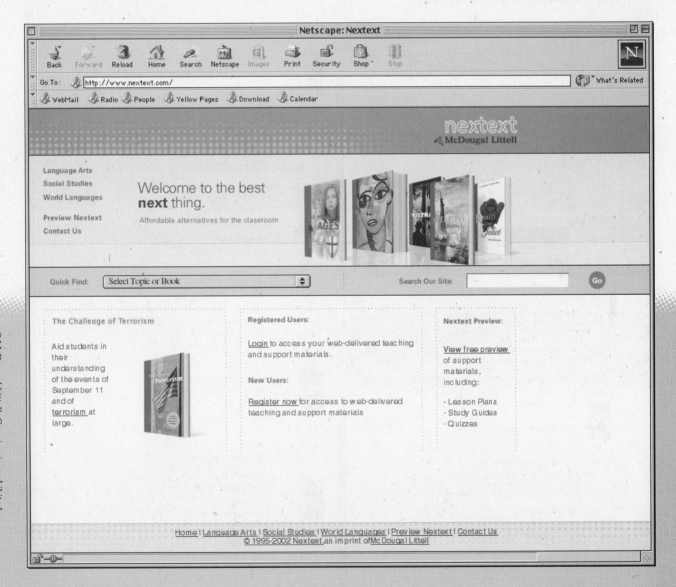

En la página web de Nextext se encuentra:

- **Información más completa sobre el trasfondo histórico de la lectura**
- **Guías de estudio y otras páginas que se pueden imprimir**
- **Pruebas cuya corrección podrá ser comprobada directa e inmediatamente**
- **Bibliografías que ayudan a los estudiantes con sus trabajos de investigación**
- **Listas de enlaces en el web para profundizar el estudio**
- **Respuestas sugeridas para el maestro**

Una lista parcial de títulos de Nextext que van acompañados de apoyo pedagógico en el web ▶

Una **Prueba de Vocabulario** del sitio web de Nextext
▼

La página de enlaces del sitio web de Nextext
▼

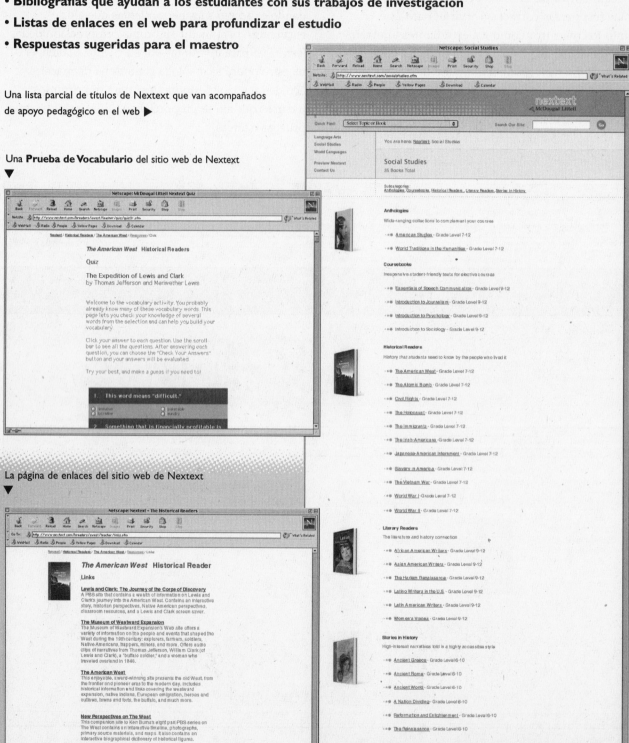

Enlaces del Internet recomendados

http://www.xtec.es/~jcosta/
Página dedicada a Gustavo Adolfo Bécquer y al romanticismo; contiene algunos textos y enlaces con estudios sobre la tendencia romántica en general, y sobre el romanticismo español en específico. En español.

http://www.cvc.cervantes.es/obref/rimas/rimas/
Página mantenida por el Instituto Cervantes; contiene las Rimas IV, XI y LIII de Gustavo Adolfo Bécquer, con notas sobre variantes, y un comentario temático sobre cada una. Incluye autógrafos. En español.

http://www.themodernword.com/authors.html
The Modern Word; vasta recopilación de recursos relacionados con una variedad de autores, como Jorge Luis Borges (*The Garden of Forking Paths*) y Gabriel García Márquez (*Macondo*), entre otros. Bibliografía comentada y crítica; biografías; recopilación de citas; galería de imágenes; enlaces relacionados, por ejemplo, con el realismo mágico. En inglés.

http://www.columbia.edu/~gmo9/poetry/rosario/rosario-bio.html
Página mantenida por la Universidad de Columbia; contiene la vida y obra de Rosario Castellanos, con enlaces. En español.

http://uprhmate01.upr.clu.edu/espanol/JuliaDeBurgos/
Página dedicada a Julia de Burgos; incluye una cronología detallada de su vida, una copia de su doctorado de la Universidad de Puerto Rico, con datos históricos al respecto, y galería de imágenes. En español.

http://www.dartmouth.edu/~sorjuana/
The Sor Juana Inés de la Cruz Project; mantenido por la Universidad de Dartmouth, es un impresionante sitio dedicado a la poeta mexicana. Incluye cronología, bibliografía, textos y más. En inglés.

http://ensayo.rom.uga.edu/filosofos/cuba/marti/index.htm
Página creada por el *Proyecto Ensayo Hispánico* y dedicada a José Martí; ofrece datos sobre el autor y su obra, bibliografías, una selección de sus textos y estudios críticos. Parte de una página web patrocinada por el Departamento de Lenguas Románicas de la Universidad de Georgia. En español.

http://www.ucm.es/info/especulo/cmgaite/cmg_inde.htm
Página extensa dedicada a Carmen Martín Gaite; incluye una entrevista, estudios y bibliografía sobre la autora. En español.

http://www.usc.es/~quevd/

Francisco de Quevedo Villegas—Qué Quevedo quieres; página creada por la Universidad de Santiago de Compostela; contiene textos, bibliografía, etc. Incluye uno de los pocos autógrafos que se conservan de Quevedo. En español.

http://www.geocities.com/Paris/Parc/9721/libros4.html

Colección de algunos de los poemas de Alfonsina Storni; incluye "Voy a dormir". [Véase la nota al respecto en la introducción a los poemas de Storni en la página 384 del Tomo I de *Abriendo puertas*.] En español.

http://www.organizacionislam.org.ar/civili1.htm

Sitio diseñado como enciclopedia de cultura, artes y ciencias, pensamiento y fe de los pueblos musulmanes, y mantenido por R.H. Shamsuddín Elía, profesor del Instituto Argentino de Cultura Islámica. Hágase clic en el enlace titulado "al-Ándalus III"; búsquese la sección, "La conquista de Alhama", que detalla la historia de la caída de Alhama; y que ofrece también una variante del "Romance del rey moro que perdió Alhama". En español.

http://www.whitman.edu/offices_departments/spanish/tesoros/chap7/text6.html

Página web creada por Whitman College; este enlace es uno de trece capítulos extensos y bien investigados sobre la historia y cultura de España y de Hispanoamérica. Incluye imágenes y textos, con vocabulario interactivo de interés especial porque trata del *romancero*. Un enlace de audio permite escuchar un fragmento del "Romance del rey moro que perdió Alhama". Otros textos del sitio web de Whitman College son, entre otros, "¡Adiós, Cordera!" de Clarín, "Canción del pirata" de Espronceda y "A Roosevelt" de Darío. Todos con vocabulario interactivo. En español.

http://www.epdlp.com/literatura.html

El poder de la palabra; ofrece biografía y textos selectos de todos los escritores del Tomo I que escribían en los siglos XIX y XX, con excepción de Heredia, Espronceda y Ulibarrí; del Tomo II, incluye a Unamuno y a Lorca. Excelente organización y presentación: por orden alfabético, por país de origen y por premios ganados; imágenes, grabaciones de la voz de Borges y de Neruda, y video de Allende. Brinda, además, noticias culturales de la actualidad. En español.

De gran importancia e interés general para los dos tomos:

http://www.geocities.com/apspanishlit/

Advanced Placement Program Spanish Literature; sitio destinado al maestro y al estudiante de *AP Spanish Literature*. Diseñado como guía de recursos y mantenido por Rodney Rodríguez de Manhattan College y de College of Mount Saint Vincent, Riverdale, New York. Principalmente en español.

http://cervantesvirtual.com

Página extensa mantenida por la Biblioteca Virtual Miguel de Cervantes Saavedra y dedicada a las letras hispánicas; contiene biografía, obras escogidas, estudios críticos, imágenes y grabaciones sonoras sobre muchísimos autores. Hay catálogo de autores, catálogo de títulos y clasificación por materias. Por ejemplo, accédase a http://cervantesvirtual.com/bib_autor/Cervantes/ y se escucharán los capítulos I–V y VIII del *Quijote*, leídos en voz alta; de hecho, se escucha todo el *Quijote*, incluyendo los capítulos, VI y VII, intermedios entre los que constan en el currículo de *AP Spanish Literature*. También se encuentra aquí la versión escrita de la novela, en su totalidad. Otro enlace de la Biblioteca Virtual Cervantes es http://cervantesvirtual.com/ bib_autor/00000098.shtml, que ofrece la vida y obras de Tirso de Molina, incluyendo enlaces de interés sobre las mismas. En español.

http://gallery.euroweb.hu/index1.html

Web Gallery of Art; esta página web, en inglés, será útil para alentar el interés y aprecio de los estudiantes en las lecturas del currículo de *AP Spanish Literature*, en cuanto se relaciona con sucesos históricos y culturales. Contiene los cuadros españoles más importantes; se puede hacer impresiones, y aun transparencias. En inglés.

http://diccionarios.com

Diccionario.com; es, sin duda alguna, el mejor diccionario interactivo asequible en Internet. Su fuente principal es el Diccionario General de la Lengua Castellana Vox; ofrece también un diccionario de sinónimos y antónimos, diccionarios inglés-español, español-inglés, francés-español, español-francés, catalán-español y español-catalán. Eficaz y fácil de usar.

Fórmula para redactar un buen ensayo analítico

I. LA INTRODUCCIÓN

A. Pon en tus propias palabras los elementos más importantes de la pregunta para establecer el tema de tu ensayo. Parafrasear la pregunta es buena técnica para descubrir lo que se requiere. Subraya con lápiz los elementos importantes de la pregunta: por ejemplo, la palabra "algunos" (necesitas acordarte de tratar más de uno) y la frase "cómo se desarrolla" (tendrás que demostrar los cambios progresivos del elemento buscado, desde el comienzo hasta el fin de la obra literaria tratada).

B. Escoge los textos más adecuados posibles para contestar la pregunta. Ésta es la base de todo ensayo sobresaliente. El saber identificar los elementos relevantes de los textos más adecuados, nace de una sola cosa: el haber leído bien todos los textos.

C. Declara en pocas palabras tu respuesta a la pregunta. Afirma en breve cómo piensas contestar la pregunta, qué quieres argüir, e identifica ahora los textos para el lector. Pon todo en claro desde un principio.

II. LA DEFENSA DE TU RESPUESTA, PLANTEADA EN LA INTRODUCCIÓN

A. Organízate

  1. Si la pregunta requiere un análisis profundo de un poema, procede verso por verso, estrofa por estrofa, desde el comienzo hasta el fin del poema.

    a. Traza los cambios progresivos, dentro del poema, del elemento que exige la pregunta.

    b. Destaca los recursos técnicos sobresalientes, pero haz algo más que señalarlos: explica la *íntima compenetración de fondo y de forma* en el poema. Por ejemplo, los temas clásicos—*carpe diem*, entre otros—suelen encajarse en formas clásicas—el soneto, entre otras.

    c. Escucha al poeta. En la poesía no hay imágenes superfluas. Válete de todo lo que está presente en el poema.

    d. No impongas sobre el poema conceptos ajenos a los que precisa el texto. Defiende tus conceptos basándote exclusivamente en el contenido del poema.

  2. Si la pregunta requiere el análisis de un solo texto, organiza tu ensayo basándote en elementos del texto pertinentes a la pregunta.

  3. Si la pregunta requiere una comparación entre dos textos, organiza tu ensayo según uno de dos patrones: o comparando y contrastando las similitudes y las diferencias entre los dos textos, idea por idea; o bien, comparando y contrastando las ideas pertinentes de uno de los textos, en su conjunto, con las del otro texto, en el suyo.

B. Exprésate con eficacia. Oraciones como, "Mientras en *El burlador de Sevilla* los personajes masculinos . . ., en *San Manuel Bueno, mártir*, don Manuel y Lázaro tienden a . . .", atestiguan una mayor comprensión de la pregunta y de los textos. Conjunciones como "a pesar de que", preposiciones como "no obstante", y adverbios como "cada vez más"—hay muchas—dan una excelente impresión, y te ayudarán a ligar tus ideas con precisión. Adiéstrate en su uso.

C. Recuerda

1. Que todas las partes de tu respuesta deben relacionarse con el tema de la pregunta. Materia del ensayo que no contesta la pregunta no se toma en cuenta. Es pérdida del tiempo del estudiante, y su presencia puede desvalorizar el ensayo. Por más que se sepa sobre la Guerra Civil Española, una pregunta que trata de los romances de Lorca no tiene nada que ver con la muerte del poeta en Granada. El que Cortázar haya vivido en Francia no viene al caso en un ensayo sobre lo fantástico en "Continuidad de los parques".

2. Justificar todo lo que dices. Da ejemplos específicos. Apóyate en el número de textos o elementos que pide la pregunta, sin tratar *más* ejemplos que el número que pide la pregunta. *Dos* es un número plural. Dos son "algunos". Tratar *tres* ejemplos muchas veces significa para el alumno meterse en camisa de once varas. Menos ejemplos y mayor profundidad.

3. No resumir la trama. Puedes referirte a lo que ocurre en la obra, pero toda situación o suceso comentado debe servir para esclarecer y apoyar las ideas que expresas. Demostrar comprensión de un texto, de sus personajes o de un suceso relatado, no significa contar lo que sucede. El lector del ensayo ya conoce el texto. Sin embargo, no debes tomar esta advertencia de modo absoluto. Necesitas referirte explícitamente a los detalles textuales que apoyan tu punto de vista. Un ensayo demasiado general, uno que pide al lector muchas inferencias, recibirá una nota más baja que la que de otra forma merecería porque *escasea la justificación de sus argumentos*.

4. No incluir en tu ensayo

a. Resúmenes generales que perfilan la vida u obra de un autor, o elementos de un texto que no se relacionan directamente con la pregunta. Evita los bosquejos generales aprendidos de memoria, o los que parecen serlo, como listas de temas predominantes de un autor o títulos de las obras del mismo.

b. Trasfondo histórico o datos biográficos que no se relacionan con la pregunta. Evita todo tipo de información que no se relaciona con la pregunta.

c. Listas de recursos técnicos, sin aplicarlos específicamente al poema que analizas, y sin destacar el efecto de su presencia sobre la expresión lírica. Por ejemplo, afirmar que Neruda optó por versos libres en "Walking around" no vale tanto como destacar el hecho de que le sirve de mecanismo para evocar el caos del mundo reflejado en el poema.

d. Apreciaciones ingenuas. Evita declarar que "es un autor muy importante o muy famoso", que "en todas las obras de . . .", que "es un texto muy interesante" o "es una poeta que me gusta mucho".

e. El contenido de películas. El gran secreto para tener éxito en un examen de literatura es leer.

III. UNA BUENA CONCLUSIÓN

A. Resume los puntos sobresalientes del ensayo. Válete de frases como, "Vemos, pues, que . . .", "En resumen, . . ." o "En fin, . . ."

B. Destaca tu visión original. El alumno bien preparado se vale de la conclusión para recalcar la organización de su ensayo y el rigor de su pensamiento.

Una respuesta breve, pero acertada, es mejor que una larga que no dice nada.
"Lo bueno, cuando breve, dos veces bueno."

Bosquejo general de horas recomendadas para enseñar todos los textos de *Abriendo Puertas*

El bosquejo general está designado para enseñar todos los textos de *Abriendo Puertas* en un año académico, hasta dar a fin al ciclo con el Examen de *AP Spanish Literature* en mayo. El maestro puede usar el bosquejo para crear su propio plan de estudios, según su criterio y las exigencias de su situación escolar. Recuérdese que, para mayo, los únicos textos no obligatorios son 3 de los 6 cuentos de Gabriel García Márquez y 4 de los 6 *romances* de Federico García Lorca.

Esta lista no se ofrece como recomendación de un orden determinado de lecturas. El orden que sigue es cronológico dentro de los géneros de narrativa, teatro y poesía, con una recomendación de ver en conjunto los romances, por un lado, y por otro, los poemas feministas.*

NARRATIVA

Lectura	Autor	Tomo	Páginas	Horas
El conde Lucanor: Ejemplo XXXV (1335)	El infante don Juan Manuel (España)	Tomo II	268–275	2–3
La vida de Lazarillo de Tormes: Tratados I, II, III, y VII (1554)	Anónimo (España)	Tomo II	276–338	10
Naufragios: Capítulos XII, XX, XXI y XXII (1541–1555)	Cabeza de Vaca, Álvar Núñez (España)	Tomo II	339–356	3–4
El ingenioso hidalgo don Quijote de la Mancha (1605)	Miguel de Cervantes Saavedra (España)	Tomo II	357–415	10
"Vuelva usted mañana" (1833)	Mariano José de Larra (España)	Tomo II	421–437	2–3
"El alacrán de fray Gómez" (1889)	Ricardo Palma (Perú)	Tomo I	134–142	2–3
"¡Adiós, *Cordera*!" (1892)	Leopoldo Alas, "Clarín" (España)	Tomo I	65–68	2–3
"Las medias rojas" (1914)	Emilia Pardo Bazán (España)	Tomo I	69–74	2–3
"El hijo" (1928)	Horacio Quiroga (Uruguay)	Tomo I	16–24	2–3
San Manuel Bueno, mártir (1933)	Miguel de Unamuno y Jugo (España)	Tomo II	438–487	10
"La muerte y la brújula" (1944)	Jorge Luis Borges (Argentina)	Tomo I	155–172	5
"No oyes ladrar los perros" (1953)	Juan Rulfo (México)	Tomo I	34–40	2–3
"Chac Mool" (1954)	Carlos Fuentes (México)	Tomo I	190–205	2–3
"El Sur" (1956)	Jorge Luis Borges (Argentina)	Tomo I	143–154	3
"Las ataduras" (1960)	Carmen Martín Gaite (España)	Tomo I	75–133	5
"Continuidad de los parques" (1964)	Julio Cortázar (Argentina)	Tomo I	173–176	3–4
"La noche boca arriba" (1964)	Cortázar	Tomo I	177–189	3–4
"Mi caballo mago" (1964)	Sabine R. Ulibarrí (Nuevo México, EE.UU.)	Tomo I	25–33	2–3
Tres de los cuentos siguientes: "La siesta del martes" (1962), "Un día de éstos" (1962), "La viuda de Montiel (1962), "La prodigiosa tarde de Baltazar" (1962), "El ahogado más hermoso del mundo" (1968) y "Un señor muy viejo con unas alas enormes" (1968).	Gabriel García Márquez (Colombia)	Tomo I	41–52, 206–229, 246–274	7–8
"Dos palabras" (1989)	Isabel Allende (Chile)	Tomo I	230–245	2–3

Creado por Bonnie T. Bowen, Faculty Consultant, The College Board

* Si los poemas feministas se van a tratar independientemente entre sí, 2 horas, cuando menos, se deben destinar a la poesía de Sor Juana, una hora a los poemas de Alfonsina Storni, una hora a "A Julia de Burgos" y una hora a "Autorretrato" de Rosario Castellanos. Agreguen dos horas para examinar la materia, o para escribir ensayos en clase. Total de horas: 7.

TEATRO

Lectura	Autor	Tomo	Páginas	Horas
El burlador de Sevilla y convidado de piedra (1630)	Gabriel Téllez (Tirso de Molina) (España)	Tomo II	8–147	10
La casa de Bernarda Alba (1936)	Federico García Lorca, (España)	Tomo II	148–238	7–10
El delantal blanco (1964)	Sergio Vodanovic (Chile)	Tomo II	239–261	2–3

POESÍA

Lectura	Autor	Tomo	Páginas	Horas
"Romance del rey moro que perdió Alhama" ("¡Ay de mi Alhama!")	Anónimo (España)	Tomo I	310–313	2–3
"Romance del conde Arnaldos"	Anónimo (España)	Tomo I	314–316	2–3
Del *Romancero gitano* (1928) de García Lorca: dos romances	Federico García Lorca (España)			3
"Romance de la luna, luna"		Tomo I	318–319	
"Romance de la pena negra"		Tomo I	320–321	
"La monja gitana"		Tomo I	322–323	
"Prendimiento de Antoñito el Camborio"		Tomo I	324–326	
"Muerte de Antoñito el Camborio"		Tomo I	326–328	
"Romance sonámbulo"		Tomo I	329–333	
"Soneto XXIII" ("En tanto que de rosa y azucena")	Garcilaso de la Vega (España)	Tomo I	334–336	2–3
"Soneto CLXVI" ("Mientras por competir con tu cabello")	Luis de Argote y Góngora (España)	Tomo I	337–339	2
"Salmo XVII" de *Un heráclito cristiano* ("Miré los muros de la patria mía")	Francisco de Quevedo y Villegas (España)	Tomo I	340–343	2
"En perseguirme, Mundo, ¿qué interesas?"	Sor Juana Inés de la Cruz (México)	Tomo I	376–377	2
"Hombres necios que acusáis"	Sor Juana	Tomo I	378–382	3
"Tú me quieres blanca"	Alfonsina Storni (Argentina)	Tomo I	383–386	1
"Peso ancestral"	Storni	Tomo I	387–388	1
"A Julia de Burgos"	Julia de Burgos (Puerto Rico)	Tomo I	389–392	1
"Autorretrato"	Rosario Castellanos (México)	Tomo I	393–397	1
"En una tempestad"	José María Heredia (Cuba)	Tomo I	344–348	1
"Canción del pirata"	José de Espronceda (España)	Tomo I	349–354	1
"Rima IV" ("No digáis que agotado su tesoro")	Gustavo Adolfo Bécquer (España)	Tomo I	355–358	1
"Rima XI" ("Yo soy ardiente, yo soy morena")	Bécquer	Tomo I	358	
"Rima LIII" ("Volverán las oscuras golondrinas")	Bécquer	Tomo I	359–360	1
"Poema VIII" ("A Roosevelt")	Rubén Darío (Nicaragua)	Tomo I	367–370	1
"Poema VI" ("Canción de otoño en primavera")	Darío	Tomo I	371–373	1
"Poema XLI" ("Lo fatal")	Darío	Tomo I	374–375	1
Versos sencillos, I ("Yo soy un hombre sincero")	José Martí (Cuba)	Tomo I	361–365	1
"Dos patrias" ("Dos patrias tengo yo: Cuba y la noche")	Martí	Tomo I	365–366	1
Soledades, II ("He andado muchos caminos")	Antonio Machado (España)	Tomo I	398–400	1
Galerías, XXV ("La primavera besaba")	Machado	Tomo I	400–401	1
Proverbios y cantares, XXIX ("Caminante, son tus huellas")	Machado	Tomo I	401–402	1
"Poema 15" ("Me gustas cuando callas porque estás como ausente")	Pablo Neruda (Chile)	Tomo I	403–404	1
Residencia en la Tierra 2, "Walking around"	Neruda	Tomo I	405–407	1
"Oda a la alcachofa"	Neruda	Tomo I	407–410	1
"Balada de los dos abuelos" (1934)	Nicolás Guillén (Cuba)	Tomo I	411–414	1
"Sensemayá"	Guillén	Tomo I	415–417	1

REPASO				10
TOTAL DE HORAS				**148–168**

Plan de estudios por géneros

A continuación se encontrará un plan de estudios para el contenido de *Abriendo puertas*. Los textos se verán ordenados por géneros. El plan es un modelo que el maestro puede adaptar, según su criterio individual y las exigencias de su propia situación escolar.

Es recomendable que el maestro que desee tratar los textos por géneros presente poco a poco el trasfondo histórico de los mismos, incluyendo materia de instrucción sobre las características del género literario y de la tendencia literaria pertinentes. Conviene enseñar debidamente los recursos literarios que pertenezcan a su estudio.

El plan de estudio alterna entre prosa y poesía, para variar el enfoque de la clase y para dar lugar a oportunidades de comparar y contrastar sus características varias. Se querrá notar, cuando sea oportuno, el hecho de que algunos textos en prosa incluyen elementos poéticos, o lo contrario: ejemplos son la poesía prosaica de Rosario Castellanos, la prosa poética de "Clarín", la poesía intercalada en la prosa de *La casa de Bernarda Alba* y la poesía dramática, tanto de los romances como de *El burlador de Sevilla y convidado de piedra*.

Para averiguar la complejidad y el tiempo aproximado que convendrá para la lectura a fondo de cada texto, véase el "Bosquejo general de horas recomendadas para enseñar los textos de *Abriendo puertas*". Siguiendo el plan de estudios, no se repite ningún texto, con excepción de la poesía feminista de Sor Juana, Storni, Burgos y Castellanos. No hará falta que el maestro destine más tiempo en clase a su nueva lectura a fondo, sino únicamente a una reexaminación de estos poemas ya leídos de antemano, bajo el nuevo enfoque indicado.

Género	Lectura	Autor	Tomo	Páginas	Horas
Los cuentos del siglo XX	"El hijo"	Horacio Quiroga (Uruguay)	Tomo I	16–24	2
	"Mi caballo mago"	Sabine R. Ulibarrí (Nuevo México, EE.UU.)	Tomo I	25–33	2
	"No oyes ladrar los perros"	Juan Rulfo (México)	Tomo I	34–40	2
	"La siesta del martes"	Gabriel García Márquez (Colombia)	Tomo I	41–53	2
	"¡Adiós, *Cordera!*"	Leopoldo "Clarín"Alas (España)	Tomo I	54–68	2
	"Las medias rojas"	Emilia Pardo Bazán (España)	Tomo I	69–74	2
	"Las ataduras"	Carmen Martín Gaite (España)	Tomo I	75–133	5

Género	Lectura	Autor	Tomo	Páginas	Horas
La poesía: el romance	"Romance del rey moro que perdió Alhama" ("¡Ay de mi Alhama!")	Anónimo (España)	Tomo I	310–313	2.5
	"Romance del conde Arnaldos"	Anónimo (España)	Tomo I	314–316	2.5
	"Romance de la luna, luna"	Federico García Lorca (España)	Tomo I	318–319	1.5
	"Romance de la pena negra"	García Lorca	Tomo I	320–321	1.5
	"La monja gitana"	García Lorca	Tomo I	322–323	**
	"Prendimiento de Antoñito el Camborio"	García Lorca	Tomo I	324–325	**
	"Muerte de Antoñito el Camborio"	García Lorca	Tomo I	326–328	**
	"Romance sonámbulo"	García Lorca	Tomo I	329–333	**
La poesía: el soneto	Soneto XXIII ("En tanto que de rosa y azucena")	Garcilaso de la Vega (España)	Tomo I	334–336	1.5
	Soneto CLXVI ("Mientras por competir con tu cabello")	Luis de Góngora y Argote (España)	Tomo I	337–339	1.5
	Heráclito cristiano: Salmo XVII ("Miré los muros de la patria mía")	Francisco de Quevedo y Villegas (España)	Tomo I	340–343	2
	"En perseguirme, Mundo, ¿qué interesas?"	Sor Juana Inés de la Cruz (México)	Tomo I	377	2*
El cuento fantástico del siglo XIX y del siglo XX	Tradiciones peruanas, "El alacrán de fray Gómez"	Ricardo Palma (Perú)	Tomo I	134–142	2
	"El Sur"	Jorge Luis Borges (Argentina)	Tomo I	143–154	3
	"La muerte y la brújula"	Borges	Tomo I	155–172	5
	"Continuidad de los parques"	Julio Cortázar (Argentina)	Tomo I	173–176	4
	"La noche boca arriba"	Cortázar	Tomo I	177–189	4
	"Chac Mool"	Carlos Fuentes (México)	Tomo I	190–205	3*
	"Un señor muy viejo con unas alas enormes"	Gabriel García Márquez (Colombia)	Tomo I	206–218	2*
	"El ahogado más hermoso del mundo"	García Márquez	Tomo I	219–229	2*
	"Dos palabras"	Isabel Allende (Chile)	Tomo I	230–245	3
El cuento sociopolítico: siglo XX	"Un día de éstos"	Gabriel García Márquez (Colombia)	Tomo I	246–251	2*
	"La prodigiosa tarde de Baltazar"	García Márquez	Tomo I	252–263	3*
	"La viuda de Montiel"	García Márquez	Tomo I	264–274	2*

Género	Lectura	Autor	Tomo	Páginas	Horas
Poesía romántica y modernista del siglo XIX	"En una tempestad"	José María Heredia (Cuba)	Tomo I	344–348	1.5
	"Canción del pirata"	José de Espronceda (España)	Tomo I	349–354	1.5
	Rima IV ("No digáis que agotado su tesoro")	Gustavo Adolfo Bécquer (España)	Tomo I	356–357	1
	Rima XI ("Yo soy ardiente, yo soy morena")	Bécquer	Tomo I	358	1
	Rima LIII ("Volverán las oscuras golondrinas")	Bécquer	Tomo I	359–360	1
	"Dos patrias" ("Dos patrias tengo yo: Cuba y la noche")	José Martí (Cuba)	Tomo I	365–366	1.5
	Versos sencillos, I ("Yo soy un hombre sincero")	Martí	Tomo I	362–364	1.5
	Cantos de vida y esperanza, VIII ("A Roosevelt")	Rubén Darío (Nicaragua)	Tomo I	368–370	1
	Cantos de vida y esperanza: Otros poemas, VI ("Canción de otoño en primavera")	Darío	Tomo I	371–373	1
	Cantos de vida y esperanza: Otros poemas, XLI ("Lo fatal")	Darío	Tomo I	374–375	1
La poesía feminista del siglo XVII y del siglo XX	"En perseguirme, Mundo, ¿qué interesas?"	Sor Juana Inés de la Cruz (México)	Tomo I	377	2
	"Hombres necios que acusáis"	Sor Juana	Tomo I	378–382	2
	"Tú me quieres blanca"	Alfonsina Storni (Argentina)	Tomo I	384–386	0.5
	"Peso ancestral"	Storni	Tomo I	387–388	0.5
	"A Julia de Burgos"	Julia de Burgos (Puerto Rico)	Tomo I	389–392	1
	"Autorretrato"	Rosario Castellanos (México)	Tomo I	393–397	1

Género	Lectura	Autor	Tomo	Páginas	Horas
La poesía lírica del siglo XX	"He andado muchos caminos"	Antonio Machado (España)	Tomo I	399	I
	"Caminante, son tus huellas"	Machado	Tomo I	401–402	I
	"La primavera besaba"	Machado	Tomo I	400	I
	"Tú me quieres blanca"	Alfonsina Storni (Argentina)	Tomo I	384–386	0.5
	"Peso ancestral"	Storni	Tomo I	387–388	0.5
	Veinte poemas de amor y una canción desesperada, Poema 15 ("Me gustas cuando callas porque estás como ausente")	Pablo Neruda (Chile)	Tomo I	404–405	I
	"Oda a la alcachofa"	Neruda	Tomo I	407–410	I
	Residencia en la Tierra, "Walking around"	Neruda	Tomo I	405–407	I
	"Balada de los dos abuelos"	Nicolás Guillén (Cuba)	Tomo I	412–414	I
	"Sensemayá"	Guillén	Tomo I	415–416	I
	"A Julia de Burgos"	Julia de Burgos (Puerto Rico)	Tomo I	389–392	I*
	"Autorretrato"	Rosario Castellanos (México)	Tomo I	393–397	I*
La poesía dramática	*El burlador de Sevilla y convidado de piedra*	Gabriel Téllez (Tirso de Molina) (España)	Tomo II	8–147	10
El drama peninsular del siglo XX	*La casa de Bernarda Alba*	Federico García Lorca (España)	Tomo II	148–238	8
El teatro satírico y sociopolítico hispanoamericano	*El delantal blanco*	Sergio Vodanovic (Chile)	Tomo II	239–361	2
La prosa peninsular desde el Medioevo hasta el siglo XX	*El conde Lucanor*: Exemplo XXXV	Don Juan Manuel Infante de Castilla (España)	Tomo II	268–275	2
	Lazarillo de Tormes: Tratados I, II, III, y VII	Anónimo (España)	Tomo II	276–338	10
	Naufragios: Capítulos XII, XX, XXI y XXII	Álvar Núñez Cabeza de Vaca (España)	Tomo II	339–356	3
	El ingenioso hidalgo don Quijote de la Mancha: Primera parte, capítulos I, II, III, IV, V y VIII	Miguel de Cervantes Saavedra (España)	Tomo II	357–415	10
	"Vuelva Ud. mañana"	Mariano José de Larra (España)	Tomo II	421–437	2
	San Manuel Bueno, mártir	Miguel de Unamuno y Jugo (España)	Tomo II	438–487	10

Plan de estudios por temas

A continuación se encontrará una lista de los temas literarios más salientes del contenido de *Abriendo puertas*. Los temas se ordenan alfabéticamente, y dentro de cada tema los textos se ordenan cronológicamente.

Cada una de las lecturas de *Abriendo puertas*, Tomos I y II, figura por lo menos una vez en esta lista de temas. Algunas de las lecturas—las más complejas, como por ejemplo, el *Lazarillo*, el *Quijote* y *El burlador de Sevilla y convidado de piedra*—presentan múltiples temas, y por eso se incluyen hasta en 7 temas.

El maestro podrá empezar su año escolar optando por el tema que más le convenga, según su criterio y según las exigencias de su situación escolar. Se le recomienda leer a fondo con su clase los textos del primer tema que escoja, dando el trasfondo histórico necesario de cada texto, e incluyendo material de instrucción sobre cualquier tendencia literaria pertinente y recursos literarios que pertenezcan al estudio de los mismos.

Al completar la lectura y el estudio del primer tema escogido, el maestro pasará al segundo tema, otra vez elegido según su criterio individual. Los alumnos tratarán cuidadosamente los textos nuevos del tema. A la vez comentarán la conexión con los textos ya vistos bajo el primer tema. No habrá necesidad de leerlos una segunda vez en clase, pero estos textos presentarán oportunidades para la comparación y el contraste con los nuevos textos leídos, e independizarán al alumno para desarrollar sus propias ideas.

De allí en adelante, el maestro guiará a su clase a temas subsiguientes, haciendo hincapié en el trasfondo histórico, las tendencias literarias y los recursos literarios pertinentes, hasta completar la lectura de todos los textos obligatorios en el año. Véase la página web de Nextext para más temas.

Consideraciones con respecto al orden de presentación de los temas aquí señalados:

1. Es aconsejable considerar la posibilidad de empezar con un tema que incluya parte de los textos de mayor complejidad. La razón de ello es que, mientras más temprano se conozcan los textos más complejos, mayor oportunidad se tendrá de conocer a fondo sus elementos polifacéticos, por su frecuente reaparición bajo otros temas subsiguientes, y por lo mismo, de fijarlos en la memoria. Además, los textos más complejos tienden a ser más antiguos y, por lo tanto, progenitores del producto de otras generaciones literarias subsiguientes que se irán conociendo conforme progrese el año.

Un tema a considerar es *Carpe diem* y *memento mori*: **el tiempo y sus mudanzas**; otro es **El engaño y el desengaño, la honra y la deshonra.**

2. La situación escolar de algunos maestros exigirá una lectura temprana de textos menos complejos y más contemporáneos, a fin de que sus estudiantes desarrollen poco a poco un vocabulario adecuado para las lecturas, y amplíen paso a paso su capacidad de comprenderlas. A diferencia de lo establecido en el punto N° 1, en estos casos lo aconsejable es enfocar primeramente a los alumnos en lecturas más comprensibles, animándoles a seguir adelante y a sentir confianza en su capacidad de entender textos cada vez más difíciles. Además, el empezar con textos más accesibles a las sensibilidades de hoy en día permitirá que el maestro establezca, a base de lecturas más fáciles, sus expectativas en cuanto a la discusión en clase y a la redacción de un buen ensayo analítico. (Véase la "Fórmula para escribir un buen ensayo analítico".)

Un tema a considerar es **Lo legendario o lo mítico**; otro es **Relaciones entre las generaciones**, si se exceptúa *El burlador de Sevilla y convidado de piedra*. Para más sobre esto, véase el punto N° 4, abajo.

3. Para averiguar la complejidad y el tiempo aproximado aconsejable para la lectura a fondo de cada texto, véase el "Bosquejo general de horas recomendadas para enseñar los textos de *Abriendo puertas*". El cálculo que allí consta atañe únicamente a un primer conocimiento del texto. Al tratarlo una segunda o tercera vez, escudriñado bajo otros temas subsiguientes, ningún texto debe requerir tiempo adicional en clase para una segunda o tercera lectura. La discusión de temas subsiguientes, en lo relacionado a un texto ya leído, se podrá basar en la lectura anterior en clase con los debidos repasos en casa. Esta es una oportunidad de dar tareas de comparación y contraste para la casa, o de desarrollar ensayos escritos en clase. No obstante, los textos siempre estarán a la mano para ser consultados cuando la discusión lo requiera.

4. Una ventaja del plan de estudios por temas: los textos se verán reinsertados de vez en cuando a lo largo del año escolar, y así se dará un continuo repaso natural conforme se conozcan más textos. Así habra menos posibilidad de que los alumnos olviden textos ya leídos.

El maestro que opte por un plan de estudios por temas debe tener en cuenta que, para algunos de los textos, el tema es principal, y para otros, secundario. Por ejemplo, al tratar el tema **Relaciones entre las generaciones**, sin lugar a duda hay en *El burlador de Sevilla* temas más centrales que la relación allí presentada entre don Diego Tenorio y su hijo, o entre don Gonzalo de Ulloa y su hija. No obstante, es innegable que este tema esté presente e involucrado tanto en el desarrollo como en el desenlace de la obra.

Con tal de tratar los textos más representativos de cada tema, no es necesario agotar todos los textos de todos los temas de esta lista al proceder conforme a este plan. Recuérdese, sin embargo, que para mayo, todos los textos de *Abriendo puertas* deben haberse leído por lo menos una vez (siendo las únicas excepciones: 3 de los 6 cuentos de Gabriel García Márquez y 4 de los 6 romances de Federico García Lorca).

Al fin y al cabo, aun para el maestro que opte por un plan basado no en temas, sino en otro elemento de las lecturas de *Abriendo puertas*, la siguiente lista podrá servir como base de un repaso temático al acercarse el mes de mayo.

Téngase en cuenta que no existe ni podrá existir nada que pretenda ser una lista definitiva de todos los temas presentes en los textos de *Abriendo puertas*. Por eso, las opiniones de maestros y de estudiantes serán diversas respecto a lo mismo.

Plan de estudio por temas

Tema	Lectura	Autor	Tomo	Páginas	Horas
Carpe diem y *memento mori:* el tiempo y sus mudanzas	"En tanto que de rosa y azucena"	Garcilaso de la Vega (España)	Tomo I	334–336	1.5
	"Mientras por competir con tu cabello"	Luis de Argote y Góngora (España)	Tomo I	337–339	1.5
	"Miré los muros de la patria mía"	Francisco de Quevedo y Villegas (España)	Tomo I	340–343	2
	"Volverán las oscuras golondrinas"	Gustavo Adolfo Bécquer (España)	Tomo I	359–360	1
	"Lo fatal"	Rubén Darío (Nicaragua)	Tomo I	374–375	1
	"Canción de otoño en primavera"	Darío (Nicaragua)	Tomo I	371–373	1
	"La primavera besaba"	Antonio Machado (España)	Tomo I	400–401	1
	"He andado muchos caminos"	Machado (España)	Tomo I	398–400	1
	"Caminante, no hay camino"	Machado (España)	Tomo I	401–402	1
Desafío y perseverancia: la tenacidad individual ante los retos de la vida	El conde Lucanor	El infante don Juan Manuel (España)	Tomo II	268–275	2–3
	La vida de Lazarillo de Tormes	Anónimo (España)	Tomo II	276–338	10
	Naufragios	Cabeza de Vaca, Álvar Núñez (España)	Tomo II	339–356	3–4
	El ingenioso hidalgo don Quijote de la Mancha	Miguel de Cervantes Saavedra (España)	Tomo II	357–415	10
	"El alacrán de fray Gómez"	Ricardo Palma	Tomo I	134–142	2–3
	"Las medias rojas"	Emilia Pardo Bazán (España)	Tomo I	69–74	2–3
	"Balada de los dos abuelos"	Nicolás Guillén (Cuba)	Tomo I	411–414	1
	"Sensemayá"	Guillén (Cuba)	Tomo I	415–417	1
	"La siesta del martes"	Gabriel García Márquez (Colombia)	Tomo I	41–53	2–3
	"Un día de éstos"	Márquez (Colombia)	Tomo I	246–251	2–3
	"Mi caballo mago"	Sabine R. Ulibarrí (Nuevo México, EE.UU.)	Tomo I	25–33	2–3
El desdoblamiento y la dualidad del ser	El ingenioso hidalgo don Quijote de la Mancha	Miguel de Cervantes Saavedra (España)	Tomo II	357–415	10
	"Hombres necios que acusáis"	Sor Juana Inés de la Cruz (México)	Tomo I	378–383	2.5
	"Balada de los dos abuelos"	Nicolás Guillén (Cuba)	Tomo I	411–414	1
	"La muerte y la brújula"	Jorge Luis Borges (Argentina)	Tomo I	155–172	5
	"A Julia de Burgos"	Julia de Burgos (Puerto Rico)	Tomo I	389–392	1
	"El Sur"	Borges (Argentina)	Tomo I	143–154	3
	"Continuidad de los parques"	Julio Cortázar (Argentina)	Tomo I	173–176	3–4
	"La noche boca arriba"	Cortázar (Argentina)	Tomo I	177–189	3–4
	El delantal blanco	Sergio Vodanovic (Chile)	Tomo II	239–261	2–3
	"Autorretrato"	Rosario Castellanos (México)	Tomo I	393–397	1

Tema	Lectura	Autor	Tomo	Páginas	Horas
El engaño y el desengaño, la honra y la deshonra	*La vida de Lazarillo de Tormes*	Anónimo (España)	Tomo II	276–338	10
	El ingenioso hidalgo don Quijote de la Mancha	Miguel de Cervantes Saavedra (España)	Tomo II	357–415	10
	El burlador de Sevilla y convidado de piedra	Gabriel Téllez (Tirso de Molina) (España)	Tomo II	8–147	10
	San Manuel Bueno, mártir	Miguel de Unamuno y Jugo (España)	Tomo II	438–487	10
	La casa de Bernarda Alba	Federico García Lorca, (España)	Tomo II	148–238	7–10
el machismo, la lucha por el poder entre los sexos	*El conde Lucanor:* Ejemplo XXXI	El infante don Juan Manuel (España)	Tomo II	268–275	2–3
	El burlador de Sevilla y convidado de piedra	Gabriel Téllez (Tirso de Molina) (España)	Tomo II	8–147	10
	"Hombres necios que acusáis"	Sor Juana Inés de la Cruz (México)	Tomo I	378–383	2.5
	"Tú me quieres blanca"	Alfonsina Storni (Argentina)	Tomo I	383–386	1
	"Peso ancestral"	Storni (Argentina)	Tomo I	387–388	1
	"A Julia de Burgos"	Julia de Burgos (Puerto Rico)	Tomo I	389–392	1
	"Autorretrato"	Rosario Castellanos (México)	Tomo I	393–397	1
	"Dos palabras"	Isabel Allende (Chile)	Tomo I	230–245	2–3
Éxtasis y epifanías	"El romance del conde Arnaldos"	Anónimo (España)	Tomo I	314–316	2.5
	"No digáis que agotado su tesoro"	Gustavo Adolfo Bécquer (España)	Tomo I	355–358	2–3
	"En una tempestad"	José María Heredia (Cuba)	Tomo I	344–348	2–3
	"La monja gitana"	Federico García Lorca (España)	Tomo I	322–323	1.5
	"Oda a la alcachofa"	Pablo Neruda (Chile)	Tomo I	407–410	1
	"Peso ancestral"	Alfonsina Storni (Argentina)	Tomo I	387–388	0.5
	"A Julia de Burgos"	Julia de Burgos (Puerto Rico)	Tomo I	389–392	1
	"La prodigiosa tarde de Baltazar"	Gabriel García Márquez (Colombia	Tomo I	352–263	1.5
	"Mi caballo mago"	Sabine R. Ulibarrí (Nuevo México, EE.UU.)	Tomo I	25–33	2–3
	"El ahogado más hermoso del mundo"	García Márquez (Colombia)	Tomo I	219–229	1.5
La fe y la razón, la justicia divina y la vida	*El burlador de Sevilla y convidado de piedra*	Gabriel Téllez (Tirso de Molina) (España)	Tomo II	8–147	10
	"El alacrán de fray Gómez"	Ricardo Palma	Tomo I	134–142	2–3
	"Lo fatal"	Rubén Darío (Nicaragua)	Tomo I	374–375	1
	"He andado muchos caminos"	Antonio Machado (España)	Tomo I	398–400	1
	"Caminante, son tus huellas"	Machado (España)	Tomo I	401–402	1
	San Manuel Bueno, mártir	Miguel de Unamuno y Jugo (España)	Tomo II	438–487	10

Tema	Lectura	Autor	Tomo	Páginas	Horas
Ganar y perder en el juego del amor: la pasión entre el hombre y la mujer	*El conde Lucanor*: Ejemplo XXXI	El infante don Juan Manuel (España)	Tomo II	268–275	2–3
	"En tanto que de rosa y azucena"	Garcilaso de la Vega (España)	Tomo I	334–336	1.5
	"Mientras por competir con tu cabello"	Luis de Argote y Góngora (España)	Tomo I	337–339	1.5
	El burlador de Sevilla y convidado de piedra	Gabriel Téllez (Tirso de Molina) (España)	Tomo II	8–147	10
	"Hombres necios que acusáis"	Sor Juana Inés de la Cruz (México)	Tomo I	378–383	2.5
	"Yo soy ardiente, yo soy morena"	Gustavo Adolfo Bécquer (España)	Tomo I	358	1
	"Volverán las oscuras golondrinas"	Bécquer (España)	Tomo I	359–360	1
	"Canción de otoño en primavera"	Rubén Darío (Nicaragua)	Tomo I	371–373	1
	"La primavera besaba"	Antonio Machado (España)	Tomo I	400–401	1
	"Me gustas cuando callas"	Pablo Neruda (Chile)	Tomo I	403–404	1
	"Romance de la pena negra"	Federico García Lorca (España)	Tomo I	320–321	1.5
	"La monja gitana"	García Lorca (España)	Tomo I	322–323	1.5
	"Romance sonámbulo"	García Lorca (España)	Tomo I	329–333	1.5
	La casa de Bernarda Alba	García Lorca (España)	Tomo II	148–238	7–10
	"Las ataduras"	Carmen Martín Gaite (España)	Tomo I	75–133	5
	"Dos palabras"	Isabel Allende (Chile)	Tomo I	230–245	2–3
La crítica social y política	"El romance del rey moro que perdió Alhama"	Anónimo (España)	Tomo I	310–313	2.5
	La vida de Lazarillo de Tormes	Anónimo (España)	Tomo II	276–338	10
	El ingenioso hidalgo don Quijote de la Mancha	Miguel de Cervantes Saavedra (España)	Tomo II	357–415	10
	El burlador de Sevilla y convidado de piedra	Gabriel Téllez (Tirso de Molina) (España)	Tomo II	8–147	10
	"Vuelva usted mañana"	Mariano José de Larra (España)	Tomo I	421–437	2–3
	"¡Adiós, Cordera!"	Leopoldo Alas, "Clarín" (España)	Tomo I	65–68	2–3
	"Las medias rojas"	Emilia Pardo Bazán (España)	Tomo I	69–74	2–3
	"A Roosevelt"	Rubén Darío (Nicaragua)	Tomo I	367–370	3
	La casa de Bernarda Alba	Federico García Lorca (España)	Tomo II	148–238	7–10
	"Un día de éstos"	Gabriel García Márquez (Colombia)	Tomo I	246–251	2
	"La prodigiosa tarde de Baltazar"	García Márquez (Colombia)	Tomo I	352–263	2
	"La viuda de Montiel"	García Márquez (Colombia)	Tomo I	264–274	2
	El delantal blanco	Sergio Vodanovic (Chile)	Tomo I	239–261	2–3

Tema	Lectura	Autor	Tomo	Páginas	Horas
La decadencia del orden establecido y el descontrol	*La vida de Lazarillo de Tormes*	Anónimo (España)	Tomo II	276–338	10
	"Miré los muros de la patria mía"	Francisco de Quevedo y Villegas (España)	Tomo I	340–343	2
	"¡Adiós, *Cordera!*"	Leopoldo Alas, "Clarín" (España)	Tomo I	65–68	2–3
	"Lo fatal"	Rubén Darío (Nicaragua)	Tomo I	374–375	1
	"Las medias rojas"	Emilia Pardo Bazán (España)	Tomo I	69–74	2–3
	"El hijo"	Horacio Quiroga (Uruguay)	Tomo I	16–24	2–3
	"Romance sonámbulo"	Federico García Lorca (España)	Tomo I	329–333	1.5
	"Walking around"	Pablo Neruda (Chile)	Tomo I	405–407	1
	"No oyes ladrar los perros"	Juan Rulfo (México)	Tomo I	34–40	2–3
	"Chac Mool"	Carlos Fuentes (México)	Tomo I	190–205	2–3
	"Las ataduras"	Carmen Martín Gaite (España)	Tomo I	75–133	5
	"La viuda de Montiel"	Gabriel García Márquez	Tomo I	264–274	2
La libertad y la soberanía individual y colectiva	*El ingenioso hidalgo don Quijote de la Mancha*	Miguel de Cervantes Saavedra (España)	Tomo II	357–415	10
	El burlador de Sevilla y convidado de piedra	Gabriel Téllez (Tirso de Molina) (España)	Tomo II	8–147	10
	"Canción del pirata"	José de Espronceda (España)	Tomo I	349–354	1.5
	"Dos patrias"	José Martí (Cuba)	Tomo I	365–366	1.5
	Versos sencillos, I	Martí (Cuba)	Tomo I	361–365	1.5
	"¡Adiós, *Cordera!*"	Leopoldo Alas, "Clarín" (España)	Tomo I	65–68	2–3
	"A Roosevelt"	Rubén Darío (Nicaragua)	Tomo I	367–370	1
	"Las medias rojas"	Emilia Pardo Bazán (España)	Tomo I	69–74	2–3
	"Tú me quieres blanca"	Alfonsina Storni (Argentina)	Tomo I	383–386	0.5
	"Peso ancestral"	Storni (Argentina)	Tomo I	387–388	0.5
	"Prendimiento de Antoñito el Camborio en el camino de Sevilla"	Federico García Lorca (España)	Tomo I	324–325	1.5
	"Muerte de Antoñito el Camborio"		Tomo I	325–328	3
	"Walking around"	Pablo Neruda (Chile)	Tomo II	148–238	7–10
	La casa de Bernarda Alba	García Lorca (España)	Tomo I	389–392	1
	"A Julia de Burgos"	Julia de Burgos (Puerto Rico)	Tomo II	239–261	2–3
	El delantal blanco	Sergio Vodanovic (Chile)	Tomo I	25–33	2–3

Tema	Lectura	Autor	Tomo	Páginas	Horas
La tenue línea entre lo real y lo ilusorio	*El ingenioso hidalgo don Quijote de la Mancha*	Miguel de Cervantes Saavedra (España)	Tomo II	357–415	10
	Naufragios	Álvar Núñez Cabeza de Vaca (España)	Tomo II	339–356	3–4
	"El alacrán de fray Gómez"	Ricardo Palma (Perú)	Tomo I	134–142	2–3
	"El hijo"	Horacio Quiroga (Uruguay)	Tomo I	16–24	2–3
	"Chac Mool"	Carlos Fuentes (México)	Tomo I	190–205	2–3
	"El Sur"	Jorge Luis Borges (Argentina)	Tomo I	143–154	3
	"Continuidad de los parques"	Julio Cortázar (Argentina)	Tomo I	173–176	3–4
	"La noche boca arriba"	Cortázar (Argentina)	Tomo I	177–189	3–4
	"El ahogado más hermoso del mundo"	Gabriel García Márquez (Colombia)	Tomo I	219–229	2
	"Un señor muy viejo con unas alas enormes"	García Márquez (Colombia)	Tomo I	206–218	2
Lecciones de la vida y el repudio del error	*El conde Lucanor*: Ejemplo XXXI	El infante don Juan Manuel (España)	Tomo II	268–175	2–3
	La vida de Lazarillo de Tormes	Anónimo (España)	Tomo II	276–338	10
	"Lo fatal"	Rubén Darío (Nicaragua)	Tomo I	374–375	1
	Versos sencillos, I	José Martí (Cuba)	Tomo I	361–365	1
	"He andado muchos caminos"	Antonio Machado (España)	Tomo I	398–400	1
	"La primavera besaba"	Machado (España)	Tomo I	400–401	1
	"Caminante, son tus huellas"	Machado (España)	Tomo I	401–402	1
	"Tú me quieres blanca"	Alfonsina Storni (Argentina)	Tomo I	383–386	1
	"Peso ancestral"	Storni (Argentina)	Tomo I	387–388	1
	"Walking around"	Pablo Neruda (Chile)	Tomo I	403–404	3
	"Sensemayá"	Nicolás Guillén (Cuba)	Tomo I	415–417	1
	"A Julia de Burgos"	Julia de Burgos (Puerto Rico)	Tomo I	389–392	1
	"Oda a la alcachofa"	Neruda (Chile)	Tomo I	407–410	1
	"No oyes ladrar los perros"	Juan Rulfo (México)	Tomo I	34–40	2–3
	"Autorretrato"	Rosario Castellanos (México)	Tomo I	393–397	1

Plan de estudios por cronología

A continuación se encontrará una lista del contenido de *Abriendo puertas*. Aquí, los textos se ordenan cronológicamente, notándose en lo posible la fuente y fecha de su primera publicación y aclarando géneros en algunos casos. Si se sabe que la fecha de composición es marcadamente diferente, ésta también se nota. Es recomendable que el maestro que desee tratar los textos así ordenados haga hincapié en las características de su siglo de origen, dando el trasfondo histórico necesario y colocando cada uno dentro de su época. Debe incluirse materia de instrucción sobre cualquier género literario y tendencia literaria pertinente y sobre recursos literarios que pertenezcan a su estudio.

Para averiguar la complejidad y el tiempo aproximado aconsejable para la lectura a fondo de cada texto, véase el "Bosquejo general de horas recomendables para enseñar los textos de *Abriendo puertas*".

Al completar el escrutinio de los textos de cada siglo, el maestro guiará a su clase a la lectura de los textos del siglo subsiguiente, señalando asimismo el trasfondo histórico, las épocas y corrientes literarias, los géneros y los recursos literarios que pertenezcan a su estudio, hasta completar la lectura de todos los textos obligatorios en un año. Recuérdese que para mayo los únicos textos no obligatorios son 3 de los 6 cuentos de Gabriel García Márquez y 4 de los 6 *romances* de Federico García Lorca.

Siglo	Lectura	Autor	Tomo	Páginas	Horas
El Medioevo: los siglos XIV y XV	*El conde Lucanor*	Don Juan Manuel (1282–1348) (español)	Tomo II	268–275	2–3
	"Romance del rey moro que perdió Alhama" ("¡Ay de mi Alhama!")	Anónimo (español)	Tomo I	310–313	2.5
	"Romance del conde Arnaldos"	Anónimo (español)	Tomo I	314–316	2.5
El siglo XVI	*Lazarillo de Tormes* (1554)	Anónimo (español)	Tomo II	276–338	10
	Naufragios (1542)	Álvar Núñez Cabeza de Vaca (¿1490? ¿1507?–¿1559? ¿1564?) (español)	Tomo II	339–356	3–4
	"Soneto XXIII"(1543)	Garcilaso de la Vega (1501, o 1503–1536) (español, toledano)	Tomo I	334–336	1.5
El siglo XVII	*El ingenioso hidalgo don Quijote de la Mancha* (1605)	Miguel de Cervantes Saavedra (1547–1616) (español, castellano)	Tomo II	357–415	10
	"Soneto CLXVI" (1612)	Luis de Góngora y Argote (1561–1627) (español, cordobés)	Tomo I	337–339	1.5
	"Salmo XVII" de *Heráclito cristiano* (1613)	Francisco de Quevedo y Villegas (1580–1645) (español)	Tomo I	340–343	1.5
	El burlador de Sevilla y convidado de piedra (1630)	Gabriel Téllez (Tirso de Molina) (¿1572? ¿1584?–¿1646? ¿1648?) (español)	Tomo II	8–147	10
	"En perseguirme, Mundo, ¿qué interesas?" (hacia fines del siglo XVII)	Sor Juana Inés de la Cruz (¿1648? ¿1651?–1695) (mexicana)	Tomo I	376–377	2.5
	"Hombres necios que acusáis" (hacia fines del siglo XVII)		Tomo I	378–382	2.5

Siglo	Lectura	Autor	Tomo	Páginas	Horas
El siglo XIX	"En una tempestad" (¿1820?) (¿1824?)	Heredia, José María (1803–1839) (cubano)	Tomo I	344–348	1.5
	"Vuelva Ud. mañana" (14-1-1833)	Larra, Mariano José de (1809–1837) (español)	Tomo II	421–437	2–3
	"Canción del pirata" (1840)	Espronceda, José de (1808–1842) (español)	Tomo I	349–354	1.5
	Rima IV "No digáis que agotado su tesoro" (1871)	Bécquer, Gustavo Adolfo (1836–1870) (español, sevillano)	Tomo I	355–358	1
	Rima XI "Yo soy ardiente, yo soy morena" (1871)	Bécquer	Tomo I	358	1
	Rima LIII "Volverán las oscuras golondrinas" (1871)	Bécquer	Tomo I	359–360	1
	"El alacrán de fray Gómez" (1889)	Palma, Ricardo (1833–1919) (peruano)	Tomo I	134–142	2–3
	Versos sencillos, I (1891)	Martí, José (1853–1895) (cubano)	Tomo I	361–365	1.5
	"¡Adiós, *Cordera*!" (1893)	Alas, Leopoldo (Clarín) (1852–1901) (español, asturiano)	Tomo I	65–68	2–3
El siglo XX	"He andado muchos caminos" (1903)	Machado, Antonio (1875–1939) (español, sevillano)	Tomo I	398–400	1
	"La primavera besaba" (1903)	Machado	Tomo I	400–401	1
	"Canción de otoño en primavera" (1905)	Darío, Rubén (1867–1916) (nicaragüense)	Tomo I	371–373	1
	"Lo fatal" (1905)	Darío	Tomo I	374–375	1
	"A Roosevelt" (1905)	Darío	Tomo I	367–370	1
	"Caminante, son tus huellas" (1912)	Machado, Antonio (1875–1939) (español, sevillano)	Tomo I	401–402	1
	"Tú me quieres blanca" (1918)	Storni, Alfonsina (1892–1938) (argentina)	Tomo I	383–386	0.5
	"Peso ancestral" (1919)	Storni	Tomo I	387–388	0.5
	"Las medias rojas" (1923, pero publicado anteriormente en una revista, en 1914)	Pardo Bazán, Emilia (1851–1921) (español, gallega)	Tomo I	69–74	2–3
	"Poema 15" (1924)	Neruda, Pablo (1904–1973) (chileno)	Tomo I	403–404	1
	"El hijo" (1928)	Quiroga, Horacio (1878–1937) (uruguayo)	Tomo I	16–24	2–3
	De *Romancero gitano*:	García Lorca, Federico (1898–1936) (español, andaluz)	Tomo I		3
	"Romance de la luna luna" (1928)		Tomo I	318–319	
	"Romance de la pena negra" (1928)		Tomo I	320–321	
	"Romance sonámbulo" (1928)		Tomo I	329–333	
	"La monja gitana" (1928)		Tomo I	322–323	
	"Prendimiento de Antoñito el Camborio" (1928)		Tomo I	324–326	
	"Muerte de Antoñito el Camborio" (1928)		Tomo I	326–328	
	De *Flores del destierro*, poemas inéditos (1882–1891) publicados póstumamente en 1933: "Dos patrias"	Martí, José (1853–1895) (cubano)	Tomo I	365–366	1.5
	San Manuel Bueno, mártir (1933)	Unamuno y Jugo, Miguel de (1864–1936) (español, vasco)	Tomo II	438–487	10
	"Balada de los dos abuelos" (1934)	Guillén, Nicolás (1902–1989) (cubano)	Tomo I	411–414	1
	"Sensemayá" (1934)	Guillén	Tomo I	415–417	1
	"Walking around" (1935)	Neruda, Pablo (1904–1973) (chileno)		405–407	1

Siglo	Lectura	Autor	Tomo	Páginas	Horas
El siglo XX (cont'd)	*La casa de Bernarda Alba* (1936)	García Lorca, Federico (1898–1936) (español, andaluz)	Tomo II	148–238	7–10
	"A Julia de Burgos" (1938)	Burgos, Julia de (1914–1953) (puertorriqueña)	Tomo I	389–392	1
	"La muerte y la brújula" (1944)	Borges, Jorge Luis (1899–1986) (argentino)	Tomo I	155–172	5
	"No oyes ladrar los perros" (1953)	Rulfo, Juan (1918–1986) (mexicano)	Tomo I	34–40	2–3
	"Oda a la alcachofa" (1954)	Neruda, Pablo (1904–1973) (chileno)	Tomo I	407–410	1
	"Chac Mool" (1954)	Fuentes, Carlos (1928–) (mexicano)	Tomo I	190–205	2–3
	"El Sur", cuento agregado a *Ficciones* (1956)	Borges, Jorge Luis (1899–1986) (argentino)	Tomo I	143–154	3
	"La noche boca arriba" (1956)	Cortázar, Julio (1914–1984) (argentino)	Tomo I	177–189	4
	"Continuidad de los parques" (1956)	Cortázar	Tomo I	173–176	3
	"Las ataduras" (1960)	Martín Gaite, Carmen (1925–2000) (español, gallega)	Tomo I	75–133	5
	"Un día de éstos" (1962)	García Márquez, Gabriel (¿1927?¿1928?–) (colombiano)	Tomo I	246–251	7–8
	"La siesta del martes" (1962)	García Márquez	Tomo I	41–52	
	"La prodigiosa tarde de Baltazar" (1962)	García Márquez	Tomo I	252–263	
	"La viuda de Montiel" (1962)	García Márquez	Tomo I	264–274	
	El delantal blanco (1964)	Vodanovic, Sergio (¿1926?–2001) (chileno)	Tomo II	239–261	2–3
	"Mi caballo mago" (1964)	Ulibarrí, Sabine R. (1919–) (estadounidense, nuevomexicano)	Tomo I	25–33	2–3
	"Un señor muy viejo con unas alas enormes" (1968)	García Márquez, Gabriel (¿1927? ¿1928?–) (colombiano)	Tomo I	206–218	2
	"Autorretrato" (1972)	Castellanos, Rosario (1925–1974) (mexicana)	Tomo I	393–397	1
	"Dos palabras" (1989)	Allende, Isabel (1942–) (chilena)	Tomo I	230–245	2–3

A fin de ayudar al maestro con las épocas y corrientes literarias de los siglos que originaron los textos de *Abriendo puertas*, sigue a continuación una lista completa con los elementos básicos de cada una.

Diccionario de épocas y corrientes literarias importantes*

el Barroco—llamado también la Edad o Época *Barroca*; el siglo XVII; lo caracteriza una superabundancia de elementos ornamentales; la belleza está en la complejidad: expresión retorcida, elementos accesorios, metáforas y juegos de palabras. En la literatura hispánica, sus dos vertientes son el *conceptismo* y el *culteranismo*.

el clasicismo—tendencia del *Renacimiento* basada en la tradición grecolatina; cree, con el filósofo griego Protágoras, que el ser humano es la medida de todas las cosas; la belleza está en la proporción y la armonía.

el conceptismo—fenómeno *barroco* que predomina en la prosa; quiere renovar las ideas y no la sintaxis ni el léxico; intenta expresar sus ideas con el mínimo de palabras posibles y un mordaz sentido del humor; la belleza está en el ingenio y la sutileza de los conceptos. Lo caracterizan juegos de palabras, antítesis, metáforas anormales, transiciones bruscas y retruécanos. En la práctica se diferencia poco del *culteranismo*.

el costumbrismo—tendencia literaria que refleja las costumbres de un país o región; predomina en la narrativa.

el culteranismo—fenómeno *barroco* que predomina en la poesía; quiere renovar la sintaxis y el léxico y no las ideas; busca la melodía del lenguaje y la originalidad de la palabra; prefiere los latinismos; la belleza está en intensificar los valores clásicos del *Renacimiento*; intenta lograr metáforas y analogías brillantes y sorprendentes. En la práctica se diferencia poco del *conceptismo*.

el determinismo—ideología que sostiene que todo hecho es resultado de la causalidad; la herencia y el medio ambiente lo determinan todo; nada depende de la voluntad humana; la libertad es tan sólo una apariencia; base filosófica del *naturalismo*.

el existencialismo—filosofía que coloca al individuo al centro de la existencia; lo caracterizan el subjetivismo—el *yo* explica para sí y por sí su propia realidad—y la desesperación con respecto a Dios, al mundo y a la sociedad; el existente se siente solo, y sin esencia; por serle imposible una explicación racional de su existencia, destacan en él la libertad absoluta y la angustia.

el gongorismo—otro nombre que se da al *culteranismo*, por ser Góngora su mayor exponente.

el idealismo—tendencia a idealizar la realidad; polo opuesto del *realismo* y del *naturalismo*; concibe como verdadero el mundo de las ideas, al contrario del mundo material que percibimos con los sentidos; filosofía platónica abrazada por el *romanticismo* y el *modernismo*.

el Medioevo—llamado también la *Edad Media*; el milenio entre la caída del Imperio Romano y el *Renacimiento*; revivido y renovado por el *romanticismo* y el *modernismo* del siglo XIX, que quieren revalorizar el idioma del *Medioevo*, las grandes epopeyas nacionales, y los temas caballerescos y orientales, para librarse de formas y temas clásicos.

el modernismo—lo caracteriza una lírica brillante y exquisita, de gran colorido y calidad sensual; se basa en la idea de *el arte por el arte*; predominan las innovaciones métricas, los temas exóticos medievales y orientales, y la originalidad de la palabra; tendencia de libertad y de entusiasmo por la belleza; nace en Hispanoamérica a fines del siglo XIX y dura hasta las primeras décadas del siglo XX; influenciado por las tendencias renovadoras del simbolismo, impresionismo y parnasianismo franceses; es una reacción, en todos los géneros, contra el *romanticismo*, el *realismo*, y el *naturalismo*.

el naturalismo—quiere documentar con ojo clínico la realidad; la observación se sobrepone a la imaginación; intenta describir con minucioso detalle la vida real, aun en sus aspectos más bestiales; es una forma extrema del *realismo* y su base ideológica es el *determinismo*; predomina en la narrativa; tendencia literaria dominante en Francia en la segunda mitad del siglo XIX.

el neoclasicismo—domina el siglo XVIII; tendencia de limitada creación; lo caracterizan un formalismo que imita a los clásicos y una frialdad temática; la razón se impone sobre los sentimientos humanos; el *neoclasicismo* rechaza la creación literaria del *Barroco*, y busca lograr la sencillez de expresión.

el progresismo—ideología que abraza el progreso social y político; cree que el futuro traerá la felicidad de los pueblos mediante soluciones sociopolíticas.

el realismo—aspira a captar la vida tal y como es; busca la objetividad; lo caracteriza un espíritu de reproducción fotográfica, hasta en el lenguaje coloquial; se opone al *idealismo* y al *romanticismo*; del siglo XIX, posterior al *romanticismo*; predomina en la narrativa. Su forma más extrema es el *naturalismo*.

el realismo mágico—la realidad objetiva coexiste con elementos fantásticos e insólitos; García Márquez dice que la realidad cotidiana de Hispanoamérica extraña a quien no la conoce: parece de sueños o de mentiras, pero no por ello deja de ser su realidad. Presupone una variedad de perspectivas culturales hispanoamericanas: la indígena, la afrocaribeña, la de Oriente y la europea; tendencia en la narrativa a partir de mediados del siglo XX.

el Renacimiento—período histórico que sigue al *Medioevo* y precede al *Barroco*; en España, coincide con la primera parte del *Siglo de Oro*; comienza con la unidad española bajo los Reyes Católicos y dura hasta fines del siglo XVI; se introducen las formas métricas italianas a imitación de Petrarca; aumenta la producción literaria, y ésta se difunde por toda Europa; se acelera el ritmo de las influencias y evolución literarias; lo caracterizan una mayor variedad y complejidad de temas, tanto religiosos como profanos; se refinan los géneros literarios; predominan los valores y temas clásicos.

el romanticismo—el romántico se afirma en su yo, y en el liberalismo político del siglo XVIII; busca la inspiración auténtica en su propia sensibilidad e imaginación; se siente un ser incomprendido, y, a la vez, único, original; vuelve los ojos al pasado medieval para satisfacer su gusto por lo remoto y lo exótico; lo caracterizan la tristeza y el desaliento, pero no vacila en lanzarse a la vida con celo, saboreando su dolor; suele vivir poco tiempo, pero apresuradamente, y a base de sus pasiones; tendencia que surge como reacción al *neoclasicismo*; dominante en toda Europa en la primera mitad del siglo XIX, llega tardíamente a las letras hispánicas.

el Siglo de Oro—llamado también la Edad de Oro; en sus comienzos, coincide con el *Renacimiento* y con el máximo esplendor imperial de España, entre el reinado de Carlos V (1515–1556) y la derrota de la Armada Invencible (1588); época de brillante producción literaria; lo caracterizan el *clasicismo* y un espíritu religioso, idealista, y patriótico. Se cierra con la decadencia política de España a fines del siglo XVII y con la muerte del gran dramaturgo Pedro Calderón de la Barca, autor de *La vida es sueño*, en 1704. Abarca casi dos siglos.

el vanguardismo—aspira a romper con el pasado; quiere experimentar con temas y técnicas originales; intenta crear una lírica de grandes valores visuales y auditivos. El vanguardista, siempre poco ortodoxo, busca continuamente sorprender; tendencia posterior al *romanticismo*, al *realismo*, y al *naturalismo*, nace en el siglo XIX. Una de las manifestaciones del *vanguardismo* es el *modernismo*.

---

* Toda palabra impresa en cursillas se halla definida dentro de este diccionario.

Plan de estudios semanal

A continuación se presenta un plan de estudios para el contenido de *Abriendo puertas*. Los textos constan en el orden en el que aparecen en los dos tomos. El plan semanal es un modelo que el maestro puede adaptar, según su criterio individual y las exigencias de su situación escolar.

Semana	Lectura	Autor	Tomo	Páginas
1	"El hijo"	Horacio Quiroga (Uruguay)	Tomo I	16–24
	"Mi caballo mago"	Sabine R. Ulibarrí (Nuevo México, EE.UU.)	Tomo I	25–33
2	"No oyes ladrar los perros"	Juan Rulfo (México)	Tomo I	34–40
	"La siesta del martes"	Gabriel García Márquez (Colombia)	Tomo I	41–53
3	"¡Adiós, *Cordera*!"	Leopoldo Alas, "Clarín" (España)	Tomo I	65–68
	"Las medias rojas"	Emilia Pardo Bazán (España)	Tomo I	69–74
4	"Las ataduras"	Carmen Martín Gaite (España)	Tomo I	75–133
5–6	"El alacrán de fray Gómez"	Ricardo Palma	Tomo I	134–142
	"El Sur"	Jorge Luis Borges (Argentina)	Tomo I	143–154
	"La muerte y la brújula"	Borges	Tomo I	155–172
7–8	"Continuidad de los parques"	Julio Cortázar (Argentina)	Tomo I	173–176
	"La noche boca arriba"	Cortázar	Tomo I	177–189
9	"Chac Mool"	Carlos Fuentes (México)	Tomo I	190–205
10	"Un señor muy viejo con unas alas enormes"	Gabriel García Márquez (Colombia)*	Tomo I	206–218
	"El ahogado más hermoso del mundo"	García Márquez	Tomo I	219–229
	"Un día de éstos"	García Márquez	Tomo I	246–251
	"La prodigiosa tarde de Baltazar"	García Márquez	Tomo I	252–263
	"La viuda de Montiel"	García Márquez	Tomo I	264–274
11	"Dos palabras"	Isabel Allende (Chile)	Tomo I	230–245
12	"Romance del rey moro que perdió Alhama" ("¡Ay de mi Alhama!")	Anónimo (España)	Tomo I	310–313
	"Romance del conde Arnaldos"	Anónimo (España)	Tomo I	314–316
13	"Romance de la luna, luna"	Federico García Lorca (España)*	Tomo I	318–319
	"Romance de la pena negra"	García Lorca	Tomo I	320–321
	"La monja gitana"	García Lorca	Tomo I	322–323
	"Prendimiento de Antoñito el Camborio"	García Lorca	Tomo I	324–326
	"Muerte de Antoñito el Camborio"	García Lorca	Tomo I	326–328
	"Romance sonámbulo"	García Lorca	Tomo I	329–333
14	"Soneto XXIII"	Garcilaso de la Vega (España)	Tomo I	334–336
	"Soneto CLXVI"	Luis de Argote y Góngora (España)	Tomo I	337–339
	"Salmo XVII"	Francisco de Quevedo y Villegas (España)	Tomo I	340–343

Semana	Lectura	Autor	Tomo	Páginas
15	"En una tempestad"	José María Heredia (Cuba)	Tomo I	344–348
	"Canción del pirata"	José de Espronceda (España)	Tomo I	349–354
16	"Rima IV"	Gustavo Adolfo Bécquer (España)	Tomo I	355–358
	"Rima XI"	Bécquer	Tomo I	358
	"Rima LIII"	Bécquer	Tomo I	359–360
17	*Versos sencillos*, I	José Martí (Cuba)	Tomo I	361–365
	"Dos patrias"	Martí	Tomo I	365–366
	"Poema VIII"	Rubén Darío (Nicaragua)	Tomo I	367–370
	"Poema VI"	Darío	Tomo I	371–373
	"Poema XLI"	Darío	Tomo I	374–375
18–19	"En perseguirme, Mundo, ¿qué interesas?"	Sor Juana Inés de la Cruz (México)	Tomo I	376–377
	"Hombres necios que acusáis"	Sor Juana	Tomo I	378–382
	"Tú me quieres blanca"	Alfonsina Storni (Argentina)	Tomo I	383–386
	"Peso ancestral"	Storni	Tomo I	387–388
	"A Julia de Burgos"	Julia de Burgos (Puerto Rico)	Tomo I	389–392
	"Autorretrato"	Rosario Castellanos (México)	Tomo I	393–397
20	*Soledades*, II	Antonio Machado (España)	Tomo I	398–400
	Galerías, XXV	Machado	Tomo I	400–401
	Proverbios y cantares, XXIX	Machado	Tomo I	401–402
21	"Poema 15"	Pablo Neruda (Chile)	Tomo I	403–404
	"Walking around"	Neruda	Tomo I	405–407
	"Oda a la alcachofa"	Neruda	Tomo I	407–410
	"Balada de los dos abuelos"	Nicolás Guillén (Cuba)	Tomo I	411–414
	"Sensemayá"	Guillén	Tomo I	415–417
22–23	*El burlador de Sevilla y convidado de piedra*	Gabriel Téllez (Tirso de Molina) (España)	Tomo II	8–147
24–25	*La casa de Bernarda Alba*	Federico García Lorca, (España)	Tomo II	148–238
26	*El delantal blanco*	Sergio Vodanovic (Chile)	Tomo II	239–261
27–28	*El conde Lucanor*	El infante don Juan Manuel (España)	Tomo II	268–275
	Lazarillo de Tormes	Anónimo (España)	Tomo II	276–338
29	*Naufragios*	Cabeza de Vaca, Álvar Núñez (España)	Tomo II	339–356
30–31	*Don Quijote de la Mancha*	Miguel de Cervantes Saavedra (España)	Tomo II	357–415
32	"Vuelva Ud. mañana"	Mariano José de Larra (España)	Tomo II	421–437
33–34	*San Manuel Bueno, mártir*	Miguel de Unamuno y Jugo (España)	Tomo II	438–487

*Recuérdese que, para mayo, los únicos textos no obligatorios son 3 de los 6 cuentos de Gabriel García Márquez y 4 de los 6 *romances* de Federico García Lorca.

Páginas 16–24 del libro de lecturas

El hijo

HORACIO QUIROGA

Antes de leer

La creación literaria de Horacio Quiroga antecede con décadas el florecimiento de la narrativa hispanoamericana conocida como el Boom, del que participan Juan Rulfo, Carlos Fuentes, Gabriel García Márquez y Julio Cortázar, entre otros. Cuando Quiroga empieza a escribir, a comienzos del siglo XX, la atención del mundo de las letras hispanas, así como la de Quiroga también, está todavía fijada en el modernismo, tendencia poética nacida, a fines del siglo XIX, de la pluma de Rubén Darío. Pero pronto Quiroga se deja influir por la narrativa del autor norteamericano Edgar Allan Poe, cuyos escritos se sumían en una atmósfera gótica, basada en el misterio, el terror, y un velado erotismo. La obsesión por la muerte y la locura latente están presentes tanto en la narrativa de Quiroga como en la de Poe. La independencia estilística de Quiroga llega, sin embargo, tras una expedición a la selva de Misiones, en la que participó como fotógrafo. Tras esa reveladora experiencia que se remonta al año 1903, la selva impetuosa entra en el mundo narrativo de Quiroga para no abandonarlo jamás. Entonces su lenguaje se torna conciso y directo, alejándose de los ornamentos modernistas, mientras que su temática abandona las ciudades y sus artificios, para entregarse a ese enorme desafío natural que es la selva. La vida de Quiroga, por cierto, no estaba muy lejos de su literatura; envuelto en numerosos proyectos utópicos, se mudó a la selva de Misiones para quedarse allí permanentemente; conspiró contra su plan el suicidio de su primera esposa, que no pudo aguantar la presión de vivir en un mundo silvestre. La producción cuentística de Quiroga es copiosa y no siempre mantiene el mismo nivel de calidad; sobresalen, sin embargo, los siguientes libros: *Cuentos de amor, de locura y de muerte, Cuentos de la selva, para los niños, El salvaje, Anaconda, La gallina degollada* y *Más allá*.

El relato es fiel al criterio artístico de Quiroga: es breve, su lenguaje es sobrio, eludiendo las descripciones exuberantes, mantiene la misma intensidad de principio a fin, no se expande en datos innecesarios y va directamente al grano. Por último, la publicación del libro *Más allá* encierra, por el título elegido, oscuras premoniciones: Horacio Quiroga, al enterarse de que tiene cáncer, se suicida en 1937.

Vocabulario

deparar—brindar; ofrecer; poner delante; presentar.
cachorro—cría de corta edad de ciertos mamíferos; hijo, metafóricamente.
amenguar—disminuir.
nimio—insignificante.
ahuyentar—alejar; poner en fuga; hacer huir.
rastro—indicio; señal.
clamar—dar voces; gritar.
dicha—felicidad.
sombrío—oscuro.
emprender—empezar; iniciar (una tarea o un viaje).
candente—muy caluroso; literalmente, al rojo vivo.
empapado—completamente mojado; hecho una sopa; calado hasta los huesos.

Al leer

Consulte la **Guía de estudio** como herramienta para comprender mejor esta obra.

Después de leer

Conviene saber que la trayectoria literaria de Horacio Quiroga puede ser descrita cronológicamente de la siguiente manera:

1. De 1901 a 1916, domina en su producción cuentística la influencia de Edgar Allan Poe, autor que le inspira no solamente con sus temas mórbidos y misteriosos, sino también con la técnica perfecta para la creación de cuentos de horror. En su "Decálogo del perfecto cuentista", Quiroga aconseja evitar la imitación, pero agrega que si el influjo es demasiado fuerte, no queda otra salida que imitar. Tal cosa parece haberle ocurrido con Poe, autor a quien imitó por tantísimos años, liberándose de su peso solamente cuando la selva inhóspita comenzó a ser motivo temático de sus relatos.

2. La selva precisamente domina en la producción cuentística de Quiroga que va de 1917 a 1932, un período realmente fructífero que evidencia la madurez estilística del escritor uruguayo y la consolidación de un mundo original. El cuento "El hijo", publicado por primera vez en 1928, es uno de los ejemplos más notables de esta etapa; por su perfecta elaboración trae a la memoria lo que Quiroga escribió sobre su concepto del cuento: "Luché porque el cuento tuviera una sola línea, trazada por una sola mano sin temblor desde el principio al fin. Ningún obstáculo, ningún adorno o digresión debía acudir a aflojar la tensión de su hilo. El cuento era, para el fin que le es intrínseco, una flecha, que cuidadosamente apuntada, parte del arco para ir a dar directamente en el blanco. Cuantas mariposas trataran de posarse sobre ella para adornar su vuelo, no conseguirían sino entorpecerlo . . ."

3. El tercer período de la trayectoria de Quiroga va de 1932 hasta su muerte, y carece de mayor relevancia debido a los altibajos producidos por la salud inestable y la crisis emocional del autor uruguayo.

Conviene saber que en el cuento "El hijo", domina uno de los temas centrales en la obra de Quiroga: la muerte. No se trata, sin embargo, de esa muerte comprensible que llega con el paso de los años o tras el deterioro gradual que producen las enfermedades, sino de una muerte abrupta, accidental, sorpresiva, cuya realidad no puede ser aceptada de modo inmediato. En el caso ilustrado por "El hijo", la muerte es todavía más incomprensible debido a la juventud de la víctima; por eso el padre se resiste a creer lo que realmente ha pasado y se asila en sus alucinaciones, negando con el delirio la realidad inapelable de la muerte del chico. Al respecto dice certeramente el crítico Jaime Alazraki: ". . . porque la eternidad es un atributo que nuestra inconsciencia confiere a la vida, la intrusión repentina de la muerte nos llega como una irrealidad, o como una pesadilla de efímera realidad".

Conviene saber que tras su descubrimiento de la selva de Misiones en 1903, las opiniones de Quiroga con respecto a la vida en la ciudad fueron cambiando paulatinamente. La ciudad estaba llena de cosas artificiales, impedía el desarrollo integral de los seres humanos, lo brindaba todo hecho anulando la capacidad creativa del individuo. Para Quiroga, huir de la ciudad era la salvación; y por eso se fue a vivir en la selva de Misiones en dos ocasiones, buscando lo natural, las fuerzas elementales de la vida, los desafíos de florestas inhóspitas, el contacto con una realidad intensa que no admitía puntos medios, que convertía la vida en un continuo ejercicio del riesgo. La vida como aventura ha sido el motor de la producción narrativa de autores como Jack London; Horacio Quiroga, desde un punto de vista vital, pertenece a esa estirpe de escritores exploradores; y su cuento "El hijo", por toda la riqueza de los detalles objetivos, parece escrito por un cazador consumado.

Conviene saber que muchos críticos han notado el despreocupado uso del idioma que caracteriza al estilo de Quiroga. El mismo escritor alguna vez hizo hincapié en su indiferencia a la prosa artificiosa. Poniendo un certero punto final a esta discusión, el crítico Raimundo Lazo opina que este aparente defecto de la obra de Quiroga "parece ser el resultado de lo indisciplinable, anárquico, de su modo de ser, y también una espontánea adecuación de lo verbal al mundo primitivo en que conviven el autor y sus personajes". Es la segunda parte de esta opinión la que verdaderamente importa, puesto que los cuentos de Quiroga demuestran que el escritor uruguayo creó un lenguaje apto para captar las tensiones de la vida en la selva; un lenguaje natural y lleno de impurezas, lejano de la propiedad con que escribían los escritores afincados en las ciudades.

Bibliografía

Alazraki, Jaime. Variaciones del tema de la muerte en *Aproximaciones a Horacio Quiroga.* (1976)

Bratosevich, Nicolás. *El estilo de Horacio Quiroga en sus cuentos.* (1973)

Lazo, Raimundo. *Horacio Quiroga: (Estudio preliminar de los "Cuentos" de Quiroga.* (1990)

Rodríguez Monegal, Emir. *Genio y figura de Horacio Quiroga.* (1967)

Sánchez, Luis Alberto. *Escritores representativos de América.* (1964)

Preguntas

1. El bosque tropical es omnipresente en los cuentos de Horacio Quiroga. Comenta la relación que llevan entre sí la vida de padre e hijo y el medio ambiente que los rodea.

2. El narrador nos informa que el padre sufre desde hace un tiempo de alucinaciones. Las alucinaciones de antes eran pesadillas que tuvieron que ver con los peligros que corre la vida del hijo en este medio ambiente. ¿Cómo se diferencia de éstas la alucinación final del padre, cuando lo vemos sonriendo "de alucinada felicidad"?

3. ¿Qué efecto narrativo crees que surte el hecho de que Quiroga relata esta historia en tiempo presente?

Nombre

El hijo Horacio Quiroga

Una de las características de la obra de Horacio Quiroga es la exactitud matemática con que describe circunstancias de la realidad externa. Esto se debe fundamentalmente al interés que el escritor uruguayo muestra, a lo largo de su obra, en la plasmación detallada de lo objetivo; hecho que puede hallar una remota explicación en su afición por la ciencia. Lo cierto es que los detalles numéricos no solamente cumplen la función de ilustrar al lector en torno a las minucias de cuanto acontece, sino que se suman a la intención del escritor por dotar a su relato de la máxima intensidad posible. En los siguientes fragmentos de "El hijo", hallarás información de exactitud matemática; tu tarea consiste en determinar la función que estos detalles numéricos cumplen al interior del cuento.

a. "Sabe que su hijo, educado desde su más tierna infancia en el hábito y la precaución del peligro, puede manejar un fusil y cazar no importa qué. Aunque es muy alto para su edad, no tiene sino trece años. Y parecería tener menos, a juzgar por la pureza de sus ojos azules, frescos aún de sorpresa infantil".

b. "Sólo ahora el padre esboza una sonrisa al recuerdo de la pasión cinegética de las dos criaturas. Cazan sólo a veces un yacútoro, un surucuá—menos aún—y regresan triunfales, Juan a su rancho con el fusil de nueve milímetros que él le ha regalado, y su hijo a la meseta, con la gran escopeta Saint-Etienne calibre 16, cuádruple cierre y pólvora blanca".

c. "La imagen de su propio hijo no ha escapado a este tormento. Lo ha visto una vez rodar envuelto en sangre cuando el chico percutía en la morsa del taller una bala de parabellum, siendo así que lo que hacía era limar la hebilla de su cinturón de caza".

d. "El padre echa una ojeada a su muñeca: las doce. Y levanta los ojos al monte.

Su hijo debía estar ya de vuelta. En la mutua confianza que depositan el uno en el otro—el padre de sienes plateadas y la criatura de trece años—no se engañan jamás. Cuando su hijo responde: —Sí, Papá—hará lo que dice. Dijo que volvería antes de las doce, y el padre ha sonreído al verlo partir".

e. "El tiempo ha pasado; son las doce y media. El padre sale de su taller, y al apoyar la mano en el banco de mecánica sube del fondo de su memoria el estallido de una bala de parabellum, e instantáneamente, por primera vez en las tres horas transcurridas, piensa que tras el estampido de la Saint-Etienne no ha oído nada más".

f. "A un chico de trece años bástale ver desde cincuenta metros la expresión de su padre sin machete dentro del monte, para apresurar el paso con los ojos húmedos".

g. "En fin, el tiempo ha pasado. Ya van a ser las tres. Juntos, ahora, padre e hijo emprenden el regreso a la casa".

h. "A nadie ha encontrado, y su brazo se apoya en el vacío. Porque tras él, al pie de un poste y con las piernas en alto, enredadas en el alambre de púa, su hijo bien amado yace al sol, muerto desde las diez de la mañana".

El hijo Horacio Quiroga

1. El medio ambiente desempeña un papel importante en los cuentos "Mi caballo mago" de Sabine Ulibarrí y "El hijo" de Horacio Quiroga. En un ensayo coherente y bien organizado, analiza tú la función del medio ambiente en los dos cuentos, comparando y contrastando su importancia para el desenlace de cada uno.

(Tiempo: 40 minutos. Extensión mínima: 200 palabras.)

2. Analiza el tema de las relaciones entre generación y generación que se destaca en dos de las obras a continuación:

"¡Adiós, Cordera!", de Leopoldo Alas, "Clarín"
"Las medias rojas", de Emilia Pardo Bazán
"El hijo", de Horacio Quiroga
La casa de Bernarda Alba, de Federico García Lorca
"Las ataduras", de Carmen Martín Gaite
"No oyes ladrar los perros", de Juan Rulfo
"Mi caballo mago", de Sabine Ulibarrí

(Tiempo: 40 minutos. Extensión mínima: 200 palabras.)

Nombre _____

El hijo Horacio Quiroga

Lee las frases siguientes y completa el sentido de cada una eligiendo la palabra más apropiada entre las cuatro opciones.

1. Uno no sabe de antemano lo que le va a ____ la suerte el día de mañana.

   a. deportar   **c.** deparar

   b. descalabrar   **d.** despotricar

2. Sí, mis ____ se portan mal de vez en cuando, pero no son malos hijos.

   a. cachorros

   b. cachimbas

   c. cachos

   d. chalecos

3. El tren, ya cerca del pueblo, empezó a ____ la marcha.

   a. amenazar   **c.** amolar

   b. amilanar   **d.** amenguar

4. Cuando traigo entre manos una tarea importante, no hago caso de ____ detalles.

   a. nefríticos

   b. nemorosos

   c. nimios

   d. nipones

5. Hay lobos por aquí; atiza el fuego, a ver si los ____.

   a. ahuyentamos

   b. auscultamos

   c. ahumamos

   d. ahuecamos

6. Nos cansamos de buscar el gato extraviado, pero no hallamos ____ de él.

   a. ristra   **c.** rasgo

   b. rastro   **d.** rasguño

7. Los maleantes me destaparon la boca para que les dijera dónde estaba el dinero, pero cuando empecé a ____ me la volvieron a tapar.

   a. claudicar   **c.** clavar

   b. clausurar   **d.** clamar

8. ¿En qué consiste la felicidad? Según un poeta, consiste en "ser, nada más; es la absoluta ____".

   a. dicción   **c.** dicha

   b. dictadura   **d.** diana

9. Quiero divertirme un poco; necesito quitarme estos pensamientos ____ que me acongojan.

   a. sombríos   **c.** somníferos

   b. someros   **d.** somáticos

10. Es conveniente hacer las maletas antes de ____ un viaje tan largo, Desidia.

    a. empollar   **c.** empinar

    b. emprender   **d.** empeñar

11. Pasamos las de Caín en el desierto; arena, un sol ____, sequedad; en fin, el infierno.

    a. candoroso

    b. canoso

    c. candente

    d. canallesco

12. Poco antes de que llegáramos a la iglesia, empezó a diluviar; aunque corrimos, llegamos ____.

    a. empadronados

    b. empastados

    c. empacados

    d. empapados

Nombre

El hijo Horacio Quiroga

Contesta las siguientes preguntas, o completa la idea, eligiendo en cada caso la respuesta más apropiada.

1. El padre permite que su hijo, de solamente trece años de edad, maneje una escopeta. Todas las siguientes afirmaciones son verdaderas conforme al texto, MENOS una. ¿Cuál de ellas NO forma parte de las ideas del padre al respecto?

   a. La caza puede ser una fuente importante de abastecimiento de las necesidades cotidianas, y es una parte íntegra de la vida selvática.

   b. El índice de crímenes en la comarca requiere que el niño se adiestre con las armas de fuego, para protegerse de la delincuencia.

   c. Su hijo necesita aprender a valerse por sí mismo; hay peligros presentes en la naturaleza que amenazan a quienquiera que viva en un lugar tan despoblado. Cuando el padre tenía la edad del niño, hubiera dado la vida por tener una escopeta.

2. Con respecto al niño del relato, ¿cuál de las siguientes afirmaciones es verdadera?

   a. El niño y su padre confían plenamente el uno en el otro, y cuando el hijo da la palabra, la cumple.

   b. El niño se muestra, en muchas ocasiones, reacio a la autoridad de su padre.

   c. Se trata de un niño solitario, que hace de la escopeta su único amigo.

   d. El niño se aburre en la selva y sueña con migrar a la ciudad algún día.

3. ¿Qué alucinación tuvo el padre al ver que su hijo limaba la hebilla de su cinturón de caza en el taller?

   a. Alucinó que el niño moría víctima de una fiebre maligna contraída en el espesor de la selva.

   b. Alucinó que el niño era ya un hombre, dedicado por completo a la agricultura y la caza.

   c. Alucinó que el niño se hundía en el terreno pantanoso de la selva espesa.

   d. Alucinó que el niño martillaba un cartucho, que explotó, hiriendo al pequeño de gravedad.

4. ¿Qué certeza adquiere el padre después de recorrer los senderos de caza conocidos, buscando a su hijo sin poder encontrarlo?

   a. La certeza de que cada paso lo lleva inexorablemente hacia el cadáver de su hijo.

   b. La certeza de que su hijo ya ha regresado a la casa.

   c. La certeza de que su hijo ha decidido explorar lugares nuevos con su amigo Juan.

   d. La certeza de que el niño está durmiendo en algún claro de la selva.

5. ¿Por qué el padre se resiste a gritar el nombre de su hijo durante su frenética búsqueda?

a. Porque piensa que los ruidos de la selva impedirán que el hijo lo oiga.

b. Porque un acceso de tos le ha dejado momentánemente con un dolor de garganta.

c. Porque gritar el nombre de su hijo será admitir lo que ya intuye: que la muerte de su hijo es ya un hecho consumado.

d. Porque su valor le impide dar muestra de su desesperación.

6. ¿Qué nos revela el narrador al final del relato?

a. Que el niño está sano y salvo, caminando con su padre rumbo a casa.

b. Que el niño ha muerto horas atrás, atrapado en un alambre de púas.

c. Que el padre había soñado toda la historia del hijo perdido en la selva.

d. Que el niño había muerto meses atrás y que el padre estaba loco.

7. Con respecto al cuento "El hijo", ¿cuál de las siguientes aseveraciones es correcta?

a. El relato revela que la desobediencia causó la muerte del niño.

b. El relato plantea que el culpable de la muerte del niño es el padre.

c. El relato muestra la humana resistencia del padre a aceptar la muerte del niño.

d. El relato tiene la intención edificante de enseñar a los adultos a no poner armas en manos de los niños.

Guía de respuestas

El hijo Horacio Quiroga

Preguntas

1. La amenaza del bosque tropical está presente de comienzo a fin. A pesar de los finos detalles que señalan un íntimo conocimiento del medio ambiente y un respeto reverente por la naturaleza, el escritor comunica la inexorabilidad de los peligros, por más que un buen padre intente conjurarlos.

Aun así, la presencia de la selva amenazadora tiene complejos matices. La naturaleza, y sus partes integrantes, comparten el estado emocional del padre. En la mañana del cuento, "La naturaleza, plenamente abierta, se siente satisfecha de sí", sentimiento compartido al comienzo por el padre, que tiene delante un nuevo día, rodeado de un medio ambiente que da con abundancia—el sol, la calma circundante, el monte y el bañado fecundos. Lo llenan enteramente sus pensamientos sobre el hijo, salido solo, hoy, a cazar. Al filo del accidente que a éste le cobra la vida, leemos ominosamente que "hoy, con el ardiente y vital día de verano, cuyo amor su hijo parece haber heredado, el padre se siente feliz, tranquilo y seguro del porvenir"; acto seguido, oye la descarga lejana de la escopeta Saint-Etienne.

El corazón del padre y la naturaleza del trópico— la luz meridiana y el zumbido tropical, el día mismo—se detienen a compás, ante la posibilidad de un accidente. Más tarde, vemos esta misma interdependencia entre el bosque tropical, lugar y testigo del accidente, y el hombre que trató con paternal cariño de impedirlo: "Su hijo no ha vuelto, y la naturaleza se halla detenida a la vera del bosque, esperándolo . . .", estado que seguirá mientras dure la búsqueda. Al no hallar el padre el menor rastro del niño, "la naturaleza prosigue detenida".

El concienzudo padre viudo, al enseñar a su hijo a cuidarse solo en la selva, lo ha tenido "libre en su corto radio de acción . . . consciente de la inmensidad de ciertos peligros y de la escasez de sus propias fuerzas". Aun esta libertad condicional le cuesta caro: el hombre nos parece viejo para ser padre de un niño de trece años, y le persiguen visiones atormentadoras.

Ahondando más en la muerte del hijo, el lector no puede menos que notar la ironía de las causas inmediatas de la desgracia, instrumentos de civilización las dos: el alambrado de púa que le enredó las piernas, y la escopeta que descargó— inventos diseñados por el hombre para domar la barbarie.

Las dos figuras del cuento viven su vida merced al bosque: a su sol y su calor, a sus dones y sus beneficios; pero la muerte acecha, y el cuidado más esmerado y constante de un padre cariñoso no puede impedirla. Un fatalismo omnipresente infunde este relato de la lamentable muerte a deshora de un hijo bien amado.

2. Las alucinaciones de antes eran visiones, pesadillas, fenómenos de su morbosa imaginación. En ellas, el padre veía al hijo o malherido o muerto a causa de las múltiples amenazas a la vida en Misiones. Les faltaba realidad. En una, el padre malinterpretó lo que hacía el niño en el taller; no hacía más que limar la hebilla de un cinturón, pero al padre se le antojó que golpeaba una bala que tenía sujeta en la morsa. Creyó ver al hijo bañado en sangre al explotar la bala. Esta alucinación fatídica funciona como presagio del balazo que causa, al fin, la muerte del niño.

Hoy, pendiente a causa de la detonación de hace horas, el padre reflexiona que "no ha cruzado el abra una sola persona a anunciarle (una gran desgracia)" ocurrida al hijo "al cruzar un alambrado"; este detalle acertado, aunque imaginado, presagia el papel central que desempeña el alambrado en el accidente. Siguen las alusiones textuales al alambrado, estando el padre en plena búsqueda: "Sólo la realidad fría, terrible y consumada: Ha muerto su hijo al cruzar un . . . ¡Pero dónde, en qué parte! ¡Hay tantos alambrados allí, y es tan tan sucio el monte! . . . Por poco que no se tenga cuidado al cruzar los hilos con la escopeta en la mano". Y, también, el padre ". . . en cada rincón sombrío de bosque ve centelleos de alambre".

Al desenvolverse la búsqueda del niño, llegamos a saber de otra alucinación que, "ya antes, en plena dicha y paz", presagia otro detalle más del accidente: "su hijo rodando con la frente abierta por una bala al cromo níquel". Al asegurarse de que el hijo no está en el bañado dando caza a las aves, el padre "adquiere la seguridad de que cada paso que da en adelante lo lleva, fatal e inexorablemente, al cadáver de su hijo".

En el momento culminante, el lector espera con tensión morbosa saber la verdad, con todos sus pelos y señales, de la detonación de la Saint Etienne. Y, sin embargo, el escritor se abstiene aun de dejar constancia de lo que ve este padre. Recordamos su débil estómago, su débil vista y su débil estado mental: su descubrimiento del cadáver queda sobrentendido, sin más que puntos suspensivos. Dice el narrador, "al pie de un poste, con la escopeta descargada al lado, ve a su . . ." Y, faltándole fuerzas para admitir no sólo la muerte de su hijo, sino la forma horripilante en que ésta le sobrevino, el padre, "quebrantado de cuerpo y alma", se va a casa acompañado de una nueva alucinación, esta vez una que lo tiene alocado de felicidad: el brazo sostenido cariñosamente sobre los hombros de un hijo muy presente, conversador, afectuoso, y compungido por haberle dado un susto innecesario a su atento padre. En verdad, lo acompañan sólo el cielo y el aire candentes de la selva. El cadáver queda atrás, al descubierto al fin: las piernas en alto, enredadas en el alambre de púa que el niño intentaba cruzar con la escopeta en la mano.

3. La narración en tiempo presente da al relato una viveza difícil de lograr al narrar en el pasado. Vivimos paso a paso las malsanas imágenes que surgen en la mente del padre; experimentamos con él la creciente realidad de la amenaza—la escopeta y el alambrado—, y los pasos que da hacia el inexorable desenlace mortal.

(El estudiante podrá notar los momentos, en otros textos, en que se desenvuelve una parte de la acción en tiempo presente: "Mi caballo mago" de Sabine Ulibarrí, "El Sur" de Jorge Luis Borges y "Canción del pirata" de José de Espronceda.)

Guía de estudio

a. La edad del niño aparece una y otra vez a lo largo del relato, resaltando el factor cronológico de su educación. Hay incluso un fragmento donde se mencionan los precoces avances del niño cuando apenas tenía cuatro años. Toda esta información nos brinda una imagen más completa del padre, cuya obsesión por enseñar a su hijo los medios de sobrevivir en una selva agreste, contrasta con su natural ternura.

b. Los detalles concernientes a las armas le dan una mayor verosimilitud al relato, puesto que generan en el lector la impresión de que el cuento no ha sido escrito por un intelectual citadino, sino por un verdadero cazador que vive en una selva inhóspita.

c. El detalle relativo a la bala de parabellum, munición cuyo calibre es de 9 milímetros, le da un tinte de realidad inapelable a la alucinación que sufre el padre.

d. El detalle de la hora precisa desencadena dramáticamente la segunda parte del relato, que va de la búsqueda frenética que emprende el padre al desenlace ilusorio que el fragmento final del relato niega cruelmente. Cada minuto que pasa, incrementa la angustia no solamente del padre, sino también del lector, inmerso a estas alturas de la historia en un mecanismo narrativo que parece funcionar con el pulso de un reloj. El mediodía, por otra parte, es el centro del relato cronológicamente concebido.

e. Las tres horas que menciona el fragmento ayudan a determinar que el estampido de la escopeta Saint-Etienne tuvo lugar a las nueve y treinta de la mañana. Información que, combinada con la que da el narrador sobre el final del relato, lleva a la conclusión de que el niño tuvo una agonía de treinta minutos. Esta técnica del autor, que permite sumas y restas para ubicar los hechos en una suerte de tabla cronológica, pone en evidencia su necesidad de reflejar lo objetivo con precisión milimétrica.

f. Nuevamente el dato numérico sirve para dar una dimensión de realidad inapelable a la alucinación del padre.

g. La hora aproximada del fragmento pretende culminar el relato en su nivel temporal, dándole al lector un final ilusorio.

h. En este fragmento la mención de una hora precisa, las diez de la mañana, nos regresa a la realidad: el niño ha muerto y el padre se ha vuelto loco.

Tesis de ensayo

Ésta representa el tipo de pregunta de análisis temático que se verá en la Pregunta N° 2 del examen de *AP Spanish Literature.*

Prueba de vocabulario

Las respuestas correctas son:

1. c, **2.** a, **3.** d, **4.** c, **5.** a, **6.** b, **7.** d, **8.** c, **9.** a, **10.** b, **11.** c, **12.** d.

Preguntas de opción múltiple

Las respuestas correctas son:

1. b, **2.** a, **3.** d, **4.** a, **5.** c, **6.** b, **7.** c.

Páginas 25–33 del libro de lecturas

Mi caballo mago

SABINE R. ULIBARRÍ

Antes de leer

La primera de todas las razones que impulsan la obra
creativa de Sabine Ulibarrí, está estrechamente ligada
al cuento "Mi caballo mago". Es la necesidad de dejar
constancia de un mundo que se va extinguiendo. La
atmósfera bucólica de las obras de Ulibarrí evoca en
el lector un paisaje de égloga, pronto a desaparecer
por las presiones del desrrollo urbano.

Sabine Ulibarrí cita como influencia principal en
su vida el ejemplo de sus padres, particularmente el
de su padre, ávido lector. El joven escritor se forma
en la Universidad de Nuevo México, volviendo allí
más tarde para pasar en ella más de cuarenta años
como catedrático de español. En los años 60,
Ulibarrí funda y dirige el Centro de Estudios
Andinos de la Universidad de Nuevo México en
Quito, Ecuador. Allí publica su primer conjunto de
cuentos bajo el título de *Tierra Amarilla* (1964). El
primero de éstos es "Mi caballo mago".

Ulibarrí ha dicho que le intriga el lenguaje, con
toda su capacidad de insinuación y de musicalidad.
Su obra capta la poesía de su niñez y juventud, con
compasión y con autenticidad. En comparación con
otros cuentos notables del escritor, detalles
costumbristas escasean en "Mi caballo mago", por el
desarrollo mítico que en él se da a su tema central:
la iniciación de un adolescente al estado adulto. Es
un cuento de profundo lirismo, lleno de frases
metafóricas que enriquecen con delicadeza el
aspecto bronco del material narrativo, que es
fundamentalmente épico.

Vocabulario

arcano—remoto; difícil de alcanzar o entender.
regocijo—gran alegría; júbilo.
indagar—investigar; preguntar; averiguar.
paradero—sitio donde se encuentra una persona o
un animal.
verdugo—el que ejecuta la pena de muerte.
ijar (m.)—ijada; parte del cuerpo situada entre las
costillas y la cadera.
crin (f.)—pelo largo que crece en la parte superior
del pescuezo del caballo.
chispa—partícula encendida que salta de la lumbre.
estropear—dañar.
agazapado—escondido; oculto.
valedor—en México, compañero, amigote

Al leer

Consulte la **Guía de estudio** como herramienta
para comprender mejor esta obra.

Después de leer

Conviene saber que otra de las razones que impulsan la obra creativa de Ulibarrí es el hecho de que los pueblos de Nuevo México que inspiran al escritor, con sus gentes que todavía se expresan con un español antiguo y desfasado, carecen de una tradición de literatura escrita. En el cuento "Mi caballo mago" se insinúa, sin embargo, la existencia de una literatura oral creada por la imaginación colectiva e inspirada por un caballo mítico y fantasmal. Por último, Ulibarrí se siente impelido a poner en primer plano su pueblo ancestral, para que lo lleguen a comprender los que ignoran su existencia, sus dotes y su complejidad, su concepto de América a las regiones donde domina el inglés.

Conviene saber que en el cuento "Mi caballo mago" se funden los dos polos de la personalidad de Ulibarrí: el épico y el lírico. El primero de ellos domina en el relato de las circunstancias heroicas de la captura del caballo mítico, y queda perfectamente sintetizado cuando el personaje central, que es también quien narra la historia, manifiesta explícitamente que se siente como un conquistador. Heroísmo y conquista, sacrificio y victoria, lucha y dominio, son las orillas épicas a que se arrima el relato con vibrante emoción y fuerza. Toda esta intensidad combativa encuentra, sin embargo, un contrapeso en el lirismo exaltado de Ulibarrí, que le transmite a su personaje esa tristeza profunda y anti épica de ver al caballo derrotado y sumiso. Lo lírico también se filtra en los epítetos, en las descripciones metafóricas, en las elipsis que vivifican el nivel expresivo del relato.

Conviene saber que el caballo es un elemento sumamente importante en la obra de Ulibarrí. En el caso particular de "Mi caballo mago" puede decirse que el caballo tiene significancia en tres niveles distintos:

a. **El nivel mítico:** Aquí el caballo alimenta la imaginación de todo un pueblo, creando una realidad mítica que seguramente sirve de escape a la dura y rutinaria tarea de labrar la tierra.

b. **El nivel literario:** Aquí el caballo es un elemento épico que invita a la aventura, siguiendo la tradición legendaria de los caballos que pueblan las crónicas históricas de los conquistadores, los cantares de gesta y las novelas de caballerías.

c. **El nivel de la realidad:** Aquí el caballo es un peón más, una herramienta cotidiana de trabajo. La riqueza literaria del cuento de Ulibarrí reside en su capacidad de elevar este mundo prosaico a las alturas del mito y la leyenda.

Conviene saber que el cuento "Mi caballo mago" admite, como toda obra de calidad, múltiples lecturas. De acuerdo con el crítico Juan F. Maura, el cuento ilustra un rito de iniciación por medio del cual un adolescente deja atrás un mundo de ensueños y fantasías y se suma al mundo real de los adultos. Otra interpretación se da sobre un nivel poético: el caballo legendario, obsesión de todos, es una poetización de la realidad. La vida de los pueblos requiere mitos, leyendas, y ficciones de tamaño épico y lírico. Dominar al caballo mago significaría acabar con la ilusión, con la imaginación del pueblo del cuento. Ulibarrí, al final, permite la fuga del caballo mago, y el adolescente la celebra. Entiende que así se mantiene vivo el mito. Según el mismo narrador autobiógrafo, "Lloraba de alegría. Estaba celebrando, por mucho que me dolía, la fuga y la libertad del Mago, la trascendencia de ese espíritu indomable. Ahora seguiría siendo el ideal, la ilusión y la emoción. El Mago era un absoluto."

Conviene saber que, en el cuento "Mi caballo mago", se destaca el tema de la virilidad, en el mejor sentido de esta palabra. Los personajes son viriles, sin que se trate de machismo, sino de una hombría que nace al calor de la lucha con la naturaleza y con las circunstancias de la vida. Aquí, hombría y virilidad son sinónimas de valor, tema que se presenta a menudo en la obra de este autor. Ulibarrí se arriesgó la vida en numerosas ocasiones, pues no solamente se formó en los campos de Nuevo México sino también en los cuarteles como soldado norteamericano durante la Segunda Guerra Mundial. Tuvo participación activa en 35 misiones de combate, siendo una de las más notables un ataque aéreo a una ciudad alemana. Mezcla de escritor y de héroe, Ulibarrí recibió la condecoración *Flying Cross Medal* en virtud de su audacia y servicio a la patria. Esta experiencia bélica, sumada a sus experiencias de lucha contra el entorno en los campos agrestes de Nuevo México, alimentaron su espíritu épico, hecho que se refleja en su obra.

Conviene saber que la obra de Ulibarrí comprende libros de cuentos, de poesía y de ensayos literarios, entre ellos, su colección de versos *Al cielo se sube a pie* y un ensayo largo dedicado al poeta Juan Ramón Jiménez, Premio Nobel español, que influyó grandemente en la percepción lírica que de la vida guarda Ulibarrí.

Preguntas

1. Describe en tus propias palabras el proceso de cambio que sufre el joven protagonista desde el comienzo hasta el fin de la historia.

2. El padre del protagonista, al ver que éste ha traído al potrero al caballo Mago, lo ve llegar y lo espera sin hablar. Sólo le dice, "Esos son hombres". ¿Qué quiere decir con esto?

3. Justifica, dentro del contexto del cuento, la alegría que siente el protagonista al final del cuento, al decir, "mi tristeza era gusto".

4. Comenta tus impresiones de la técnica narrativa de Ulibarrí en este cuento. ¿Qué encuentras de notable o de diferente en la forma que Ulibarrí labra sus frases? ¿Qué efecto surte esta técnica estilística?

Bibliografía

Campbell Nason, Thelma. prólogo a *Tierra Amarilla*. (1971)

Maura, Juan F. Gaspar Pérez de Villagrá y "Sabine R. Ulibarrí: pasado y presente de la épica de Nuevo México", en *Espéculo* No. 20, *Revista de estudios literarios*. (Marzo-Junio 2002)

Ulibarrí, Sabine. *Critical Essays*. (1995)

Nombre

Mi caballo mago Sabine R. Ulibarrí

1. Para dar una dimensión todavía mayor a la gesta del adolescente del cuento "Mi caballo mago", Sabine Ulibarrí ha acentuado la dimensión mítica del caballo empleando adjetivos, comparaciones poéticas y descripciones metafóricas muy eficaces. Tu tarea consiste en hallar ejemplos de estos recursos retóricos en el cuento mencionado.

2. El color blanco establece su dominio cromático en el cuento "Mi caballo mago". Ello se debe a que el escritor ha querido acentuar en el caballo y en la realidad que lo circunda rasgos de pureza e inocencia, compatibles con el mundo de ensueño del adolescente que nos narra la historia. Tu tarea consiste en hallar los fragmentos principales que le dan su tonalidad cromática al cuento mencionado.

Mi caballo mago Sabine R. Ulibarrí

I. En determinado momento del relato "Mi caballo mago", el narrador del cuento dice:

"De pronto el bosque se calla. El silencio enmudece. La tarde se detiene. La brisa deja de respirar, pero tiembla. El sol se excita. El planeta, la vida y el tiempo se han detenido de una manera inexplicable."

a. ¿Qué ocurre aquí? ¿Por qué? ¿Cuáles son algunos elementos estilísticos mediante los cuales el autor logra expresar la trascendencia del momento para el protagonista?

b. Este pasaje se relaciona con otros momentos cruciales en el desarrollo del cuento. Menciona por lo menos dos, y compáralos con el momento que vivimos en el pasaje citado arriba.

(Tiempo: 40 minutos. Extensión mínima: 200 palabras.)

2. Analiza cómo se trata el tema de la inocencia infantil frente a la iniciación a la edad adulta en dos de las siguientes obras:

"¡Adiós, Cordera!", de Leopoldo Alas, "Clarín"
"Las medias rojas", de Emilia Pardo Bazán
"El hijo", de Horacio Quiroga
"Mi caballo mago", de Sabine Ulibarrí
"Las ataduras", de Carmen Martín Gaite

(Tiempo: 40 minutos. Extensión mínima: 200 palabras.)

Nombre _____

Mi caballo mago Sabine R. Ulibarrí

Lee las frases siguientes y completa el sentido de cada una eligiendo la palabra más apropiada entre las cuatro opciones.

1. El profesor Fisgón investiga los ritos religiosos de los antiguos asirios, y otros asuntos igualmente ____.

   a. arenosos

   b. argentados

   c. aromáticos

   d. arcanos

2. A pesar de que no me considero codicioso, la noticia de que me había sacado el premio gordo en la lotería me llenó de ____.

   a. regocijo

   b. regicidio

   c. regimiento

   d. regüeldo

3. Cuando supe que la policía andaba ____ mis conexiones con la Mafia, me mudé a otro estado.

   a. incubando

   b. induciendo

   c. infestando

   d. indagando

4. El desalmado asesino se dio a la fuga después de cometer el horripilante crimen, y hasta el momento se desconoce el ____ del prófugo.

   a. paraje   **c.** parador

   b. parpadeo   **d.** paradero

5. Cuando el general Guillotina subió al poder, empezó a liquidar a sus enemigos; el ____ trabajaba día y noche.

   a. verdulero   **c.** vergajo

   b. verdugo   **d.** vergel

6. El jinete espoleó tanto al caballo que éste llegó con sangre en los ____.

   a. ijares

   b. ilusos

   c. incautos

   d. íncubos

7. A veces, los jinetes novatos agarran la ____ del caballo para no caer al suelo.

   a. crisma

   b. cresta

   c. crin

   d. cripta

8. Según los bomberos, la causa del incendio fue una ____ que saltó de la fogata.

   a. chistera   **c.** chita

   b. chispa   **d.** chiva

9. Dejé mi cuadro en el patio, y la lluvia lo ____.

   a. escotó   **c.** estrenó

   b. escudó   **d.** estropeó

10. Hace un año Agapito tenía millones, pero ahora no tiene donde caerse muerto; el infortunio le esperaba como un enemigo ____.

    a. agazapado   **c.** agorero

    b. agasajado   **d.** agostado

11. Me encuentro en un apuro en este momento, pero afortunadamente, tengo un amigo leal con quien puedo contar; un ____, como dicen por acá.

    a. valor   **c.** valedor

    b. valentino   **d.** valijón

Nombre

Mi caballo mago Sabine R. Ulibarrí

Contesta las siguientes preguntas, o completa la idea, eligiendo en cada caso la respuesta más apropiada.

1. De acuerdo con las palabras del personaje que narra la historia, ¿qué le proporcionó el caballo mago a su juventud?

   a. Le proporcionó pesadillas.

   b. Le proporcionó alegrías.

   c. Le proporcionó fantasía y poesía.

   d. Le proporcionó una gran tristeza.

2. ¿Qué afirmación es correcta con respecto al caballo mago?

   a. El caballo solamente existe en la imaginación de los niños.

   b. El caballo se ha escapado del rancho de un poderoso hacendado.

   c. El caballo tiene poderes mágicos y por eso nunca puede ser capturado.

   d. El caballo se ha convertido en una leyenda y es admirado por todos.

3. Lee atentamente el siguiente extracto: "Pleno el verano. Los bosques verdes, frescos y alegres. Las reses lentas, gordas y luminosas en la sombra y en el sol de agosto". ¿Qué efecto lírico logra el autor en estos enunciados?

   a. El texto es notablemente más fácil de entender por la supresión de los verbos. Además, un texto incompleto le choca al lector, llamándole la atención.

   b. Un efecto ajeno al paso del tiempo, estático, y por lo mismo, infinito.

   c. Elimina las distracciones molestas de que sufre el estilo de otros autores que saltan incomprensiblemente de un tiempo verbal a otro, sin ton ni son.

   d. Un efecto barroco.

4. ¿Por qué el personaje que narra la historia habla de una "eternidad momentánea" cuando ve al caballo mago?

   a. Porque el caballo es irreal y por lo tanto es eterno.

   b. Porque la visión del caballo es momentánea, pero su recuerdo será eterno.

   c. Porque, según el narrador, todos los momentos son eternos.

   d. Porque el narrador está soñando y los sueños transcurren al margen del tiempo.

5. ¿Cómo transformó los sueños del personaje que narra la historia la aparición del caballo?

  a. Transformó sus sueños en pesadillas.

  b. Sus sueños, en realidad, siguieron siendo los mismos.

  c. Sus sueños se trasladaron de la realidad a un edén de fantasías.

  d. Sus sueños se llenaron de resonancia, luz y violencia.

6. ¿Cómo se siente el adolescente conforme se acerca al caballo que huye delante de él?

  a. Se siente como un héroe y se alegra porque su sueño de capturar al caballo está cerca de realizarse.

  b. Se siente como un verdugo, pero ya no puede retroceder en su empresa.

  c. Se siente sin energías y piensa que lo mejor es dejar que el caballo escape.

  d. Se siente triste porque piensa que puede causar la muerte del caballo.

7. ¿Qué sentimientos contradictorios se apoderan del alma del muchacho después de capturar al caballo?

  a. Al principio siente admiración por el caballo, pero luego siente desprecio al verlo vencido.

  b. Primero siente cariño por el animal rendido, pero luego, ante la admiración de la gente, se torna indiferente.

  c. En un principio siente el orgullo de un conquistador, pero después le da una enorme tristeza ver al caballo humillado.

  d. Al principio siente orgullo por la dimensión de su hazaña, mas después siente terror y pánico al darse cuenta de que tiene que pasar por el pueblo.

Guía de respuestas

Mi caballo mago
Sabine R. Ulibarrí

Preguntas

1. Al poner los estudiantes en sus propias palabras la iniciación a la edad adulta del protagonista—quien, a propósito, sabemos, por otros cuentos de *Tierra Amarilla*, se llama Alejandro Turriaga—, pueden basar sus comentarios en los pasajes más relevantes del texto, como los siguientes:

   a. El caballo mago ". . . llenó mi juventud de fantasía y poesía. Alrededor de las fogatas del campo y en las resolanas del pueblo los vaqueros de esas tierras hablaban de él con entusiasmo y admiración". (Hace mucho tiempo que el protagonista, ahora de quince años de edad, viene absorbiendo el mito del caballo indomable.)

   b. "Tantas trampas, tantas redes, tantas expediciones. Todas venidas a menos. El caballo siempre se escapaba, siempre se burlaba, siempre se alzaba por encima del dominio de los hombres. ¡Cuánto valedor no juró ponerle su jáquima y su marca para confesar después que el brujo había sido más hombre que él!" (El muchacho se da cuenta de que el caballo representa un desafío casi legendario a la hombría de todos los compadres.)

   c. "Participaba de la obsesión de todos . . . de algún día ponerle mi lazo, de hacerlo mío, y lucirlo los domingos por la tarde cuando las muchachas salen a paseo por la calle". (La fantasía del adolescente luciendo su trofeo ante las muchachas admiradoras, se sobrepone a la imagen que guarda del regocijante caballo imperial, paseando su harén de yeguas; véase el pasaje pertinente, en la antología, pág. 26.)

   d. De entre sueños ociosos, una tarde del verano, divisa al caballo mago: ". . . libertad varonil. Ideal invicto y limpio de la eterna ilusión humana. Hoy palpito todo aún al recordarlo.

   Silbido. Reto trascendental que sube y rompe la tela virginal de las nubes rojas". (El muchacho presiente la consecuencia de lograr la victoria sobre este ideal invicto: se iniciará en la vida adulta; se hará hombre.)

   e. Al invierno siguiente: "Yo indagaba por todas partes su paradero. Cada día se me hacía más ideal, más imagen, más misterio". (El primer vistazo del caballo, meses atrás, fue pura ventura; ahora el muchacho lo busca con celo; tiene intención de afrontar el desafío de su captura.)

   f. "Sigo. Despacio. Palpitante. Pensando en su inteligencia. Admirando su valentía. Apreciando su cortesía". (Un domingo de invierno, el muchacho da principio a una contienda; las excelentes cualidades de su adversario enaltecen la lucha.)

   g. "A él, mal nutrido, se le han agotado las fuerzas. Pero sigue porque es él y porque no sabe ceder . . . Me sentí verdugo. Pero ya no había retorno". (No hay igualdad de condiciones; el joven acepta que, si queda de él la victoria, no será tan sólo por sus cualidades de hombre, sino por las circunstancias, que tienen al caballo en un estado desmejorado.)

   h. ". . . por fin llego a alisarle la crin. Le digo muchas cosas, y parece que me entiende.

   Por delante y por las huellas de antes lo dirigí hacia el pueblo. Triunfante. Exaltado. Una risa infantil me brotaba. Yo, varonil, la dominaba. Quería cantar y pronto me olvidaba. Quería gritar pero callaba. Era un manojo de alegría. Era el orgullo del hombre adolescente. Me sentí conquistador". (Una secuencia arremolinada de eventos síquicos: nobleza y humanidad en su trato al vencido; regocijo; dominio varonil, no solamente sobre el caballo, sino sobre sus instintos de celebrar; incipiente comprensión de que, una vez lograda, la conquista no es como la imaginaba, pues el adolescente no es aún un hombre cabal, ya que no ha dejado atrás al niño.)

i. "Fue necesario pasar por el pueblo. No había remedio. Sol poniente. Calles de hielo y gente en los portales. El Mago lleno de terror y pánico por la primera vez. Huía y mi caballo herrado lo detenía. Se resbalaba y caía de costalazo. Yo lloré por él. La indignidad. La humillación. La alteza venida a menos. Le rogaba que no forcejara, que se dejara llevar. ¡Cómo me dolió que lo vieran así los otros!" (Lo que a todas luces empieza como una falsa modestia, pronto se convierte en una sentida empatía por su preso. Se esfuma la fantasía del muchacho de poder pasearse imperiosamente ante las muchachas.)

j. "No eres esclavo. No eres criado. Ni siquiera eres animal." (Aceptar de pleno la dignidad del caballo ensalza al muchacho; la necesidad urgente de un trato que corresponda al mérito del vencido se sobrepone a la gloria de la conquista.)

k. "Yo hacía el papel de muy hombre pero aquella risa infantil y aquel grito que me andaban por dentro por poco estropean la impresión que yo quería dar." (Habiendo su padre declarado "de hombres" la doma del caballo brujo, el muchacho, acto seguido, declara innecesarias sus palabras; no sólo se entienden a carta cabal este padre y este hijo, sino que el muchacho, avergonzado, admite que dentro suyo todavía hay un niño.)

l. "Sol radiante en la cara. Ojos nublados y llenos de luz. Lágrimas infantiles en mejillas varoniles." (El caballo ha vuelto a su estado esencial, la libertad. El hombre adolescente ha aprendido una trascendente lección.)

m. "Lloraba de alegría. Estaba celebrando, por mucho que me dolía, la fuga y la libertad del Mago, la trascendencia de ese espíritu indomable. Ahora seguiría siendo el ideal, la ilusión y la emoción." (La iniciación del hombre se ha logrado.)

2. El narrador—el muchacho mismo, desde la perspectiva que dan los años—cita las escuetas palabras de su padre. Extrapolando, querrán decir que ésos "son hombres que logran hazañas como la que hoy has logrado tú". La sentencia paternal pone el sello al acto del hijo de domar al caballo indomable. La escena recuerda, en mito y leyenda, la entrega a las autoridades de pruebas de que el héroe ha cumplido las proezas encomendadas. Las palabras del padre conceden al adolescente la divisa de hombría que éste anhelaba.

La profunda comprensión y cariño que existen entre padre e hijo se comprueban en lo que sigue: "Nada más. Ni hacía falta. Nos entendíamos mi padre y yo muy bien." Y, sin embargo, el adolescente, simultáneamente, tiene que esforzarse por no revelar al padre las ganas que tiene de reír y gritar, reacción que Alejandro juzga vergonzosamente infantil. Seguramente no logra ocultárselas a este padre.

3. El afán del adolescente es afrontar el desafío de domar al caballo mítico, al que ningún hombre ha sabido domar, pese a las redes y trampas más sutiles. El muchacho, en el proceso, llega a reconocer y a enaltecer el mérito de su adversario, su naturaleza libre y digna, y, sintiendo la pena de su fuga en carne viva, celebra su libertad.

Al escaparse del dominio de los hombres, el Mago se vuelve otra vez el ideal platónico[1] de antes, la esencia del caballo indómito. Pero ha enriquecido para siempre la vida del muchacho, pues éste, domándolo, y aceptando y celebrando después su fuga y nueva libertad, entra en posesión de la hombría que ansiaba.

4. Los estudiantes podrán percibir varios elementos distintivos de la técnica narrativa de Ulibarrí. He aquí un punto de partida para una discusión sobre sus efectos:

I. Labra frases cortas, de diversa forma y función:

A. Frases cortas, sin verbo: el escritor construye su texto bosquejando diáfanas imágenes que presentan la realidad física del medio ambiente, el hechizo del caballo mago y

---

[1] Los platónicos sostienen que la idea *caballo* informa todos los caballos que nacen y mueren, los caballos contingentes; estos individuos participan del arquetipo *caballo*, del caballo absoluto, que es el caballo eterno y el único real. El caballo mago, nos dice Ulibarrí, es aquel ideal, el caballo absoluto.

el estado emocional del protagonista y de su adversario; y debido a la falta, en éstas, de verbos conjugados, Ulibarrí logra, entrecortadamente, escenas vívidas pero atemporales—fuera del tiempo, partícipes en lo eterno. Esta expresión casi exclusivamente a base de sustantivos y adjetivos, resulta en una especie de impresionismo pictórico, hecho de rápidas pinceladas. Abundan ejemplos; entre ellos: del medio ambiente, "Pleno el verano. Los bosques verdes, frescos y alegres. Las reses lentas, gordas y luminosas en la sombra y en el sol de agosto."; del hechizo del caballo mago, "Mito del reino animal. Poema del mundo viril. Blanco y arcano."; "Hecho estatua, hecho estampa. Línea y forma y mancha blanca en fondo verde."; "Orejas lanzas. Ojos rayos. Cola viva y ondulante, desafío movedizo. Pezuña tersa y destructiva. Arrogante majestad de los campos."; y del estado emocional de los dos contrincantes, "Vértigo de furia y rabia. Remolinos de luz y abanicos de transparente nieve."; y "Sosiego jadeante y denso."

B. Frases cortas, con verbos en tiempo presente: en los dos momentos claves de la trama—el primero, la aparición del caballo en pleno verano, y el segundo, la doma en invierno—, Ulibarrí entrelaza con las frases cortas sin verbo a notadas arriba, frases cortas cuyos verbos están en tiempo presente. Nótese bien que el resto del cuento se relata en el pasado.

i. Ejemplos tomados de la aparición venturosa del caballo blanco, en aquel verano: "De pronto el bosque se calla. El silencio enmudece. La tarde se detiene. La brisa deja de respirar, pero tiembla. El sol se excita. El planeta, la vida y el tiempo se han detenido de una manera inexplicable."

ii. Ejemplos tomados de la persecución del caballo al siguiente invierno: "La agitación interna rebosa a los labios. Le hablo. Me escucha y calla.", y "Arranca el caballo. Remolineo el cabestro y lanzo el lazo obediente."

Abundan otros ejemplos. En los dos casos, el cambio al eterno momento presente se anuncia con un silencio y un silbido. Al asomársele el caballo mago aquel verano, el autor escribe, "Silencio orgánico y denso."; y dentro de poco: "Silbido. Reto trascendental . . ." Como anuncio de la persecución y doma del invierno siguiente, leemos, "Silbido violento que rompe el silencio."

II. Elementos léxicos, de diversa función:

A. Elementos léxicos que señalan un mundo ideal u onírico, de elementos no propios de nuestro mundo fenomenológico. La palabra "sueño", en sus diversas formas, junto con "ideal", "ilusión", y "fantasía", aparece en "Mi caballo mago" casi dos decenas de veces. Agréguense las palabras "misterio", "arcano", "mito" y "leyenda", una vez cada una, y formas de "eternidad" y "trascendencia" una media docena de veces más, y podemos percibir la enorme importancia dada al contraste entre la realidad física de la vida en Tierra Amarilla y lo que pretende el espíritu del adolescente sobre otro nivel existencial. La lección que el muchacho aprende del caballo mago le lleva a ensayar por primera vez la verdadera hombría.

B. Elementos léxicos que señalan brujería o magia: la palabra "brujo", que aparece cuatro veces refiriéndose al caballo, y, por supuesto, "mago / Mago", una docena de veces más.

A primera vista, parece haber una falta de consecuencia en el empleo de la mayúscula. Sin embargo, el lector cuidadoso nota que, en el monte, el caballo mago es un brujo, por su capacidad mágica de mantenerse fuera de las garras de los hombres que quieren dominarlo. Por consiguiente, "mago" es un mero descriptor. La mayúscula se asoma precisamente cuando "mago" deja de describir y se vuelve el nombre merecido del caballo. Luego del episodio en que Alejandro doma al Mago, encuéntrese éste en el potrero o ya otra vez en plena libertad, el Mago es suyo para siempre. Notamos la vivencia del muchacho al divisarlo por primera vez: "El momento es eterno. La eternidad momentánea. Ya no está, pero siempre estará.".

C. Elementos léxicos que reflejan el papel central de la hombría en "Mi caballo mago": formas de las palabras "hombre" y "varonil" aparece un total de nueve veces. Éstas se contraponen a la palabra "infantil", que aparece tres veces, y a "adolescente" que aparece una vez. Nótese que, para Ulibarrí, la esencia del caballo mago es la "libertad varonil".

Guía de estudio

I. El estudiante puede señalar los siguientes ejemplos de:

Adjetivación

a. "Blanco y arcano"
Comentario: Estos dos adjetivos que describen al caballo mago, resaltan su pureza y su misterio respectivamente. Gracias a estos adjetivos, el caballo oscila entre la realidad y la fantasía.

b. "caballo fantasma"
Comentario: Aquí el sustantivo "fantasma" cumple el papel de adjetivo y resalta la fugacidad de las apariciones del caballo.

c. "caballo brujo"
Comentario: El sustantivo "brujo", que aquí tiene función adjetiva, le dota al relato de la ambigüedad necesaria, sumando a la blancura y la pureza del caballo una dosis de oscuridad maligna.

Símiles

a. "Blanco como el olvido".

b. "Libre como la alegría".

c. "Veraneaba como rey de oriente en su jardín silvestre".

d. "Invernaba como guerrero ilustre que celebra la victoria ganada".

Descripción metafórica

a. "Poema del mundo viril".

b. "Orgullo, fama y arte en carne animal".

c. "Cuadro de belleza encendida y libertad varonil".

2. El estudiante puede señalar y comentar los siguientes fragmentos:

a. "Sólo sé que un caballo blanco pobló mis sueños y los llenó de resonancia, de luz y de violencia".

b. "Pasó el verano y entró el invierno. El verde pasto dio lugar a la blanca nieve. Las manadas bajaron de las sierras a los valles y cañadas".

c. "Domingo. Apenas rayaba el sol de la sierra nevada".

d. "Silencio blanco, hondo y rutilante. Mi caballo corta el camino con el pecho y deja estela eterna, grieta abierta, en la mar cana".

e. "Esculpido en mármol se dejó admirar".

f. "Detrás de nosotros una larga y honda zanja blanca que cruza la llanura".

g. "Espumarajos blancos sobre la blanca nieve. Sudor, espuma y vapor. Ansia".

h. "Y se acaba la larga zanja blanca en un ancho charco blanco".

Tesis de ensayo

I. Éste es un ejemplo del tipo de preguntas cortas, de análisis textual, como las que se verán en la Pregunta N° 3 del examen de *AP Spanish Literature*.
2. Éste es un ejemplo del tipo de Pregunta N° 2, de análisis temático que se verá en el examen de *AP Spanish Literature*.

Prueba de vocabulario

Las respuestas correctas son:
I. d, **2.** a, **3.** d, **4.** d, **5.** b, **6.** a, **7.** c, **8.** b, **9.** d, **10.** a, **11.** c

Preguntas de opción múltiple

Las respuestas correctas son:
I. c, **2.** d, **3.** a, **4.** b, **5.** d, **6.** b, **7.** c

No oyes ladrar los perros

JUAN RULFO

Antes de leer

En este cuento, hay misterios no resueltos, y por eso mismo es mayor nuestra fascinación. ¿De dónde vienen este padre y este hijo? El joven, ¿qué heridas ha sostenido? Su silencio al fin, ¿señala su muerte, a pesar del esfuerzo sobrehumano del padre? A la manera de los *romances* del Medioevo, "No oyes ladrar los perros" se abre y se cierra *in medias res*, en plena acción, abruptamente. Puesto que Rulfo nos traza un ambiente rural jalisciense—del estado de Jalisco, en México—, aquella herencia bien puede filtrarse a través del corrido mexicano, heredero directo del *romance*. Tal como lo hace este cuento, los corridos suelen presentar la violencia y la crueldad en lenguaje llano, como cosa cotidiana.

Lo que le queda al lector es el momento dramático. El cuento nos tiene suspensos en lo que se ha descrito como la sorda quietud y el laconismo casi onírico que nace de la pluma de Juan Rulfo.[1] Experimentamos un lúgubre trasfondo físico, casi desprovisto de detalles: piedras esparcidas aquí, la orilla de un arroyo allá, un paredón, y la luz curiosamente repentina de una luna llena, que repetidas veces estira y oscurece la sombra del padre en ardua lucha por llegar a Tonaya con todo el peso del hijo encima. Aquella luna grande y redonda, es por turnos colorada o casi azul, y viaja enfrente, dando ya sobre el rostro del hijo, ya sobre el del padre, como guía que indica, al fin, los tejados del pueblo. Los escasos pero suficientes objetos con que Rulfo puebla el medio ambiente de su cuento, son análogos a los también escasos pero suficientes hechos con que precisa las circunstancias del drama moral de su cuento.

Vocabulario

treparse—encaramarse; subir.

sacudida—movimiento agitado y violento.

trabado—apretado; agarrado; enlazado.

sonaja—juguete infantil que suena cuando el bebé lo agita.

enderezarse—pararse; ponerse derecho.

difunto—muerto.

rabioso—de mal genio; enojadizo; furioso.

sostén (m.)—fuente de apoyo económico o moral.

a estas alturas—ya; ahora; en este momento.

sollozar—llorar convulsivamente.

Al leer

Consulte la **Guía de estudio** como herramienta para comprender mejor esta obra.

---

[1] Carlos Blanco Aguinaga, "Realidad y estilo de Juan Rulfo", *Revista Mexicana de Literatura*, N° 1, 1957. Citado en Antonio Benítez Rojo, Ed., *Recopilación de textos sobre Juan Rulfo*. Centro de Investigaciones Literarias, Casa de las Américas, La Habana, 1969, pág. 155.

Después de leer

Conviene saber que el crítico Luis Harss ha resumido de la siguiente manera la importancia de Juan Rulfo en las letras hispanas:

"La breve y brillante carrera de Juan Rulfo ha sido uno de los milagros de nuestra literatura. No es propiamente un renovador, sino al contrario el más sutil de los tradicionalistas. Pero justamente en eso está su fuerza. Escribe sobre lo que conoce y siente, con la sencilla pasión del hombre de la tierra en contacto inmediato y profundo con las cosas elementales: el amor, la muerte, la esperanza, el hambre, la violencia. Con él la literatura regional pierde su militancia panfletaria, su folklore. Rulfo no filtra la realidad a través del lente de los prejuicios civilizados. La muestra directamente, al desnudo. Es un hombre en oscuro concierto con la poesía cruel y primitiva de los yermos, las polvaredas aldeanas, las plagas y las insolaciones, las humildes alegrías de la cosecha, la ardua labor de vidas menesterosas eternamente al borde de la peste, la fatiga y la desesperación. Su lenguaje es tan parco y severo como su mundo. No es un moralizador, y no catequiza nunca. Llora sencillamente el gangrenamiento de las viejas regiones agostadas donde la miseria ha abierto llagas que arden como llamaradas bajo un eterno sol de mediodía, donde un destino pestilente ha convertido zonas que eran en un tiempo vegas y praderas en tumbas fétidas. Es un estoico que no vitupera la traición y la injusticia sino que las sufre en silencio como parte de la epidemia de la vida misma. Es un necrólogo de pluma afilada que talla en la piedra y el mármol. Por eso su obra brilla con un fulgor lapidario. Está escrita con sangre."[2]

Conviene saber que, para Rulfo, el ladrar de los perros connota el despertar de la esperanza. *El llano en llamas* (1953), colección de cuentos en la que Rulfo brindó al mundo "No oyes ladrar los perros", tiene otro como su primer cuento: "Nos han dado la tierra". En éste, el escritor abre la narración con el ladrar de perros; las primeras frases definen su significado:

"Después de tantas horas de caminar sin encontrar ni una sombra de árbol, ni una semilla de árbol, ni una raíz de nada, se oye el ladrar de los perros.

Uno ha creído a veces, en medio de este camino sin orillas, que nada habría después; que no se podría encontrar nada al otro lado, al final de esta llanura rajada de grietas y de arroyos secos. Pero sí, hay algo. Hay un pueblo. Se oye que ladran los perros y se siente en el aire el olor del humo, y se saborea ese olor de la gente como si fuera una esperanza."

Conviene saber que la fama de Juan Rulfo se basa en sólo dos tomos: la colección de cuentos *El llano en llamas* (1953) y la novela mágicorrealista *Pedro Páramo* (1955); tuvieron una acogida inmediata por parte de críticos y público. Del lenguaje rulfiano, Carlos Fuentes ha dicho que "por primera vez es el que el pueblo siente y piensa, y no una reproducción de lo que se habla. El éxito de Rulfo en esta área marca, en la literatura mexicana, una revolución semejante a la de García Márquez en las letras españolas. Ambas llegan a una forma artística en que el lenguaje popular expresa los conflictos que una reproducción fiel y sin discernimiento hubiera pasado por alto. Ambos, por medio de la imaginación poética, hacen al lenguaje popular transmisible y por eso utilizable y perdurable en la literatura."[3]

---

[2] Luis Harss, "Juan Rulfo, o la pena sin nombre", *Los nuestros*. Editorial Sudamericana, Buenos Aires, 1966, págs. 314–315.

[3] Carlos Fuentes, "Pedro Páramo", *Juan Rulfo, los caminos de la fama pública*, Leonardo Martínez Carrizales, Ed. Fondo de Cultura Económica, México, D.F., 1998, pág. 112.

Preguntas

1. La relación que ha existido entre este padre y su hijo es compleja. ¿Cómo es? ¿En qué consiste? ¿Qué llegamos a saber de las desavenencias entre padre e hijo? Y, ¿cuál es el motivo de la ira del padre contra el hijo? Apoya tus observaciones con detalles extraídos del texto.

2. El padre de vez en cuando deja de tutear a su hijo y lo trata de usted. Contrasta el uso de cada una de estas formas en el contexto de la historia. ¿Qué se logra? ¿Qué se expresa?

3. ¿Qué opinión tiene el padre de las amistades que llevaron a Ignacio a participar en ciertos actos ruines? Sé específico.

4. Compara y contrasta las acciones del padre con las palabras duras con que regaña al hijo a lo largo del cuento.

Bibliografía

Antonio Benítez Rojo, Ed., *Recopilación de textos sobre Juan Rulfo.* (1969)

Luis Harss, "Juan Rulfo, o La pena sin nombre", *Los nuestros.* (1966)

Martínez Carrizales, Leonardo, Ed., *Juan Rulfo: los caminos de la fama pública.* (1998)

Nombre

No oyes ladrar los perros Juan Rulfo

En el cuento "No oyes ladrar los perros" la luna desempeña un papel muy importante, no solamente para darle al relato la correspondiente atmósfera sombría y desesperanzada, sino también para poner trasfondo a una narración basada fundamentalmente en el diálogo. Tu tarea consiste en comentar los siguientes fragmentos del relato, señalando el papel que la luna desempeña como soporte conceptual y formal:

a. "La sombra larga y negra de los hombres siguió moviéndose de arriba abajo, trepándose a las piedras, disminuyendo y creciendo según avanzaba por la orilla del arroyo. Era una sola sombra tambaleante. La luna venía saliendo de la tierra, como una llamarada redonda".

b. "Allí estaba la luna, enfrente de ellos. Una luna grande y colorada que les llenaba de luz los ojos y que estiraba y oscurecía más su sombra sobre la tierra".

c. "El otro iba allá arriba, todo iluminado por la luna, con su cara descolorida, sin sangre, reflejando una luz opaca. Y él acá abajo".

d. "La luna iba subiendo, casi azul, sobre un cielo claro. La cara del viejo, mojada en sudor, se llenó de luz. Escondió los ojos para no mirar de frente, ya que no podía agachar la cabeza agarrotada entre las manos de su hijo".

e. "Allí estaba ya el pueblo. Vio brillar los tejados bajo la luz de la luna. Tuvo la impresión de que lo aplastaba el peso de su hijo al sentir que las corvas se le doblaban en el último esfuerzo. Al llegar al primer tejabán, se recostó sobre el pretil de la acera y soltó el cuerpo, flojo, como si lo hubieran descoyuntado".

No oyes ladrar los perros Juan Rulfo

I. El tema del amor de un padre por su hijo aparece en los cuentos, "El hijo" de Horacio Quiroga, y "No oyes ladrar los perros" de Juan Rulfo. En un ensayo coherente y bien organizado, analiza el desarrollo de este tema en los dos cuentos, comparando y contrastando su relación con la violencia.
(Tiempo: 40 minutos. Extensión mínima: 200 palabras.)

2. Escoge dos de las obras siguientes, y analiza la función del medio ambiente en cada una de ellas:

El burlador de Sevilla y convidado de piedra, de Tirso de Molina
"¡Adiós, *Cordera*!", de Leopoldo Alas, "Clarín"
"El hijo", de Horacio Quiroga
"No oyes ladrar los perros", de Juan Rulfo
"Las ataduras", de Carmen Martín Gaite

(Tiempo: 40 minutos. Extensión mínima: 200 palabras.)

Nombre

No oyes ladrar los perros Juan Rulfo

Lee las frases siguientes y completa el sentido de cada una eligiendo la palabra más apropiada entre las cuatro opciones.

1. Pronto, el campo de batalla se vio envuelto en una espesa nube de humo, y uno de nuestros oficiales ____ a un árbol para ver mejor lo que pasaba.

   a. se trabó   **c.** se trazó

   b. se triscó   **d.** se trepó

2. El padre, furioso, le dio al muchacho tal ____ que por poco le descoyunta los huesos.

   a. sacudida

   b. salpicada

   c. saltarina

   d. sandinista

3. El hijo tenía las manos ____ en el cuello del padre, para no caerse.

   a. tramadas

   b. trajeadas

   c. trabadas

   d. trajinadas

4. Cuando le quité el biberón, el nene se puso a llorar, pero le di una ____, y se calmó.

   a. sonada

   b. solapa

   c. sonaja

   d. sotana

5. Cuando me agaché para recoger el billete del suelo, sentí un crujido en la espalda, y no pude ____.

   a. enderezarme

   b. enredarme

   c. endosarme

   d. engancharme

6. Quítate el sombrero, Tolón; estamos en una funeraria; ¿no tienes respeto a los ____?

   a. difusos   **c.** difuntos

   b. diferidos   **d.** difundidos

7. El inquilino de este apartamento, el señor Inquina, no tolera al vecino; no lo puede ver ni en pintura, como dicen, y cada vez que lo ve, se pone ____.

   a. rabínico

   b. resbaladizo

   c. rebajado

   d. rabioso

8. Los padres del muchacho murieron en un accidente automovilístico; de modo que el tío es ahora el único ____ del huérfano.

   a. soplón

   b. sostén

   c. sospechoso

   d. sorteo

9. No vale la pena presentar una queja ____; ya ha pasado tanto tiempo que nadie se acuerda de lo que me pasó.

   a. a estas alburas

   b. a estas alturas

   c. a estas albúminas

   d. a estas albricias

10. La mala noticia llegó inesperadamente, y la pobre mujer se puso a ____ inconsolable.

    a. sollozar   **c.** solfear

    b. sopesar   **d.** sopapear

Nombre

No oyes ladrar los perros Juan Rulfo

Contesta las siguientes preguntas, o completa la idea, eligiendo en cada caso la respuesta más apropiada.

1. Según las propias palabras del personaje central de este relato, ¿qué es lo que le impulsa a llevar a su hijo hasta Tonaya, en busca de un médico?

   a. El amor paternal, que despierta cuando contempla a Ignacio herido.

   b. La memoria de su esposa muerta, que de estar viva le habría recriminado por abandonar a su hijo.

   c. El temor de ganarse fama de hombre frío por no socorrer a su propio hijo.

   d. El temor al castigo divino, puesto que se trata de un hombre piadoso.

2. Con respecto a Ignacio, ¿cuál de las siguientes afirmaciones es cierta?

   a. Era un hijo agradecido que compartía con sus padres el fruto de su trabajo.

   b. Era un hijo flojo que se negaba a ayudar a su padre en el cultivo de la tierra.

   c. Era un don Juan violento que había sido herido en una riña con el padre de una niña.

   d. Era un joven que se dedicaba al robo y que había matado a personas inocentes.

3. ¿Qué es lo que expresan las palabras del padre al final del relato?

   a. Una pena profunda por el infortunio de su hijo, porque tiene plena conciencia ahora de que es inocente.

   b. Un sentimiento de rabia; quiere vengarse de los que han malherido a su hijo.

   c. Un sentimiento de frustración y desesperanza, al comprobar que su hijo una vez más lo ha decepcionado.

   d. Un sentimiento de culpa que lo obliga a reprocharse por no haber caminado más rápido.

4. ¿Qué hecho demuestra la obstinación del padre por llevar a Ignacio hasta Tonaya, a pesar de considerarlo mal hijo?

   a. El hecho de que no acepta el continuo pedido de Ignacio, a que lo deje en el camino.

   b. El hecho de que continúa caminando a pesar de la ceguera que le causa la luz de la luna.

   c. El hecho de que sigue su camino a pesar de tener un pie dislocado.

   d. El hecho de que continúa caminando con el hijo malherido en las espaldas.

5. ¿Qué recuerdos tiene el padre de la infancia de Ignacio?

   a. Recuerda que Ignacio era un niño bueno y que nada hacía presagiar su destino.

   b. Recuerda que Ignacio siempre tenía hambre y que le daban ataques de rabia.

   c. Recuerda que Ignacio dormía todo el tiempo y que nunca lloraba pidiendo comida.

   d. Recuerda que Ignacio era juguetón y que amanecía sonriente.

6. De acuerdo con las palabras del padre, ¿qué es lo que anhelaba la madre de Ignacio?

   a. Que su hijo creciera y se marchara a un pueblo con escuelas y universidades.

   b. Que su hijo fuese un buen cristiano y que nunca faltase a los deberes de la religión.

   c. Que su hijo ayudara a la familia en el cultivo de las tierras.

   d. Que su hijo creciera fuerte para que se convirtiera en su sostén.

No oyes ladrar los perros
Juan Rulfo

Preguntas

1. A base del texto escueto de Rulfo, sabemos que el padre crió solo a este hijo ya hombre. Ignacio fue el primer hijo del matrimonio. La madre murió en el segundo parto, y quedaron los dos, padre e hijo, solos.

Sin embargo, ateniéndonos a la característica más constante del texto de Rulfo —su economía de expresión—, podemos contar más interrogantes que datos sobre sus desavenencias. Lo que tenemos basta y aun sobra, pero los estudiantes no dejarán de notar que recorrerán casi toda su extensión antes de encontrar todos los datos que hay. Los motivos de la ira de este padre son las graves ofensas del hijo a la honra familiar, ofensas que deshonran su estirpe, la herencia de su sangre.

La realidad de esta familia se revela con mínimos detalles: si, cuando niño, Ignacio tenía un hambre insaciable y era rabioso, su comportamiento sigue igual en la edad adulta; a todas luces le rige una rabia egocéntrica. Según el padre, vive de robar y matar a la gente, gente buena. Imperdonablemente, ha matado a su propio padrino. Si existe alguna lógica oculta tras la delincuencia del hijo, no lo llega a saber el lector.

La relación desolada entre los dos se refleja en el inhóspito trasfondo del cuento: terreno hostil, pedregoso y reseco, sin hitos que marquen el paso de un padre incapaz de ver bien, ni de oír los ladridos de los perros que le renueven la esperanza de llegar a Tonaya. Al comenzar el cuento, el padre le implora ayuda al hijo. Ignacio, arisco, responde apenas. Hacia el final del cuento se entiende que este hijo, repositorio de las esperanzas paternales de toda una vida, no le ha correspondido nunca.

La sombra larga de las dos figuras del cuento, creada por la luz de la luna llena, lleva ecos claros de "Nocturno III", poema trágico del colombiano José Asunción Silva (1865–1896); en él, el poeta camina con su hermana, "y la luna llena/por los cielos azulosos, infinitos y profundos esparcía su luz blanca;/y tu sombra/fina y lánguida,/y mi sombra/por los rayos de la luna proyectadas,/sobre las arenas tristes/de la senda se juntaban;/y eran una,/y eran una,/y eran una sola sombra larga,/y eran una sola sombra larga,/y eran una sola sombra larga . . ." Nótese, sin embargo, que, en Rulfo, el majestuoso ritmo trocaico encerrado en "Era una sola sombra", se remata con la palabra "tambaleante". Aun sin conocer su relación con el verso de Silva, la frase de Rulfo evoca la imagen de un amor armonioso que se ha vuelto entorpecido y malogrado. Es la imagen más constante del cuento.

2. Al comienzo padre e hijo se tutean, alternando preguntas y mandatos familiares con respuestas tajantes y lacónicas que nos orientan al relato de un padre que busca salvarle la vida al hijo herido, cargándolo a cuestas, hacia el pueblo donde espera conseguirle atención médica. Este diálogo, con su entrecortado ritmo, nos revela lo siguiente: que el padre no oye porque los brazos del hijo le tapan los oídos; dolorido y fatigado, tiene que seguir adelante, pues si baja al hijo, según éste le ruega, no podrá, sin ayuda, volverlo a cargar. El hijo ansía bajarse, pues sufre de sus heridas; tiene frío y tiene sed, y anhela dormir. En ningún momento ayuda al padre a divisar Tonaya sobre el horizonte.

En determinado momento se suspende el parco diálogo familiar. De repente, como en un arrebato, el padre adopta una tonalidad diferente, severa, y propia de una autoridad moral. A este cambio de tono lo acompaña el primer cambio al trato de "usted". Como dando un discurso, el padre condena al hijo, y termina enunciando, en su simple habla campesina, una maldición y una sentencia. Las palabras del padre desheredan y maldicen al hijo, a la vez que nos revelan la causa de su amargura: "... para mí usted ya no es mi hijo. He maldecido la sangre que usted tiene de mí. La parte que a mí me tocaba la he maldecido. He dicho: '¡Que se le pudra en los riñones la sangre que yo le di!'" Maldice al hijo desde que supo que éste había dado muerte a su propio padrino, el que lo bautizó: "Desde entonces dije: 'Ése no puede ser mi hijo.'" La sentencia resuena en el aire, y el lector, pendiente, no percibe ninguna reacción desde arriba, del hijo.

Volviendo a tratar al hijo de "tú", el padre le dice que hubiera matado otra vez a su madre "si ella estuviera viva a estas alturas". Estas palabras parecen provocar una reacción en el joven: sacudidas como de sollozos, y gotas gruesas que caen sobre la cabeza del padre—¿serán lágrimas o sangre?—y el padre pregunta, "—¿Lloras, Ignacio? Lo hace llorar a usted el recuerdo de su madre, ¿verdad?" Nótese que, por segunda vez, y dentro de un mismo enunciado, el padre recae en el trato de "usted". Vuelve a adoptar el tono de antes, y termina de sentenciar a un hijo ya callado del todo: "... nunca hizo usted nada por (su madre). Nos pagó siempre mal. Parece que, en lugar de cariño, le hubiéramos retacado el cuerpo de maldad".

Los estudiantes notarán que el trato de "tú" vuelve al fin del cuento, en el enunciado final del ya vencido padre. En él se intuye un viejo pero naufragado cariño. Véase más sobre esta última frase en la respuesta a la Pregunta N° 4.

3. Las palabras del padre casi al fin del cuento nos revelan el último dato que nos faltaba: que el hijo ha formado parte de una pandilla de delincuentes, todos ellos muertos en el trance que le causó las heridas al joven. ¿Cuál trance fue? No lo sabemos. ¿Cuántos eran y cómo murieron? ¿Dónde y por qué sucedió la violencia? ¿Cómo se ha dado cuenta el padre, para ir al rescate de su hijo? ¿Quiénes quedaron en vida para ayudar al padre a subir al hijo en hombros? No lo sabremos nunca.

El padre concluye: "Pero ellos (los malos amigos) no tenían a nadie. Ellos bien hubieran podido decir: 'No tenemos a quién darle nuestra lástima.' ¿Pero usted, Ignacio?" La pregunta es retórica. Para el padre, la vida del hijo de robar y matar es un rechazo total del cariño, de la formación y de la sangre que le dieron sus padres.

4. El padre lleva en hombros al hijo herido. Bajarlo significaría su muerte. El estado grave del hijo se nota en sus silencios cada vez más graves y en las sacudidas que le dan, que el padre sufre con un estoicismo absoluto. El padre jura llevarlo a Tonaya "a como dé lugar", y sin embargo, según él, no lo hace por ser él su hijo, sino por su difunta madre. Comienza la condena a su hijo: "... a usted no le debo más que puras dificultades, puras mortificaciones, puras vergüenzas." La maldición que sigue a continuación recuerda tremebundos versos del Antiguo Testamento.

Los estudiantes pueden imaginarse los sacrificios del padre por este hijo a quien ahora ayuda y maldice; por igual, las esperanzas paternales hechas humo por la vida criminal del hijo. El desgarrador reproche del padre al final del cuento no se refiere tan sólo a la esperanza que le hubiera dado oír ladrar los perros; abarca esperanzas fallidas de toda una vida: "—¿Y tú no los oías, Ignacio? —dijo—. No me ayudaste ni siquiera con esta esperanza."

Las palabras del viejo reprueban al hijo su comportamiento ruin; sus acciones paternales nacen todavía del amor de padre que le queda. Este enigma, como dice Luis Harss, es parte de la epidemia de la vida misma.

Guía de estudio

a. Aquí la luz de la luna nos define el ambiente nocturno, iluminando el drama de este relato rulfiano. Cuento sombrío, desesperanzado y triste, sería impensable que recorriera su trayectoria sino de noche. Esta luna no proporciona al escaso paisaje ni belleza ni encanto; levanta el velo de la noche apenas lo suficiente para revelar al lector la tragedia de sus dos personajes. La luna, en este fragmento, es el indicio temporal en la progresión dramática, pues va siempre delante de la figura doble de padre e hijo, y conforme asciende, más cuenta nos damos del paso del tiempo.

b. Aquí la luna brinda un mayor dramatismo a las imágenes descritas por Rulfo. Las sombras crecen y se profundizan, acentuando el carácter fúnebre del relato y dando lugar a un posible presagio de la muerte.

c. Aquí la evocación de la muerte es evidente: la luna, reflejada en el rostro de Ignacio, le da una dimensión espectral. Por otro lado, la opacidad acentúa la idea de una desaparición gradual.

d. La luna sube, parsimoniosa y firme, conforme la resistencia del viejo decae y la vida de Ignacio se apaga. Hemos llegado al centro del relato, con la luna en lo alto del cielo, dando claridad al paisaje de la tragedia, al mismo tiempo que se aclara el panorama narrativo: nos enteramos entonces por qué el hombre reniega de su hijo y cuáles son las razones personales que lo impulsan a llevarlo, a pesar de las dificultades, a Tonaya, en busca de un médico.

e. La luna, en este fragmento, anuncia el desenlace del cuento, el punto final de la progresión dramática que acaba con la llegada a Tonaya; su tranquilo reflejo sobre los tejados de las casas, armoniza a la perfección con las lágrimas o la sangre de Ignacio, y su subsiguiente quietud. Sin embargo, el autor no nos libera del misterio: ¿murió, o no murió? No se sabe.

Tesis de ensayo

1. Éste es un ejemplo del tipo de pregunta de análisis temático, como las que se verán en la Pregunta N° 2 del examen de *AP Spanish Literature*.

2. Éste es un ejemplo del tipo de Pregunta N° 2, de análisis temático que se verá en el examen de *AP Spanish Literature*.

Prueba de vocabulario

Las respuestas correctas son:

1. d, **2.** a, **3.** c, **4.** c, **5.** a, **6.** c, **7.** d, **8.** b, **9.** b, **10.** a.

Preguntas de opción múltiple

Las respuestas correctas son:

1. b, **2.** d, **3.** c, **4.** a, **5.** b, **6.** d.

La siesta del martes

GABRIEL GARCÍA MÁRQUEZ

Antes de leer

Pobre y vestida de un luto riguroso, hecho que se explica en el transcurso del cuento, la protagonista de "La siesta del martes" se nos presenta como una mujer algo marchita y taciturna, hablando con la niña en mandatos maternales pero tajantes. Parece vieja, al menos para ser la madre de la niña, por su manera de vestir y por su "cuerpo pequeño, blando y sin formas". Después veremos que no sólo es la madre de la niña de doce años, sino también de un hijo ya hombre.

El cura de Macondo, y su hermana también, se dan cuenta de que el pueblo se ha asomado a atisbar el paso de "la madre del ladrón". Comprenden que ella será objeto de la curiosidad mórbida y de las malas lenguas de todos, en su derrotero al cementerio para cumplir su deber de madre. A pesar de las instancias, tanto del cura como de su hermana, a que se quede, la madre, con un escueto, "Así vamos bien", sale a encarar el calor y la hostilidad de Macondo.

Vocabulario

escueto—que tiene únicamente lo esencial; sin adornos ni lujo; sin muchos detalles.

estancado—sin movimiento; paralizado.

sopor (m.)—modorra; estado soñoliento, como efecto del gran calor.

estrépito—ruido grande.

agobiado—abrumado; fatigado; vencido.

angosto—estrecho.

armario—mueble con puertas, estantes, y cajones.

rumor (m.)—ruido leve.

a tientas—con las manos, sin el auxilio de la vista.

disparar—hacer fuego; descargar (un arma de fuego).

porrazo—golpe duro; paliza.

insolación—malestar causado por exposición prolongada a los rayos solares.

limosna—caridad; ofrecimiento de dinero; dádiva.

derretirse—convertirse en líquido por el calor.

catafalco—sepulcro, tumba

Al leer

Consulte la **Guía de estudio** como herramienta para comprender mejor esta obra.

Después de leer

Conviene saber que García Márquez ha contado muchas veces que la mujer de "La siesta del martes" está inspirada en el recuerdo de un día en que él vio llegar a Aracataca, abrasada por el sol y por la curiosidad de todo el pueblo, una mujer, con una niña de la mano y un ramo de flores para la tumba de su hijo, mientras en toda Aracataca corría el rumor: "Aquí viene la madre del ladrón". García Márquez durante años consideró éste su mejor cuento.

Conviene saber que el texto de "La siesta del martes" trae una descripción de las llaves del cementerio: "dos llaves grandes y oxidadas, como la niña imaginaba y como imaginaba la madre cuando era niña y como debió imaginar el propio sacerdote alguna vez que eran las llaves de San Pedro". Ésta es una referencia al versículo del evangelio cristiano en que Jesucristo encarga al apóstol san Pedro las llaves del reino de Dios, encomendándole la vigilancia sobre la entrada de los fieles difuntos al cielo. Las llaves del cementerio se parecen a las imaginadas por la mujer, por su hija, y aun por el cura, desde que aprendieron el versículo en su niñez. Por eso el aspecto de las llaves tiende a inspirarles un temor reverente. Claro está, no dejan de ser las llaves del cementerio, que pide la mujer, por apenas más de una hora, para visitar la tumba de su hijo recién muerto.

Conviene saber que el sitio de los sucesos de "La siesta del martes" es Macondo. Los dos lugares más usados por Gabriel García Márquez como trasfondo de sus cuentos son, primero, un pueblo anónimo, sin ferrocarril, pero con un río por el cual llegan barcos, con gente y noticias—pueblo de "Un día de éstos", de "La prodigiosa tarde de Baltazar", y de "La viuda de Montiel", además de la insigne novela corta *El coronel no tiene quien le escriba*. El otro pueblo es el mítico y fabuloso Macondo, inspirado en el pueblo natal del autor colombiano, Aracataca. En Macondo tienen lugar, entre otras historias, "La siesta del martes" y *Cien años de soledad*.

A Macondo no se llega por barco, sino en el tren amarillo y polvoriento que hizo instalar la compañía bananera y que trae a pasajeros asfixiándose de calor. Según el novelista peruano Mario Vargas Llosa, "las notas características de Macondo son . . . la frustración, el resentimiento, la soledad, la maldad . . . [Es una] aldea sin contacto con el resto del mundo, condenada a desmoronarse, a pudrirse lentamente a plena luz . . ." Los macondinos son víctimas "de la inmovilidad ardiente y la postración de Macondo". Según él, el "rostro maravilloso de Macondo . . . sólo aparecerá en toda su magna riqueza en *Cien años de soledad*",[1] que se publicó cinco años después de "La siesta del martes".

Conviene saber que el andén donde cae balaceado Carlos Centeno Ayala es la acera de cemento fuera de la casa de la señora Rebeca. Se trata de un uso colombiano de la palabra.

Conviene saber que García Márquez, divertido por la idea de su amigo Plinio Apuleyo Mendoza, de ganarse el concurso de cuento recién inaugurado por el primer periódico colombiano *El Nacional*, escribió este cuento "casi de una sentada". El jurado del concurso de *El Nacional* no le concedió ni siquiera una mención.[2]

Conviene saber que, según él mismo, García Márquez tiene una obsesión respecto a su propia muerte: quiere que la gente le lleve flores y testimonios de afecto al pie de su tumba[3]. Esta obsesión se basará tal vez en la experiencia que tuvo en su niñez cuando la abuela Tranquilina lo inmovilizaba en una silla al anochecer, amenazándolo con las ánimas que vagaban por la casa grande y fantasmal de Aracataca, convirtiéndola en un inmenso catafalco.[4]

Preguntas

1. ¿Cómo es la mujer de "La siesta del martes"? Describe su carácter y su espíritu. Defiende, con indicaciones textuales, tus conclusiones.

2. Al sacerdote y a su hermana les preocupa que salgan la mujer y su hija de la casa cural. ¿Por qué? ¿Qué puede pasar? ¿Cuál es el resultado, para el lector, del hecho de que García Márquez haya omitido esta parte, al parecer integrante, del cuento?

3. Se ha afirmado que uno de los protagonistas de este cuento es el calor agobiante que llena sus páginas. ¿Crees tú que sea defendible esta afirmación? ¿Por qué? Justifica tu respuesta con ejemplos del texto.

Bibliografía

Bell-Villada, Gene H. *García Márquez: The Man and His Work*. (1969)

Dasso Saldívar. *Viaje a la semilla*. (Marzo-Junio 2002)

---

[1] Mario Vargas Llosa, "García Márquez: de Aracataca a Macondo", *Nueve asedios a García Márquez*. Editorial Universitaria, 1969, Santiago de Chile, págs. 134–135.

[2] Dasso Saldívar, *Viaje a la semilla*. Alfaguara, Santillana, S.A., Madrid, págs. 374–375.

[3] *Ibid.*, págs. 183 y 250.

[4] *catafalco*—sepulcro, tumba

La siesta del martes Gabriel García Márquez

Mientras leas "La siesta del martes", notarás que, al comienzo, no nos damos cuenta cabal del porqué del viaje de madre e hija en el tren. En el cuento, sin embargo, se empiezan a insinuar detalles de la realidad del dolor que empezó para ellas ocho días atrás. Se alternan los detalles de un mundo insensible a su dolor con ciertos detalles sutiles que nos colocan cara a cara con él. Tu tarea es buscar y apuntar por lo menos tres momentos en que García Márquez nos presenta alternancias abruptas entre un mundo indiferente a las penosas circunstancias de la madre, y la inserción sutil y gradual en el cuento de los detalles de su pena.

Por ejemplo:

"Como el humo de la locomotora siguió entrando por la ventanilla, la niña abandonó el puesto y puso en su lugar los únicos objetos que llevaban: una bolsa de material plástico con cosas de comer y un ramo de flores envuelto en papel de periódicos".

(El lector se pregunta para qué llevan un ramo de flores en su viaje nada fácil a bordo del tren.)

La siesta del martes Gabriel García Márquez

1. El autor Gene Bell-Villada ha afirmado que, a pesar de la realidad relativamente degradada que en sus textos retrata Gabriel García Márquez, pocos autores se muestran tan solidarios con la vida como él.[5]

   En "La siesta del martes" se encuentra esta solidaridad con la vida, ante la presencia de abundantes motivos de amargura o desesperación. Escribe un ensayo coherente y bien organizado en el que analizas la forma en que el autor logra desarrollar esta solidaridad con la vida a pesar de la realidad que pinta.

   (Tiempo: 40 minutos. Extensión mínima: 200 palabras.)

2. Escoge por lo menos un personaje de dos de las siguientes obras, y analiza la forma en que ellos encarnan un conflicto con los valores de la sociedad en que viven:

   El burlador de Sevilla y convidado de piedra, de Tirso de Molina
   "Vuelva Ud. mañana", de Mariano José de Larra
   "Prendimiento de Antoñito el Camborio en el camino de Sevilla", de Lorca
   "Muerte de Antoñito el Camborio", de Lorca
   La casa de Bernarda Alba, de Federico García Lorca
   "La siesta del martes", de Gabriel García Márquez

   (Tiempo: 40 minutos. Extensión mínima: 200 palabras.)

[5] "In spite of the comparatively degraded reality he deals with, few authors are as life-affirming as is García Márquez." (Gene Bell-Villada, *García Márquez: The Man and His Work*. The University of North Carolina Press, 1990, pág. 79.)

Nombre

La siesta del martes Gabriel García Márquez

Lee las frases siguientes y completa el sentido de cada una eligiendo la palabra más apropiada entre las cuatro opciones.

1. Me marcho dentro de cinco minutos; así que quiero que me digas lo que pasó, pero no con todos sus pelos y señales; la verdad ____, nada más.

   a. escueta

   b. esquivada

   c. escuálida

   d. escalada

2. ¡Otro embotellamiento de tránsito! No vamos a llegar a tiempo; mira, todos los coches están ____.

   a. estampados

   b. estaqueados

   c. estoqueados

   d. estancados

3. Hacía un calor insoportable; nadie se movía; todos estaban sumidos en el ____ del trópico.

   a. soborno

   b. socorro

   c. sopor

   d. soplido

4. Los pasajeros que viajaban en los vagones tenían que conversar a gritos, a causa del ____ de la locomotora.

   a. estrépito

   b. estreñimiento

   c. estreptococo

   d. estribillo

5. No puedo jugar contigo ahora, mi hijito; estoy ____ de trabajo.

   a. agachado

   b. agobiado

   c. abrigado

   d. agregado

6. Llegamos a un puente tan ____, que tuvimos que dejar pasar el coche que venía en sentido opuesto, antes de cruzarlo.

   a. angustiado

   b. anfibio

   c. antagónico

   d. angosto

7. Es irónico; los detectives encontraron el arma homicida en el ____ de la víctima.

   a. armenio

   b. armario

   c. armisticio

   d. arpegio

8. Todos esperaban en silencio; no se oía más que el leve ____ de la llovizna.

   a. rumor

   b. rubor

   c. rumbo

   d. rumano

9. Ya en las entrañas de la cueva, la oscuridad era total; tuvimos que andar ____.

   a. a tentáculos

   b. a tendones

   c. a tientas

   d. a tiradas

10. Cuando el policía vio el puñal en manos del maleante, sacó su pistola y ____ a quemarropa.

    a. disipó

    b. discrepó

    c. disparó

    d. disparató

11. El otro, enfurecido, alzó el bastón y le dio tal ____ al pobre diablo que lo dejó como muerto.

    a. portento

    b. polaco

    c. polanco

    d. porrazo

12. La pobre mujer se quedó dormida en la playa al mediodía, y le dio una ____.

    a. insuflación

    b. insurrección

    c. instantánea

    d. insolación

13. Ese pobre anciano no tiene pensión; vive de ____; anda mendigando por las calles.

    a. limosna

    b. limo

    c. limonero

    d. limusina

14. Todos sabemos que si dejamos un pedazo de hielo en la acera en pleno verano, muy pronto ____.

    a. se derrumba

    b. se derrocha

    c. se derrite

    d. se derriba

La siesta del martes Gabriel García Márquez

Contesta las siguientes preguntas, o completa la idea, eligiendo en cada caso la respuesta más apropiada.

1. Vemos la relación estrecha que existía entre la madre y su hijo en todos los hechos siguientes, MENOS uno. ¿Cuál es?

   a. El narrador describe la voz y la expresión de la madre, usando el adjetivo "apacible", en dos momentos distintos del cuento; por otro lado, al caer atravesado por la bala del antiguo revólver de la solitaria viuda Rebeca, Carlos Centeno Ayala exhala sus últimas palabras, "Ay, mi madre", con voz también "apacible".

   b. Carlos Centeno Ayala vino, de forastero, hasta Macondo a robar, para evitar que nadie en el pueblo lo reconociera.

   c. Resueltamente, la madre describe a su hijo como "un hombre muy bueno", después de haber declarado su nombre, con apellidos paterno y materno, destacando la unión entre madre e hijo.

   d. La preocupación más grande de la madre es qué hacer ahora, vieja y sola, para mantener a su hija, después de muerto el hijo que las mantenía.

2. Una advertencia que le da la mujer a su hija al terminar la larga ida en tren hasta Macondo, es:

   —Después, aunque te estés muriendo de sed no tomes agua en ninguna parte. Sobre todo, no vayas a llorar.

   Una connotación posible de esta advertencia es:

   a. que ésta es una madre insensible a las necesidades tanto corporales como sentimentales de su hija.

   b. que la madre tiene miedo al agua posiblemente contaminada de microbios del pueblo de Macondo.

   c. que la madre está resuelta a visitar la tumba de su hijo y a salir de Macondo después, sin deberle nada al pueblo que mató a su hijo; al hacerlo, tanto madre como hija presentarán una cara estoica.

   d. que no sirve llorar más de lo que ya han llorado.

3. En todas las afirmaciones siguientes MENOS una, se escucha un tono de compasión en las voces del sacerdote y de su hermana. ¿Cuál es la afirmación que no encierra compasión?

   a. —La voluntad de Dios es inescrutable.

   b. —Es mejor que salgan por la puerta del patio.

   c. —Esperen a que baje el sol.

   d. —Se van a derretir. Espérense y les presto una sombrilla.

La siesta del martes
Gabriel García Márquez

Preguntas

1. Cuando esta mujer lacónica habla con la hermana del sacerdote, y con el sacerdote también, escuchamos una voz "apacible, con muchos matices", voz que enuncia réplicas breves y seguras. Al articular el nombre de su hijo, "el ladrón que mataron aquí la semana pasada", lo da completo: Carlos Centeno Ayala. Esta introducción del concepto de la dignidad e integridad de su familia no podrá ser desatendida. Ante la pregunta del párroco, "¿Nunca trató de hacerlo entrar por el buen camino?", la mujer, para responder, espera hasta terminar de firmar en el cuaderno; es dueña de sí. "Era un hombre muy bueno", dice al fin, y para sorpresa del cura, no está a punto de llorar. Ella es "inalterable". Declara sin rodeos, secundada por la niña, que ella, siendo madre, no pudo seguir comiendo la comida costeada por las palizas que, para mantenerlas, recibía su hijo como boxeador cada sábado por la noche. Ella le decía que nunca robara nada que le hiciera falta a alguien para comer. Esto lo declara resignada, sin pedir perdón a nadie. A la salida de las dos de la casa del cura, el escritor abruptamente corta la narración, haciendo caso omiso del paso de las dos por un pueblo de curiosos y hostiles, levantados de su siesta del martes por la presencia en Macondo de "la madre del ladrón".

Las respuestas de los estudiantes al describir certeramente el carácter de la mujer, demostrada en su actitud frente a la hija, frente al sacerdote y su hermana, y, sin lugar a duda, frente al pueblo de curiosos, podrían incluir los siguientes adjetivos: estoica, digna, segura, serena, impasible, resignada, y abnegada. En la secuencia siguiente se reúnen toda la fuerza, todo el estoicismo y toda la dignidad que posee esta mujer: "El sacerdote la escrutó. Ella lo miró fijamente, con un dominio reposado, y el padre se ruborizó". Quien se ruboriza no es la madre del ladrón.

La mujer no cambia de tono ni siquiera al identificarse como la madre del "ladrón que mataron aquí la semana pasada". Ante el gentío reunido afuera, ella no vacila, aunque vacilen el cura y su hermana. La madre se caracteriza por su "serenidad escrupulosa" y su "dominio reposado".

2. Es ominosa la sentencia de la hermana del cura: "La gente se ha dado cuenta." Los estudiantes sabrán que madre e hija van a afrontar la hostilidad del pueblo, sofocante como el calor del mediodía en Macondo. La imaginación fabricará las formas específicas que tomará aquella hostilidad: miradas, cuchicheos, risotadas y burlas, comentarios, insultos, amenazas, o bien, silencio; o, lo que tal vez sea peor, preguntas como la del cura: "¿Nunca trató de hacerlo entrar por el buen camino?" No faltarán estudiantes que imaginen piedras u otras cosas tiradas a madre e hija. Éstas sufrirán toda forma imaginable de desprecio y crítica, pues el desconocido ladrón fue condenado desde antes por la opinión pública. Lo que menos les interesará a los macondinos serán los móviles del hijo muerto en su propósito de dar de comer a su madre y hermana.

Esta condena podrá, tal vez, encontrar un reflejo en los sentimientos de algunos estudiantes, que no concuerden con que una madre dé su permiso a un hijo para que robe. En los Estados Unidos y en otros países, se vive en la actualidad una vida que proporciona, a través de agencias gubernamentales y particulares, una red que sustenta al individuo para que salga del hambre más severa. Es difícil hacer comprender a algunos la existencia de gobiernos que no satisfacen las necesidades más básicas, de vivienda y de comida, de los más pobres y más necesitados. La experiencia de la familia Centeno Ayala no será fácilmente comprendida por estos estudiantes; para ellos, robar es robar, y las circunstancias, dirán, no alteran el caso.

La cuestión se presta para una buena discusión en clase, y, a la larga, todos podrán reconocer el amor de madre que hizo que la mujer pidiera que su hijo dejara de boxear para ganarse el pan que le sabía a los porrazos que le daban a su hijo cada sábado por la noche.

Entender lo que logra García Márquez con omitir los detalles de la escena en la calle, se les hará más fácil a los estudiantes después de tratar cabalmente la primera parte de esta pregunta. Tener perpetuamente libre la imaginación para rellenar los intersticios de aquella experiencia denigrante de la mujer en su travesía al cementerio y vuelta a la casa cural y a la estación, es mucho más terrible que si García Márquez le hubiera proporcionado al lector detalles específicos. Un cuadro nunca pintado, sino siempre planeado, un poema no escrito, sino eternamente potencial, una ilusión acariciada toda una vida, pero nunca realizada: estas cosas participan, como la escena final de "La siesta del martes", de posibilidades incesantes, infinitas. El terror de esta escena está en lo que la imaginación le sugiera al lector individual.

3. El cuento está imbuido de un ambiente definido por el calor que empieza por la mañana, mucho antes de entrar el verdadero y abrasante calor que conoceremos en Macondo. Al bajar el tren por la costa, el aire se hace húmedo y ya no se siente la brisa del mar. El calor va acrecentándose poco a poco hasta hacerse sofocante en el momento cumbre del cuento: la partida de la mujer de la casa del cura, con "la calle distorsionada por la reverberación". La sofocación del calor es afín a la sofocación que debe sentir esta mujer sin lágrimas al perder a su único hijo varón, hombre tan bueno que robaba, en pueblo ajeno, para poner pan en la mesa para su madre y su hermana; hombre que tuvo una muerte violenta y a deshora, por causa de esto mismo. La sofocación del calor es afín a la sofocación que agobia a un pueblo desalmado, que no tiene una sola persona que brinde a un ser humano necesitado una pizca de solidaridad.

El calor del cuento es un calor caribeño, que obliga a la gente a cerrar los negocios y a dormir la siesta, desde las once de la mañana hasta cerca de las cuatro. Ya son las dos cuando la mujer y su hija bajan del tren: es la cúspide del calor, y todos duermen. Sin embargo, la curiosidad de ver a "la madre del ladrón" los levanta, y los hace asomarse a sus ventanas o los saca de sus casas, a pesar del calor.

Decididamente el papel que desempeña el calor en "La siesta del martes" es central. El crecimiento paulatino del calor conforme se desarrolla la trama, con su ápice en el momento culminante de la salida de madre e hija de la casa cural, sirve de ritmo y compás para la acción.

Guía de estudio

Algunos ejemplos de estas bruscas alternancias textuales son:

1. ". . . el tren pasó frente a las primeras casas de un pueblo más grande pero más triste que los anteriores.

—Si tienes ganas de hacer algo, hazlo ahora —dijo la mujer—. Después, aunque te estés muriendo de sed no tomes agua en ninguna parte. Sobre todo, no vayas a llorar."

(Esta serie de amonestaciones al llegar madre e hija a su destino, es tan normal como insólita; insólita por su chocante inflexibilidad, cuya razón no comprendemos todavía.)

2. "—Necesito al padre —dijo.

—Ahora está durmiendo.

—Es urgente —insistió la mujer.

Su voz tenía una tenacidad reposada."

(No es de extrañarse que la mujer llegue para ver al cura, pero sí lo es que la urgencia de su misión sea tan grande que le perdone la interrupción de una siesta, en este pueblo de calor sofocante. No tenemos datos del porqué de esa urgencia.)

3. "—¿Qué tumba van a visitar? —preguntó.

—La de Carlos Centeno —dijo la mujer.

—¿Quién?

—Carlos Centeno —repitió la mujer.

El padre siguió sin entender.

—Es el ladrón que mataron aquí la semana pasada —dijo la mujer en el mismo tono—. Yo soy su madre."

(Es abrupta y escueta la revelación del motivo del viaje de madre e hija.)

4. Inmediatamente después de la detonación no sintió nada más que el murmullo de la llovizna en el techo de zinc. Después percibió un golpecito metálico en el andén de cemento y una voz muy baja, apacible, pero terriblemente fatigada: "Ay, mi madre."

(La fuerza del estampido contrasta con las palabras apacibles con las que rinde la vida el joven; la violencia, resultado del acto de robar, es suplantada en el acto por el último impulso del ladrón, de pensar en su madre. Estas alternancias van pareciendo más comprensibles al lector. Como lectores, vamos adquiriendo datos.)

5. "La mujer contestó cuando acabó de firmar.

—Era un hombre muy bueno.

El sacerdote miró alternativamente a la mujer y a la niña y comprobó con una especie de piadoso estupor que no estaban a punto de llorar."

(Comprendemos ahora plenamente el dolor de las dos; lo que nos choca es la percepción de su inexorable estoicismo.)

Seguramente, los estudiantes encontrarán otros ejemplos de esta técnica estilística de García Márquez.

Tesis de ensayo

1. Los estudiantes cumplirán con los requisitos de la pregunta si definen, y luego analizan coherentemente, la manera en que García Márquez desarrolla en "La siesta del martes" sentimientos de solidaridad con la vida, en cualquiera de sus varias configuraciones: en la necesidad de amar al prójimo, de no dar la espalda a nuestros semejantes, y de adherirnos a la comunidad de intereses y cooperación de todos. Se encontrará solidaridad manifiesta en el comportamiento firme de los miembros de la familia Centeno Ayala, ante la realidad del hambre y de la humillación; esto frente al patente desinterés y desapego por parte de una sociedad dada más a la soledad y a la frialdad. Un buen tratamiento de la clara falta de solidaridad existente en el pueblo de Macondo, ante las circunstancias de la madre, podría prestarse para un excelente ensayo, con tal que incluyera la afirmación de la vida representada en la unión solidaria de esta familia.

Éste es un ejemplo del tipo de pregunta de análisis textual basado en una cita crítica, como las que se verán en la Pregunta N° 3 del examen de *AP Spanish Literature*.

2. Éste es un ejemplo del tipo de Pregunta N° 2, de análisis temático que se verá en el examen de *AP Spanish Literature*.

Prueba de vocabulario

Las respuestas correctas son:

1. a, **2.** d, **3.** c, **4.** a, **5.** b, **6.** d, **7.** b, **8.** a, **9.** c, **10.** c, **11.** d, **12.** d, **13.** a, **14.** c.

Preguntas de opción múltiple

Las respuestas correctas son:

1. d, **2.** c, **3.** a.

El Sur

JORGE LUIS BORGES

Antes de leer

En "El Sur", el protagonista Juan Dahlmann sufre un accidente. Aunque al parecer leve, precipita un doble hilo de consecuencias inesperadas, enigmáticas y fantásticas.

   Jorge Luis Borges nos cuenta, en su autobiografía, que un día en 1938 subía muy de prisa una escalera cuando chocó con una ventana abierta y recién pintada. Por desperfectos en los procedimientos de primeros auxilios, le dio una septicemia—una infección de la sangre con mucha fiebre—que lo llevó a temer por su integridad mental. Borges nos dice que temía que no volviera ni a leer ni a escribir. Como se verá, sus mejores ficciones fueron posteriores al accidente, entre ellas, "El Sur".

Vocabulario

sanatorio—hospital; clínica para el tratamiento de los enfermos.

cirujano—médico que opera a sus pacientes.

infundir—dar; prestar; transmitir.

vedado—prohibido.

desdicha—infortunio; infelicidad.

desaforado—desmedido; extremadamente grande.

disparate—locura; estupidez.

injuriar—insultar con malas palabras.

esgrima—deporte o arte del manejo de la espada o del sable; arte de pelear con arma blanca, la espada o el cuchillo.

filo—borde agudo, cortante, del cuchillo.

acometer—avanzar contra el enemigo; lanzarse al ataque.

acaso—tal vez; posiblemente.

Al leer

Consulte la **Guía de estudio** como herramienta para comprender mejor esta obra.

Después de leer

Conviene saber que al tratar de desentrañar el enigma de la muerte de Juan Dahlmann, el lector se dará cuenta de que Borges, después de que su protagonista sale del sanatorio, pinta el mundo con tintes oníricos. Experimentamos "las simetrías y los leves anacronismos": el hecho de que es un coche de plaza el método de transporte, tanto al sanatorio como a la estación de Constitución; el que, tanto en el día del accidente como en el de su viaje al Sur, tiene a la mano el mismo ejemplar descabalado de *Las mil y una noches*; el que, mientras pasa por las calles de Buenos Aires, va pensando en determinada cosa, y segundos después, ésta se materializa delante de él. Hay muchos ejemplos más. Y, sin embargo, tenemos que admitir que las coincidencias —las simetrías y los leves anacronismos—pasan en la vida de todos, todos los hemos experimentado, y solemos explicarlos sin mayor dificultad.

Un ejemplo de lo sutilmente anacrónico de esta parte de la historia es la manera en que Dahlmann, estando en el *hall* de la estación y con treinta minutos para la partida del tren, se acuerda de un café de la calle Brasil y del gato que había allí. (La estación ferroviaria de Constitución da a la calle Brasil.) No vemos a Dahlmann salir del *hall* de la estación para llegar al café. Borges escuetamente nos dice, "Entró. Ahí estaba el gato." Claro, no es inverosímil pensar que Dahlmann haya caminado al café que había recordado segundos antes, pero Borges omite su traslado allá, y, para el lector, Dahlmann, simplemente y de repente, está ahí. También está el gato que recordó.

Es más difícil explicar otros detalles. ¿Cómo sabía el cirujano que Dahlmann tenía una estancia en el Sur donde podía recuperarse? ¿Cómo conocía el patrón del almacén el apellido de Dahlmann, si éste nunca antes había estado en ese lugar? ¿Cómo era que el patrón se parecía a uno de los empleados del sanatorio? Es inevitable el paralelo entre la indigna clavada de la aguja en el sanatorio que tal vez le causara la muerte a Juan Dahlmann, y una próxima muerte a cuchillo en pleno combate.

Conviene saber que, al recordar la advertencia de Borges sobre las dos formas posibles de leer "El Sur" (Véase la introducción, Página 143 del libro de lecturas.), debemos tener en cuenta que el escritor es un maestro que enseña a su lector a desconfiar. Comentando la influencia de un poeta amigo sobre su formación y su visión del mundo, Borges ha dicho: ". . . yo había sido siempre un lector crédulo. Su principal don fue hacerme leer escépticamente . . ."[1] María Esther Vázquez, biógrafa del autor, comenta que una cosa que "diferenciaba a Borges del común de las gentes era que cuestionaba todo . . ."[2]

Siguiendo al maestro, entonces, valdrá desconfiar de la verdad absoluta, tanto de la muerte del protagonista en el sanatorio, como de su muerte "a cielo abierto y acometiendo". Podemos saber que Borges alguna vez categorizó uno de los dos desenlaces posibles de "El Sur" como "wishful thinking", ilusiones acariciadas tanto por Dahlmann como por Borges mismo, hombres de letras de vida mansa y recluida; ilusiones de lograr una muerte deseada, con cuchillo en mano y en la pampa.[3] No obstante, es imprescindible tener en cuenta que "El Sur", y Borges, son implacables en su ambigüedad. Lejos de encontrar la pista que les confirme que Dahlmann haya muerto por efecto de la clavada de la aguja en el sanatorio, los lectores cuidadosos del texto hallan que aquella ambigüedad es el único absoluto que les brinda Borges en "El Sur". Borges no da cuartel, no transige.

Conviene saber que la doble esencia de Juan Dahlmann va representada en su mismo nombre. Él es de estirpe alemana y argentina. Es nieto de un pastor evangélico que inmigró a la Argentina a fines del siglo XIX, y es un hombre de la ciudad, de oficio tan pacífico como el de su abuelo: secretario en una biblioteca de Buenos Aires. Su linaje germánico se contrapone al linaje argentino por su lado materno, el de los Flores. Su abuelo materno murió peleando en la frontera de Buenos Aires. Borges se vale de la palabra "discordia" para describir la confluencia de los dos linajes en Dahlmann.

[1] Borges, citado en Emir Rodríguez Monegal, *Borges, una biografía literaria.* Fondo de Cultura Económica, México, 1987, pág. 156.

[2] María Esther Vázquez, *Borges: esplendor y derrota.* Tusquets Editores, Barcelona, 1996, pág. 77.

[3] Norman Thomas di Giovanni, et al., Eds., *Borges on Writing.* E.P. Dutton & Co., Inc., New York, 1973, pág. 50.

Los Flores han legado a Dahlmann una estancia en el Sur, pero éste no encuentra oportunidad para visitarla y conocerla, nos dice Borges, sino sólo nostálgica y literariamente. Vive tranquilamente en Buenos Aires hasta cierto día en que un accidente le cambia el destino. Aquella vida metropolitana es una vida protegida por la seguridad física y moral que presta la ciudad a sus conciudadanos, aunque Dahlmann se rodee de objetos familiares que sirven como recuerdos del pasado romántico de sus antepasados, los Flores.

Conviene saber que cualquier obra de ficción puede contener datos autobiográficos, así como cualquiera puede ofrecer detalles que al parecer son autobiográficos, sin serlo. Y sin embargo, la biografía de Borges nos habla de la confluencia de su sangre inglesa, de parte del padre, y su sangre criolla, de parte de la madre. Sabemos por sus biógrafos que el joven Borges vivía rodeado de los recuerdos de las intervenciones militares de sus antepasados Flores y Laprida. Además, conforme a lo que se ha visto en la sección *Antes de leer*, el episodio del accidente de Juan Dahlmann con la arista del batiente es muy similar al accidente, con la subsiguiente septicemia, que tuvo Borges, en 1938.

Preguntas

1. Explica las connotaciones de los dos linajes, por parte de padre y por parte de madre, de Juan Dahlmann.

2. Enumera los preparativos para la cirujía a los que se tiene que someter Dahlmann. ¿Por qué le parecerán a él humillaciones?

3. A partir del momento en que a Dahlmann un hombre enmascarado le clava una aguja en el brazo, encontramos una serie de elementos oníricos, típicos de los encontrados en sueños: anomalías, anacronismos y simetrías inexplicables. Busca y analiza por lo menos tres de ellos.

4. Analiza la combinación rara de tiempos verbales que se nota en la penúltima frase de "El Sur". ¿Qué efecto surte este fenómeno estilístico en el desenlace del cuento?

5. Comenta y analiza las analogías y las diferencias que intuyes tú entre las dos muertes posibles del protagonista de este cuento.

Bibliografía

Alazraki, Jaime. *La prosa narrativa de Jorge Luis Borges.* (1971)

Barrenechea, Ana María. *La expresión de la irrealidad en la obra de Borges.* (1967)

Bell-Villada, Gene H. *Borges and His Fiction: A Guide to His Mind and Art (A Revised Edition).* (1999)

Borges, Jorge Luis. "Autobiographical Essay." In *"The Aleph" and Other Stories 1933–1969.* (1970)

Borges, Jorge Luis. *Siete noches.* (1980)

Canto, Estela. *Borges a contraluz.* (1989)

di Giovanni, Norman Thomas, Daniel Halpern, and Frank MacShane, Eds. *Borges on Writing.* (1973)

Jurado, Alicia. *Genio y figura de Jorge Luis Borges.* (1964)

Merrill, Floyd. *Unthinking Thinking: Jorge Luis Borges, Mathematics, and the New Physics.* (1991)

Rodríguez Monegal, Emir. *Borges. Una biografía literaria.* (1987)

Vázquez, María Esther. *Borges. Esplendor y derrota.* (1996)

El Sur Jorge Luis Borges

Busca y apunta todos los pasajes que encuentres en los que Borges nos insinúa conexiones entre un mundo irreal, onírico, de sueños, y el mundo que, a todas luces, parece estar viviendo Juan Dahlmann a partir de la clavada de la aguja.

Nombre

El Sur Jorge Luis Borges

1. Aparecen en "El Sur" de Jorge Luis Borges tintes de irrealidad que invaden el mundo aparentemente real del protagonista Juan Dahlmann. En un ensayo coherente y bien organizado, analiza cómo el escritor logra aquella irrealidad de "El Sur", valiéndote de por lo menos dos elementos diferentes de su técnica narrativa. Justifica tus comentarios con ejemplos específicos del texto.

(Tiempo: 40 minutos. Extensión mínima: 200 palabras.)

2. Lee la siguiente cita y responde a las preguntas a continuación:

En el decurso de una vida consagrada a las letras y (alguna vez) a la perplejidad metafísica, he divisado o presentido una refutación del tiempo, de la que yo mismo descreo, pero que suele visitarme en las noches y en el fatigado crepúsculo, con ilusoria fuerza de axioma. Esa refutación está de algún modo en todos mis libros.

Así nos habla Jorge Luis Borges en su "Nueva refutación del tiempo", ensayo incluido en la colección *Otras inquisiciones*.

a. ¿De qué manera refleja el cuento borgiano "El Sur" esta idea de que el tiempo, tal como lo conocemos, no existe?

b. ¿Cómo se compara la forma en que aparece esta idea en "El Sur" con la forma en que aparece en "La muerte y la brújula"?

(Tiempo: 40 minutos. Extensión mínima: 200 palabras.)

Nombre

El Sur Jorge Luis Borges

Lee las frases siguientes y completa el sentido de cada una eligiendo la palabra más apropiada entre las cuatro opciones.

1. Salí mal herido del accidente, y me llevaron en ambulancia a un ____.

   a. santuario   **c.** sanatorio

   b. santiamén   **d.** santero

2. Tan graves eran mis heridas, que me tuvo que operar en seguida el ____.

   a. circunstante   **c.** ciruelo

   b. cirujano   **d.** cerezo

3. Ciertos animales salvajes me ____ miedo; los tigres, por ejemplo.

   a. infunden   **c.** ingieren

   b. indagan   **d.** incurren

4. Para evitar posibles complicaciones, la aspirina me había sido ____ por el médico.

   a. vejada

   b. velada

   c. vertida

   d. vedada

5. Pensaba que me iba a curar pronto, pero, por ____, no fue así.

   a. despecho

   b. desdicha

   c. desdén

   d. desprecio

6. Fue una locura atreverme a buscar pleito con un hombre de tamaño tan ____.

   a. despotricado

   b. descorazonado

   c. desaforado

   d. descaminado

7. Fui un paciente impaciente, y me fui del hospital antes de estar curado de mis heridas; reconozco ahora que fue un ____.

   a. disparate   **c.** despeñadero

   b. despilfarro   **d.** disparo

8. Como soy hombre de paz, había aguantado los muchos desaires de Fortunato sin alterarme; pero cuando me empezó a ____, llamándome sinvergüenza, criminal, mataperros y más, juré venganza.

   a. indultar   **c.** inferir

   b. ingerir   **d.** injuriar

9. Cuando Espadachín empuñó la espada, sentí miedo, porque soy poco hábil en ____.

   a. espina   **c.** estima

   b. esgrima   **d.** encima

10. Es fácil cortarse la mano si uno toma un cuchillo, un puñal o una daga por el ____.

    a. hilo   **c.** silo

    b. kilo   **d.** filo

11. Cuando nos dimos cuenta de que el ejército enemigo estaba a punto de ____, decidimos retroceder.

    a. acometer   **c.** apetecer

    b. amanecer   **d.** acceder

12. Es posible que yo me haya imaginado todo esto; ____ ha sido un sueño o una ilusión.

    a. ocaso

    b. amago

    c. acaso

    d. atajo

Nombre

El Sur Jorge Luis Borges

Contesta las siguientes preguntas, o completa la idea, eligiendo en cada caso la respuesta más apropiada.

1. Juan Dahlmann mantiene vivos los recuerdos de sus antepasados ilustres de su lado materno,

    a. viviendo rodeado de los objetos que le ha dejado la familia.

    b. haciendo un minucioso examen de los archivos de la Biblioteca Nacional donde trabaja.

    c. visitando frecuentemente la estancia de su abuelo Flores en el Sur.

    d. buscando repetir las hazañas de los más famosos de ellos en sus propias acciones y modo de vivir.

2. Borges nos dice que al cruzar Rivadavia, camino de la estación de Constitución, Dahlmann entraba "en un mundo más antiguo y más firme". Además, al despertarse de una siesta en el vagón del tren, Dahlmann lo sintió transfigurado, y "pudo sospechar que viajaba al pasado y no sólo al Sur". Estos son ejemplos del artificio que preconiza Borges para crear la irrealidad en una obra de arte mediante

    a. la exageración.

    b. un viaje en el tiempo.

    c. los espejos enfrentados.

    d. el eterno retorno.

3. El sanatorio se encuentra en la calle Ecuador. Posiblemente este hecho

    a. tiene función costumbrista: le recuerda al lector que el cuento tiene lugar en Latinoamérica.

    b. sirve al propósito borgeano de prestar mayor verosimilitud al cuento. Existe una calle Ecuador, de veras, en Buenos Aires.

    c. connota una línea divisoria, como lo es la Línea Equinoccial, dividiendo la vida de Dahlmann en dos hemisferios: antes de la clavada de la aguja, y después de la misma.

    d. es un reflejo del título del cuento "El Sur", y del hecho de que Dahlmann pronto viajará a su estancia en el Sur para restablecerse.

4. Al cruzar la ciudad de Buenos Aires camino a Constitución, Dahlmann experimenta algo curioso.

    a. Se siente debilitado y muerto de cansancio después de su roce con la muerte en el sanatorio. Apenas es capaz de mantenerse en pie.

    b. Siente una grave depresión.

    c. No reconoce el Buenos Aires que está viendo, por lo mucho que ha cambiado durante su estadía en el sanatorio.

    d. Primero le llega un recuerdo determinado de algo, y después presencia la cosa que acaba de recordar.

5. Al viajar en tren hacia el Sur, repetidamente Borges nos ofrece, "Vio . . .", "Vio . . .", "Vio . . .", "Vio . . .", "Vio . . ." . . . Éste es un ejemplo del recurso poético que se denomina

    a. eufonía.

    b. cacofonía.

    c. oxímoron.

    d. anáfora.

Guía de respuestas

El Sur Jorge Luis Borges

Preguntas

1. El estudiante apuntará muchas cualidades y defectos que se insinúan en el concepto que se lleva de los dos linajes de Juan Dahlmann. Por parte del padre, entre las connotaciones que puede identificar se cuentan: lo poco aventurero, lo indefenso fuera de su medio ambiente conocido, lo inofensivo, lo manso y lo no violento. Le falta agresividad, y le gobierna un afán de seguridad y de civilización. Por parte de la madre, se apuntarán conceptos contrarios: la aventura, la agresión, la acción, la violencia, la barbarie, el valor, el poder y la gloria. Puede ser que los estudiantes quieran discutir la admiración o el desprecio que puede tener la sociedad por lo uno o por lo otro, así como también la posible admiración o desprecio que les tendría Borges.

Valdría la pena promover un intercambio con los estudiantes en cuanto al porqué del uso por Borges del término "romántico". El romanticismo, en la literatura, muestra características que incluyen la afirmación del yo en su propia sensibilidad e imaginación, y sentimientos que ensalzan al individuo y su unicidad. El romántico vuelve los ojos al pasado, a lo remoto y a lo exótico. Muchas veces trágico, no vacila en lanzarse a la vida con celo, saboreando el dolor y el peligro; suele vivir poco tiempo, pero apresuradamente, y a base de sus pasiones. Esta descripción se aplica adecuadamente a la muerte del abuelo materno de Juan Dahlmann, lanceado en plena batalla, y a la muerte, si así fue, del protagonista mismo, respondiendo al reto de los parroquianos del almacén.

2. El estudiante notará con facilidad estos preparativos: a Dahlmann lo desvisten y lo examinan minuciosamente, bajo luces que lo ciegan; le rapan la cabeza, lo amarran con metales a la camilla, y le clavan una aguja en el brazo. Le parece que no hay intimidad suya que no violen. Estos preparativos en el sanatorio son humillantes para él, nos dice Borges. El estudiante tal vez explicará este hecho por la manera en que la docilidad de su vida como secretario de biblioteca de pronto se ha agravado hasta un punto apenas tolerable. Recuérdese la frase de Borges, que Dahlmann estuvo "encarcelado en el sanatorio y sujeto a metódicas servidumbres".

A pesar de comprender teóricamente la necesidad de estas atenciones a manos de compasivos médicos y enfermeros cuyo único afán es curar los males, nuestras defensas normales se hacen humo en el momento en que llegamos a ser pacientes de hospital. Muy lejos de retener Dahlmann la armadura normal de ropa y de pelo, de poder estar con luz normal que le facilite, y no le impida, verle la cara al "enemigo", de poder gozar de libertad de movimiento para lograr tal vez una huida primitivamente deseada, éste se enfrenta con un "hombre enmascarado"—rebozado él, ante el desamparado y expuesto Dahlmann—con aguja que le invade el brazo.

Pudiera provocar un comentario interesante en clase la cuestión del uso borgeano del verbo "clavar" y del sustantivo "aguja", cuando menos violentas y amenazadoras hubieran sido las connotaciones de otro verbo, "inyectar", y las de otro sustantivo, "jeringa".

Recordando estas cosas hacia el final del cuento, comprendemos cabalmente que una muerte en la pampa, a cielo abierto y acometiendo, pudiera ser una liberación, una felicidad y una fiesta para Dahlmann. Podemos estar seguros de que el padecimiento del protagonista en el sanatorio lo lleva al borde de la muerte. Después . . . nada nos consta.

3. Muchos de estos elementos oníricos se encontrarán indicados, para el maestro, en la sección **Al leer**. El estudiante habrá satisfecho los requisitos de esta pregunta con encontrar, y luego analizar, sólo tres.

4. La frase es ésta: "Sintió que si él, entonces, hubiera podido elegir o soñar su muerte, ésta es la muerte que hubiera elegido o soñado." Puesta en claro esta frase condicional, contraria al hecho: si Dahlmann, en el sanatorio, hubiera podido morir así, lo habría hecho, y de buena gana, se supone. La conclusión ineludible es: "pero no fue así".

¿Podemos estar seguros entonces de que murió ahí, en el sanatorio? No. ¿Podemos concluir que no murió en el sanatorio? Tampoco. La frase requiere que aceptemos solamente un hecho: el que Dahlmann no pudo escoger su muerte en el sanatorio; que no la pudo soñar, ni como muerte heroica ni de otra manera, en el sanatorio. Tal vez le tocará vivirla de verdad, a cielo abierto y acometiendo. Tal vez.

En la frase anterior, Borges nos acababa de afirmar que esa muerte "hubiera sido una liberación para él, una felicidad y una fiesta, en la primera noche del sanatorio, cuando le clavaron la aguja". Pero interviene, también, en la frase que señalamos, el tiempo presente: "es". Borges muchas veces afirmó, en comentarios y escritos, que el tiempo presente es el tiempo infinito que experimentamos los seres humanos. Nótese bien que Borges prosigue, en la frase final, con el uso del presente; hasta este punto "El Sur" ha sido relatado en el pasado. De hecho, el autor empieza la frase en la que nos enfocamos aquí con un pretérito: "Sintió que . . ."

Estamos ante una mezcla de presente, pretérito, pluscuamperfecto de subjuntivo y pluscuamperfecto del modo potencial, que jamás, como maestros, pondríamos como ejemplo gramatical a nuestros estudiantes.

Queda en pie entonces la pregunta: ¿en qué momento estamos, en el último párrafo de "El Sur"? Esta frase provoca al lector a desconfiar de la realidad de todos los tiempos contenidos en ella. Aún más, el lector está aquí ante lo irresoluble: ¿cuál de las dos muertes posibles murió, o morirá, Juan Dahlmann?

Nótese también que si Dahlmann muere a manos de los muchachones del Sur, esperará eternamente hasta que comience la pelea, pues el único verdadero desenlace de "El Sur" es un desenlace congelado en el tiempo, congelado, de hecho, en dos tiempos: uno en el sanatorio y otro en la llanura, dos tiempos de los que desconfiamos, dos tiempos de indeterminabilidad aumentada al grado máximo por la exquisita confusión de tiempos verbales.

Entiéndase bien que esta discusión está lejos de tener por objeto criticar los usos sintácticos de Borges. Una meta clara de una serie de técnicas estilísticas de las que se valía el escritor argentino para lograr la irrealidad era comunicar al lector la pobreza de la mente humana para asir plenamente la realidad. En gran parte de "El Sur", Borges pone en juego aquellas técnicas para lograr exactamente aquello, y cumple con su cometido.

5. Analogías que notarán los estudiantes incluirán lo indefenso de Juan Dahlmann, tanto ante las atenciones del personal médico del sanatorio como ante el reto de los parroquianos del almacén; la clavada de la aguja en el brazo y la esperada cuchillada que ha de sufrir en plena lucha con los entrerrianos; la cara que Dahlmann reconoce en el almacén, parecida a la del empleado del sanatorio; el libro, fantástico por cierto, *Las mil y una noches*, en sus manos cuando sufre el accidente y en sus manos a bordo del tren; el tren mismo, que, después de dormir un rato, Dahlmann experimenta transformado: "no era el que fue en Constitución, al dejar el andén: la llanura y las horas lo habían atravesado y transfigurado"; el coche de plaza que lo lleva al sanatorio y el otro que lo lleva a Constitución, y muchos elementos más.

Diferencias que han de apuntar los estudiantes se centrarán en el hecho de que una muerte a cielo abierto y acometiendo, es una muerte heroica, una muerte que la civilización de occidente no dejaría de llamar valiente y romántica, frente a una muerte indigna y humillante de un Dahlmann dócil, que nunca en su vida se ha enfrentado con una oportunidad de comprobar su valor físico.

Guía de estudio
Busca y apunta todos los pasajes que encuentres en los que Borges nos insinúa conexiones entre un mundo irreal, onírico, de sueños, y el mundo que, a todas luces, parece estar viviendo Juan Dahlmann a partir de la clavada de la aguja.

Tesis de ensayo

1. Al desarrollar esta tesis el estudiante podrá valerse de muy variados elementos en "El Sur" que se prestan para reflejar la irrealidad que se adueña del mundo de Juan Dahlmann. Se pueden resumir algunos de estos elementos irreales de la siguiente manera: (1) el uso del doble, o del desdoblamiento: ". . . era como si a un tiempo fuera dos hombres: el que avanzaba por el día otoñal y por la geografía de la patria, y el otro, encarcelado en un sanatorio y sujeto a metódicas servidumbres", y, ¿cuál de los dos linajes del protagonista refleja el verdadero Dahlmann?; (2) las alteraciones que sufre el paciente en el sanatorio: las humillaciones de su tratamiento médico, la fiebre, y el dolor casi infernal; (3) el medio ambiente a raíz de su salida del sanatorio, un mundo contaminado por elementos oníricos: las simetrías y los anacronismos, y la sensación de un viaje en el tiempo ("quien atraviesa esa calle entra en un mundo más antiguo y más firme . . ."; ". . . Dahlmann pudo sospechar que viajaba al pasado y no sólo al Sur"); (4) el uso de palabras textuales que connotan una falta de fuentes fidedignas o de narrador omnisciente: "Acaso . . .", "Tal vez . . ."; (5) el uso continuo de palabras que ponen de relieve la subjetividad de los hechos narrados: entre otras, "sintió", "parecían", y "creyó"; (6) elementos textuales de connotaciones irreconciliables entre sí: por ejemplo, "Todo era vasto, pero al mismo tiempo era íntimo y, de alguna manera, secreto", o bien, "La soledad era perfecta y tal vez hostil . . ."; y (7) la presencia, en la penúltima frase, de tiempos verbales que difícilmente fijan un momento absoluto para el desenlace.

Para satisfacer los requisitos de la pregunta, basta que el estudiante apunte y desarrolle sólo dos de estos elementos, justificando sus ideas con detalles del texto, y analizando de qué manera los elementos que apunta ayudan a lograr un sentido de la irrealidad. Es imprescindible que el estudiante someta a un análisis sostenible y bien desarrollado los elementos que ha escogido.

Esta tesis refleja el tipo de pregunta de análisis temático que aparece en la Pregunta N° 2 del examen de *AP Spanish Literature*.

2. Éste es un ejemplo del tipo de preguntas cortas, de análisis textual, como las que se verán en la Pregunta N° 3 del examen de *AP Spanish Literature*.

Prueba de vocabulario

Las respuestas correctas son:
1. c, **2.** b, **3.** a, **4.** d, **5.** b, **6.** c, **7.** a, **8.** d, **9.** b, **10.** d, **11.** a, **12.** c.

Preguntas de opción múltiple

Las respuestas correctas son:
1. a, **2.** b, **3.** c, **4.** d, **5.** d.

Páginas 155–172 del libro de lecturas

La muerte y la brújula

JORGE LUIS BORGES

Antes de leer

En el mismo Prólogo de *Artificios*, segunda parte de la colección *Ficciones* (1944), que contiene "La muerte y la brújula", Borges pone en claro que la trama de este cuento "ocurre en un Buenos Aires de sueños", a pesar de que los nombres poseen tintes extranjeros. La delirante quinta de Triste-le-Roy se basa en el hotel Las Delicias, al sur de la ciudad, y sus rombos se inspiraron en los de una quinta familiar.

De su proceso creador, el autor observa: "Ya redactada esa ficción, he pensado en la conveniencia de amplificar el tiempo y el espacio que abarca: la venganza podría ser heredada; los plazos podrían computarse por años, tal vez por siglos; la primera letra del Nombre podría articularse en Islandia; la segunda, en México; la tercera en Indostán." Una característica constante de la expresión estética de Borges es la inserción en el texto de elementos que evocan inmensidad, tanto en el espacio como en el tiempo. El escritor infiere que, tras la vastedad perceptible de nuestro universo físico, acecha una infinita impenetrabilidad: sus enigmas son insondables para la inteligencia humana. No extraña que, al reflexionar sobre "La muerte y la brújula"— cuento del género policial—, Borges se sienta tentado a ampliar el lugar y el tiempo de la acción. El relato abarca no más espacio que el de una ciudad cosmopolita, y no más tiempo que 3 años: su intriga parte de cierta intervención policíaca que resulta en el encarcelamiento y muerte de uno de los maleantes, y en el consecuente rencor implacable de su cómplice y hermano. Y, sin embargo, al final de la historia, penetrado ya el enredo del caso policial, irrumpen elementos de proporciones fantásticas y magnitudes inabarcables. Se abre la puerta entonces a otro misterio, uno que, intuimos, será irresoluble.

Vocabulario

brújula—instrumento de navegación con aguja que apunta al norte.

temerario—atrevido; imprudente; sin fundamento adecuado.

aborrecer—odiar; detestar.

postergar—aplazar; posponer; dejar para más tarde.

puñalada—herida hecha con puñal; cuchillada.

azar (m.)—casualidad; lo impredecible; vicisitud.

abrumar—agobiar; sobrecargar de preocupaciones o trabajo.

simulacro—cosa fingida; representación de apariencia real pero falsa.

descifrar—resolver; descubrir.

ocaso—atardecer; puesta del sol; crepúsculo vespertino.

efímero—pasajero; no duradero.

tiroteo—numerosos disparos de armas de fuego.

recóndito—secreto; difícil de descubrir.

aniquilar—destruir por completo; liquidar.

vincular—enlazar; conectar.

Al leer

Consulte la **Guía de estudio** como herramienta para comprender mejor esta obra.

Después de leer

Conviene saber que Borges nos aclara que la idea fundamental de la trama de este cuento—los sacrificios requeridos, 4 en total, para lograr articular y así obtener las 4 letras del Nombre de Dios, es pura invención de su parte, ". . . una fantasía que me dictó la forma de mi cuento".

Conviene saber que Borges, comentando la insigne creación literaria de Edgar Allan Poe, Auguste Dupin, lo describe como "un dios abstracto de la inteligencia". Ésta resulta ser una excelente descripción de la opinión romántica que guarda de sí mismo el personaje borgeano Erik Lönnrot. Lönnrot "se creía", dice el texto de Borges, "un Auguste Dupin".

Conviene saber que Lönnrot se rinde al fin ante la inevitabilidad de su muerte a manos de Scharlach. Pero, casi en el acto, le sugiere a su asesino una corrección, un laberinto alternativo, dando, con ello, un nuevo giro insospechado al desenlace fatal del cuento. Es como si el detective, ya más allá de toda esperanza, volviera a acometer a su rival a fin de asir nuevamente el poder que esta vez ha perdido. Al aceptar esta vez su sino, propone como trampa, para "la otra vez", un laberinto que Scharlach mismo reconoce como "incesante".

Se trata de un laberinto más sencillo que el que ha ideado Scharlach; a éste "le sobran 3 líneas", le dice Lönnrot, en son de crítica. El modelo del laberinto del detective es una de las paradojas de Zenón de Elea, filósofo de la Antigua Grecia, que vivió en el siglo V a. de J.C. Para el efecto del cuento, la proposición de Lönnrot viene a ser como una reconfiguración del desenlace, a pesar de aparecer a última hora, de hecho, muy tarde para esta vez. Es una tentadora invitación a un nuevo duelo, un irresistible reto para un futuro encuentro. Con proponer este laberinto alternativo, la víctima, Lönnrot, abre la puerta a un nuevo comienzo, uno que, podemos pronosticar, resultará en que el burlador será el burlado, y el burlado se volverá el burlador.

Conviene saber que la paradoja de Zenón que Lönnrot describe había de esperar dos milenios y medio para encontrar una solución teórica. Se trata de la teoría comprobada por el matemático ruso Georg Cantor solamente hacia fines del siglo XIX. Cantor sostiene que el número de puntos que componen un segmento de línea, es igual al número de puntos que componen una línea infinita; es decir, los dos consisten en un número infinito de puntos. Las paradojas de Zenón todavía son estudiadas por los fisicomatemáticos de la actualidad. Para más información, véanse las explicaciones en la siguiente página web: http://www.shu.edu/html/teaching/math/reals/history/zeno.html

Lönnrot elabora su laberinto de una sola línea así: en un extremo A de un segmento de línea, ocurre un crimen; en el extremo B ocurre otro; el tercer crimen debe ocurrir en un punto C, equidistante entre los puntos A y B. Scharlach debe esperar a Lönnrot después en D, un punto equidistante entre A y C, donde le pueda dar muerte. La pregunta queda en pie: ¿le alcanzaría a dar muerte Scharlach en el laberinto propuesto? Si existen en cualquier segmento de línea un número infinito de puntos, al dividir el segmento en el punto equidistante entre los dos extremos, el segmento que queda entre el punto intermedio y cualquiera de los dos extremos contendrá también un número infinito de puntos, y así por el estilo, hasta lo infinito.

Conviene saber que el desenlace de "La muerte y la brújula", en el que Scharlach acepta coincidir con Lönnrot, de otra manera, "la otra vez", refleja el concepto central de otro cuento borgeano, "El jardín de senderos que se bifurcan". En él se postulan "infinitas series de tiempos, en una red creciente y vertiginosa de tiempos divergentes, convergentes y paralelos. Esa trama de tiempos que se aproximan, se bifurcan, se cortan o que secularmente se ignoran, abarca *todas* las posibilidades". Un personaje del mismo cuento lo describe así: "No existimos en la mayoría de esos tiempos; en algunos existe usted y no yo; en otros, yo, no usted; en otros, los dos . . . El tiempo se bifurca perpetuamente hacia innumerables futuros". El tiempo, en que existen aquellos innumerables futuros divergentes, convergentes y paralelos, se curva sobre sí mismo de un modo análogo al universo espacial, que nuestros fisicomatemáticos, desde Einstein, nos aseguran, se curva también sobre sí mismo. Se trata de la idea del tiempo circular, o cíclico, una variante de la doctrina del eterno retorno, que define Borges como la idea de que todas las cosas pasan una sola vez, pero pasan eternamente, en el presente.

Conviene saber que se han trazado puntos de comparación entre el cuento, "La muerte y la brújula", y otro cuento de Borges: "El muerto". Las dos tramas involucran el sino de un protagonista presuntuoso, confiado en ser dueño de su propio destino, que encuentra, al fin, que estaba desde antes en manos de otro, que lo ha venido manipulando. En este sentido, los protagonistas comparables son Azevedo Bandeira y Red Scharlach, victimizadores, por un lado; por el otro, sus víctimas, Benjamín Otálora y Erik Lönnrot.

Conviene saber que Baruch Spinoza (1632–1677) fue un filósofo judío portugués y holandés. El uso de su nombre en "La muerte y la brújula"—un tal "Baruj Spinoza" firma la carta que profetiza un cuarto crimen en el sur de la ciudad—no es la única referencia en Borges a este célebre hombre de letras. Otros textos borgeanos tratan la creencia de Spinoza de que las cosas quieren perserverar eternamente en su ser.

Preguntas

1. ¿Cómo se contrastan, en cuanto detectives, las figuras de Erik Lönnrot y el comisario Franz Treviranus? Resume y compara la actitud profesional de cada uno.

2. Como si fueras tú periodista, enumera los crímenes que tienen lugar en este cuento, dando el qué, el quién, el dónde, el cuándo y el cómo de cada uno. Sé específico.

3. Los colores, especialmente el color rojo, juegan un papel central en este cuento. Desarrolla esta idea, basando tus comentarios en detalles específicos.

4. ¿Cómo se contrastan las dos figuras de Erik Lönnrot y Red Scharlach? ¿En qué detalles ves tú que son como dos caras de una misma moneda?

5. Los números 3 y 4 juegan un papel central en este cuento. ¿De qué forma? Conéctalos con la resolución del misterio del cuento. Tus descubrimientos entrañarán, entre otras cosas, ciertas figuras geométricas: losanges y triángulos. Además, discute el papel que desempeña otra figura geométrica, la línea recta, en el desenlace del cuento.

Bibliografía

Alazraki, Jaime. *La prosa narrativa de Jorge Luis Borges.* (1971)

Barrenechea, Ana María. *La expresión de la irrealidad en la obra de Borges.* (1967)

Bell-Villada, Gene H. *Borges and His Fiction: A Guide to His Mind and Art (A Revised Edition).* (1999)

Borges, Jorge Luis. "Autobiographical Essay." In *"The Aleph" and Other Stories 1933–1969.* (1970)

Borges, Jorge Luis. *Siete noches.* (1980)

Canto, Estela. *Borges a contraluz.* (1989)

di Giovanni, Norman Thomas, Daniel Halpern, and Frank MacShane, Eds. *Borges on Writing.* (1973)

Jurado, Alicia. *Genio y figura de Jorge Luis Borges.* (1964)

Merrill, Floyd. *Unthinking Thinking: Jorge Luis Borges, Mathematics, and the New Physics.* (1991)

Rodríguez Monegal, Emir. *Borges. Una biografía literaria.* (1987)

Vázquez, María Esther. *Borges. Esplendor y derrota.* (1996)

La muerte y la brújula Jorge Luis Borges

I. ¿Cuál es la función de un laberinto? ¿Para qué los crean los seres humanos?

2. La quinta de Triste-le-Roy, ¿en qué se asemeja a un laberinto?

3. La línea recta propuesta por Lönnrot para "la otra vez", ¿en qué sentido puede considerarse un laberinto?

4. Lönnrot y Scharlach aceptan coincidir "la otra vez", en otro avatar, cuando Scharlach le vuelva a dar caza a su enemigo. Scharlach le promete a Lönnrot, para aquella otra vez, su propuesto laberinto, de una sola línea recta. ¿Qué opinas tú? Atrapado en este laberinto, ¿morirá Lönnrot otra vez a manos de su asesino Scharlach?

5. En cierto sentido Borges también ha construido un laberinto para atrapar al lector de su cuento, un laberinto en el que nos mantiene perdidos hasta que él decida hacernos dar con la salida. ¿Qué opinas tú de esta idea?

Nombre

La muerte y la brújula Jorge Luis Borges

I. El tema de la doble identidad aparece con frecuencia en las obras de Jorge Luis Borges. En un ensayo coherente y bien organizado, compara y contrasta lo que significa para el destino de los protagonistas de los cuentos "El Sur" y "La muerte y la brújula", la doble identidad que unos y otros poseen.

(Tiempo: 40 minutos. Extensión mínima: 200 palabras.)

2. Lee el siguiente trozo del cuento "La muerte y la brújula", y responde a las preguntas a continuación:

> Yo sé de un laberinto griego que es una línea única, recta. En esa línea se han perdido tantos filósofos que bien puede perderse un mero detective. Scharlach, cuando en otro avatar usted me dé caza, finja (o cometa) un crimen en A, luego un segundo crimen en B, a 8 kilómetros de A, luego un tercer crimen en C, a 4 kilómetros de A y de B, a mitad de camino entre los dos. Aguárdeme después en D, a 2 kilómetros de A y de C, de nuevo a mitad de camino. Máteme en D, como ahora va a matarme en Triste-le-Roy.

   a. ¿Cómo se relaciona este trozo con el desenlace del cuento?

   b. ¿Cómo se conecta la idea enunciada en este trozo con conceptos borgianos sobre el eterno regreso, es decir, la posibilidad de repeticiones de eventos en el tiempo?

(Tiempo: 40 minutos. Extensión mínima: 200 palabras.)

Nombre

La muerte y la brújula Jorge Luis Borges

Lee las frases siguientes y completa el sentido de cada una eligiendo la palabra más apropiada entre las cuatro opciones.

1. El capitán de un barco necesita, para navegar en alta mar y saber hacia donde queda el norte, una ____.

   a. bruja

   b. bruma

   c. búsqueda

   d. brújula

2. El general rechazó el plan del coronel porque le pareció arriesgado hasta ____.

   a. temático

   b. tempestuoso

   c. temeroso

   d. temerario

3. Iscariote me traicionó, me injurió, me puso como un trapo. Por eso lo odio, lo desprecio, y lo ____.

   a. atiborro

   b. aborrezco

   c. aborto

   d. aforro

4. Siempre prefiero responder de inmediato a una solicitud de esta naturaleza, pero en este caso me veo obligado a ____ mi respuesta.

   a. postergar   **c.** poblar

   b. podar   **d.** posar

5. La víctima del homicidio yacía en el suelo; había muerto a consecuencia de una ___ en el pecho.

   a. postrimería   **c.** podredumbre

   b. postergación   **d.** puñalada

6. ¿Llegó el hombre a su fin porque el destino así dispuso las cosas? ¿O fue simplemente el ____?

   a. asar

   b. azar

   c. ajar

   d. ajuar

7. Las tareas que me dan son excesivas; estoy ____ de trabajo.

   a. apuntado

   b. apuñalado

   c. aportado

   d. abrumado

8. No era tonto el detective; se dio cuenta en seguida de que el supuesto asesinato no era tal, que no había sido más que un ____.

   a. simulacro

   b. simio

   c. sumidero

   d. sepulcro

9. El comisario encomendó el caso a su detective más astuto, pero ni éste pudo ____ el misterio.

   a. despistar

   b. desechar

   c. descifrar

   d. deslumbrar

10. Como digo, el detective no logró resolver el caso, aunque trabajó todos los días desde el alba hasta el ____.

a. acaso

b. ocaso

c. occiso

d. ocio

11. Yo, como filósofo, pongo la mira en lo permanente, lo duradero, no en lo ____.

a. efecto

b. eficaz

c. efectivo

d. efímero

12. Hubo un ____ entre la policía y los pistoleros, pero, afortunadamente, no hubo heridos.

a. tiroteo

b. tirabuzón

c. tiradero

d. tiraje

13. El asunto que Avestruzo quería tratar conmigo era complicado; más que complicado, era tan ____ que yo, francamente, no entendí nada.

a. recogido

b. recesivo

c. recóndito

d. recocido

14. Parecía que el propósito del general no era sólo derrotar al ejército enemigo, sino ____.

a. acogerlo

b. aniquilarlo

c. animarlo

d. avistarlo

15. Hasta ahora, no ha sido posible ____ al sospechoso con la víctima del homicidio.

a. vislumbrar

b. virar

c. vindicar

d. vincular

La muerte y la brújula Jorge Luis Borges

Contesta las siguientes preguntas, o completa la idea, eligiendo en cada caso la respuesta más apropiada.

1. Considera la siguiente frase del texto: "Lönnrot oyó en su voz una fatigada victoria." El uso del adjetivo "fatigada" para modificar "victoria" es un ejemplo del recurso técnico llamado:

   a. hipálage, o sea, la técnica que nos presenta una cualidad como perteneciente a determinada cosa nombrada cuando su verdadero objeto es otro elemento del contexto. La fatiga aquí está en la voz de Scharlach, al ver éste la victoria lograda, y no la victoria que éste acaba de lograr.

   b. epíteto, o sea, una descripción innecesaria. Toda victoria es difícil de lograr, y causa fatiga, por lo mismo. No hace falta agregar el adjetivo "fatigada" al concepto de la victoria que logra Scharlach; su victoria connota la fatiga subsiguiente, sin más.

   c. gradación, o sea, una serie que asciende o desciende; en este caso, asciende. El primero de los dos términos, "fatiga", es algo menos deseable y menos grande que "victoria", el segundo de los dos términos.

   d. asíndeton, o sea, la presencia de menos conjunciones que lo normal. Se esperaría que alguna conjunción separara las dos palabras, "fatigada" y "victoria".

2. Algunos ejemplos del recurso técnico conocido como hipálage, encontrados en "La muerte y la brújula" son:

   "Vista de cerca la casa de Triste-le-Roy abundaba en inútiles simetrías y en repeticiones maniáticas." ("Maniáticas" son las obsesiones de su dueño, y no las "repeticiones" de su arquitectura.)

   "El aire de la turbia llanura era húmedo y frío". (El aire está turbio, y no la llanura que lo contiene.)

   "El punto que determina un rombo perfecto, el punto que prefija el lugar donde una exacta muerte lo espera". (Es exacta la precisión del plan de Scharlach, y no la muerte que será el fruto de aquel plan.)

   "Reflexionó que la explicación de los crímenes estaba en un triángulo anónimo . . ." (El sobre que llega a Treviranus, explicando el triángulo equilátero, es anónimo, y no el triángulo que conecta los 3 crímenes.)

   Uno de los efectos de utilizar este recurso técnico, que desplaza de una palabra a otra la cualidad que lógicamente le pertenece, es

   a. hacer a propósito que el texto resulte menos comprensible para el lector, y desviar su atención de los detalles plantados en la historia para la resolución del misterio.

   b. hacer resaltar la deplorable conducta de Lönnrot como detective. No merece el nombre de protagonista; actúa siempre en sentido opuesto al comportamiento de los insignes detectives del género policíaco de los siglos XIX y XX.

   c. proporcionar pistas para resolver el caso.

   d. insertar al lector en un mundo irracional, aumentar su sentido de la irrealidad, y evocar lo que Borges ve como la esencial impenetrabilidad del mundo, compuesto de enigmas que no llegaremos a descifrar jamás.

3. Considera la siguiente frase del texto: "Vio perros, vio un furgón en una vía muerta, vio el horizonte, vio un caballo plateado que bebía el agua crapulosa de un charco".

   Éste es un ejemplo del recurso técnico conocido como:

   a. hipérbaton, o sea, una inversión del orden normal de las palabras. No es normal repetir muchas veces la misma palabra.

   b. hipérbole, o sea, la exageración. Es exagerado usar una y otra vez la misma palabra.

   c. anáfora, o sea, palabras iniciales repetidas, que marcan, acompasadamente, la secuencia de los descubrimientos de Lönnrot; el resultado es algo así como el tañído de campanas.

   d. aliteración, o sea, sonidos—típicamente los iniciales—repetidos.

4. Considera la siguiente frase del texto: "Al sur de la ciudad de mi cuento fluye un ciego riachuelo de aguas barrosas . . ." Entendemos aquí que quien nos habla en directo es el narrador del cuento:

   a. Lönnrot.

   b. Scharlach.

   c. Treviranus.

   d. un narrador omnisciente, autor implícito, de quien el lector no sabe nada.

5. El tono general de este cuento se puede describir como

   a. optimista y esperanzado, aunque no paradójico.

   b. irónico y algo melancólico, pero no amargo.

   c. seco y tal vez indiferente, sin ser condenatorio.

   d. épico y grandioso, pero falto de significado último.

6. La siguiente afirmación, ¿es verídica o no?

   En este cuento de Borges, los personajes funcionan como si fueran piezas de ajedrez cuyo aparente libre albedrío se limita a una serie fija de posibilidades para obrar; los personajes se subordinan a la trama, y obran en función de ella.

   a. correcto

   b. falso

Guía de respuestas

La muerte y la brújula
Jorge Luis Borges

Preguntas

1. En términos generales, los estudiantes deben saber contrastar al pragmático comisario Franz Treviranus con el temerario detective Erik Lönnrot.

Puede servir como definición de la actitud profesional de Treviranus la primera frase que enuncia: "No hay que buscarle tres pies al gato". En los casos de delincuencia, no se deben buscar complejidades donde no hay indicios de ninguna. La explicación del crimen en el Hôtel Du Nord que Treviranus ofrece a continuación, da en el clavo. Es inevitable que el lector, leyendo el cuento por segunda vez, considere que, si se hubiera salido con la suya, Treviranus habría podido tal vez "impedir el último crimen" cuando no lo pudo hacer Lönnrot. Treviranus es práctico; piensa y habla sin rodeos.

El detective Lönnrot, en cambio, piensa, habla y obra con temeridad. Le interesa lo recóndito, y lo matemático o geométrico, para resolver los crímenes; una solución puede presentársele a Lönnrot como atrayente por insólita, y, por lo mismo, interesante. Para describir a Lönnrot, no hay mejor palabra que "temerario". Las connotaciones de la palabra incluyen, por un lado, lo valiente y audaz, y, por otro, lo precipitado e imprudente. Mientras Treviranus prefiere explicaciones verosímiles, Lönnrot declara su preferencia por explicaciones "rabínicas". Lönnrot es arriesgado. Borges define su actitud profesional así: ". . . se creía un puro razonador, un Auguste Dupin, pero algo de aventurero había en él y hasta de tahúr". Al final del cuento, la temeridad de Lönnrot lo coloca en manos del asesino Red Scharlach.

Después de contrastar así a los dos detectives, los estudiantes no deben perder de vista otro punto de comparación, aunque tal vez no lo sepan distinguir sin un intercambio en clase: tanto Treviranus como Lönnrot pecan de arrogantes, arrogancia que, en el caso de Treviranus, el crítico Jaime Alazraki tilda de "satisfecha". A Lönnrot se le nota la arrogancia a lo largo del cuento. El narrador pinta a Treviranus "blandiendo un imperioso cigarro". Esta hipálage desplaza el adjetivo "imperioso" de su legítimo objeto, Treviranus—el "imperioso" es el comisario— a su cigarro; y, como dice Alazraki, "la altanería se le escapa por el cigarro, (que) cobra una independencia de pesadilla".

2. El segundo crimen, el asesinato de Daniel Azevedo, tiene lugar la noche del 3 de enero en un lugar remoto y desierto del oeste de la ciudad. Azevedo goza de fama de ladrón y delator. Muere, como Yarmolinsky, de una sola puñalada en el pecho. No hay testigos, y no hay motivo específico aparente.

El supuesto tercer crimen, no es ninguno. Parece ser el rapto, desaparición, y aparente muerte, de Gryphius, hombre misterioso que alquiló, hacía ocho días, un cuarto en los altos del bar de Liverpool House, establecimiento de mala fama en el este de la ciudad. La fecha es el 3 de febrero. Llegan a Liverpool House—en pleno Carnaval—dos arlequines, notablemente borrachos, quienes suben con Gryphius a su pieza; los tres bajan luego, aparentemente borrachos todos ahora, y suben al cupé en que han llegado los arlequines. Un hombre misterioso, un tal Ginzberg o Ginsburg, llama a Treviranus, un poco antes de la una de la mañana, ofreciendo informes sobre los dos asesinatos irresueltos. (No es casual que la llamada telefónica se realice en la madrugada del día 4. Véase la respuesta a la Pregunta N° 5.) Después, no se vuelve a tener noticias ni de Gryphius ni de Ginzberg.

No hay cuarto crimen. El verdadero tercer crimen es la muerte de Erik Lönnrot, baleado en la quinta de Triste-le-Roy, en el sur de la ciudad, el día 3 de marzo. Suponiéndose dueño de la verdad del caso, Lönnrot ha procedido allá para impedir el último crimen, el "cuarto de la serie". Da con Red Scharlach, quien lo mata de un balazo, vengando así la muerte de su hermano, no sin antes explicarle los "3" crímenes anteriores: 1) Yarmolinsky murió al irrumpir equivocadamente en su habitación el ladrón Daniel Azevedo, colega y compañero de Scharlach. Azevedo buscaba los zafiros del Tetrarca de Galilea, alojado en otra habitación del mismo piso. Los demás crímenes han sido parte de un plan fraguado por Scharlach para atrapar a Lönnrot y vengarse de él por la muerte de su hermano. Para ello, Scharlach se inspiró en afirmaciones de Lönnrot publicadas en la prensa, en el *Yidische Zeitung*.

2) Azevedo merecía morir por haber traicionado a Scharlach y por su error al matar a Yarmolinsky; al castigarle con la muerte, Scharlach puso en marcha su artificio, escogiendo deliberadamente la fecha, la noche del 3 de enero, y la frase escrita en la pared de la pinturería, frase que no podía menos de tener significado atrayente, aunque fingido, para Lönnrot.

3) Gryphius no fue ni raptado ni asesinado; Scharlach—"Gryphius"—y los dos hombres de pequeña estatura, sus secuaces, representaron aquella comedia, escogiendo la noche del 3 de febrero.

4) El verdadero tercer crimen, y no el cuarto, es la muerte de Lönnrot, asesinado el 3 de marzo en un laberinto que él mismo—el "puro razonador"—inconscientemente ha colaborado en fabricar. El perseguidor ha resultado ser el perseguido.

En resumen, el primer crimen fue un acto realizado totalmente al azar. Los otros crímenes forman parte del audaz plan de venganza de Red Scharlach, que culmina en el asesinato de Lönnrot.

3. Posibles conexiones entre los nombres y el color rojo: "Erik Lönnrot" sugiere tanto "Erik el Rojo", explorador noruego del primer siglo d. de J.C., como "rot", palabra alemana por "rojo". No será casual que la palabra sueca por "remolacha", o "raíz de remolacha", sea "lönnrot". El nombre Red Scharlach sugiere no sólo el color rojo en inglés, sino también el color escarlata, en varios idiomas. Será innecesario llamarle la atención al estudiante al hecho de que el rojo es el color de la sangre. Véase el uso borgeano del término "hechos de sangre" en el primer párrafo del cuento.

Los colores amarillo y rojo, a veces acompañados de verde, se asoman en forma de rombos, acompañando las sentencias, dejadas por Scharlach, que fingen aludir a la segunda y tercera letras del Tetragrámaton. Al divisar las palabras escritas en tiza sobre la pared de la pinturería donde le han dado muerte a Daniel Azevedo, vemos rombos amarillos y rojos. Un detalle recordado por una

testigo de la desaparición de Gryphius son los losanges amarillos, rojos y verdes de los disfraces de los arlequines, quienes no se irán sin garabatear la sentencia apócrifa en una pizarra de la calle. Volvemos a ver losanges amarillos, rojos y verdes en las ventanas de la quinta de Triste-le-Roy un momento antes de que los secuaces de Scharlach apresen a Lönnrot, y, por última vez, en el momento en que Lönnrot acepta su muerte a manos de Scharlach, en el laberinto confeccionado de 4 líneas. Frente a "los árboles y el cielo subdivididos en rombos turbiamente amarillos, verdes y rojos", Lönnrot propone a su asesino, para "la próxima vez" que le dé caza, un laberinto más sencillo. Para más sobre la astucia de Lönnrot, al proponer este laberinto de una sola línea recta, véase la Pregunta N° 5.

4. Habiendo contestado la pregunta N° 3, los estudiantes tal vez quieran empezar por ampliar el concepto de los nombres. Además de las del color rojo, otras connotaciones son sugeridas por los nombres:

La de aventurero, por el nombre del temerario Lönnrot, Erik, a semejanza del arriesgado aventurero que llegó hasta Groenlandia. La temeridad de Red Scharlach no se queda atrás al poner en marcha el plan que atrapa al enemigo que encarceló a su hermano, causándole la muerte.

La del juicio, pues el detective Lönnrot se cree un puro razonador, como el detective francés Auguste Dupin, creación de Edgar Allan Poe. Scharlach puede evocar a Sherlock Holmes, creación de Arthur Conan Doyle, quintaesencia del detective y razonador puramente lógico.

No faltará tal vez quien vea una posible conexión entre Scharlach y Shylock, creación literaria shakespeariana, quien, en *El mercader de Venecia*, busca, como Scharlach, la justicia sin misericordia; Lönnrot, frente a su inminente ejecución a manos de Scharlach, no espera ni pide misericordia. Eso sí, sugiere un ajuste al plan que tramó Scharlach para atraparlo, ajuste que servirá como frustración del plan de Scharlach "la otra vez". Véase la respuesta a la Pregunta N° 5, para más detalles.

Se ha afirmado que existe una oposición binaria entre los dos hombres, y que se entiende bien al uno solamente en yuxtaposición al otro: Lönnrot, víctima, y Scharlach, verdugo. Representan la ley y el crimen, aunque a fin de cuentas, para los dos se borran diferencias entre el bien y el mal. Lönnrot adopta una actitud amoral ante los crímenes que pueden haber tenido lugar. Lo que le importa a él, al fin, es desentrañar el misterio del caso.

5. Véanse, primero, las respuestas a las preguntas N° 2 y 3, y nótese de nuevo la verdad de los hechos de sangre que ocurren en "La muerte y la brújula". Recuérdese la ficción que representa la presencia de losanges, o rombos—figuras geométricas de 4 lados y 4 ángulos—en conexión siempre con elementos engañosos de los crímenes. Vemos rombos en conexión con las sentencias fingidas sobre la articulación de la segunda y tercera letras: rombos en la pinturería y rombos en la ropa de los arlequines. Vemos rombos al quedar Lönnrot apresado por Scharlach y, por último, al estar aquél a punto de morir, nuevos rombos que bien pueden presagiar una maña del detective, como se verá abajo.

En cambio, toda respuesta correcta señala el número 3. Los crímenes tienen lugar la noche del 3 de cada mes. Hay 3 crímenes: 3 muertes. La verdadera figura geométrica descrita, al medir con compás y brújula las trayectorias entre los verdaderos crímenes sobre el plano de la ciudad, es un triángulo equilátero. No es el triángulo indicado por la carta firmada "Baruj Spinoza", entre norte, oeste y este—recuérdese que la carta profetiza un cuarto crimen que complete el rombo—, sino uno trazado entre norte, oeste y sur. Ningún crimen tiene lugar, de veras, en el este.

El que soluciona el primer crimen, al comienzo mismo del cuento, es el comisario Treviranus (su nombre sugiere "3 hombres", de la raíz latina *vir-*, que significa "hombre": los 3 muertos del caso), y es Treviranus quien dice, "No hay que buscarle tres pies al gato". El verdadero asesino Red Scharlach, fabricador del plan que atrapa a Lönnrot, agoniza, balaceado por la policía, durante 9 días y 9 noches—3 por 3, dos veces. Aquí principia el tiempo de la historia, con el evento que incita a Scharlach a buscar venganza. Llega a su fin cuando éste cobra la vida al que tiene por responsable. El tiempo abarca 3 años.

En cambio, el número 4 apunta siempre a un camino equivocado; siempre despista. Más allá de los rombos que señalan engaños, *tetra-* es la raíz griega del número 4. El pistolero Scharlach destina como víctima del robo tramado para el Hôtel Du Nord, al Tetrarca de Galilea, alojado en el mismo piso que Yarmolinsky, pero Azevedo se equivoca de víctima.

Hablando con el periodista, Lönnrot prefiere hablar del Tetragrámaton; y el resultado es que el reportero informa equivocadamente que Lönnrot busca al asesino entre los diversos nombres de Dios. Ese dato, y la frase que escribía el erudito judío en su máquina de escribir antes de encontrar la muerte, "La primera letra del Nombre ha sido articulada", inspiran a Scharlach a confeccionar su trampa basada en las 4 letras del Nombre inefable y todopoderoso de Dios, según la secta de los Hasidim. El pistolero concibe la idea de utilizar las 4 letras del Tetragrámaton para sugerir una serie de 4 crímenes, a manera de sacrificios, cuyo supuesto fin es obtener el Nombre de Dios.

El plan es arriesgado, pues requiere que Scharlach presienta las conexiones lógicas que hará Lönnrot ante cada movida practicada por él para manipular al detective en su investigación. Las conexiones son dos: el hecho de que el día hebreo empieza al anochecer y dura hasta el siguiente anochecer (Lönnrot erróneamente concluye, a base de ello, que los asesinatos, ocurridos todos de noche, han tenido lugar los días 4, y no los días 3 del mes.); y el hecho de que Lönnrot se deja convencer de que el último crimen de la serie será el cuarto crimen, el día 4 del cuarto mes en secuencia, en el cuarto punto cardinal restante—el sur, último punto de un rombo que compás y brújula le revelan sobre el plano de la ciudad. Esto lleva a Lönnrot a la quinta de Triste-le-Roy. Scharlach se lo explica así, antes de pegarle el tiro que lo va a matar: "Yo presentí que usted agregaría el punto que falta. El punto que determina un rombo perfecto . . .", el cuarto punto, falaz y fatal.

Todo ello asegura que Lönnrot se convertirá en la tercera víctima, del tercer crimen, en el tercer punto cardinal, completando un triángulo equilátero, entre norte, oeste, y sur.

En cuanto al papel central de otra figura geométrica, la línea recta: se verá en la sección **Despues de leer**, que entra en la trama casi como si fuera un segundo desenlace, una vez resuelto el misterio del caso. Lönnrot sugiere un laberinto alternativo, para "la otra vez" que Scharlach le dé caza. El estudiante debe describir adecuadamente el laberinto "más sencillo", y cómo se diferencia del que fabricó Scharlach para Lönnrot, junto con su conexión con el pensamiento de Zenón. (Véase la sección **Después de leer**.)

Una buena discusión puede surgir en clase, inspirada en la pregunta: ¿propone Lönnrot este laberinto más sencillo para frustrarle a Scharlach en su "próximo" intento de darle muerte? Ciertamente Lönnrot sabrá de antemano que la sencillez del concepto será tan atrayente para Scharlach como para él mismo. Pero sabrá también que el asesino se dará cuenta de que Lönnrot no moriría en aquel laberinto, pues el detective no llegaría jamás a D, donde Scharlach le acecha. La razón: la trampa propuesta requiere la división del segmento AB en mitades de mitades de mitades, proceso que seguiría realizándose infinitamente (puesto que cada nuevo segmento de línea consistiría en infinitos puntos; recuérdese que el número de puntos que compone todo segmento de línea es infinito, según Cantor), sin que los dos enemigos se llegaran a encontrar jamás. Siempre estarían separados por un número infinito de puntos. Antes de cumplir la sentencia de muerte a que el pistolero ha condenado al detective, Scharlach, tan "puro razonador" como Lönnrot, parece comprender la imposibilidad de darle muerte en el nuevo laberinto que éste propone y que él promete para la otra vez; pues lo califica de "incesante". La victoria, en este avatar, es de Scharlach. La victoria, la otra vez, será de Lönnrot.

Finalmente, no debe dejar de notarse que al prometer Scharlach a Lönnrot el laberinto de una sola línea para "la otra vez", el asesino acepta plenamente que son posibles las repeticiones de eventos en el tiempo, así como, también, configuraciones distintas de aquellas repeticiones de eventos. Ésta es una extensión lógica de la doctrina del eterno retorno, que Borges define como la idea de que todas las cosas pasan una sola vez, pero pasan eternamente, en el presente. De hecho, la doctrina postula infinitas repeticiones de eventos en el tiempo, así como, también, infinitas configuraciones distintas, de las infinitas repeticiones de aquellos eventos.

Guía de estudio

1. Los seres humanos crean laberintos para la confusión de otros. A lo largo del tiempo han servido como diversión, pues nos entretenemos perdiendo el sentido de la orientación, de la realidad y de la seguridad de nuestra persona, con tal de que no haya verdadero peligro.

Algunos estudiantes notarán, sin embargo, que los laberintos también inspiran terrores primitivos, porque en ellos se violenta la conciencia que tenemos de controlar nuestra propia persona y nuestro propio destino. El dueño de un laberinto tiene dominio sobre los que allí dentro se aventuren. Un laberinto es una trampa que sirve para perder y mantener perdida o atrapada a la gente, o bien, para destruirla entre sus derroteros. Así es con el engaño, compuesto de 4 líneas y tramado por Red Scharlach, y así es con la quinta de Triste-le-Roy. Scharlach se vale de estos dos laberintos para destruir a Lönnrot, quien, desarmado a causa de su soberbia, se aventura a entrar allí.

2. Las respuestas de los estudiantes pueden ser varias. Algunos notarán que Lönnrot se ve, en Triste-le-Roy, infinitamente multiplicado por espejos enfrentados. La casa le parece "infinita y creciente", un laberinto "de simetrías inútiles y repeticiones maniáticas": puertas, ventanas, escaleras, y estatuas iguales.

Se verá también que Scharlach, agonizante durante 9 días y 9 noches después de ser balaceado por la policía, arrasado por la fiebre, delira en aquella casa simétrica. Le obsesiona la sentencia que reza, "Todos los caminos llevan a Roma"; y siente "que el mundo es un laberinto, del cual era imposible huir, pues todos los caminos, aunque fingieran ir al norte o al sur, iban realmente a Roma, que era también la cárcel cuadrangular donde agonizaba mi hermano y la quinta de Triste-le-Roy". Una sensación propia del delirio, de las alucinaciones, de las pesadillas o de la locura, es la de vagar, sin rumbo fijo, por caminos que se multiplican y caminos que convergen y que nos devuelven una y otra vez al mismo sitio.

Todos los laberintos tienen su centro, pues, aunque sean confusos, no son caóticos. La quinta de Triste-le-Roy, como todo laberinto, está contenida en un espacio limitado, con senderos que, además de bifurcarse, convergen; otros son paralelos, otros no llevan a ningún lugar, y otros devuelven a Lönnrot al mismo sitio de antes. Uno o más de ellos podrán llevar al centro. Todo esto se compagina con la definición propia de "laberinto".

3. Scharlach, colocado en el punto D del segmento de línea, en acecho de Lönnrot, no lo verá llegar nunca allá, según Zenón; todo lo contrario, Lönnrot estará aquí eternamente a salvo de su asesino. Se les hará difícil a muchos estudiantes ver aquello. La paradoja de Zenón supone que, queriendo acercarse al punto D, primero Lönnrot tendría que dividir el segmento DB, compuesto de infinitos puntos, en dos mitades, para colocarse en ese punto, equidistante entre D y B, que podemos llamar E. Ahora nos fijamos en el segmento de línea DE, cuyo número de puntos componentes es, otra vez, infinito. A Lönnrot le tocaría dividir aquel segmento DE, compuesto de infinitos puntos, en dos mitades, en un punto—podremos llamarlo F—equidistante entre D y E, creándose así un nuevo segmento DF.

¿Valdrá la pena seguir? Se intuye que eternamente estaremos dividiendo los segmentos restantes en mitades iguales, cuyo número de puntos cada vez es infinito. Hasta el más diminuto segmento estará compuesto de infinitos puntos, y, por lo mismo, será infinitamente divisible. Lönnrot no llegará jamás a manos de su asesino en este laberinto.

4. Las respuestas de los estudiantes serán varias. Cualquier discusión dependerá de la capacidad de cada quien de ver la función esencial de la paradoja de Zenón. Habrá estudiantes que decididamente desecharán toda posibilidad de que Lönnrot se escape de manos de Scharlach en la trayectoria de una línea recta. Nuestra experiencia pragmática del mundo nos enseña que Lönnrot llegará a D sin ningún problema. Una pregunta muy lógica sería, ¿cómo puede ser que Scharlach llegue a D, y Lönnrot no?

Una de las finalidades de las paradojas de Zenón es desmentir la posibilidad teórica del movimiento. Los estudiantes más pragmáticos dirán que el movimiento existe, porque nos consta; y punto. Algunos, de hecho, lo demostrarán. Pero aquí se abre campo para debatir conceptos de la razón pura—campo de la matemática pura—y de la razón práctica—terreno en que vivimos nuestra vida cotidiana. Un debate daría oportunidad a los que estudian física y matemáticas avanzadas de lucir su comprensión de la materia.

Los textos de Borges invocan el pensamiento de Zenón para confirmar lo que el escritor argentino percibe como la esencial irrealidad del mundo. Se puede hacer notar a los estudiantes que Borges, en "Avatares de la tortuga", termina el ensayo exhortándonos a admitir "el carácter alucinatorio del mundo", y a buscar en nuestro mundo fuentes de irrealidad que lo confirmen. Para el efecto, cita las paradojas de Zenón.

5. Las respuestas de los estudiantes serán varias. Un autor de cuentos policiales ofrece muchas pistas, la mayoría de ellas falsas; son mañas para que el lector no dé, prematuramente, con la solución del misterio que su autor ha determinado. De hecho, sería imposible que el lector de "La muerte y la brújula", por sí solo, diera con la conexión entre la trampa para matar a Lönnrot y la búsqueda de venganza de Scharlach. El lector, para su propio deleite y diversión, se deja guiar de la mano del autor.

Tesis de ensayo

1. Un procedimiento adecuado para desarrollar este ensayo será el de contrastar la dualidad de estirpes, la doble identidad, o esencia, de un solo hombre, Juan Dahlmann, con la esencial unidad de dos hombres que son como uno solo: Erik Lönnrot y Red Scharlach. Los estudiantes habrán satisfecho todos los requisitos de la pregunta solamente después de agregar a este contraste inicial entre los dos tipos de desdoblamiento, la manera en que el destino de Juan Dahlmann, en "El Sur", puede ser considerado resultado de su doble identidad, de su doble estirpe; y, por igual, la manera en que la unidad existente entre Lönnrot y Scharlach lleva al desenlace fatal de "La muerte y la brújula". Para entrar al rango más alto, la categoría de 9, los estudiantes deben lograr, en su pensamiento y en su expresión, un considerable nivel de madurez y de compenetración, tanto con los textos como con la pregunta, al analizar los elementos que ellos distinguen en el desdoblamiento de los 3 protagonistas de las dos historias, y al conectarlo con el destino de cada cual.

Éste es un ejemplo del tipo de pregunta de análisis temático que se ve en la Pregunta N° 2 del examen de *AP Spanish Literature*.

2. Éste es un ejemplo del tipo de preguntas cortas, de análisis textual, como las que se verán en la Pregunta N° 3 del examen de *AP Spanish Literature*.

Prueba de vocabulario

Las respuestas correctas son:

1. d, 2. d, 3. b, 4. a, 5. d, 6. b, 7. d, 8. a, 9. c, 10. b, 11. d, 12. a, 13. c, 14. b, 15. d.

Preguntas de opción múltiple

Las respuestas correctas son:

1. a, 2. d, 3. c, 4. d, 5. b, 6. a.

A modo de explicación de la respuesta a la Pregunta N° 2: asediados por el uso seguido de hipálages, los nexos que acostumbra hacer nuestra razón humana, se empiezan a borrar. Las hipálages sirven como una forma más de confundir las diferencias que, en el mundo occidental, percibimos como esenciales entre cosa y cosa, entre individuo e individuo. Se logra así cierto matiz panteísta basado en el concepto de la unidad de todas las cosas. En resumidas cuentas, al alejarnos del rigor convencional del lenguaje, Borges nos desvía hacia lo irracional.

Para ampliar la respuesta correcta a la Pregunta N° 4: ésta es la única ocasión en el cuento, en que el autor implícito se deja descubrir. Nótese que la frase contiene otra hipálage más: "ciego riachuelo". El lector se pregunta qué o quién es "ciego", ¿es el "riachuelo de aguas barrosas", o es el "yo" del narrador? La ocasión se presta para que el maestro haga saber a los estudiantes que Borges se iba volviendo ciego a partir de la mediana edad. Los hombres de su familia sufrían de una ceguera congénita y hereditaria. Su padre y su abuelo paterno también se habían vuelto ciegos. La ceguera es tema y artificio importante y constante en Borges.

Páginas 173–176 del libro de lecturas

Continuidad de los parques

JULIO CORTÁZAR

Antes de leer

El escritor argentino Julio Cortázar fue uno de los grandes animadores del denominado Boom de la literatura latinoamericana, cuyo impacto internacional puso de relieve la obra de escritores tan diversos como Gabriel García Márquez, Mario Vargas Llosa y Carlos Fuentes. A diferencia de sus compañeros de generación, muchos de los cuales pusieron singular énfasis en la realidad social y económica de sus países, Cortázar optó, en el período más fructífero de su actividad literaria, por una literatura que podría ser calificada de lúdica. Su preocupación por la forma, su desdén por el compromiso social en el terreno del arte, lo llevaron a protagonizar arduas polémicas con escritores que le reprochaban su falta de contacto con la realidad latinoamericana y su entrega incondicional a los patrones de la cultura europea. Todas las acusaciones fueron, sin embargo, injustas, por cuanto la narrativa de Cortázar es extensa y variada, y comprende cuentos y novelas donde, a pesar de las obsesiones estilísticas, se filtran preocupaciones de carácter histórico y social. Figuran entre sus obras más relevantes la novela *Rayuela* y los cuentos reunidos en *Final del juego, Octaedro, Queremos tanto a Glenda, Deshoras*, entre otros.

"Continuidad de los parques" es un ejemplo notable de cuento fantástico, puesto que establece una continuidad entre dos mundos físicamente incomunicados: el de la realidad y el de la ficción. La intención de Cortázar es romper la barrera que existe entre esos dos mundos, comunicarlos de modo tal que se produzca un sentimiento de lo sobrenatural en los lectores. El logro es extraordinario no solamente en el plano artístico, sino también en el de la polémica sobre la función social de la literatura. El relato se enriquece precisamente por su carácter ambiguo, puesto que bien puede ser la metáfora de un hombre alienado, como la de un escritor que establece que su único dogma, su única fe, su única ideología, no es ni puede ser política, sino sola y exclusivamente literaria.

Vocabulario

finca—propiedad agrícola, con casa.

trama (f.)—progresión de la acción en una novela, cuento u obra de teatro; argumento.

apoderado—abogado; agente; representante en asuntos legales.

mayordomo—empleado encargado de una finca.

terciopelo—tela fina y lustrosa.

concertarse—juntarse; unirse; ponerse de acuerdo.

receloso—desconfiado; suspicaz.

puñal—arma blanca; cuchillo; daga; facón.

coartada—historia preparada de antemano para evadir la culpabilidad.

crepúsculo—luz tenue que queda después de la puesta del sol.

Al leer

Consulte la **Guía de estudio** como herramienta para comprender mejor esta obra.

Después de leer

Conviene saber que la sensación de lo sobrenatural se produce muchas veces cuando le damos significado literal a una expresión que solamente tiene significado figurado. Así la expresión "estoy metido en la novela", cuyo sentido figurado alude a la concentración profunda de un lector, adquiere significado literal en "Continuidad de los parques". Como afirma el crítico Oscar Hahn: "En 'Continuidad de los parques' el personaje lector está literalmente dentro de la novela. Mientras lee, comparte el mundo de los amantes y, al compartirlo, potencia el fenómeno de la reversibilidad: a los personajes les es dado compartir el espacio de su lector. La comunicación de los mundos queda establecida". De esta manera, el contacto entre la vida y la literatura se intensifica de tal modo, que lo "real" puede estar tanto dentro como fuera del libro.

Conviene saber que en "Continuidad de los parques" se enlazan dos historias que se desarrollan en diferentes niveles. El primer nivel, el de la realidad, nos muestra a un hombre entregado a la lectura de una novela. El segundo, el de la ficción, nos presenta a los personajes de la mencionada novela, dos amantes que planean un crimen. Los dos niveles se funden cuando el lector se convierte en protagonista de la novela que lee y queda claro que el hombre que va a ser asesinado es él. Se constituye de esta manera un universo cerrado, el de la literatura, al que los lectores acceden despojándose poco a poco de todos aquellos elementos que los ligan al mundo real. En el caso particular del lector protagonista de "Continuidad de los parques", vemos cómo se aísla paulatinamente para leer el desenlace de la novela, cómo cada una de sus responsabilidades queda postergada, cómo los signos visuales y sonoros del exterior se van perdiendo en provecho de una realidad casi transparente que se despliega en las páginas que recorren sus ojos. En esta medida el cuento refleja de alguna manera la opción existencial de muchos escritores, que antes de considerarse como tales, se autocalifican de lectores empedernidos, condenados por su pasión literaria a construir una torre de marfil alejada de las circunstancias políticas y sociales. Jorge Luis Borges es el ejemplo más claro de lo que aquí se ilustra, puesto que, como él mismo lo sugiere, su vida tuvo lugar fundamentalmente en una biblioteca. El caso de Cortázar no es muy diferente. Hombre de vasta cultura, asilado voluntariamente en Francia por muchos años, Julio Cortázar, según testimonio de quienes lo conocieron de cerca, vivía para la literatura.

Conviene saber que el relato breve exige una gran economía de medios expresivos. Un escritor como Kafka sabía a la perfección de las dificultades que se encuentran al escribir un cuento de una o dos páginas. "Continuidad de los parques" es un cuento eficaz precisamente por su lenguaje directo, ajeno a las descripciones ostentosas y pendiente de que la trama se desenvuelva casi como un sueño. No en vano el desenlace de la historia está ausente y queda sobreentendido. No se le deja, sin embargo, al lector, la tarea de dar termino a la narración según su propio capricho, puesto que la trama conduce necesariamente a la consumación del asesinato. El cuento termina con la desaparición de todos los personajes, ya que cuando muere el lector protagonista desaparecen con él los personajes de la novela que estaba leyendo.

Conviene saber que la literatura de corte fantástico ha tenido un enorme auge en los países rioplatenses (Uruguay y Argentina). Junto con Julio Cortázar, sobresalen los nombres de Borges y Bioy Casares, quienes no solamente incursionaron en la novela y el cuento fantástico, sino que además se dedicaron a una inmensa tarea editorial, publicando antologías en que figuran escritores de la talla de Edgar Allan Poe, Franz Kafka, Gilbert Keith Chesterton y Robert Louis Stevenson; afectos todos ellos al relato fantástico. Cortázar explica que la inclinación de muchos escritores rioplatenses por el género fantástico se debe a que países como Uruguay y Argentina no tienen la riqueza y abundancia tropical de los otros países de sudamérica; Colombia, por ejemplo, con su historia poblada de acontecimientos insólitos; o Cuba, con todo el barroquismo que penetra su cultura; tienen suficientes elementos para acunar a eso que se llama realismo mágico, que tiene en García Márquez y Alejo Carpentier a sus más connotados representantes. Cuando uno lee *Cien años de soledad* o *El reino de este mundo*, se encuentra con un lenguaje exuberante, musical, florido; mientras que al leer a escritores rioplatenses como Cortázar se observa que el lenguaje es más intelectual y abstracto. A esta razón de carácter histórico y geográfico, Cortázar agrega lo siguiente: "Hay también las influencias de tipo literario. En mi caso, la más palpable, la más evidente y la más querida por mí es la de Edgar Allan Poe. No hay que olvidarse que Edgar Allan Poe era muy leído en la Argentina y en el Uruguay, era considerado un maestro".

Conviene saber que "Continuidad de los parques" es un cuento lúdico. La fusión de la realidad y la ficción es un hecho que ocurre a menudo en la imaginación lúdica de los niños; los juegos infantiles se mueven a placer en ambos mundos. Para Cortázar el juego es una cosa seria y lo afirma en una entrevista con Saúl Sosnowski: "cuando yo hablo de juego hablo siempre muy en serio como hablan los niños, porque para los niños el juego es una cosa muy seria, no hay más que pensar cuando éramos niños y jugábamos, los que nos parecían triviales eran los grandes cuando venían a interrumpirnos, nuestro juego era lo importante

y la literatura es también así, es lo mismo". Más adelante, en esa misma entrevista, Cortázar agrega: "Es muy hermoso ver cómo juega un gato, cómo juega un perro o cómo incluso juegan los caballos jóvenes. El juego es algo que está integrado a la esencia de la vida, no sólo de la vida humana. Ahora, nosotros tenemos naturalmente la posibilidad de crear juegos, de racionalizarlos, de complicarlos y por ahí los convertimos en sinfonías, en poemas, en cuadros o en novelas". En suma, con el paso del tiempo sólo cambian nuestras diversiones, nuestros modos de matar el aburrimiento, nuestros juegos, nuestra incesante y lúdica búsqueda de la felicidad.

Preguntas

1. Haz un breve resumen de lo que ocurre en este cuento, poniendo en orden cronológico los sucesos más importantes.

2. Con una impresionante economía de palabras, Cortázar logra comunicar el hecho de que el lector de la novela y la víctima del asesinato relatado en ella son una y la misma persona. Vuelve al cuento y busca los escasos elementos léxicos y sintácticos que nos convencen de ello.

3. ¿Crees tú que, sin el lector que lea la novela referida, el asesinato relatado entre sus páginas ocurriría? ¿Hay algo, más allá de lo obvio, que nos pueda estar diciendo Cortázar?

Bibliografía

Lagmanovich, David. *Estudios sobre los cuentos de Julio Cortázar.* (1975)
Lastra, Pedro. *Serie el escritor y la crítica.* (1986)
Sosnowski, Saúl. *Modelos para desarmar, entrevista con Julio Cortázar* en Espejo de escritores. (1985)
Vargas Llosa, Mario. *La utopía arcaica, José María Arguedas y las ficciones del indigenismo.* (1996)

Nombre

Continuidad de los parques Julio Cortázar

1. Conforme leas el cuento, hallarás palabras o expresiones que se relacionan con el mal, ya que en medio del relato se está tramando un crimen. Tu tarea consiste en señalar y comentar los fragmentos en que tales palabras o expresiones se encuentran.

Por ejemplo:

"Gozaba del placer casi perverso de irse desgajando línea a línea de lo que lo rodeaba, y sentir a la vez que su cabeza descansaba cómodamente en el terciopelo del alto respaldo, que los cigarrillos seguían al alcance de la mano, que más allá de los ventanales danzaba el aire del atardecer bajo los robles".

(En este fragmento la expresión "el placer casi perverso" denota cierto grado de malicia en el personaje central. Ello tiene explicación en el hecho de que cuando el lector protagonista del cuento se sumerge en la lectura, siente un placer casi malévolo al comprobar que la realidad exterior, con todas sus convenciones, responsabilidades y circunstancias, comienza a desaparecer. El lector protagonista rechaza en cierto modo este mundo y sus seres de carne y hueso, y se entrega a un mundo ficticio poblado de abstracciones.)

2. La novela que lee el lector protagonista relata la historia de una pasión. Señala los fragmentos que denotan la fuerza de esa pasión y subraya las palabras o expresiones que caracterizan su violenta naturaleza.

Continuidad de los parques Julio Cortázar

I. Como bien puedes apreciar, "Continuidad de los parques" tiene un final escamoteado que el lector debe deducir de la totalidad de la trama. Lo mismo ocurre en "El Sur", el cuento de Jorge Luis Borges que ya conoces. Ésta no es la única similitud entre los relatos. Tanto en el cuento de Borges como en el de Cortázar se siente que algo inevitable va a ocurrir, como si el destino de los personajes ya estuviese escrito. Escribe un ensayo coherente señalando similitudes y diferencias entre el cuento de Borges y el de Cortázar.

(Tiempo: 40 minutos. Extensión mínima: 200 palabras).

2. El tema de la tenue línea divisoria entre lo real y lo ilusorio es frecuente en las letras hispanas. Escoge dos de las siguientes obras, y compara y contrasta la forma en que se manifiesta este tema en cada una de ellas:

El ingenioso hidalgo don Quijote de la Mancha, de Miguel de Cervantes
Naufragios, de Álvar Núñez Cabeza de Vaca
"El alacrán de fray Gómez", de Ricardo Palma
"El Sur", de Jorge Luis Borges
"Continuidad de los parques", de Julio Cortázar
"La noche boca arriba", de Julio Cortázar

(Tiempo: 40 minutos. Extensión mínima: 200 palabras.)

Nombre

Continuidad de los parques Julio Cortázar

Lee las frases siguientes y completa el sentido de cada una eligiendo la palabra más apropiada entre las cuatro opciones.

1. Tengo una ___ en el campo, pero la visito poco, porque queda lejos de la ciudad.

   a. fineza

   b. finada

   c. fisura

   d. finca

2. Hay que leer este cuento con sumo cuidado, porque su ___ tiene muchos enredos.

   a. trama

   b. trampa

   c. trámite

   d. tránsito

3. Yo, como artista, me dedico exclusivamente a mi arte; para los asuntos legales, allí está mi ___.

   a. apogeo

   b. aposento

   c. apócope

   d. apoderado

4. Tuve que despedir a mi ___; me enteré de que había convertido la finca en un burdel.

   a. mayoría

   b. mayoritario

   c. mayordomo

   d. mayorazgo

5. Quisiera recubrir este sillón, pero no con una tela cualquiera, sino con ___.

   a. terciopelo

   b. terceto

   c. terapia

   d. terciario

6. No pienso asistir al concierto de esta noche; los músicos de esa orquesta no han logrado ___ todavía; cada uno toca por su cuenta.

   a. confabularse   **c.** concertarse

   b. congregarse   **d.** concernirse

7. Sue Spicás no confía en nada ni en nadie; es la mujer más ___ que conozco.

   a. repuntada

   b. respingada

   c. recatada

   d. recelosa

8. Yo no había tomado en serio las amenazas del gaucho, pero cuando lo vi avanzar hacia mí con el ___ en la mano, sentí miedo.

   a. puñal

   b. puñado

   c. puñetazo

   d. punteado

9. Las autoridades me acusaron del delito porque, aunque no era culpable, no tenía ___.

   a. coagulación

   b. coadyuvante

   c. coartada

   d. comadreja

10. No veía bien el sendero, porque la noche se me venía encima; quedaba únicamente la tenue luz del ___ para guiar mis pasos.

    a. crescendo

    b. cretáceo

    c. cretino

    d. crepúsculo

Nombre

Continuidad de los parques Julio Cortázar

Contesta las siguientes preguntas, o completa la idea, eligiendo en cada caso la respuesta más apropiada.

I. Señala cuál de las siguientes aseveraciones es falsa:

a. El personaje central del cuento siente placer al separarse de la realidad exterior, sumergiéndose en la ficción de la novela que lee.

b. El amante de la mujer tiene la cara ensangrentada porque se cortó accidentalmente con una rama cuando acudía a la cita.

c. La mujer no quiere que su amante se convierta en asesino e intenta por todos los medios impedir el crimen.

d. La cita de los amantes tiene lugar en una cabaña ubicada en el monte.

2. Cuando en el cuento se lee: "Hasta esas caricias que enredaban el cuerpo del amante como queriendo retenerlo y disuadirlo, dibujaban abominablemente la figura de otro cuerpo que era necesario destruir", llegamos a la conclusión de que:

a. la mujer, en el fondo del corazón, no quiere que se consume el crimen.

b. las caricias de la mujer son ambiguas, ya que parece querer impedir que su amante cometa el crimen, y por otro lado parecer empujarlo a que lo consume cuanto antes.

c. el amante rechaza las caricias de la mujer porque le causa repulsión que anhele la muerte de su marido.

d. el amor antes apasionado entre los dos se ha enfriado, y que éste será su último encuentro.

3. El final del relato es un final tácito, escamoteado, escondido. ¿Por qué crees que Cortázar utiliza esta técnica llamada "desenlace *in absentia*"?

a. Para que el lector imagine el final que más le guste.

b. Para crear algo de suspenso y escribir después una segunda parte.

c. Porque no es necesario escribir un final ya que el mismo se deduce de la trama.

d. Porque Cortázar no encontró un final que le gustara lo suficiente.

4. ¿Cuál es el elemento fantástico en "Continuidad de los parques"?

a. El argumento de la novela que el personaje central lee, porque los amantes son irreales y existen solamente como en sueños.

b. La fusión de la realidad y la ficción, mundos que no tienen conexión física y que se comunican solamente por intervención de lo irracional.

c. El personaje central, que es simplemente un fantasma perdido en una casona antigua.

d. El monte, porque aparece fantasmal e indefinido en medio de la bruma.

5. De las siguientes aseveraciones, ¿cuál sintetiza el mensaje esencial del relato?

   a. La literatura no implica solamente al escritor y a sus personajes, sino también al lector que pone a funcionar la maquinaria de la ficción que permanece inactiva mientras el libro esté cerrado. En este sentido, el lector es también un creador y un personaje.

   b. El sentimiento amoroso se pervierte por obra del crimen.

   c. La lectura aliena al ser humano, lo aleja de la realidad en que vive y lo ubica en un mundo de seres ilusorios que poco o nada tienen que ver con los seres de carne y hueso.

   d. Es peligroso sumergirse en las ficciones literarias, puesto que no solamente son medios de distracción, sino que pueden ser portadoras de ideologías negativas.

6. ¿Cuál de las siguientes aseveraciones te parece más acorde con el contenido del relato?

   a. El escritor crea un mundo a la manera de un Dios. Él es quien define lo que debe pasar con cada personaje al inventarles la vida y la muerte. En este sentido el destino de los personajes ya está escrito y nada puede cambiarlo (fatalismo).

   b. Las novelas y los cuentos tienen la función de alejarnos de las responsabilidades y las convenciones a que nos ata el mundo exterior.

   c. La literatura les brinda a nuestras vidas la emoción de que carece la rutina. En "Continuidad de los parques", por ejemplo, se narran los avatares de una gran pasión y un crimen.

   d. La literatura tiene como único fin anular el tedio, por eso se parece al juego de los niños.

7. ¿En qué momento comienza uno a percatarse de que el lector protagonista y la víctima son la misma persona?

   a. Cuando el lector protagonista entra en su estudio y abre la novela que encierra en sus páginas su propio destino.

   b. Cuando los amantes se refieren a él mientras planean el crimen en la cabaña del monte.

   c. Ya al final, cuando el amante, puñal en mano, ingresa en el estudio de la casa y observa de espaldas a un hombre que lee recostado en un sillón de terciopelo verde.

   d. Al principio, cuando el lector protagonista toma el tren hacia la finca.

Guía de respuestas

Continuidad de los parques Julio Cortázar

Preguntas

1. "Continuidad de los parques" es un cuento que se resiste a cualquier narración cronológica. El resumen del estudiante dependerá del plano de la realidad que escoja resumir, y su sinopsis tendrá que suspenderse en el momento límite donde no le es permitido seguir la senda de realidades superpuestas y contradictorias.

"Continuidad de los parques" es fantástico por paradójico. *Paradoja* es una palabra que nos viene del griego *para*, que significa "más allá de", y *doxos*, "creencia". Una paradoja exhibe aspectos inexplicables. Las mejores paradojas son poderosas, y estéticamente cautivadoras. Algunas paradojas forman parte del mundo de la ciencia, como la que nos trae la física contemporánea: mientras más específicamente fijamos la trayectoria de una partícula de masa, menos exactamente podemos fijar su velocidad; asimismo, mientras más seguros estamos de la velocidad de esa partícula, menos seguros estamos de su trayectoria. La razón de ser de la ciencia es la búsqueda de la certidumbre. En este caso, mientras la ciencia va en busca de una certidumbre, irremediablemente pierde otra, en medida inversa.

De igual modo, en "Continuidad de los parques", mientras más cerca estamos del desenlace de uno de los dos argumentos, menos se capta el otro, y vice versa. Los mejores resúmenes de los estudiantes tratarán de las dos tramas superpuestas, que paradójicamente buscan reconciliarse, sin poder lograrlo. Podemos seguir rebotándonos infinitamente de una alternativa no sostenible a la otra, sólo para volver otra vez a la primera, sin encontrarnos con una verdad aceptable para nuestra razón humana.

Empezando por la trama que encierra la novela que lee el dueño de la finca—y momentáneamente olvidándonos del doble plano sobre el que obra el autor—, podemos describir una trama del todo simple: el argumento presenta una unión ilícita y apasionada entre un hombre y una mujer, por indicio del narrador, quien nos revela que el amante "no había venido para repetir las ceremonias de una pasión secreta". Ella es la esposa del dueño de la finca: al acercarse a la casa en busca de su presa, el amante asesino recuerda el detalle del plan que indica que el "mayordomo no estaría a esa hora, y no estaba". Recuérdese, un mayordomo administra una finca.

No conocemos los antecedentes del amante, ni sabemos de quién es la cabaña del monte donde los dos se encuentran; es posible que sea parte de la finca.

El hombre y la mujer han elaborado un plan para asesinar al esposo de ésta: las caricias de la amante "dibujaban abominablemente la figura de otro cuerpo que era necesario destruir"; y dentro del pecho del amante, bajo el puñal guardado, "latía la libertad agazapada". En medio de una gran tensión sexual, repasan el plan. No debe encontrarse ya en la casa nadie aparte de la víctima. El amante se acerca escondiéndose entre los árboles y arbustos de lo que tomamos por mansión; llega, y encuentra todo exactamente como se ha previsto (el amante no conoce la casa sino por la nítida descripción de la mujer); entra en el salón donde divisa la cabeza de la víctima, apoyada en el respaldo de un sillón de terciopelo verde; está de espaldas a la puerta, y se encuentra leyendo una novela.

Sobre otro plano, la trama se inicia de modo muy distinto, y es todavía más sencilla: un hombre, dueño de una finca, de vida acomodada, empieza a leer una novela; obligaciones que entrañan un viaje en tren lo obligan a dejarla por unos días. Durante su regreso, en tren, vuelve a su lectura, pero no es hasta la noche, habiendo cumplido con los deberes del día—redactar una carta al apoderado y arreglar unos asuntos de la finca con el mayordomo—, que se sienta a leer los últimos capítulos de su novela. Su lectura lo lleva al desenlace, en el que el amante de la historia entra sigilosamente en el salón donde la víctima, de espaldas a la puerta, en un sillón de terciopelo verde, lee una novela.

2. Los estudiantes podrán encontrar elementos léxicos y sintácticos que comprueban el desdoblamiento de la víctima del asesinato y el lector de la novela, como los siguientes:

a. "Novela" (o bien, libro): será el elemento léxico más crítico del cuento, y su presencia gobierna la acción. Consta tanto en el primero como en el último renglón del cuento. Se impone sobre el cuento como si se encontrara en su propia esfera de influencia. El acto de leerla es móvil de la acción, y la verdad esencial del cuento.

b. "Finca" y "mayordomo", relacionados al hecho de que víctima y lector son dueños de una finca; con relación a la víctima se usa la palabra "mayordomo", sin agregar la palabra "finca", pero en el contexto de la mansión que tiene delante el asesino, el jardín todo poblado de árboles y arbustos, el lector experimenta una escena a todas luces campestre.

c. El lector de la novela, "arrellanado en su sillón favorito, de espaldas a la puerta . . . dejó que su mano izquierda acariciara una y otra vez el terciopelo verde"; leemos que "su cabeza descansaba cómodamente en el terciopelo del alto respaldo" y "más allá de los ventanales danzaba el aire del atardecer bajo los robles". En el desenlace del cuento vemos, por segunda vez, "la luz de los ventanales" y "el alto respaldo de un sillón de terciopelo verde, la cabeza del hombre en el sillón leyendo una novela".

d. ". . . la ilusión novelesca lo ganó casi en seguida . . ."; y "Gozaba del placer casi perverso de irse desgajando línea a línea de lo que lo rodeaba." Hasta este punto los lectores de "Continuidad de los parques" hemos estado en un mundo muy reconocible, dentro de las convenciones narrativas: verosímiles son el personaje, el lugar, el tiempo y la acción. Y no es nada inaudito—de hecho, es común, más bien, a partir de cuentos antiguos como los de *Las mil y una noches*—leer un cuento en el que el escritor nos invite a pasar por otra puerta, a otro cuento más allá, dentro del cuento original. Véase la respuesta a la Pregunta N° 1 para más información sobre este tema.

e. La víctima lee sobre el amante de la novela; sabe que, en la cabaña del monte, "El puñal se entibiaba contra su pecho"; el mismo puñal hace acto de presencia en el salón donde lee, en anticipación del desenlace, detrás del respaldo del sillón de terciopelo verde: "y entonces el puñal en la mano . . ."

Cortázar, en apenas más de cuatrocientas palabras, logra entrelazar estos pocos elementos para crear un andamio narrativo paradójico e irresoluble para el lector.

3. Las respuestas de los estudiantes serán varias. Se preguntarán: ¿y si el hombre no hubiera leído la novela aquella noche?, ¿y si el hombre no la hubiera leído nunca? (¡Qué buen pretexto para no leer!), ¿habría existido aquel hombre, con su finca, su viaje en tren, su esposa infiel, y su novela en la mano, si es que él no hubiera leído aquella novela?

La pregunta más consecuente entre la plétora de preguntas imposibles, concierne a la víctima y al hecho de que no es sólo lector de la novela y víctima en ella, sino también un personaje del cuento "Continuidad de los parques"; en éste, también lee y es víctima. El narrador omnisciente observa la vida interior del dueño de la finca, sus movimientos en el cuento y su lectura, mediante la cual se desenvuelve la trama del inminente asesinato. Nuestro único conocimiento de los "héroes de la novela" es a través de lo narrado en la novela que el hombre lee. ¿Quién existe en este cuento, fuera de los pensamientos del hombre lector? Nadie. Ni siquiera él mismo. Y, sin embargo, no está consciente ni de ser la víctima retratada en la novela, ni de la presencia del asesino a su espalda.

Las especulaciones de los estudiantes podrán abarcar el tema, muy presente también en obras de Jorge Luis Borges y de Miguel de Unamuno, de la posible irrealidad de nuestra realidad: ésta, proponen estos autores, puede ser un sueño de otro; y nosotros, entes de ficción, escritos, o tal vez leídos, por una mente que nos piensa, la cual a su vez, puede ser creación de otra mente.

Tal vez quieran discutir el fenómeno del embeleso que provoca en nosotros la lectura de un buen cuento, estado en el cual se desvanece, temporalmente, nuestra realidad circundante; nos sumimos en otros mundos mientras leemos, y podemos percibir la realidad de lo que leemos como más palpable que la que nos rodea.

La superposición de las dos tramas, los dos planos de la realidad del cuento, y el desenlace inexplicable—imposible, no por horroroso sino por paradójico—, surgen por obra del acto mágicorrealista de leer. Las dos tramas se suspenden sin resolución posible ante la inevitabilidad de la muerte del hombre, víctima del complot y simultáneo lector (instigador) de los hechos que van sucediendo conforme lee. Esta lectura será la causa del asesinato de su lector, pero, ¿ocurrirá su muerte únicamente dentro de la novela? Imposible. En el cuento que leemos, la vida de la víctima está por acabarse también. El asesino está por atacar, y está tan presente en el salón de nuestro cuento como en el de la novela que la víctima lee.

La inclusión de elementos imposibles para lograr la irrealidad dentro de una obra literaria se remonta a tiempos antiguos. Unos son los llamados espejos enfrentados, efecto semejante al que se logra colocando dos espejos frente a frente. Si miramos nuestro reflejo en uno de ellos, vemos reflejos de nuestra cara, cada vez más pequeños, pero necesariamente íntegros, sin divisar jamás el último de la serie. En la literatura, esta técnica consiste en la creación de un cuento que lleva dentro el cuento del mismo cuento, que a su vez lleva dentro el mismo cuento, y así hasta el infinito. En "Continuidad de los parques", el "lector que conocemos" ocasiona su propia muerte; la víctima retratada en la novela leída por él ocasiona la suya, y así sucesivamente: nuestra imaginación multiplica hasta el infinito las novelas, una dentro de otra, leída por cada víctima sentada en su sillón de terciopelo verde, con sendos asesinos detrás de la espalda.

La ilusión narrativa del cuento de Cortázar es aún más extraordinaria por el hecho de que nuestra lectura de una obra ficticia—"Continuidad de los parques"—da vida a un personaje que, por su lectura de una obra ficticia, da vida a su propia persona, y al hacerlo, crea las condiciones de su propia muerte.

Si los estudiantes no captan la imposibilidad de una resolución racional del desenlace, se puede buscar una fuente conocida de paradojas, en el arte plástico de M.C. Escher (1898–1972), artista holandés. Un ejemplo es el dibujo de dos manos, una mano dibujando la otra mano, que a su vez se encuentra dibujando la primera. Otro ejemplo es *Relatividad*, que nos presenta una serie de escaleras entrelazadas en las que las dos superficies, la horizontal y la vertical, contienen hombres solitarios que suben o bajan. Siguiendo su trayectoria, el espectador que contempla *Relatividad* se da cuenta de que la vista va subiendo la escalera hasta determinado punto, donde empieza inexplicablemente a bajar, sin aparente cambio de sentido; luego baja y baja, sólo para encontrarse inesperadamente subiendo. La vista rebota de plano en plano sin acomodarse a la realidad representada en el cuadro. Semejante reacción tenemos ante cualquier buena ilusión óptica.

Guía de estudio

1. Los siguientes fragmentos serán señalados y comentados por los estudiantes al cumplir con los requisitos de la primera parte de la **Guía de estudio**.

   a. "Palabra a palabra, absorbido por la sórdida disyuntiva de los héroes, dejándose ir hacia las imágenes que se concertaban y adquirían color y movimiento, fue testigo del último encuentro en la cabaña del monte".

   b. "Un diálogo anhelante corría por la páginas como un arroyo de serpientes, y se sentía que todo estaba decidido desde siempre".

   c. "Hasta esas caricias que enredaban el cuerpo del amante como queriendo retenerlo y disuadirlo, dibujaban abominablemente la figura de otro cuerpo que era necesario destruir".

2. Los siguientes fragmentos serán señalados y comentados por los estudiantes al cumplir con los requisitos de la segunda parte de la Guía de estudio. Para tener una idea de la forma en que Cortázar describe la intensidad de la pasión, los estudiantes deben subrayar ciertas expresiones como se muestra líneas abajo.

a. "Primero entraba la mujer, recelosa; ahora llegaba el amante, lastimada la cara por el chicotazo de una rama. Admirablemente restañaba ella la sangre con sus besos, pero él rechazaba las caricias . . ."

b. "El puñal se entibiaba contra su pecho, y debajo latía la libertad agazapada".

c. "El doble repaso despiadado se interrumpía apenas para que una mano acariciara una mejilla".

Tesis de ensayo

I. El estudiante puede comenzar una lectura paralela de los cuentos mencionados. En una hoja en blanco puede ir elaborando un esquema con todos aquellos elementos que acercan el relato de Cortázar al de Borges, o que lo separan de él. Después puede comenzar la elaboración ordenada de su ensayo.

2. Éste es un ejemplo del tipo de Pregunta N° 2, de análisis temático que se verá en el examen de *AP Spanish Literature*.

Prueba de vocabulario

Las respuestas correctas son:
I. d, **2.** a, **3.** d, **4.** c, **5.** a, **6.** c, **7.** d, **8.** a, **9.** c, **10.** d.

Preguntas de opción múltiple

Las respuestas correctas son:
I. c, **2.** b, **3.** c, **4.** b, **5.** a, **6.** a, **7.** c.

Páginas 177–189 del libro de lecturas

La noche boca arriba

JULIO CORTÁZAR

Antes de leer

La obra cuentística de Julio Cortázar siempre se ha caracterizado por poner en tela de juicio lo que normalmente entendemos por real; su búsqueda de una realidad más profunda y poética ha sido una constante desde que publicó su primer libro de cuentos, *Bestiario*, en 1951. A propósito de su concepción del cuento, Cortázar ha manifestado que como narrador siempre ha tratado de intervenir lo menos posible en la historia, procurando que lo narrado se desprenda de su autor como "la pompa de jabón de la pipa de yeso". Comentando al respecto, Cortázar ha señalado que le parece una vanidad querer intervenir en el cuento con algo más que el cuento en sí.

"La noche boca arriba", relato donde el sueño y la vigilia se confunden, es un perfecto ejemplo de cómo la realidad es puesta en tela de juicio, puesto que el lector se queda en una especie de limbo, sin convencerse del todo de qué es real y qué es ficticio. Gracias a esta ambigüedad, el relato admite múltiples lecturas, lo cual es un requisito fundamental de la buena literatura, que exige de sus lectores participación creativa.

Vocabulario

ficha—papeleta o tarjeta que contiene datos.

pantano—terreno húmedo; marisma.

ciénaga—atascadero; sitio lleno de lodo.

tinieblas—oscuridad profunda.

azotar—golpear, especialmente con látigo.

súplica—ruego.

soga—cuerda gruesa.

acoso—persecución.

calabozo—cárcel; prisión.

zafarse—desatarse; librarse.

aterrado—lleno de terror.

vigilia—condición de estar despierto.

modorra—sensación de tener sueño.

súbito—repentino.

hoguera—fuego grande, generalmente para celebrar ocasiones festivas.

Al leer

Consulte la **Guía de estudio** como herramienta para comprender mejor esta obra.

Después de leer

Conviene saber que "La noche boca arriba" comienza con un epígrafe que dice: "y salían en ciertas épocas a cazar enemigos; le llamaban la guerra florida". El epígrafe se refiere a un hecho histórico relacionado con la cultura azteca; al parecer, los señores de ese imperio llegaron a la conclusión de que la persistente sequía que asolaba su territorio se debía a la cólera del dios Sol por la escasez de sacrificios humanos en su honor. Para solucionar este problema, los aztecas inventaron, en tiempos de paz, una guerra artificial llamada "guerra florida", que consistía en una serie de torneos en que los vencidos eran sacrificados en honor del sol y la lluvia; rindiendo de esta manera el debido tributo a las divinidades y suprimiendo los costos de una guerra real. Este episodio histórico le sirve a Cortázar como contexto de una de las dos anécdotas que se entrelazan en "La noche boca arriba", donde un motociclista de la época moderna sufre un accidente y en la cama del hospital, aquejado de fiebre, comienza a vivir otra vida, la de un guerrero antiguo que huye de los aztecas para evitar ser sacrificado en un altar religioso. Como se puede apreciar, este cuento de Cortázar presenta el encadenamiento de dos mundos antitéticos: por un lado tenemos la civilización, representada por el motociclista, la gente en las calles, el personal del hospital, etc.; y por otro, la barbarie, representada por los guerreros aztecas y sus víctimas que huyen en la selva espesa. El primer mundo es obviamente estático, puesto que nuestro personaje se halla tendido en una cama de hospital, sujetado por poleas que le impiden moverse; el segundo es móvil, puesto que nuestro personaje huye desesperado de sus posibles captores. Al principio el cuento tiene cierto rigor lógico, puesto que la narración del accidente del motociclista se presenta como realidad objetiva, mientras que la secuencia del guerrero huyendo de los aztecas se presenta como pesadilla provocada por la fiebre. La ruptura de la realidad ocurre sobre el final del relato, cuando el escritor revela que el mundo real y objetivo es el de la guerra florida y que el motociclista accidentado es un sueño del guerrero finalmente capturado. Al

respecto, el crítico Edelweis Sierra se pregunta: "¿por qué un cautivo de los aztecas no pudo soñar, tal vez, que era un motociclista de nuestra era? ¿Acaso no es lícito a la poesía la abolición del espacio y el tiempo, sobrepasar culturas y siglos?". Coloca así el relato de Cortázar en el territorio del cuento poético.

Conviene saber que la ambigüedad de la historia permite, sin embargo, muchas interpretaciones. La más certera es la que plantea la crítica Zunilda Gerdel: "Un motociclista sufre un accidente en una calle céntrica. Herido de gravedad lo trasladan a un hospital donde es sometido a una operación y muere después de un breve estado de alucinación y delirio en que se produce el desdoblamiento de la identidad del personaje en un moteca sacrificado en el rito azteca de la guerra florida". Aparentemente Gerdel contradice el final del cuento, puesto que establece el episodio del motociclista como realidad y el de la guerra florida como sueño delirante. Tal contradicción desaparece si pensamos que la imposición del sueño como realidad objetiva es una metáfora de la muerte imponiéndose a la vida. Caer en la realidad de la guerra florida, estar al pie del altar del sacrificio, sin posibilidad de volver a la realidad del hospital, es agonizar y finalmente morir. La guerra florida no es otra cosa que una agonía expresada poéticamente y consumada como realidad cuando el personaje muere. Todo esto tiene perfecto sentido si aceptamos que el ingreso en los dominios de la muerte puede adoptar las características de la pesadilla. De ser así, no es que se haga realidad el sacrificio humano azteca; lo que se hace realidad es la muerte.

Conviene saber que Cortázar, para darnos idea de la desaparición gradual del motociclista, va acortando poco a poco las escenas del hospital mientras que las de la guerra florida se hacen más extensas; al final, del hospital ya no queda nada porque las voces de los otros enfermos, la aparición abrupta de un doctor visto entre tinieblas, el sabor de un caldo de vegetales, el frescor del agua en los labios, son los últimos signos que atan al motociclista a la vida; la muerte entonces se convierte en realidad objetiva y el cuento termina.

Conviene saber además que existen otras lecturas para este relato. Hay quienes afirman que "La noche boca arriba" establece básicamente que la vida es un sueño; lo cual significa que las cosas y seres que nos rodean, el cosmos en su totalidad, son simplemente un sueño. ¿Y quién sueña todo esto? Dios, que es el único que existe realmente. Otros críticos señalan que "La noche boca arriba" corrobora una idea de Platón, según la cual el mundo de las sensaciones, este mundo que vemos y sentimos, no es más que una apariencia, una sombra de un mundo esencial que el ser humano no puede ver ni tocar. De esto se desprende otro punto de coincidencia entre la narrativa de Cortázar y la de Jorge Luis Borges. Por último está la doctrina del "eterno retorno", que el filósofo Nietzsche resume poéticamente de la siguiente manera: "Esta lenta araña arrastrándose a la luz de la luna, y tú y yo cuchicheando en el portón, cuchicheando de eternas cosas, ¿no hemos coincidido ya en el pasado? ¿Y no recurriremos otra vez en el largo camino . . . ?". En resumidas cuentas nos sugiere que todas las cosas, todos los seres, todos los sucesos, vuelven una y otra vez en el devenir del universo; así como el motociclista accidentado del relato de Cortázar, que se observa como criatura de otro tiempo y comprueba que no está soñando, sino que ha retornado.

Preguntas

1. Describe en detalle el papel que juega la luz en los dos mundos que experimenta el protagonista de "La noche boca arriba".

2. A lo largo de este cuento, Cortázar ofrece ciertas pistas léxicas, o sea que se vale de ciertas palabras específicas que en este cuento llevan doble acepción. Estas palabras nos ayudan a aceptar el desenlace del cuento. Por ejemplo, *calzada* es tanto una calle de tránsito de vehículos motorizados en una metrópolis, como un sendero elevado entre pantanos en el antiguo valle del Anáhuac de los aztecas. Cortázar emplea la palabra en sus dos sentidos en este cuento.

   "La noche boca arriba" trae otras ambigüedades léxicas que insinúan tintes de realidad en el mundo de los sueños y tintes oníricos en el mundo de la realidad. Busca tú unos pocos ejemplos más de este mismo fenómeno.

3. Compara las simetrías y contrasta las diferencias entre la experiencia del protagonista de "La noche boca arriba" y la de Juan Dahlmann en "El Sur", de Jorge Luis Borges. Al final, ¿queda alguna duda sobre la verdadera identidad del protagonista de "La noche boca arriba", o sobre su verdadera suerte?

4. Comenta las connotaciones posibles del título de este cuento: "La noche boca arriba". Detalla las ocasiones y circunstancias en que el protagonista, vacilando entre una realidad y otra, se encuentra físicamente boca arriba.

Bibliografía

Lagmanovich, David. *Estudios sobre los cuentos de Julio Cortázar.* (1975)

Lastra, Pedro. *Julio Cortázar, Serie el escritor y la crítica.* (1986)

Sosnowski, Saúl. *Modelos para desarmar, entrevista con Julio Cortázar.* (1985)

Vargas Llosa, Mario. *La utopía arcaica, José María Arguedas y las ficciones del Indigenismo.* (1996)

Nombre _____

La noche boca arriba Julio Cortázar

Los sentidos de la percepción desempeñan un papel muy importante en "La noche boca arriba". Da la impresión de que Cortázar usa la paulatina desaparición o mutación de los mismos para ilustrarnos la agonía de su personaje. El ejemplo más claro es el de los olores. En el momento crítico en que el protagonista penetra en la pesadilla de la persecución azteca, los olores del hospital, el olor de la anestesia y los medicamentos, de pronto se transforman en un olor intenso, como proveniente de los pantanos, y luego adquieren un matiz mixto que el autor resume con la frase "huele a guerra". Los estudiantes deben comentar los siguientes fragmentos del relato en que los sentidos entran en acción para intensificar la trama.

a. "Pero lo tuvieron largo rato en una pieza con olor a hospital, llenando una ficha, quitándole la ropa y vistiéndolo con una camisa grisácea y dura".

b. "Como sueño era curioso porque estaba lleno de olores y él nunca soñaba olores. Primero un olor a pantano, ya que a la izquierda de la calzada empezaban las marismas, los tembladerales de donde no volvía nadie".

c. "Lo que más lo torturaba era el olor, como si aún en la absoluta aceptación del sueño algo se rebelara contra eso que no era habitual, que hasta entonces no había participado del juego. 'Huele a guerra', pensó, tocando instintivamente el puñal de piedra atravesado en su ceñidor de lana tejida".

d. "Un sonido inesperado lo hizo agacharse y quedar inmóvil, temblando".

e. "El sonido no se repitió. Había sido como una rama quebrada. Tal vez un animal que escapaba como él del olor de la guerra. Se enderezó despacio, venteando".

f. "Vino una taza de maravilloso caldo de oro oliendo a puerro, a apio, a perejil. Un trocito de pan, más precioso que todo un banquete, se fue desmigajando poco a poco".

g. ". . . al pasarse la lengua por los labios resecos y calientes sintió el sabor del caldo, y suspiró de felicidad, abandonándose".

h. "Como dormía de espaldas, no lo sorprendió la posición en que volvía a reconocerse, pero en cambio el olor a humedad, a piedra rezumante de filtraciones, le cerró la garganta y le obligó a comprender."

i. "Oyó gritar, un grito ronco que rebotaba en las paredes. Otro grito, acabando en un quejido. Era él que gritaba en las tinieblas, gritaba porque estaba vivo, todo su cuerpo se defendía con el grito de lo que iba a venir, del final inevitable".

Nombre

La noche boca arriba Julio Cortázar

I. En los siguientes párrafos de "La noche boca arriba" se aprecian elementos de dos épocas y espacios radicalmente distintos:

a. "El sol se filtraba entre los altos edificios del centro, y él . . . montó en la máquina saboreando el paseo. La moto ronroneaba entre sus piernas, y un viento fresco le chicoteaba los pantalones".

b. "Y todo era tan natural, tenía que huir de los aztecas que andaban a caza de hombre, y su única probabilidad era la de esconderse en lo más denso de la selva . . ."

Como se puede apreciar, en "La noche boca arriba" se observa el insólito encadenamiento de dos mundos completamente distintos. Una historia transcurre en una ciudad moderna, mientras que la otra sucede en una selva inhóspita. Escribe un ensayo coherente y bien organizado señalando las características de esos dos mundos que se entrelazan en el relato, enfatizando las diferencias no solamente del paisaje, sino también de las circunstancias.

(Tiempo: 40 minutos. Extensión mínima: 200 palabras.)

2. Discute el tema de la doble identidad en dos de los siguientes textos:

"Balada de los dos abuelos", de Nicolás Guillén
"La muerte y la brújula", de Jorge Luis Borges
"El Sur", de Jorge Luis Borges
"Continuidad de los parques", de Julio Cortázar
"La noche boca arriba", de Julio Cortázar

(Tiempo: 40 minutos. Extensión mínima: 200 palabras.)

Nombre

La noche boca arriba Julio Cortázar

Lee las frases siguientes y completa el sentido de cada una eligiendo la palabra más apropiada entre las cuatro opciones.

1. Sé que tenía una _____ sobre esa obra, pero parece que se ha extraviado, y no me acuerdo de los datos que había apuntado en ella.

   a. fiscalía

   b. finca

   c. ficha

   d. fibra

2. Para llegar a la calzada, había que atravesar un _____, y yo, por desgracia, no traía botas.

   a. panteón

   b. pantano

   c. panadero

   d. pandero

3. Fanguero se metió por descuido en una _____, y se atascó; no pudo salir.

   a. cifra

   b. cigüeña

   c. cigarra

   d. ciénaga

4. Cuando abrí los ojos, no vi nada; ni siquiera la luz de las estrellas; alrededor de mí, no había sino _____.

   a. tinieblas

   b. tinajas

   c. tinteros

   d. tintorerías

5. Aunque el jinete seguía _____ al caballo con la fusta, el pobre animal no pudo más y se negó a seguir adelante.

   a. azorando

   b. azogando

   c. azotando

   d. azadonando

6. Le rogué al rey que me perdonara, pero se hizo el sordo; no hizo caso de mi _____.

   a. sufragio

   b. superficie

   c. suplencia

   d. súplica

7. Nico y Tina dejaron de fumar hace poco; así que no menciones el tabaco delante de ellos; sería como mentar la _____ en casa del ahorcado.

   a. sopa

   b. soga

   c. soja

   d. solapa

8. El constante _____ de mis enemigos va a acabar con mi resistencia; por todos lados me asedian.

   a. acaso

   b. acorde

   c. acoso

   d. acopio

9. Estoy aquí de milagro; el régimen que detenta el poder me tuvo tres años encerrado en un tenebroso y hediondo ____.

   a. calabozo

   b. calamar

   c. calígrafo

   d. calambre

10. Como digo, me escapé de milagro; todavía no sé cómo logré ____ de esas cadenas.

    a. zambullirme

    b. zamparme

    c. zaparme

    d. zafarme

11. El ejército enemigo nos tenía acorralados, y algunos de los nuestros, ____, se rindieron.

    a. atestados

    b. aterrados

    c. atizados

    d. atusados

12. La duermevela es un estado intermedio, entre el sueño profundo y la ____

    a. vigilancia

    b. viruela

    c. vigilia

    d. vigencia

13. En el pueblo, casi todos los vecinos se sumieron en una ____, debido al sopor del mediodía tropical.

    a. modorra

    b. mojiganga

    c. mojarra

    d. molleja

14. Nadie esperaba que surgiera este problema, sobre todo tan de ____.

    a. subyacente

    b. sustantivo

    c. sucesivo

    d. súbito

15. Fue un desastre; empezó a soplar el viento, y la ____ se convirtió en incendio, cundiendo rápidamente.

    a. hosquedad

    b. hoguera

    c. hogaza

    d. holanda

Nombre _____

La noche boca arriba Julio Cortázar

Contesta las siguientes preguntas, o completa la idea, eligiendo en cada caso la respuesta más apropiada.

1. ¿Qué es lo que causa el accidente del motociclista?

   a. El apuro del motociclista por llegar a un lugar donde tiene que solucionar algo muy urgente.

   b. La distracción del motociclista, que se encuentra demasiado relajado por lo apacible del día, y la imprudencia de la mujer que se cruza en su camino.

   c. La intención del motociclista de evitar un choque con otros vehículos que transitaban en la zona.

   d. La pésima visibilidad por la reverberación del sol en plena primavera.

2. ¿Cuál de las siguientes afirmaciones es falsa?

   a. El protagonista encara las consecuencias del accidente con tranquilidad porque no le teme a la muerte.

   b. Inmediatamente después del accidente, el protagonista recibe la ayuda de gente amable que pretende levantarle el ánimo bromeando y reconfortándolo.

   c. Cuando llega al hospital, el protagonista se contagia del buen humor de las enfermeras y doctores, a pesar de las contracciones de su estómago.

   d. Mientras lo llevan hasta un pabellón del hospital, el protagonista siente que preferiría estar dormido o anestesiado.

3. ¿Qué siente el protagonista cuando escucha las voces de los otros enfermos en el hospital?

   a. Siente un poco de cólera porque no le dejan dormir tranquilamente.

   b. Siente que las voces llegan de otra parte, porque ha sufrido un daño cerebral irremediable.

   c. No escucha ninguna voz porque debido a la gravedad de su caso los doctores lo tienen aislado en un cuarto de cuidados intensivos.

   d. Siente cierto bienestar porque esas voces lo regresan a la seguridad del recinto hospitalario, después de su horrible incursión en la pesadilla de la guerra florida.

4. ¿En qué momento del cuento "La noche boca arriba" se produce la ruptura de la realidad objetiva?

   a. Cuando el protagonista comienza a soñar con los aztecas persiguiéndolo para matarlo.

   b. Cuando el protagonista despierta del breve desmayo que sigue al accidente de motocicleta.

   c. Cuando el protagonista toma conciencia de que lo real es su persecución y captura a manos de los aztecas, muchos siglos atrás; y que toda la historia del motociclista accidentado es solamente un sueño.

   d. Cuando el protagonista comienza a sentir la mutación de su sentido olfativo y los olores del hospital se transforman en olores de pantano.

5. ¿Cuál de las siguientes afirmaciones es verdadera?

   a. En "La noche boca arriba", Cortázar vuelve a poner en duda lo que comúnmente entendemos como realidad objetiva, cosa que ha venido haciendo en gran parte de su obra.

   b. El tema central de "La noche boca arriba" es el fanatismo religioso, representado por los aztecas.

   c. "La noche boca arriba" es un cuento sobre las pesadillas incubadas en el mundo moderno.

   d. El protagonista de "La noche boca arriba" ha perdido el juicio y en realidad está internado en un manicomio.

6. ¿Por qué el protagonista de "La noche boca arriba", a pesar del sufrimiento causado por la operación y las poleas que lo mantienen inmóvil, siente que el hospital es un lugar agradable?

   a. Porque las enfermeras y los doctores son amables y gastan bromas constantemente.

   b. Porque los otros enfermos reconfortan al protagonista con palabras optimistas y sonrisas.

   c. Porque el ambiente del hospital, comparado con el ambiente de la pesadilla en que lo persiguen los aztecas, es seguro, tranquilo y delicioso.

   d. Porque la comida es buena.

Guía de respuestas

La noche boca arriba
Julio Cortázar

Preguntas

1. Los estudiantes podrán ver que el protagonista vive su vida moteca en tinieblas, mientras que como hombre contemporáneo vive rodeado de luz. La luz hace acto de presencia en el mundo azteca únicamente en forma de antorchas enemigas, inquietantes fuegos de vivac, una luna menguante que atestigua que los aztecas llevan días ya cazando hombres, y estrellas que señalan el inminente sacrificio del protagonista. La luz del mundo azteca, muchas veces teñida de rojo, es, en todo sentido, amenazadora. Prefigura la piedra de los sacrificios de la cual chorrea sangre al final.

A continuación se encuentra una lista en la que se alternan el mundo contemporáneo y el mundo azteca—turnándose la claridad y las tinieblas—a traves del desarrollo de la trama. Los estudiantes encontrarán en ella lo que necesitan para describir el papel que desempeña la luz en el cuento:

a. Al subirse en la moto, antes del accidente, "el sol se filtraba entre los altos edificios del centro". Son las 8:50 de la mañana; vemos "la tersura, . . . la leve crispación de ese día apenas empezado". Aun en la farmacia donde espera la ambulancia, el protagonista está a media luz, sintiéndose aliviado por el agua que le dan de tomar "en la penumbra". Recordando más tarde su experiencia "al salir del pozo negro" del primer desmayo, la describe como "un alivio al volver al día".

b. En sueños, el hombre contemporáneo vuelto moteca, nota una fragancia "oscura como la noche en que se movía huyendo de los aztecas"; él está "tapado por las ramas de un arbusto y la noche sin estrellas". "Un resplandor rojizo teñía" una parte del cielo, testimonio de los fuegos de vivac que arden lejos. Ve "en tinieblas" el sendero que va siguiendo.

c. Cuando abre los ojos en el hospital, "era de tarde, con el sol ya bajo". Estando ahí empieza a caer la noche, y para cuando "los ventanales de enfrente viraron a manchas de un azul oscuro", ya le gana el sueño.

d. El moteca comprende "que estaba corriendo en plena oscuridad . . ." Se imagina que "con la primera luz del día" verá la calzada otra vez; pero aquel día no amanecerá nunca para el moteca. ". . . la espera en la oscuridad del chaparral desconocido se le hacía insoportable". Ve "antorchas moviéndose entre las ramas", y a pesar de apuñalar al primer guerrero que lo atrapa, pronto otro lo incapacita, entre luces de antorchas y gritos enemigos.

e. El hombre contemporáneo vuelve del "sueño". "Al lado de la noche de donde volvía, la penumbra tibia de la sala le pareció deliciosa." La lámpara de luz violeta lo reconforta, "como un ojo protector"; de nuevo le va ganando el sueño, y vemos que "la lámpara en lo alto se iba apagando poco a poco".

f. Estando en la mazmorra donde le espera la muerte, se da cuenta de que "lo envolvía una oscuridad absoluta". Los gritos que escucha son gritos suyos "en las tinieblas". El olor y la luz de las antorchas le anuncian la llegada de sus verdugos. "Las luces se reflejaban en los torsos sudados, en el pelo negro lleno de plumas", y "los portadores de antorchas iban adelante, alumbrando vagamente el corredor". El techo "se iluminaba con un reflejo de antorcha". Se sobreponen múltiples imágenes de los reflejos de la luz roja de las antorchas, y el cielo lleno de estrellas señalará que el moteca está en el lugar donde le espera la muerte, en la piedra de los sacrificios.

g. Una última vuelta fugaz al mundo contemporáneo lo rodea de una penumbra apenas perceptible como luz; es como si hubieran invadido la sala de hospital las tinieblas del mundo azteca; ahora lo rodea una "sombra blanda" y la vista abarca "la sombra azulada de los ventanales".

h. Apenas un momento está el hombre bajo la protección de la vigilia; vuelve en seguida al "vacío otra vez negro" del mundo azteca, con sus "súbitas fulguraciones rojizas", hogueras que crean "rojas columnas de humo perfumado", y la "piedra roja, brillante de sangre que chorreaba". La luz—la fatídica propia del mundo de la guerra florida—existe ahora solamente en el mundo de los sacrificadores, y, si por un instante más el protagonista se ve inmóvil en su cama, cuando abre los ojos está sobre la piedra de los sacrificios. Aquel otro mundo, el de la luz que alivia, alegra y protege, ha sido un sueño maravilloso y una mentira infinita.

Algunos estudiantes, al estudiar el papel de la luz en el cuento, también querrán notar el papel desempeñado por los olores, que son, en todos los casos menos uno ("olor a hospital"), señal y anuncio del mundo azteca: "el olor que más temía" es el olor a la guerra florida, pero además hay el olor a pantano, a humedad, y el olor de las antorchas. Unos se fijarán en el hecho de que una clave temprana de la auténtica realidad de este mundo azteca es que, en su primer sueño, se extraña de los olores "porque él nunca soñaba olores".

2. Extendiendo primero el doble uso de *calzada*, la palabra aparece primero cuando ocurre el accidente: la mujer se lanza a la calzada donde el protagonista va en su moto; en el mundo azteca, el indígena se cuida "de no apartarse de la estrecha calzada que sólo ellos, los motecas, conocían". De hecho, esta calzada del mundo antiguo desempeña un papel prominente, pues salir de ella significará la muerte del perseguido, ya sea atascándose o hundiéndose en los pantanos, o cayendo en manos de los aztecas.

Otros ejemplos son:

a. moteca: es una tribu ficticia de indígenas mexicanos, nombre inventado por el autor para sugerir moto, el vehículo del accidente del protagonista.

b. lápida: la piedra de una tumba; la radiografía colocada sobre el pecho del hombre herido es como la lápida colocada, después de muerto, sobre su tumba; en el desenlace, el teocalli es de piedra—piso, paredes, y techo, pero aún más importante es la piedra de los sacrificios donde tienden a la víctima para sacarle el corazón, con un puñal también de piedra.

c. pozo: el hombre recuerda cómo se sentía después del accidente "al salir del pozo negro" del primer desmayo; análogamente, termina su vida siendo llevado en hombros desde la mazmorra—cárcel subterránea, con calidad de pozo. (Se les puede recordar a los estudiantes que, en el cuento "El Sur", de Jorge Luis Borges, Juan Dahlmann, despertándose después de la clavada de la aguja en el sanatorio, se percibe en "una celda que tenía algo de pozo"; aunque sea de interés, este dato no servirá de manera directa para contestar esta pregunta.)

d. la palabra penumbra: cuando la palabra *penumbra* aparece por primera vez es la luz débil asociada con el alivio que siente el protagonista tomando agua en la farmacia adonde lo han llevado los testigos del accidente; la experimentamos otra vez en su sala de hospital, donde la luz violeta de la lámpara lo reconforta, y donde, en su última vuelta de su "pesadilla", siente la penumbra tibia y deliciosa; pero para el final del cuento, aquella penumbra se ha transformado en la luz roja de las antorchas reflejadas en las paredes del pasillo que conduce irremediablemente a su muerte.

e. sueño: por último, no se agotan todas las posibilidades de la pregunta sin mencionar la calidad equívoca de la palabra sueño en español, y la forma en que ésta se relaciona con el cuento. La interrogante más central del cuento es, ¿cuál es la auténtica realidad del protagonista? Cuando él está en el mundo contemporáneo, el mundo azteca es un mal sueño. En sus sueños le acechan sus enemigos indígenas. Y sin embargo, el sueño, al guardar cama, es el gran enemigo que lo acecha en su sala de hospital; en frases como "le ganó el sueño", aprendemos a oír una amenaza de peligro para el protagonista, peligro que lo lleva al otro plano de la realidad, y que, a fin de cuentas, acaba con su vida. Si sólo pudiera mantenerse en la vigilia, en nuestro mundo, ¿terminaría siendo sacrificado? Y sin embargo, le gana el sueño, y el sueño que sueña durante el sueño, no es un sueño; es la verdadera realidad del protagonista.

3. Las simetrías entre los dos cuentos pueden resumirse en dos: la de la doble identidad de los protagonistas—el de "La noche boca arriba", hombre contemporáneo y moteca a la vez, y Juan Dahlmann, de estirpe germánica y argentina (véase el cuento "El Sur" para más información sobre este tema)—; y la del doble plano de la realidad sobre la que obran los dos, turnándose "La noche boca arriba" entre la metrópolis y el México Antiguo, y "El Sur", a partir de la clavada de la aguja, entre una muerte en el sanatorio, y una en la pampa peleando a cuchillo. Los dos autores logran la irrealidad en sus respectivos cuentos, en parte, mediante el reflejo de imágenes que ocurren ya sobre un plano, ya sobre otro. Por ejemplo: llegado al hospital, entre las atenciones médicas que recibe el herido, "el hombre de blanco se le acercó otra vez, sonriendo, con algo que le brillaba en la mano derecha"; ésta es una imagen que veremos repetida, de forma más aterradora, al final del cuento: el moteca, a punto de ser sacrificado, "vio la figura ensangrentada del sacrificador que venía hacia él con el cuchillo de piedra en la mano". Hay un claro eco aquí de imágenes en "El Sur": el empleado del sanatorio clava una aguja en el brazo de Dahlmann, y, al final, éste sale a la llanura, daga en mano, a una próxima muerte violenta.

En el cuento de Cortázar, por si no nos diéramos cuenta ya del homenaje al cuento de Borges, el autor lo aclara aun más en su última frase: "... también alguien se le había acercado con un cuchillo en la mano", en la mentira de su sueño del hospital.

A diferencia de "El Sur", sin embargo, en que Borges mismo aclara que su cuento puede ser leído de dos formas, el narrador de "La noche boca arriba" no puede ser más explícito en cuanto a cuál es la auténtica realidad de su cuento: el moteca "... ahora sabía que no iba a despertarse, que estaba despierto, que el sueño maravilloso había sido el otro, absurdo como todos los sueños; un sueño en el que había andado por extrañas avenidas de una ciudad asombrosa". Por consiguiente, no hay ambigüedad en cuanto a la vida del hombre contemporáneo; él no morirá, porque no mueren los entes soñados. Los hechos del verdadero sueño del moteca—el sueño contemporáneo—caben dentro de lo inverosímil y maravilloso, más bien que dentro de lo paradójico, como lo hemos visto en "Continuidad de los parques", o dentro de lo ambiguo, como lo hemos visto en "El Sur" y en "Chac Mool".

4. El concepto *noche* equivale, en este cuento, a peligro: peligro que amenaza la vida del indígena cazado por aztecas en busca de víctimas para sus sacrificios. Nótese que, para el hombre contemporáneo, el día amanece, pero este día se sume en la noche, antes del final. Ha sido, a fin de cuentas, un día soñado por el moteca.

Los estudiantes podrán conectar la condición de estar boca arriba con el desamparo a que están expuestos los dormidos, los enfermos o los heridos, o, como en el caso del protagonista del cuento, los estaqueados; el protagonista del cuento, boca arriba, es como un niño expósito en ambos planos de su realidad. Llevan al protagonista boca arriba de la escena del accidente ("... despacio, éntrenlo de espaldas, así va bien ..."). Cuando llega la ambulancia, lo levantan en una camilla blanda "donde pudo tenderse a gusto". En la sala de radiología lo tienen con la lápida de la radiografía encima del pecho. Y se cierra el día del paciente en el hospital, estando él "un poco incómodo, de espaldas". Al ganarle el sueño por última vez, antes de ser sacrificado en el teocalli, está momentáneamente tan consciente de dormir de espaldas en la cama de hospital como de su nueva postura, de espaldas y estaqueado—atado de pies y manos—en una mazmorra. Siente fría la espalda contra el piso frío y húmedo de piedra. De aquella postura, "se sintió alzado, siempre boca arriba, tironeado por los cuatro acólitos que lo llevaban". La frase *boca arriba* se repite una y otra vez (". . . él boca arriba gimió apagadamente" al ver acabarse el techo del corredor; "Boca arriba, a un metro del techo de roca viva que por momentos se iluminaba con un reflejo de antorcha"); aparece, aparte del título, un total de seis veces, sin contar las demás alusiones a estar tendido o de espaldas.

Los estudiantes tal vez noten que en medio de este múltiple empleo de la frase boca arriba, la última frase del cuento trae la expresión "cabeza abajo", al referirse el autor al balanceo de la cabeza de la víctima camino de la piedra de los sacrificios: está tanto boca arriba como cabeza abajo, en actitud de total desamparo.

Guía de estudio

Los estudiantes comentan oralmente los fragmentos incluidos en la **Guía de estudio**, enfocándose en la razón por la cual los sentidos juegan un papel central en "La noche boca arriba".

a. Los sentidos de la percepción generan la conciencia de vivir en los seres humanos. Cuando el motociclista percibe los olores del hospital, tiene todavía una noción de lo que le rodea. Mientras pueda ver, oler u oír, tiene la certeza de que todavía permanece en este mundo.

b. El sentido del olfato, que al principio del relato disfruta deleitado de los olores de la vida al aire libre, de pronto se ve limitado a un mundo clínico en el hospital; después, cuando se acentúa su fiebre, el motociclista penetra en un territorio más sombrío y percibe un "olor a pantano". Ese territorio de marismas y matorrales, es el territorio del delirio en que el motociclista se convierte en un guerrero moteca.

c. El olor a guerra obviamente alude al combate entre la vida y la muerte.

d. Los sonidos, que en el hospital tranquilizan al motociclista, le provocan temblores en el delirio.

e. La ausencia del sonido que se filtra abruptamente en lo espeso de la selva, acentúa la cautela ante la proximidad de los perseguidores aztecas.

f. El olor de los vegetales en la sopa libera al motociclista, al menos temporalmente, de su penosa agonía.

g. El sabor de la sopa, en medio de una batalla en que los sentidos comienzan a declinar, le produce al motociclista una pizca de felicidad y esperanza.

h. El olor a humedad le recuerda al motociclista la intimidad de una fosa, es decir, la proximidad de la muerte.

i. El grito del motociclista, que es también el grito del guerrero moteca destinado al sacrificio, es emitido solamente para que lo escuche él mismo, para convencerse de que todavía vive; pero todo ya es inútil, en ese grito desgarrador la vida se rinde ante la muerte.

Tesis de ensayo

1. El estudiante puede volver a leer "La noche boca arriba" para reflexionar en torno a las descripciones sutiles que Cortázar hace de una ciudad moderna y de una jungla espesa plagada de marismas. Después puede contrastar la época en que vive el motociclista con la época que le toca sufrir al guerrero moteca. Con las conclusiones que obtenga sobre el tiempo y el espacio del relato, puede escribir un ensayo que responda a lo requerido en la **Tesis de ensayo**.

2. Éste es un ejemplo del tipo de Pregunta N° 2, de análisis temático que se verá en el examen de *AP Spanish Literature*.

Prueba de vocabulario

Las respuestas correctas son:
1. c, 2. b, 3. d, 4. a, 5. c, 6. d, 7. b, 8. c, 9. a, 10. d, 11. b, 12. c, 13. a, 14. d, 15. b.

Preguntas de opción múltiple

Las respuestas correctas son:
1. b, 2. a, 3. d, 4. c, 5. a, 6. c.

Páginas 190–205 del libro de lecturas

Chac Mool

CARLOS FUENTES

Antes de leer

El cuento "Chac Mool" de Carlos Fuentes trata una de las obsesiones literarias de su autor: el personaje atrapado dentro de una estructura arquitectónica—en este caso, el antiguo caserón familiar tomado[1]—de la cual siente deseo y necesidad de huir.

La narrativa fantástica latinoamericana del siglo XX muchas veces presenta ambigüedades irresolubles; éste es el caso de "Chac Mool", uno de los seis cuentos de la primera colección de Fuentes, *Los días enmascarados*. El título se refiere a la tradición de la civilización azteca de guardar y observar de modo muy especial los cinco días finales de cada año: son días nefastos, ominosos, de mal agüero, "días vacíos durante los cuales se suspendía toda actividad—frágil puente entre el fin de un año y el comienzo de otro."[2] Fuentes los describe como días en que es mejor permanecer en casa y no salir.[3] Al valerse para su título de los días enmascarados del calendario azteca, Fuentes enfoca su mirada sobre una interrogante que llegó a ser una constante preocupación de él y de otros importantes escritores mexicanos de su generación: ¿qué hay detrás de la máscara?

Vocabulario

trecho—distancia (entre dos puntos).
féretro—caja de muerto; ataúd.
hedor (m.)—mal olor.
cotidiano—diario; de todos los días.
sumo—máximo.
descreído—irreligioso; no creyente; escéptico.
lúgubre—triste; sombrío.
efímero—de corta duración; pasajero.
descabellado—loco; disparatado.
bofetada—golpe dado en la cara; sopapo.
toparse con—encontrarse con.
derrumbe (m.)—desplome; colapso.
canoso—con canas; de pelo gris, o blanco.
entierro—funeral.
teñir—pintar; dar tintes o colores.

Al leer

Consulte la **Guía de estudio** como herramienta para comprender mejor esta obra.

[1] *tomado*—invadido y ocupado por la fuerza.
[2] Prólogo de Octavio Paz, *Carlos Fuentes, Obras completas,Tomo II, Cuentos, novelas y teatro*. M. Aguilar, México, 1980, pág. 11.
[3] Raymond Leslie Williams, *Los escritos de Carlos Fuentes*. Fondo de Cultura Económica, México, D.F., 1998, pág. 201.

Después de leer

Conviene saber que el Chac Mool del cuento dice ser la figura que encontró Auguste Le Plongeon en el Yucatán. Le Plongeon, arqueólogo que gozaba de cierta fama de fantasioso, afirmó haber encontrado el nombre Chac Mool y el lugar preciso donde buscar la escultura, escritos enigmáticamente en jeroglíficos indescifrables en una pared de las ruinas mayas de Chichén Itzá. Después de una ardua labor, dio con la figura en 1876. Las autoridades mexicanas la incautaron y la llevaron a la Ciudad de México, donde se encuentra hasta hoy día en el Museo Nacional de Antropología.

El panteón de los dioses mayas incluye diversos Chacs, sólo uno de los cuales es el dios de la lluvia. No se ha podido conectar con certeza al Chac Mool de Yucatán con Tláloc, dios azteca de la lluvia. En el cuento, el ídolo se enoja con Filiberto cuando éste sugiere que existe un parentesco entre Tláloc y él—Chac Mool; según reza el diario, Chac, al ser descubierto, fue "puesto, físicamente, en contacto con hombres de otros símbolos". Es verdad que una figura muy parecida—recostada, con cara volteada y plato sobre el estómago—fue encontrada en las ruinas del Templo Mayor azteca, en la Ciudad de México, su superficie de piedra pintada de azul, rojo, amarillo, blanco y negro, pero su papel en el panteón de los dioses aztecas sigue siendo un misterio.

En una entrevista hecha en los años 60, el autor dice con respecto a las tempestades que siguieron al Chac Mool a través de su viaje a Europa: "Se hizo famoso el hecho, y por ejemplo campesinos de ciertos valles de España donde nunca había llovido mandaban unas cuantas pesetas por correo al Palais de Chaillot, que las ponían en el estómago de Chac Mool, y llovía en ese valle después de cincuenta años."[4] El resultado de ello es que ahora en México se tiene la costumbre de dejar centavos en el plato de la figura, para rogar que llueva. Es un ejemplo de la manera en que se inventan mitos contemporáneos, que nosotros tomamos por antiguos.

Conviene saber que una de las obras críticas más valiosas sobre la narrativa hispanoamericana del siglo XX, *Los nuestros* (1968), de Luis Harss y Barbara Dohmann, trae un dato, interesante por inexacto, sobre el argumento de "Chac Mool". Harss y Dohmann citan el siguiente comentario de Carlos Fuentes sobre el desenlace de "Chac Mool": ". . . cuando un amigo trae el cadáver, entra a la casa para depositarlo y encuentra a un extraño indio verdoso, con una *robe de chambre*, muy elegante, muy perfumado, muy maquillado . . . Y el dueño va a parar al lugar que el dios ocupó originalmente en la Lagunilla".[5] El cuento, de hecho, acaba con las órdenes del ídolo, ya enterado de todo, de meter el cadáver en el sótano. Ciertamente, el sótano fue el primer paradero de la estatua, al traerla Filiberto a casa desde la Lagunilla; y representa el primer paso en la lenta toma del caserón. Pero si, más allá del desenlace que da Fuentes al cuento, el Chac Mool termina llevando a Filiberto a la Lagunilla, hecho ya estatua mesoamericana, primero tendrá que lograr transformar al cadáver en piedra, invirtiendo la metamorfosis del Chac Mool de piedra en carne y hueso, proceso que hemos atestiguado.

Al lector no le consta la extrapolación que ofrece Fuentes.

Conviene saber que, al delirar Filiberto en su extensa entrega del 25 de agosto, se incluye una referencia literaria a la obra de Samuel Taylor Coleridge (1772–1834), un poeta, ensayista y crítico inglés.

Parafraseando a Coleridge, Filiberto escribe, "Si un hombre atravesara el Paraíso en un sueño, y le dieran una flor como prueba de que había estado allí, y si al despertar encontrara esa flor en su mano. . . , ¿entonces, qué. . . ?" La inserción de un objeto de otro tiempo, pasado o futuro, en el presente como prueba de un viaje por el tiempo, es una idea que Coleridge elabora al escribir sobre la flor traída del Paraíso, objeto y lugar que sueña un soñador. Otros autores han tratado el mismo tema—H.G. Wells, Henry James y Jorge Luis Borges, por

---

[4] Carlos Fuentes, citado en Luis Harss y Bárbara Dohmann, *Los nuestros*. Editorial Sudamericana, Buenos Aires, 1968, pág. 349.

[5] *Ibid.*, pág. 350.

ejemplo. La atemporalidad—definida como la cualidad de no pertenecer a ningún tiempo determinado—ha sido un tema recurrente en la obra de Fuentes. En ella, la atemporalidad se encarna muchas veces en personajes "transhistóricos" que se arraigan en diferentes períodos de tiempo.[6] Aquí, Chac Mool, cuya antigüedad y verdadera identidad antropológica se desconocen hasta hoy día, cobra vida y llega a dominar a un incoloro funcionario menor de gobierno, a mediados del siglo XX. El cuento vincula la insulsa existencia de Filiberto con uno de los más grandes enigmas del pasado de México.

Conviene saber que Fuentes invoca otra vez al poeta alemán Rilke en aquella misma entrega de Filiberto del 25 de agosto: "Océano libre y ficticio, sólo real cuando se le aprisiona en un caracol." La realidad del océano aprisionado dentro de un caracol reside en nuestra percepción de él; nuestro oído lo capta, y le confiere la calidad de océano, haciendo ese océano real. Repercute esta misma idea en la poesía de Rilke, hacia quien divagan los pensamientos de Filiberto en el café; el poeta alemán sostenía que el único mundo verdadero es el que se aviva dentro de nosotros. La realidad del dominio del Chac Mool sobre Filiberto depende de la percepción del dominado.

Preguntas

1. En la lenta transformación de Chac Mool, experimentamos una violación del orden natural de las cosas en el mundo. Anota algunos de los detalles más importantes de esta transformación.

2. ¿Cómo evoluciona el control psicológico que va cobrando Chac Mool sobre Filiberto?

3. Resume los detalles del decaimiento psicológico de Filiberto. ¿Qué locuras dice? ¿Qué locuras comete? ¿A fuerza de qué presiones específicas lo hace?

4. Sabemos cómo muere Filiberto, pero, ¿quién o qué lo mata? ¿Por qué?

5. Cita ejemplos de la manera en que Fuentes logra el humor en "Chac Mool", ya sea mediante la exageración, o al pintar sucesos absurdos, o al sorprendernos con situaciones inesperadas. ¿Qué papel juega en la comicidad del cuento el hecho de que Filiberto es un hombre normal, de clase media y de hábitos de vida en todo sentido ordinarios?

Bibliografía

Harss, Luis, and Dohmann, Bárbara. "Carlos Fuentes, o la nueva herejía", *Los nuestros.* (1968)

Williams, Raymond Leslie, *Los escritos de Carlos Fuentes.* (1998)

---

[6] Williams, *op.cit.*, pág. 175.

Nombre

Chac Mool Carlos Fuentes

I. El agua desempeña un papel central en el cuento "Chac Mool", a partir de su primera aparición: el agua pintada de rojo en el garrafón[7] de la oficina. Resume las diversas referencias al agua en el texto y coméntalas brevemente.

2. Este cuento trata de la toma de una casa antigua: un caserón, con varios pisos y muchos cuartos deshabitados. Allí vive el dueño, a solas. Detalla las referencias específicas en el texto a la toma de la casa.

---

[7] *garrafón*—recipiente o envase, con cuello largo y angosto; provee de agua potable a los que trabajan en la Secretaría.

Chac Mool Carlos Fuentes

1. Un rasgo típico de la narrativa fantástica hispanoamericana del siglo XX es la ambigüedad—rasgo que ha sido precisado como la indecisión del lector, frente a lo fantástico. Analiza la ambigüedad presente en "Chac Mool" a causa de sus elementos fantásticos, y compárala con la ambigüedad experimentada en uno de los siguientes cuentos:

> "El Sur" de Jorge Luis Borges
> "Continuidad de los parques" de Julio Cortázar
> "La noche boca arriba" de Julio Cortázar

(Tiempo: 40 minutos. Extensión mínima: 200 palabras.)

2. El tema del descontrol del individuo frente a fuerzas ajenas a su voluntad desempeña un papel importante en cada uno de los siguientes cuentos:

> "¡Adiós, *Cordera*!", de Leopoldo Alas, "Clarín"
> "Vuelva Ud. mañana", de Mariano José de Larra
> "Las medias rojas", de Emilia Pardo Bazán
> "Chac Mool", de Carlos Fuentes
> "La muerte y la brújula", de Jorge Luis Borges
> "La noche boca arriba", de Julio Cortázar

Escoge dos de los cuentos, y analiza este fenómeno, con un enfoque especial sobre el desenlace de los dos.

(Tiempo: 40 minutos. Extensión mínima: 200 palabras.)

Nombre

Chac Mool Carlos Fuentes

Lee las frases siguientes y completa el sentido de cada una eligiendo la palabra más apropiada entre las cuatro opciones.

1. Bien es verdad el refrán que reza: "Entre lo dicho y lo hecho, hay gran ____."

   a. techo

   b. trecho

   c. treno

   d. trébol

2. Corrían rumores de que Filiberto había fallecido, pero yo no lo creí hasta que vi su cadáver en el ____.

   a. feligrés

   b. fetiche

   c. ferroviario

   d. féretro

3. Abrí la puerta, y en seguida noté lo fétido del aire; avancé unos pasos, y percibí un ____ que me dio náusea.

   a. hedor

   b. hechizo

   c. hedonismo

   d. heno

4. No soy aventurero; me gustan los pequeños placeres de la vida ____.

   a. coetánea

   b. costurera

   c. cotidiana

   d. cotizada

5. Confieso que soy meticuloso; si alguien me encomienda un trabajo, procuro hacerlo con ____ cuidado.

   a. sumiso

   b. sumo

   c. sumido

   d. sumerio

6. Tengo dos tíos: uno es creyente, pero el otro es un ____; ateo, creo.

   a. descreído

   b. desabrido

   c. descuartizado

   d. desmán

7. Jamás he entrado en un recinto tan ____; todo oscuro, y todo en silencio.

   a. lujurioso

   b. lujoso

   c. lúgubre

   d. lúbrico

8. Los filósofos nos aconsejan que pongamos la mira en lo duradero, no en lo ____.

   a. efectivo

   b. efervescente

   c. efusivo

   d. efímero

9. El señor Calvo no tiene nada en la cabeza; a cada rato hace una cosa tan ___ que parece loco.

   a. descafeinada

   b. descabellada

   c. descamisada

   d. desconchada

10. Fue algo inaudito; el empleado, harto de los desmanes de su jefe, le dio una ___.

   a. bofetada

   b. botica

   c. boleadora

   d. bodega

11. Fue pura casualidad; no buscaba a Tim Pano, pero ___ él en la calle, casi en la puerta del Correo.

   a. me topé con

   b. me troqué con

   c. me toreé con

   d. me torné con

12. Fue una gran sorpresa el ___ de ese edificio; parecía tan firme, tan bien construido.

   a. derrocamiento

   b. derramamiento

   c. derrumbe

   d. derroche

13. Hace veinte años, Faconero era un hombre de pelo en pecho, muy fuerte y valiente, pero ahora lo noto muy desmejorado, y el cabello se le ha puesto ___.

   a. canejo

   b. cándido

   c. canijo

   d. canoso

14. Sé que no debemos hablar mal de los muertos, pero ese hombre me traicionó, y no pienso asistir a su ___.

   a. enteritis

   b. entierro

   c. entorno

   d. encierro

15. Mucha gente se pinta el pelo, ya lo sé; pero, ¿quién se lo ___ de verde?

   a. tiñe

   b. tañe

   c. teje

   d. tose

Chac Mool Carlos Fuentes

Contesta las siguientes preguntas, o completa la idea, eligiendo en cada caso la respuesta más apropiada.

1. ¿Cuál de las siguientes afirmaciones se acopla de mejor manera a las circunstancias de Filiberto?

   a. Es un hombre de logradas ambiciones, que se siente feliz con su trabajo en un ministerio público.

   b. Es un hombre de medianos logros, sometido a las presiones del mundo burocrático y rutinario a que lo ata su empleo.

   c. Es un soñador que de pronto se vuelve loco por su afición a la bebida.

   d. Es un fracasado completo que busca refugio en su imaginación desequilibrada.

2. Según la teoría de Pepe, el cristianismo

   a. es una religión que nada tiene que ver con las creencias de las culturas antiguas de México.

   b. es una religión sin liturgias ni sacrificios, por lo cual no pudo atraer a los antiguos aztecas.

   c. es una religión que se convierte en la prolongación natural y novedosa de la religión indígena.

   d. Es una religión que los indígenas rechazan porque fue implantada por la fuerza después de la Conquista española.

3. ¿Dónde pasó Filiberto la primera noche que siguió a su muerte?

   a. Dentro de su féretro, en la terminal de autobuses.

   b. En la pensión de Frau Müller, rodeado de amigos durante el velorio.

   c. En la orilla de una playa de Acapulco.

   d. En su casa, acompañado por la estatuilla del Chac Mool.

4. ¿Qué realidades discierne Filiberto luego de la transformación psicológica que sufre tras darse cuenta de que el Chac Mool está vivo?

   a. Una realidad convencional, la de su rutina, y una realidad de sueños plácidos, a la cual accede cuando duerme.

   b. Una realidad rutinaria, llena de aburrimiento y cansancio; y una realidad sin tiempo, que evoca recuerdos queridos.

   c. Una realidad rutinaria, poblada de oficinas y cartapacios; y una realidad ignorada, que se presenta de pronto como un temblor de tierra.

   d. Una realidad fantasiosa, donde el Chac Mool tiene vida; y una realidad oscura en que se evoca a la muerte.

5. Cuando Filiberto, tras raspar el musgo húmedo de la superficie del Chac Mool, sigue con las manos su contorno de piedra

   a. percibe que el bloque se ha endurecido.

   b. percibe que el bloque ha adquirido la textura del cuarzo.

   c. percibe que el bloque se ha hinchado.

   d. percibe que el bloque se ha reblandecido.

6. ¿Qué dicen los rumores que circulan en la oficina tras el despido de Filiberto?

   a. Que Filiberto ha robado y que con el dinero del delito se ha comprado una casa.

   b. Que Filiberto le ha faltado al respeto al jefe, a raíz de una discusión relacionada con su sueldo.

   c. Que Filiberto se ha vuelto loco y que incluso había robado.

   d. Que Filiberto en realidad ha renunciado por consejo de un psiquiatra.

7. ¿A qué razones atribuye el narrador los primeros síntomas de locura detectados en Filiberto antes de quedar despedido de su trabajo en la Secretaría?

   a. Al cansancio mental y al exceso de trabajo.

   b. A las lluvias enervantes del verano y a la depresión que le ha causado vivir en el antiguo caserón familiar.

   c. A la infelicidad de vivir completamente solo y no tener amigos.

   d. A la presión ejercida por las responsabilidades familiares y laborales.

8. ¿Qué es lo que hace el Chac Mool cuando por la noche abandona la casa?

   a. Va en busca de fuentes donde sumergirse para no volverse piedra.

   b. Busca espacios abiertos para empaparse con los torrentes de lluvia.

   c. Intenta retornar al refugio de donde lo extrajeron los arqueólogos.

   d. Atrapa diferentes animales para alimentarse.

9. La estructura de este cuento puede describirse mejor como:

   a. las memorias de un amigo de Filiberto.

   b. el enlace de varias páginas del diario de Filiberto, según las va leyendo un compañero suyo de trabajo.

   c. unos comentarios escritos sobre Filiberto desde el punto de vista del Chac Mool.

   d. las vivencias de Filiberto en los momentos de su muerte.

10. Filiberto, a pesar de llevar una vida bastante aburrida, tiene interés en:

   a. las artes indígenas mexicanas.

   b. los antiguos idiomas de México.

   c. las causas de las inundaciones.

   d. los orígenes de Teotihuacán.

11. El lector entiende que todos los sucesos siguientes, MENOS UNO, resultan de la presencia del Chac Mool en la casa de Filiberto. ¿Cuál de estos sucesos no tiene lugar por obra misteriosa de Chac?

   a. Filiberto pierde su puesto en la Secretaría.

   b. Por una tubería descompuesta, el agua de la cocina se desborda y llega hasta el sótano; y las lluvias se cuelan y también inundan el sótano.

   c. Filiberto muere ahogado.

   d. La estatuilla del Chac Mool tiene su origen en La Lagunilla, nombre asociado con el agua; y Filiberto siente fuertes ganas de ir a nadar a Acapulco.

12. El aspecto más importante de la trama del cuento es:

   a. La pérdida de las amistades de la juventud de Filiberto.

   b. Los problemas que tiene Filiberto al tratar de mantener el caserón familiar.

   c. El desarrollo del Chac Mool, que empieza como cosa inanimada para terminar siendo un monstruo que domina la vida de Filiberto hasta destruirla.

   d. Los mitos antiguos de México y sus lecciones para la vida moderna.

Guía de respuestas

Chac Mool Carlos Fuentes

Preguntas

1. Esta violación referida, del orden natural de las cosas, es la fuente de lo fantástico; un fenómeno es fantástico cuando no corresponde a nuestra realidad ni hay en nuestros conceptos culturales explicación de su presencia. Los detalles van cobrando un creciente contenido irreal conforme progresa el cuento. El estudiante debe poder señalar algunos de los pasos siguientes:

a. Una vez instalada la estatua, aunque de forma temporal, en el sótano, Filiberto nota que "su mueca parece reprocharme que le niegue la luz. El comerciante tenía un foco exactamente vertical a la escultura, que recortaba todas las aristas, y le daba una expresión más amable a mi Chac Mool". Claro, esto no es necesariamente más que una simple impresión creada por la escasa luz ambiente.

b. "Amanecí con la tubería descompuesta. Incauto, dejé correr el agua de la cocina, y se desbordó, corrió por el suelo y llegó hasta el sótano, sin que me percatara". Filiberto está dispuesto a creer que ha sido él quien dejó correr el agua. Nótese que "Chac Mool resiste la humedad", pero las maletas se han estropeado, y Filiberto ha llegado tarde a la oficina, podemos suponer, avergonzado.

c. Un quejido terrible, tal vez imaginado, lo despierta una noche, y, en su entrega siguiente, escribe: "Los lamentos nocturnos han seguido. No sé a qué atribuirlo, pero estoy nervioso. Para colmo de males, la tubería volvió a descomponerse, y las lluvias se han colado, inundando el sótano". No son lamentos necesariamente fantásticos, pero son, por el momento al menos, inexplicables; y las nuevas inundaciones del sótano sorprenden.

d. Al limpiar de musgo la piedra del Chac Mool, "Cada vez que repasaba el bloque parecía reblandecerse. No quise creerlo: era ya casi una pasta". La explicación dada es que el en lugar de una escultura legítimamente precolombina, le han vendido un ídolo hecho de yeso, como para turistas.

e. ". . . hay en el torso algo de la textura de la carne, lo aprieto como goma, siento que algo corre por esa figura recostada . . . Volví a bajar en la noche. No cabe duda: el Chac Mool tiene vello en los brazos". Se trata de un hecho irracional. Si quisiéramos mantenernos todavía dentro de nuestra realidad fenomenológica, tendríamos que convencernos de que Filiberto habla figuradamente, llamando vello al musgo que le crece en la superficie. Apenas sería posible, sin embargo, por lo terminante de la frase; y por el "no cabe duda".

f. A fines de agosto, cada vez más obvio su comportamiento descabellado, Filiberto escribe: ". . . el Chac Mool, blando y elegante, había cambiado de color en una noche; amarillo, casi dorado, parecía indicarme que era un Dios, por ahora laxo, con las rodillas menos tensas que antes, con la sonrisa más benévola".

g. "Y ayer, por fin, un despertar sobresaltado, con esa seguridad espantosa de que hay dos respiraciones en la noche, de que en la oscuridad laten más pulsos que el propio. Sí, se escuchaban pasos en la escalera . . . El cuarto olía a horror, a incienso y sangre. Con la mirada negra, recorrí la recámara, hasta detenerme en dos orificios de luz parpadeante . . . Allí estaba Chac Mool, erguido, sonriente . . ." Lo fantástico es ahora del todo innegable, y sigue siéndolo de aquí en adelante.

h. Se hace aceptable el dominio del Chac Mool en el antiguo caserón. El ídolo habla, aunque no se sabe en qué idioma. Conversa amablemente, pero también se dedica a romper muebles, a exigir agua, y a salir de noche a cazar animales pequeños para comer. En la temporada seca, su aspecto degenera y parece envejecer. Renacen las esperanzas de Filiberto con la idea de que Chac muera del peso de su antigüedad y de una escasez de agua.

i. Llegamos al fin al último detalle fantástico: inexplicablemente, Chac recibe al cadáver de Filiberto con un escueto, "Lo sé todo", y manda colocarlo en el sótano. Su aspecto estrafalario y equívoco puede representar su dominio de la casa, los colores de la superficie de la figura encontrada en las ruinas del Templo Mayor azteca o simplemente un intento ignorante de normalizar el aspecto de su imperfecta piel con maquillaje encontrado en casa (Filiberto heredó la casa de sus padres). Ciertamente Fuentes representa aquí una escena inolvidable por horripilante.

2. Empieza de modo análogo al dominio que logran los animales domésticos sobre una familia. Éstos necesitan quién les dé de comer y beber, quién les provea de la atención debida. Encuentran sin palabras la manera de llamarle la atención al amo. Cuando Chac se encuentra en el sótano, sin luz, hace una mueca como un niño displicente. Cuando se queda sin agua en la noche, se las arregla para conseguirla. Filiberto encuentra la manera de explicarse una buena parte de los extraños eventos, pero el estrés da comienzo a un rápido desmoronamiento en la calidad de su trabajo. Una vez establecido como amo de casa, una vez animado y dotado del habla, Chac tiene a Filiberto a sus órdenes. La estatua amenaza con fulminarlo desde lejos si lo desobedece. La huida equívoca de Filiberto de casa puede representar un notable acto de valentía, amenguado sólo en parte por nuestra conciencia del estado desmejorado del ídolo. No obstante, si Filiberto se sale con la suya y logra su libertad en Acapulco, es solamente por cuestión de días, o tal vez de horas.

3. El protagonista de "Chac Mool" es el hombre promedio por exelencia. La creación de Fuentes es un ser comparable al protagonista de *Bartleby the Scrivener* de Herman Melville. No tiene más en la vida que su trabajo. Es un trabajador asiduo. Al reflexionar en el café sobre el rumbo que ha tomado su vida, dice: ". . . había habido constancia, disciplina, apego al deber". Tanto es así que, tomando un desacostumbrado café para celebrar el arreglo de su pensión, se esfuerza a la vez por leer archivos de oficina; y ese mismo día denuncia ante el jefe a un compañero de trabajo que pinta de rojo el agua del garrafón de la oficina, por la "consiguiente perturbación de las labores". Sus colegas se burlan de su incapacidad de gozar de la broma.

Llega tarde al trabajo precisamente al día siguiente del arribo de la estatua a casa, por culpa de la primera inundación de su sótano. Poco después, leemos, "Tergiversé los asuntos en la oficina: giré una orden de pago que no estaba autorizada, y el director tuvo que llamarme la atención. Quizá me mostré hasta descortés con los compañeros". Es la primera vez que ha sucedido algo así.

Ya para fines de agosto ha degenerado la legibilidad de su diario. El compañero de trabajo que recoge el cadáver en Acapulco, relaciona el despido de Filiberto, ocurrido por la misma época, "con una recriminación pública del director, y rumores de locura y aun robo". En su diario, Filiberto admite el robo; sus palabras aluden al rápido gasto de "lo sustraído de la oficina".

El narrador habla de la posibilidad de averiguar "por qué fue declinando, olvidando sus deberes, por qué dictaba oficios sin sentido, ni número, ni 'sufragio efectivo'. Por qué, en fin, fue corrido, olvidada la pensión, sin respetar los escalafones".

Agrega, en otro momento: "Sí vi unos oficios descabellados, preguntando al Oficial Mayor si el agua podía olerse, ofreciendo sus servicios al Secretario de Recursos Hidráulicos para hacer llover en el desierto".

Todas estas locuras son cometidas por un hombre que, antes de la llegada a su casa del Chac Mool, estaba en plena posesión de una realidad parcial (recuérdense las palabras de Filiberto en su delirio de fines de agosto: "Realidad: cierto día la quebraron en mil pedazos, la cabeza fue a dar allá, la cola aquí, y nosotros no conocemos más que uno de los trozos desprendidos de su gran cuerpo"), una que ha quedado como cosa de antaño, y que consistía casi exclusivamente en "movimiento reflejo, rutina, memoria, cartapacio".

4. Las respuestas de los estudiantes serán varias. Filiberto muere ahogado en la playa de Acapulco, pero, ¿se trata de un suicidio? Nos consta que Filiberto se compra un billete de ida solamente, pero, ¿qué puede significar este hecho? Sabemos que el hombre planea quedarse en Acapulco, lugar que conoce bastante bien por sus paseos anuales allí en

Semana Santa; habla de buscarse un empleo mientras espera lo que para él es la inminente muerte del Chac Mool ("veremos qué puede hacerse para adquirir trabajo, y esperar la muerte del Chac Mool").

Los estudiantes tal vez piensen que Filiberto podría haber elaborado un plan para seguir desde Acapulco a algún lugar más allá, guardando secreto el dónde, por las posibles indagaciones de Chac. El diario no dice nada al respecto, pero tal vez Filiberto no querría consignar un plan tan elaborado, temiendo que el diario pudiera caer en manos del ídolo.

O bien, ¿sabría Filiberto que lograría adelantarse tan sólo unas pocas horas a la persecución del ídolo, y que seguramente, estando Filiberto ya en Acapulco, lo encontraría Chac para castigar su huida con la muerte? Conocemos las sospechas de Filiberto: ". . . también, aquí, puede germinar mi muerte: el Chac no querrá que asista a su derrumbe, es posible que desee matarme". Y el rendirse ahora a una muerte inevitable a manos de Chac, parecería dudoso, porque Filiberto, sintiéndose optimista, habla de "asolearme, nadar, recuperar fuerza".

5. En el momento en que se inica la historia, Filiberto ya es cadáver, pero Frau Müller, la dueña de la pensión, no ve la manera de velarlo ahí, no se sabe si por no querer inquietar a los inquilinos o simplemente porque Filiberto le importa poco, ya sea como cliente o como persona, a pesar de que pasar la Semana Santa en su pensión ha sido un hábito anual para él. La idea de hacer un baile el día en que debía estar velando a tan antiguo cliente es, para el compañero de trabajo que viene a recoger su cadáver, faltarle al respeto; pero Filiberto fue un individuo tan invisible socialmente, tan poca cosa, tan ordinario (su mismo autor, en una entrevista, lo ha llamado "un pequeño burócrata"[1]) que el cadáver mismo parece aceptar su sino, y espera el camión de regreso a la capital, "acompañado de huacales y fardos la primera noche de su nueva vida". Siguiendo las instrucciones del camionero, lo tapan de lonas para que la pestilencia no sea tanta. Aun así, la gente se enferma en el camino; no se especifica si por las curvas en la carretera o por el olor a muerto.

A Filiberto lo define su calidad de inadvertido: cada año pasa la Semana Santa en Acapulco, porque le gusta "sentirse 'gente conocida' en el oscuro anonimato vespertino de la playa". Es un hombre sin verdaderos amigos que se ocupen de él—fuera de Filiberto, ¿quién presencia la creciente ruina de los enseres y los cuartos por efecto del Chac Mool? (y, aparte del narrador, nadie conoce su historia).

Toda comedia tiene su cara seria; y la buena comedia saca a relucir verdades irónicas, o aun trágicas. El estudiante no debe dejar de notar las cavilaciones de Filiberto la mañana en que arregló lo de la pensión. El trabajo de Filiberto, burócrata a nivel medio—ni peón ni jefe—, no le ha colmado ni de glorias ni de ingresos. Cumple concienzudamente, pero le cuesta decidir gastar por un café, cuando a los veinte años podía darse más lujos de ese tipo. Valdría la pena que el estudiante meditara sobre la insuficiencia de un sueldo que le hace dudar ante el gasto de cinco pesos por un café, para celebrar el arreglo de una jubilación que en la vejez le rendirá tan sólo una fracción del sueldo que gana trabajando.

Los pensamientos de Filiberto tienden hacia Rilke, poeta alemán cuyas *Elegías de Duino* tratan la esencia de la vida. Según Rilke, la muerte es, para nuestra vida efímera, como la fruta para la flor; el ser humano debe morir su propia muerte, pues lo más horroroso es morir una muerte impuesta por el destino o por otro[2]. En estas reflexiones del protagonista, se percibe la terrible ironía que representaría para él una muerte a manos del Chac Mool; o, por el contrario, se permite intuir un presagio de suicidio: ¿confeccionaría Filiberto su propia muerte para evitar una muerte impuesta por otro? Estamos aquí ante la ambigüedad inherente al cuento de Fuentes.

Volviendo a la escena del café, los mismos hombres que hoy apenas saludan a Filiberto, compartieron con él su juventud. Todos eran solidarios en aquellos tiempos, y compartían las mismas posibilidades. Profesionalmente—y se insinúa que económicamente—, unos llegaron muy alto; otros se fueron para abajo. Pero los del medio—y aquí Filiberto se define a sí mismo—los "que parecíamos prometerlo todo, quedamos a la mitad del camino,

[1] Harss y Dohmann, *op.cit.*, pág. 349.
[2] Hatfield, *op.cit.*, págs. 40–43, y 116–119.

aislados" tanto de los de arriba como de los de abajo. Filiberto es un hombre gris, que ni triunfa ni fracasa en grande. No hace nada en grande. Y nos reímos de él como ejemplar del hombre mediocre, tanto que hasta su ataúd, en espera del camión matutino, es enterrado, por descuido, bajo un túmulo de cocos.

Guía de estudio

1. Los estudiantes querrán empezar con el agua del garrafón, pintada de rojo, como broma, por un compañero de trabajo; es posible que vean en ella no sólo un presagio de los tormentos que pasará Filiberto en su casa a causa de la obsesión del Chac Mool con el agua, sino un presagio de su misma muerte, por agua, ahogándose en la playa de Acapulco. Notarán, seguramente, las múltiples inundaciones del sótano y de la sala, ya sea con agua de la llave, o con las lluvias excepcionalmente fuertes que ocurren aquel verano (en determinado momento, el protagonista dice que "no queda un centímetro seco en la casa"); las conversaciones con Chac sobre los monzones y sobre los familiares del ídolo—los sauces y los lotos, plantas naturales que dependen de la cercanía de grandes depósitos de agua, y el cacto, su suegra—[3]; y las salidas de casa de Filiberto a traer agua de la fuente pública, después de cortada el agua. Deben notar que, justo en el momento de completarse la toma de la casa—la espeluznante entrada de Chac en la habitación de Filiberto—empieza a llover.

2. Al estudiante le llamarán la atención las siguientes citas del texto:

a. "Pepe me ha recomendado cambiarme a un apartamiento, y en el último piso, para evitar estas tragedias acuáticas. Pero no puedo dejar este caserón, ciertamente muy grande para mí solo, un poco lúgubre en su arquitectura porfiriana, pero es que es la única herencia y recuerdo de mis padres. No sé qué me daría ver una fuente de sodas con sinfonola en el sótano y una casa de decoración en la planta baja".

b. Las especulaciones del compañero de trabajo, leyendo el diario de Filiberto, sobre la posibilidad de que "alguna depresión moral debía producir la vida en aquel caserón antiguo, con la mitad de los cuartos bajo llave y empolvados, sin criados ni vida de familia".

c. "Y ayer, por fin, un despertar sobresaltado, con esa seguridad espantosa de que hay dos respiraciones en la noche, de que en la oscuridad laten más pulsos que el propio. Sí, se escuchaban pasos en la escalera . . . Con la mirada negra, recorrí la recámara, hasta detenerme en dos orificios de luz parpadeante, en dos flámulas crueles y amarillas . . . Allí estaba Chac Mool, erguido, sonriente, ocre, con su barriga encarnada . . . Chac Mool avanzó hacia la cama; entonces empezó a llover". La estatua sube la escalera por sus propios recursos, y, al instalarse como el amo, en la recámara de Filiberto, remata la toma de la casa.

d. Dentro de poco, Filiberto escribe: "Debo reconocerlo: soy su prisionero".

e. Estando Chac fuera de casa en busca nocturna de perros, gatos y ratones que comer, Filiberto nos dice: "Toqué varias veces a su puerta (puerta que antes había sido la suya), y cuando no me contestó, me atreví a entrar. La recámara, que no había vuelto a ver desde el día en que intentó atacarme la estatua, está en ruinas . . ."

f. Filiberto hace planes para su huida a Acapulco; no deja la casa sin antes declarar, "Que se adueñe de todo el Chac Mool . . ."

Tesis de ensayo

1. Ésta representa el tipo de pregunta de análisis textual que se verá en la Pregunta N° 3 del examen de *AP Spanish Literature*.

2. Éste es un ejemplo del tipo de Pregunta N° 2, de análisis temático que se verá en el examen de *AP Spanish Literature*.

Prueba de vocabulario

Las respuestas correctas son:
1. b, 2. d, 3. a, 4. c, 5. b, 6. a, 7. c, 8. d, 9. b, 10. a, 11. a, 12. c, 13. d, 14. b, 15. a.

Preguntas de opción múltiple

Las respuestas correctas son:
1. b, 2. c, 3. a, 4. c, 5. d, 6. c, 7. b, 8. d, 9. b, 10. a, 11. d, 12. c.

---

[3] La *suegra* tiene muy mala fama en las letras hispánicas, por su aspereza, por las contrariedades y disgustos que, según la tradición, causa para el yerno o la nuera; el cacto sobrevive muy bien sin gran necesidad de agua.

Un señor muy viejo con unas alas enormes

GABRIEL GARCÍA MÁRQUEZ

Antes de leer

En este cuento paródico de Gabriel García Márquez, el ángel no es la única cosa que se va a pique en el traspatio de Pelayo y Elisenda. También se va a pique nuestro concepto infantil de lo mágico que sería el advenimiento de un ángel en nuestra vida. Esta lástima de ángel es un ser decrépito, mugroso, ensopado, desdentado, pelado y plagado de parásitos. Tiene un aspecto y un olor demasiado humanos. Al cura del pueblo no le devuelve el saludo como es debido saludar a los ministros de Dios, y está, nos dice el narrador, "desprovisto de toda grandeza". Es toda una contradicción de ángel: su displicencia no le encariña con nadie, sus milagros le salen desordenados, y termina durmiendo en el cobertizo, "arrastrándose por acá y por allá como moribundo sin dueño".

Vocabulario

podrido—echado a perder; corrompido (del verbo podrir, o, alternativamente, pudrir).

náufrago—pasajero o tripulante de un barco que se ha hundido.

criterio—juicio; opinión.

magnánimo—generoso.

macizo—fuerte; robusto.

intemperie (f.)—los elementos del tiempo; el sol, el viento y la lluvia.

ingenuidad—credulidad; inocencia.

peregrino—viajero que va a un lugar santo.

cataclismo—catástrofe.

escarmiento—lección moral aprendida por experiencia propia.

conjurar—ahuyentar; alejar.

displicente—desagradable; de mal humor.

percance (m.)—accidente.

Al leer

Consulte la **Guía de estudio** como herramienta para comprender mejor esta obra.

Después de leer

Conviene saber que, en la antigüedad, el latín llegó a ser la *lingua franca*, o lengua usada por todos los que practicaban la fe católica (la palabra *católica* significa *universal*) en sus ritos, dondequiera que había una congregación. El arameo es la lengua bíblica y talmúdica que se supone hablaron Jesucristo y los doce apóstoles.

Conviene saber que el padre Gonzaga, al salir del gallinero, promete escribir una carta a su obispo, para que éste le escriba a su primado, para que éste a su vez le escriba al Sumo Pontífice, o sea, al Papa. La serie expuesta aquí traza, un poco a la ligera, la jerarquía administrativa de la Iglesia Católica. En la Iglesia Católica, un cura parroquial tiene a su cargo una parroquia—generalmente una iglesia de barrio de una ciudad, o bien, una iglesia de pueblo, si el pueblo es muy pequeño. Los vecinos de la parroquia participan en la vida de la Iglesia a través de su iglesia parroquial. El padre Gonzaga es cura parroquial. Un conjunto determinado de parroquias, generalmente las que corresponden a una ciudad o a una comarca, forman una diócesis, administrada por un obispo. Las varias diócesis de una región se agrupan bajo el cargo administrativo de un arzobispo. Un primado es un clérigo con jurisdicción especial otorgada por el Papa, sobre los arzobispos u obispos de una región o de un país. En toda esta jerarquía existe el concepto de *primus inter pares*, es decir, el primero entre iguales. Ningún oficio administrativo goza de autoridad que interfiera con la autoridad de otro oficio.

Al afirmar el narrador de "Un señor muy viejo con unas alas enormes" que el padre Gonzaga opta por esta manera de determinar si el señor muy viejo con unas alas enormes es o no es un verdadero ángel de Dios—"de modo que el veredicto final viniera de los tribunales más altos"—, se burla de la opinión general tocante a la burocracia eclesiástica: según esta idea, un individuo como el padre Gonzaga, siendo el testigo más cercano de la realidad de la situación, no es capaz de opinar a base de sus propias observaciones. La determinación jerárquica del cuento dista mucho del párroco: está a cuatro escalones burocráticos, y a miles de millas, y a años de intercambio de misivas, de la realidad de un posible ángel de Dios, caído al traspatio de Pelayo y Elisenda en un pueblo de la costa atlántica de Colombia, plagado de cangrejos. Por supuesto, nadie se asombra de que no llegue nunca la determinación eclesiástica. "Aquellas cartas de parsimonia habrían ido y venido hasta el fin de los siglos, si un acontecimiento providencial no hubiera intervenido": el advenimiento de la mujer araña. El padre Gonzaga vuelve a dormir por la noche.

Conviene saber que las ferias ambulantes tienen una larga tradición en muchos pueblos, no sólo en el Caribe sino en toda la América Latina y, de hecho, en todo el planeta. Malabaristas, saltimbanquis, tragallamas, acróbatas voladores, payasos, fieras adiestradas, bailarinas exóticas, maromeros y saltarines viajan de pueblo en pueblo para poner sus carpas remendadas y embelesar a la gente con sus fantasías, ganándose así una especie de vida. Entre el tumulto y las atracciones de feria siempre hay fenómenos como mujeres con barba y hombres que miden diez pies de estatura. Figuran muchas veces en los escritos de García Márquez, pero, en él, la hipérbole crea un texto de fina comicidad. *Cien años de soledad* ofrece no sólo una feria con un hombre víbora, quien, análogo a la mujer araña, fue convertido en víbora por desobedecer a sus padres; también hay la mujer que tendrá que ser decapitada todas las noches a la misma hora durante ciento cincuenta años, como castigo por haber visto lo que no debía.[1]

Conviene saber que la creolina que "alguna vez" Pelayo y Elisenda usan para lavar el gallinero, es una sustancia jabonosa y aromática destilada del alquitrán.[2] Las lágrimas de mirra que queman en el interior del gallinero son pequeñas cantidades de una resina aromática. La pareja usa estas dos sustancias para ahuyentar la pestilencia de muladar que sale del gallinero. Ninguna de ellas elimina, por medio de la esterilización, los microorganismos que causan enfermedades; su función es, más bien, tapar los malos olores.

Preguntas

1. Describe en pocas palabras la vida que llevan Pelayo y Elisenda antes del insólito acontecimiento de la caída a su traspatio del señor muy viejo con unas alas enormes. Incluye detalles textuales en tu descripción.

2. Aquí se trata de un cuento fantástico, uno que trata lo absurdo y lo inasible de la realidad. A tu parecer, dentro del contexto del cuento, ¿se puede concluir con certeza que el ser extraño aquí descrito es un ángel? ¿Por qué? ¿Por qué no?

3. ¿En qué detalles vemos que este cuento es una parodia? ¿Qué fenómenos de la vida humana aquí se parodian?

4. Compara y contrasta el comportamiento de Pelayo y Elisenda ante el señor muy viejo con alas enormes, con el comportamiento de Filiberto ante Chac Mool. ¿Cuáles son los móviles de la pareja al darse cuenta de que tienen en su gallinero un ser inexplicable? ¿Cómo se comparan sus móviles con los de Filiberto al acomodarse éste a la presencia en su casa de Chac Mool? ¿Crees tú que alguno de los dos autores sugiere en su cuento algo tocante a la naturaleza humana o a la sociedad en general?

---

[1] Gabriel García Márquez, *Cien años de soledad*. Editorial Sudamericana, S.A., Buenos Aires, 1970, pág. 35.
[2] alquitrán—brea; sustancia de la que se compone la superficie de muchas calles.

Bibliografía

Bell-Villada, Gene H. *García Márquez: The Man and His Work.* (1990)

Benedetti, Mario, et al. *Nueve asedios a García Márquez.* (1969)

Collazos, Óscar. *García Márquez: La soledad y la gloria.* (1983)

Escobar Icaza, Jorge, et al. *A propósito de Gabriel García Márquez y su obra.* (1991)

Harss, Luis, and Dohmann, Bárbara. "Gabriel García Márquez, or the Lost Chord." *Into the Mainstream: Conversations with Latin-American Writers.* (1967)
Versión en español: Harss y Dohmann, "Gabriel García Márquez, o la cuerda floja". *Los nuestros.* (1966)

Mendoza, Plinio Apuleyo. *Aquellos tiempos con Gabo.* (2000)

Mendoza, Plinio Apuleyo. *El olor de la guayaba: Conversaciones con Gabriel García Márquez.* (1982)

Saldívar, Dasso. *García Márquez: El viaje a la semilla.* (1997)

Nombre

Un señor muy viejo con unas alas enormes
Gabriel García Márquez

Una característica de la narrativa de Gabriel García Márquez es lo omitido; es decir, que en el texto típicamente hay sucesos, detalles, y elementos que no se explican y que permanecen inexplicados al terminar la historia.

Vuelve sobre el texto de "Un señor muy viejo con unas alas enormes" y apunta por lo menos diez preguntas irresueltas que a ti te han quedado al leer. No debes preocuparte si no encuentras respuesta a si tus preguntas.

Por ejemplo:

"Un señor muy viejo con unas alas enormes" es el título de este cuento. ¿Querrá decir García Márquez, con esto, que el "ángel" no es un ángel de verdad?

Una mañana amaneció el niño sin fiebre; ¿fue por obra o efecto del ángel?, etc.

Nombre

Un señor muy viejo con unas alas enormes
Gabriel García Márquez

I. Una técnica literaria que se destaca en las obras de Gabriel García Márquez es el uso de la hipérbole. Escoge dos de los siguientes cuentos de García Márquez en los que se presenta de forma destacada la hipérbole, y escribe un ensayo coherente y bien organizado, comparando y analizando la función que tiene su uso en cada uno de ellos:

"El ahogado más hermoso del mundo"
"La prodigiosa tarde de Baltazar"
"Un señor muy viejo con unas alas enormes"

(Tiempo: 40 minutos. Extensión mínima: 200 palabras.)

2. Discute dos de las siguientes obras en lo que se refiere a la parodia que se destaca en ellas, con enfoque especial sobre su relación con el desenlace:

El burlador de Sevilla y convidado de piedra, de Tirso de Molina
El ingenioso hidalgo don Quijote de la Mancha, de Miguel de Cervantes
"Vuelva Ud. mañana", de Mariano José de Larra
"Chac Mool", de Carlos Fuentes
El delantal blanco, de Sergio Vodanovic
"Un señor muy viejo con unas alas enormes", de Gabriel García Márquez

(Tiempo: 40 minutos. Extensión mínima: 200 palabras.)

Un señor muy viejo con unas alas enormes
Gabriel García Márquez

Lee las frases siguientes y completa el sentido de cada una eligiendo la palabra más apropiada entre las cuatro opciones.

1. A juzgar por el mal olor que emana de esta casucha, hay algo ____ dentro de ella.

   a. pulido   **c.** podado

   b. postrado   **d.** podrido

2. Hundido el barco en que viajaba, el ____ llegó a la playa rendido, casi ahogado.

   a. nahua   **c.** nauseabundo

   b. naufragio   **d.** náufrago

3. Tengo confianza en tu buen ____ , porque siempre te has mostrado prudente en tu comportamiento.

   a. criterio   **c.** cristalino

   b. cristero   **d.** criptón

4. Es curioso; Caudales es rico, pero mezquino, y Andrajos es pobre, pero ____.

   a. magnate   **c.** magnánimo

   b. magnético   **d.** magro

5. Tengo temor a este encuentro; mi contrincante es robusto, fornido y ___.

   a. macilento   **c.** maderero

   b. macizo   **d.** magistrado

6. ¡Qué lástima! Al pobre hombre se le derrumbó la casa, y ahora tiene que dormir a la ____.

   a. intemperie   **c.** indigencia

   b. incumbencia   **d.** ingerencia

7. ¡Que inocentona eres! Me sorprende tanta ____ en una mujer de tu edad.

   a. ingeniosidad   **c.** infecundidad

   b. insalubridad   **d.** ingenuidad

8. Una tormenta inesperada obligó a los ____ a detenerse antes de llegar al santuario.

   a. peregrinos   **c.** peritos

   b. pingüinos   **d.** pericos

9. El terremoto fue realmente un ____; dejó miles de damnificados, y grandes estragos.

   a. catafalco   **c.** cataclismo

   b. catalanismo   **d.** catecismo

10. ¡Ojalá que esta experiencia te sirva de ____! ¡Esto te ha pasado por no hacerme caso!

    a. escarabajo   **c.** escapulario

    b. escarmiento   **d.** escaparate

11. No hay tiempo que perder, pero si tomamos las medidas adecuadas, aún podemos ____ el peligro que nos amenaza.

    a. conjurar   **c.** conturbar

    b. conjugar   **d.** consumar

12. No hay cómo complacer a este muchacho; nada le agrada; siempre se muestra ____.

    a. distendido   **c.** displicente

    b. dispensado   **d.** disipado

13. Al principio nadie le dio importancia; un ____, leve al parecer, pero tuvo consecuencias sumamente graves.

    a. percal

    b. perdiz

    c. perno

    d. percance

Nombre

Un señor muy viejo con unas alas enormes
Gabriel García Márquez

Contesta las siguientes preguntas, o completa la idea, eligiendo en cada caso la respuesta más apropiada.

1. Entre las muchedumbres que acuden al gallinero en busca de una cura, se encuentran todas las siguientes personas MENOS una. ¿Cuál es?

   a. Un hombre que padece la lepra.

   b. Una pobre mujer que desde que era niña contaba los latidos de su corazón y que ya no le alcanzaban los números.

   c. Un hombre que sufría de insomnio porque lo atormentaba el ruido de las estrellas.

   d. La mujer-araña, convertida en tarántula con cabeza de doncella triste, por desobediencia a sus padres.

2. La comida que acaba por comer el ángel, después de diferentes tentativas de llevarle una variedad de cosas que comer, es

   a. la carne molida en bolitas que le tiraba la multitud.

   b. papillas de berenjena.

   c. cristales de alcanfor.

   d. cangrejos.

3. Considera la siguiente cita:

   "Al principio, cuando el niño aprendió a caminar, se cuidaron de que no estuviera muy cerca del gallinero. Pero luego se fueron olvidando del temor y acostumbrándose a la peste, y antes de que el niño mudara los dientes se había metido a jugar dentro del gallinero, cuyas alambradas podridas se caían a pedazo."

   Por el contexto, sabemos que la peste a que se refiere esta cita, tiene que ser:

   a. la lepra.

   b. los parásitos de que se contagia el niño a causa de entrar a jugar al gallinero.

   c. la podredumbre que hacía caer las alambradas del gallinero.

   d. el olor a muladar que emite el gallinero.

4. El narrador nos dice que el ángel se comporta con "una mansedumbre de perro sin ilusiones". Se trata de un excelente ejemplo del recurso técnico denominado

a. analogía, pues compara la paciencia típica de los perros para con los niños con la paciencia que demuestra el ángel con el hijo de Pelayo y Elisenda; sugiriendo más allá de aquel simple concepto, sin embargo, una falta de espíritu de lucha o de ánimo en el ángel, similar a la falta de lo mismo en un perro que, por vejez y por largos años de experiencia, ha perdido las ilusiones de la caza, del deleite en el juego o del calor de un buen hogar.

b. símbolo, porque el perro puede ser símbolo de la lealtad, la protección y el cariño incondicional.

c. prosopopeya, porque un perro en realidad no puede tener ninguna ilusión comparable a las ilusiones que tienen los seres humanos.

d. onomatopeya, porque la palabra "mansedumbre" es una palabra de sonidos muy eufónicos y suaves, igual que el concepto al que se refiere.

5. Todas las siguientes citas tienen un contenido oximorónico, si de un verdadero ángel divino e incorpóreo se trata. ¿Cuál es la cita que verosímilmente contendría un concepto más típico y más normal de ángel?

a. ". . . el pobre está tan viejo que lo ha tumbado la lluvia . . ."

b. "Al día siguiente todo el mundo sabía que en casa de Pelayo tenían cautivo un ángel de carne y hueso."

c. "Estaba vestido como un trapero. Le quedaban apenas unas hilachas descoloridas en el cráneo pelado y muy pocos dientes en la boca, y su lastimosa condición de bisabuelo ensopado lo había desprovisto de toda grandeza. Sus alas de gallinazo grande, sucias y medio desplumadas, estaban encalladas para siempre en el lodazal."

d. "Tenía la virtud sobrenatural de la paciencia".

Guía de respuestas

Un señor muy viejo con unas alas enormes
Gabriel García Márquez

Preguntas

1. Los estudiantes deben describir una vida dura, de lucha constante, más que nada por el acoso del medio ambiente: la lluvia incesante y la pestilencia—el mal olor a causa de la invasión de la casa y el patio por cangrejos. Existe temor por la debilidad de salud—las calenturas—del hijo recién nacido, más aún cuando a los padres se les ocurre que el ángel ha venido por el niño. Intuimos una vida de estrechez económica, saturada de desafíos a su sobrevivencia. A pesar de ser efecto de la temporada, el color ceniza del cielo y del mar evoca una tristeza generalizada; el narrador dice que el mundo "estaba triste desde el martes", día aciago en la cultura hispana.

Por otro lado, se debe notar la simplicidad psicológica, la ingenuidad omnipresente en la vida de Pelayo y Elisenda. Un indicio de esto es la fuente de sabiduría de la que se sirven, "la vecina que sabía todas las cosas de la vida y la muerte", a quien consultan cuestiones palpitantes: la naturaleza del lastimoso viejo caído al fondo del patio, para qué ha venido, qué comerá, etc. (Nótese, sin embargo, que cuando la vecina recomienda matarlo a palos—por conspirador celestial—, a Pelayo y a Elisenda les falta corazón para hacerlo.)

2. Definiendo el término, un cuento es fantástico cuando a uno o más de sus elementos les falta realidad; ni corresponden a nuestra experiencia del mundo sensible, ni encontramos en nuestros conceptos culturales explicación de su presencia.

Veamos, primero, las opiniones de los personajes: el padre Gonzaga amonesta a los curiosos, reunidos afuera del gallinero caribeño, que no sólo por las alas se reconoce a los ángeles. Y aunque el cura tenga al "ángel" ahí presente, juzga necesario obtener el veredicto de los tribunales más altos de la Iglesia sobre la pregunta de si es ángel o no.

La vecina sabia y simple, sin vacilar un instante, lo declara ángel.

Los dos esposos, después de asegurarse de que "el ángel" no se lleva al niño, y dedicados además a la feliz tarea de recaudar dinero, ya no se hacen la pregunta. Cuando deja de ser fuente de ingresos, el ángel cae en el olvido, y si interesa por algo, es sólo por su falta de higiene y estado de salud; ni la vecina sabia puede decir qué se hace con un ángel muerto.

Al dar una respuesta cabal a esta pregunta, los estudiantes deben fijarse en dos cosas: primero, los milagros atribuidos al ángel, y, segundo, su partida al final del cuento. El ángel logra hacer milagros cuando vienen llegando "los enfermos más desdichados del Caribe: una pobre mujer que desde niña estaba contando los latidos de su corazón y ya no le alcanzaban los números; un jamaiquino que no podía dormir porque lo atormentaba el ruido de las estrellas, un sonámbulo que se levantaba de noche a deshacer dormido las cosas que había hecho despierto . . ."

Para confirmar, o no, su categoría de ángel, se puede discutir la importancia del hecho de que todos sus milagros le salen chuecos: "el del ciego que no recobró la visión pero le salieron tres dientes nuevos, y el del paralítico que no pudo andar pero estuvo a punto de ganarse la lotería, y el del leproso a quien le nacieron girasoles en las heridas".

Aparte de esto, años más tarde, inexplicablemente le nacen al ángel plumas nuevas; ensaya sus antiguos conocimientos de volar, y parte por el cielo, casi tan torpemente como llegó.

"El ángel" es, indiscutiblemente, un ser prodigioso. No obstante, ningún detalle comprueba que no sea tal vez un murciélago sideral o un noruego con alas—u otra cosa más—, así como ningún detalle comprueba que sea, o no sea, ángel. Después de todo, no hay ADN de ángel para resolver definitivamente la cuestión.

Lo que tal vez interese más, al contestar esta pregunta, es cuán pronto pierde urgencia el empeño de averiguarlo. Casi de inmediato Pelayo y Elisenda se sobreponen al asombro, y en el pueblo se suspenden las "conjeturas sobre el porvenir del cautivo"; recuérdese que al comienzo:

"Los más simples pensaban que sería nombrado alcalde del mundo. Otros, de espíritu más áspero, suponían que sería ascendido a general de cinco estrellas para que ganara todas las guerras. Algunos visionarios esperaban que fuera conservado como semental para implantar en la tierra una estirpe de hombres alados y sabios que se hicieran cargo del universo".

El verdadero destino de este ser insólito es que se les va de la vida, casi desapercibido, y Elisenda exhala "un suspiro de descanso, por ella y por él".

3. Definamos la palabra: "parodia" es cualquier texto humorístico escrito con intención de ridiculizar un fenómeno literario. Recuérdese que García Márquez le puso el subtítulo, "Un cuento para niños". La comedia presente en "Un señor muy viejo con unas alas enormes" se basa en la exageración de los afanes y actos de los personajes de una historia cuya forma no difiere de la de los acostumbrados cuentos infantiles sobre soldaditos de plomo que se enamoran de bailarinas, o ranas vueltas reyes por el beso de una princesa. Las sagas, las leyendas, y los cuentos de hadas suelen entrañar elementos sobrenaturales que pasan sin sorprender a los personajes de la historia; su propósito reside en enseñar una moraleja o en desentrañar para los niños las incógnitas de la vida.

Poniendo de cabeza el trato que cualquiera llamaría adecuado para con un ángel, y exagerando con humor punzante sus elementos, García Márquez se burla de muchos detalles reconocibles de la vida caribeña. Ridiculiza la avaricia de Pelayo y Elisenda. Se burla de su ingenuidad, de la de los vecinos del pueblo y de la de los que, crédulos, vienen "hasta de la Martinica" para ver al ángel. Ridiculiza el deplorable tratamiento de todos para con este ser inexplicable a quien toman por ángel; las enfermedades extravagantes que buscan que

cure; los absurdos milagros logrados a sus manos; los procedimientos insensatos de la Iglesia; y los pronunciamientos de la vecina sabia que no tienen término medio. Ridiculiza, al fin, la tendencia del ser humano a acostumbrarse a lo fantástico. Dejamos pronto de admirarnos, y se nos vuelve cosa cotidiana, y hasta fastidiosa.

4. Todos podrán ver la falta de benevolencia hacia el ángel por parte de sus anfitriones accidentales. A este ser sufrido le hace falta secarse, abrigarse, vestirse y nutrirse. Y sin embargo, Pelayo y Elisenda, con una especie de inocente inconsciencia, hacen caso omiso de toda humanidad para con el ser que hospedan en su gallinero. Un cualquiera merecería tratamiento más compasivo.

Filiberto, en cambio, sufre, con una especie de noble abnegación, las crecientes incursiones del Chac Mool en su vida. Trayéndolo a casa, lo acomoda en todo lo que le sea posible. Paga caro su transporte, piensa colocarlo al sol—su "condición y elemento" natural—, y le limpia atentamente la capa de musgo que le nace en la superficie. Reacciona a cada agresión nueva del ídolo, modificando su forma de vivir, y adaptándose el anfitrión al gradual dominio del huésped.

El ángel, al perder el favor del público después del advenimiento de la mujer araña, se vuelve un simple estorbo en la vida de los dos esposos, por no servir más como fuente de ganancias. Parafraseando *El coronel no tiene quien le escriba*, ingeniosa novela de García Márquez, ya no es un ángel contante y sonante.

En cambio, Filiberto llega a ser prisionero del Chac Mool. Se aísla de todo trato humano a causa de sus demandas, y el ídolo le corresponde estropeándole la casa familiar.

El ángel, habiéndoles facilitado a Pelayo y a Elisenda la buena vida, en una casa flamante de dos pisos, se va sin dar el menor indicio del porqué de su ida, como tampoco se sabe nunca el porqué de su venida. La reacción de Elisenda ante su partida, muy próxima a una falta absoluta de reacción, recuerda sutilmente el "callado estupor" con que el matrimonio lo recibe al comienzo del cuento.

Filiberto, en cambio, tiene que buscar la oportunidad de escapar de su casa cárcel para llegar a Acapulco, temiendo que el Chac Mool lo fulmine. Todo lo cede a su atormentador, y, aunque el lector no lo sepa a ciencia cierta, se intuye que Chac logra ahogar a Filiberto a la distancia.

En "Un señor muy viejo con unas alas enormes", el desprovisto de poder es el ángel. En "Chac Mool", el dominado es Filiberto. El ángel no sabe expresar ningún deseo, al menos en palabras que se entiendan, mientras que el Chac Mool se hace entender y obedecer. Filiberto se doblega ante él.

En cuanto a cualquier sugerencia de los dos autores sobre la naturaleza o la sociedad humanas, las respuestas de los estudiantes serán varias. Ciertamente, García Márquez se burla de la capacidad del espíritu humano de perder la noción de admiración ante lo fantástico, y de su capacidad de ser inconscientemente cruel. En Fuentes, los estudiantes podrán distinguir una burla lanzada a la clase media y su conformidad con una vida estancada, de monotonía burocrática. Como se señala en la introducción al cuento en el libro de lecturas, en "Chac Mool" también se parodia la tendencia, característica de las letras mexicanas de los años 50, a envolver a la clase media en mitos antiguos.

Guía de estudio
Los estudiantes no deben tener dificultad alguna para encontrar muchas preguntas irresueltas.

Tesis de ensayo
1. Véase, como ejemplo de este tipo de análisis, la respuesta de la Pregunta N° 4, de "El ahogado más hermoso del mundo".

Éste es un ejemplo del tipo de pregunta de análisis textual basado en una cita crítica, como las que se verán en la Pregunta N° 3 del examen de *AP Spanish Literature*.

2. Éste es un ejemplo del tipo de Pregunta N° 2, de análisis temático que se verá en el examen de *AP Spanish Literature*.

Prueba de vocabulario
Las respuestas correctas son:
1. d, **2.** d, **3.** a, **4.** c, **5.** b, **6.** a, **7.** d, **8.** a, **9.** c, **10.** b, **11.** a, **12.** c, **13.** d.

Preguntas de opción múltiple
Las respuestas correctas son:
1. d, **2.** b, **3.** d, **4.** a, **5.** d.

Páginas 219–229 del libro de lecturas

El ahogado más hermoso del mundo

GABRIEL GARCÍA MÁRQUEZ

Antes de leer

Existen grandes paralelos entre nuestra tradición mítica legendaria y "El ahogado más hermoso del mundo". El ahogado comparte un talento con el enigmático marinero del "Romance del conde Arnaldos" (S. XV), quien entona una canción "que la mar facía en calma,/los vientos face amainar,/los peces que andan n'el hondo/arriba los face andar". Según las mujeres del pueblo de García Márquez, Esteban "habría tenido tanta autoridad que hubiera sacado los peces del mar con sólo llamarlos por sus nombres". Oyendo a distancia el llanto del pueblo en los funerales de Esteban, unos marineros pierden el rumbo, y otro se amarra al palo mayor, "recordando antiguas fábulas de sirenas". Esteban mismo habla, en la imaginación de las mujeres, de dejar de estorbar, tropezando pendiente abajo amarrado a un áncora de galeón.

En "El ahogado más hermoso del mundo" entramos en un mundo quimérico, y presenciamos la creación de un mito. Al consignar a Esteban al mar de donde vino, con toda la pompa y ceremonia de que es digno un héroe mitológico, el pueblo se afana en que su ahogado goce del favor de los dioses, que le acompañe la suerte, y que no se pierda en sus futuras andanzas en alta mar. Toman la decisión muy sensata de no encadenarle a los tobillos la típica ancla de buque mercante, porque guardan viva la esperanza de que vuelva si quiere.

Vocabulario

sigiloso—silencioso; cauteloso.
acantilado—precipicio; despeñadero.
semblante (m.)—cara; rostro; expresión.
menesteroso—necesitado; pobre.
mezquino—tacaño; miserable.
porfiado—tenaz; testarudo; terco; empecinado.
aspavientos—demostraciones exageradas de inconformidad.
buzo—persona que se sumerge en el mar con el auxilio de un aparato respiratorio.
rezongar—quejarse entre dientes.
alboroto—tumulto; escándalo.
al garete—sin rumbo fijo; a la deriva.
de gala—elegante; para ocasiones especiales.

Al leer

Consulte la **Guía de estudio** como herramienta para comprender mejor esta obra.

Después de leer

Conviene saber que la "vela cangreja" de la que las mujeres del pueblo quieren hacerle al ahogado unos pantalones, es una vela de lona o lienzo fuerte, en forma de trapezoide, usada en algunos barcos veleros. Llegamos a saber, a fin de cuentas, que a las mujeres les queda corta la medida de la vela cangreja para hacerle los pantalones al ahogado, tan descomunal es su tamaño, y a Esteban le quedan como pantalones de sietemesino, o sea, como pantalones para niño nacido después de siete meses, en lugar de los nueve meses de un embarazo normal.

Conviene saber que el uso figurado de la palabra *fiambre*, para referirse al muerto, es vulgar y despectivo. Típicamente *fiambre* es una carne cocida para que pueda conservarse y comerse fría; fiambres son, entre otras cosas, las salchichas, el salame, y el jamón. El valerse los hombres de esta palabra al referirse a Esteban, equivale a menospreciar al ahogado, manifestando la irritación que sienten ante la repentina fascinación de las mujeres del pueblo por un muerto a quien nadie conoce. Claro que Esteban también, en las fantasías de las mujeres, se refiere a sí mismo, humildemente, como fiambre, queriendo "no molestar a nadie con esta porquería de fiambre que nada tiene que ver conmigo". Se disculpa, con acostumbrada diplomacia, por la torpeza de su descomunal figura.

Conviene saber que, al ocurrírseles a los hombres identificar a Esteban con Sir Walter Raleigh, se insinúa un nuevo nivel histórico/mítico en la magra realidad de este pueblo de veinte casas de tablas en un cabo desértico. Aunque Raleigh es el único héroe aventurero tratado por su nombre, el caso es que García Márquez entreteje en su texto elementos léxicos que sutilmente sugieren otros, a saber:

Ulises, el protagonista del poema épico de Homero, la *Odisea* (por los filamentos de medusas[1] y los restos de cardúmenes y naufragios[2] que Esteban lleva encima a su llegada; por la mención de los dédalos[3] de la fantasía de las mujeres; y porque Esteban parece haber transitado por laberintos—dédalos—de coral)

Gulliver, de la novela *Los viajes de Gulliver* de Jonathan Swift (por el descomunal tamaño, tanto de Gulliver como de Esteban; los habitantes de Lilliput no sobrepasan las seis pulgadas); y Kukulcán/Quetzalcóatl, la serpiente emplumada, dios de algunos pueblos de Mesoamérica (de origen desconocido, Kukulcán/Quetzalcóatl llegó por mar, tuvo una influencia civilizadora sobre aquellos pueblos, y partió después, prometiendo volver).

Sir Walter Raleigh (1554–1618) fue un navegante y aventurero inglés, favorito de la reina Elizabeth I. Raleigh intentó sin éxito colonizar la Isla Roanoke de Virginia, en 1584, y multiplicó las expediciones e incursiones inglesas contra los españoles. Parece, sin embargo, que no participó en la derrota de la Armada Española en 1588. Al perder el favor de la reina por seducir a una de sus damas de honor, y por su piratería, aprovechó para salir a hacer una expedición a la América del Sur. Años más tarde, después de un encarcelamiento de trece años en la Torre de Londres, salió en busca del legendario El Dorado, penetrando trescientas millas por el río Orinoco en lo que es hoy Venezuela. Fue ejecutado por el rey James I por haber violado una solemne promesa de dejar de piratear y atacar poblaciones españolas. La guacamaya que imaginan los hombres, posada en su hombro, puede ser apócrifa, pero la imagen corresponde perfectamente a las grandes novelas de aventuras del siglo XIX, por ejemplo, *La isla del tesoro* de Robert Louis Stevenson.

Al comparar "El ahogado más hermoso del mundo" con *Cien años de soledad* y con otros cuentos de la colección *La increíble y triste historia de la cándida Eréndira y de su abuela desalmada* de la que este cuento forma parte, se aprecia la complejidad de las figuras heroicas que logra García Márquez, y los múltiples niveles simultáneos de la realidad que introduce en sus narraciones. Del libro de lecturas, podemos señalar el nunca desmentido ángel de "Un señor muy viejo con unas alas enormes".

Además de las alusiones a Raleigh, Ulises, Gulliver y Kukulcán/Quetzalcóatl, "El ahogado más hermoso del mundo" termina con la figura del capitán del gran barco, venido de lejos, "con su uniforme de gala, con su astrolabio, su estrella polar y su ristra de medallas de guerra", quien rendirá homenaje en catorce idiomas al pueblo de Esteban, como si fuera la cuna de Ulises o el hogar de Kukulcán/Quetzalcóatl.

---

[1] *Medusa*—en la mitología griega, la única de las tres Gorgonas cuya mirada era mortal; en lugar de pelo, serpientes poblaban su cabeza. Perseo, héroe de la mitología griega, la decapitó. *Medusa* es, por supuesto, también el animal marino gelatinoso y transparente en forma de campana a que se refiere objetivamente aquí.

[2] En la *Odisea*, el rey Alcínoo acoge a Ulises después de su naufragio, y éste le cuenta sus aventuras desde su salida de Troya.

[3] *Dédalo*—en la mitología griega, constructor de laberintos. Construyó el laberinto en que fue encerrado el Minotauro; después fue condenado a prisión en su propio laberinto. Construyó alas con plumas y cera, y él y su hijo Ícaro escaparon. El hijo desobedeció al padre y voló muy cerca del sol, a consecuencia de lo cual se le derritieron las alas y cayó a su muerte.

Conviene saber que, al referirse al hecho de que "a los hombres se les subieron al hígado las suspicacias", el narrador se refiere a la molestia que les causa a los hombres la naciente desconfianza en las actividades de las mujeres. Nótese bien que la frase *moler los hígados* significa molestar. (Un ejemplo: "Muele los hígados la altanería de ese chico; ya no lo aguanto más".) *Hígado* también es una palabra cuyo uso figurado apunta a valentía o ánimo: en el *Buscón* (c.1613), novela picaresca de Francisco de Quevedo, un condenado a muerte demuestra su valentía recomendando, al subir a la horca, que se mande arreglar, para otro, un escalón hendido, porque "no todos tenían su hígado".[4]

Por otra parte *tener malos hígados* significa tener mala voluntad. Y se puede *tener el hígado cocido*, lo cual significa estar harto.

En términos generales, entonces, como en tiempos de la antigüedad clásica, el hígado viene a ser la sede de las emociones, papel que desempeña el corazón en la cultura de hoy. El hígado segrega bilis, sustancia agria que nos ayuda en el metabolismo; pero si hay demasiada en el sistema por algún malestar digestivo, la bilis nos causa agruras y bascas.

La cultura hispana, al contrario de la cultura norteamericana, atribuye a los diversos órganos vitales distintas características. Por ejemplo, cuando un director de baile flamenco quiere que sus bailadores se mantengan erguidos al bailar, les mandará "aguantar los riñones". En la poesía hispánica modernista del fin del siglo XIX, la melancolía que conduce al tedio existencial se llama "esplín", palabra derivada de la palabra inglesa *spleen*, o bazo, órgano situado sobre el estómago, que produce leucocitos.

Preguntas

1. Las mujeres, en sus faenas de cuidar del muerto, lo llegan a conocer antes que los hombres. ¿Qué hizo falta para que los hombres también se dieran cuenta de la descomunal sinceridad y verdad de Esteban? Comenta este hecho sencillo.

2. A Esteban vamos conociéndolo poco a poco, como si fuera creándose, o siendo creado, conforme se desenvuelve el cuento. Busca las diferentes etapas de su evolución comenzando con la primera, en que lo conocemos solamente como un "promontorio oscuro y sigiloso", y compáralas una con otra.

3. ¿Cómo era el pueblo antes de que llegara el ahogado más hermoso del mundo? ¿Qué cambios produce este muerto en un pueblo de vivos?

4. Una técnica literaria frecuente en cuentos de García Márquez es la hipérbole, o sea, el uso de las exageraciones. Escoge otro cuento que hayas leído de este autor en que se destacan elementos hiperbólicos. Analiza la función que tiene su uso en aquel cuento y compárala con el uso de la hipérbole en "El ahogado más hermoso del mundo".

Bibliografía

Bell-Villada, Gene H. *García Márquez: The Man and His Work.* (1990)

Benedetti, Mario, et al. *Nueve asedios a García Márquez.* (1969)

Collazos, Óscar. *García Márquez: La soledad y la gloria.* (1983)

Escobar Icaza, Jorge, et al. *A propósito de Gabriel García Márquez y su obra.* (1991)

Harss, Luis, and Dohmann, Bárbara. "Gabriel García Márquez, or the Lost Chord." *Into the Mainstream: Conversations with Latin-American Writers.* (1967)
Versión en español: Harss y Dohmann, "Gabriel García Márquez, o la cuerda floja". *Los nuestros.* (1966)

Mendoza, Plinio Apuleyo. *Aquellos tiempos con Gabo.* (2000)

Mendoza, Plinio Apuleyo. *El olor de la guayaba: Conversaciones con Gabriel García Márquez.* (1982)

Saldívar, Dasso. *García Márquez: El viaje a la semilla.* (1997)

---

[4] Francisco de Quevedo, Historia de la vida del Buscón (c.1613). Espasa-Calpe, S.A., Madrid, 1999, pág. 49.

Nombre

El ahogado más hermoso del mundo Gabriel García Márquez

En algunos de sus cuentos, García Márquez se vale de una técnica que surgió en la literatura del siglo XX, la del río de la conciencia, vista principalmente en la obra de James Joyce y de William Faulkner. Faulkner, sobre todo, tuvo una gran influencia en García Márquez. Característica de esta técnica es la tendencia a valerse de frases extensas, informalmente estructuradas, que siguen, sin punto y aparte, reflejando el habla de la gente, o el fluir de la conciencia. En este tipo de texto, falta la puntuación tradicional y se van alternando narración, diálogo, y pensamiento fluido. Tu tarea aquí será encontrar por lo menos dos ejemplos del uso del río de la conciencia en el cuento "El ahogado más hermoso del mundo".

Por ejemplo, el estudiante encuentra y apunta:

"Lo vieron condenado en vida a pasar de medio lado por las puertas, a descalabrarse con los travesaños, a permanecer de pie en las visitas sin saber qué hacer con sus tiernas y rosadas manos de buey de mar, mientras la dueña de la casa buscaba la silla más resistente y le suplicaba muerta de miedo siéntese aquí Esteban, hágame el favor, y él recostado contra las paredes, sonriendo, no se preocupe señora, así estoy bien, con los talones en carne viva y las espaldas escaldadas de tanto repetir lo mismo en todas las visitas, no se preocupe señora, así estoy bien, sólo para no pasar por la vergüenza de desbaratar la silla, y acaso sin haber sabido nunca que quienes le decían no te vayas Esteban, espérate siquiera hasta que hierva el café, eran los mismos que después susurraban ya se fue el bobo grande, qué bueno, ya se fue el tonto hermoso".

El ahogado más hermoso del mundo Gabriel García Márquez

I. Un fenómeno frecuente en las obras de Gabriel García Márquez es la presencia del ente humanoide, un ser animado, que obra dentro de la trama como cuasi personaje. A pesar de destacarse en primer plano en sus obras y de tener un influjo central en el desarrollo de la trama, no se comunican mediante la palabra. Dos cuentos de García Márquez en los que se presentan seres humanoides como cuasipersonajes, son "Un señor muy viejo con unas alas enormes" y "El ahogado más hermoso del mundo". Escribe un ensayo coherente y bien organizado que compare y analice la función que tienen dentro de la trama de sus respectivos cuentos el señor muy viejo con alas enormes y el ahogado más hermoso del mundo.

(Tiempo: 40 minutos. Extensión mínima: 200 palabras.)

2. La leyenda es una forma frecuente en la narrativa hispana. Escoge uno de los siguientes textos, y analiza la manera en que su autor logra prestar tintes legendarios al relato:

"Ejemplo XXXV" de *El conde Lucanor*, de don Juan Manuel
El burlador de Sevilla y convidado de piedra, de Tirso de Molina
"El alacrán de fray Gómez", de Ricardo Palma
"Mi caballo mago", de Sabine Ulibarrí
"El ahogado más hermoso del mundo", de Gabriel García Márquez

(Tiempo: 40 minutos. Extensión mínima: 200 palabras.)

Nombre

El ahogado más hermoso del mundo Gabriel García Márquez

Lee las frases siguientes y completa el sentido de cada una eligiendo la palabra más apropiada entre las cuatro opciones.

1. El leopardo, ____, se acercó al antílope sin que éste se diera cuenta del peligro.

   a. sospechoso   **c.** simiesco

   b. sigiloso   **d.** soldadesco

2. El pobre diablo se acercó demasiado al borde del ____, y cayó al abismo.

   a. almidonado   **c.** acantilado

   b. alborotado   **d.** acatarrado

3. En vez de saludarme con buen ____, Fosco me miró con cara de pocos amigos, y ni siquiera me tendió la mano.

   a. semblante   **c.** semejante

   b. semáforo   **d.** sembradío

4. A pesar de que no soy rico, procuro siempre dar algo para ayudar a los que son pobres y ____.

   a. mentirosos   **c.** menesterosos

   b. melindrosos   **d.** mentecatos

5. Mangancha tiene fama de ser generosa, pero no es así; en realidad, es ____.

   a. metiche

   b. mezquina

   c. mestiza

   d. melliza

6. Porfirio es un hombre ____; cuando se le mete algo en la cabeza, no hay quien se lo saque.

   a. pordiosero

   b. porcino

   c. pormenorizado

   d. porfiado

7. Tienes un hijo consentido, Blanduzco; cada vez que le niegas algo, hace ____.

   a. aspavientos   **c.** aserraderos

   b. aspiradores   **d.** aseos

8. Cuando el ____ tocó fondo, estaba a 50 metros de la superficie de la bahía.

   a. búho   **c.** buzo

   b. bufón   **d.** bufete

9. Las órdenes del capitán eran terminantes, y el teniente tuvo que obedecer, aunque lo hizo ____.

   a. resoplando   **c.** rebotando

   b. rezongando   **d.** recalcando

10. ¡Qué ____ en el jardín! ¡Gritos y llantos! ¿A qué se debe tanto escándalo?

    a. albóndiga   **c.** alberca

    b. albaricoque   **d.** alboroto

11. Después de que los cocodrilos habían comido al último balsero, la balsa siguió río abajo ____, ya sin nadie que la guiara.

    a. al garete

    b. al gamberro

    c. al gaznate

    d. al galope

12. Cuando al coronel le trajeron la noticia de que iba a recibir la Medalla de Honor, se puso su uniforme ____ para la ceremonia.

    a. de goma

    b. de gala

    c. de gula

    d. de gasa

Nombre

El ahogado más hermoso del mundo Gabriel García Márquez

Contesta las siguientes preguntas, o completa la idea, eligiendo en cada caso la respuesta más apropiada.

1. El hecho, al comienzo del cuento, de que los niños encuentran al ahogado varado en la playa, y se quedan jugando con él toda la tarde, enterrándolo y desenterrándolo en la arena, hasta que alguien los ve y da la voz de alarma, parece indicar:

   a. que éstos son unos niños increíblemente tontos.

   b. que éste es un lugar donde muchos cadáveres vienen a dar en tierra firme y que éste es un evento de todos los días.

   c. que se trata tal vez de un cuento de terror.

   d. que se trata tal vez de un cuento fabuloso o fantástico.

2. La ocupación de los hombres en este pueblo parece ser:

   a. la agricultura.

   b. la pesca.

   c. la caza.

   d. la albañilería.

3. Todos los elementos siguientes, MENOS uno, apuntan a la propensión del ser humano a crear mitos, algo que García Márquez evoca en este cuento. ¿Cuál de los siguientes es el único elemento en "El ahogado más hermoso del mundo", que no contribuye, directamente, a la creación de un mito?

   a. El pueblo tiene apenas veinte casas de tablas, y todos los hombres del pueblo caben en siete botes.

   b. A medida que le quitan al ahogado el lodo y los abrojos submarinos, las mujeres se dan cuenta que su vegetación es de océanos remotos y de aguas profundas; y es como si hubiera navegado por entre laberintos de corales.

   c. Las mujeres piensan que el ahogado habrá tenido tanta autoridad que hubiera sacado los peces del mar con sólo llamarlos por sus nombres.

   d. De la misma manera, piensan que Esteban hubiera hecho brotar manantiales de entre las piedras más áridas y hubiera podido sembrar flores en los acantilados.

4. Márquez emplea todas las siguientes frases o series de palabras en el cuento "El ahogado más hermoso del mundo". Todas son descripciones o cualidades que corresponden al muerto, Esteban, MENOS una. ¿Cuál de las opciones siguientes NO se refiere al ahogado más hermoso del mundo?

   a. "el hombre más desvalido de la tierra, el más manso y el más servicial"

   b. un ser que muestra "desproporción" y "esplendor"

   c. "el tonto hermoso" y "el bobo grande"

   d. un ser de "semblante solitario" y "catadura sórdida y menesterosa"

5. La descripción que más cabalmente corresponde a la evolución de la actitud de los hombres ante sus mujeres y la presencia en el pueblo del ahogado más hermoso del mundo, es la siguiente:

   a. al volver de su noche de interrogaciones en los pueblos vecinos, su actitud revela celos, al darse cuenta que las mujeres los repudian en el fondo de sus corazones como los seres más escuálidos y mezquinos de la tierra, en comparación con Esteban.

   b. sienten fastidio con ellas, pues creen que su fascinación con el ahogado no es más que frivolidad femenina.

   c. se empeñan en averiguar la identidad del ahogado en los pueblos vecinos, y luego buscan deshacerse de él del modo más rápido y oportuno, frente a los aspavientos de las mujeres, que han despertado suspicacias amargas en el corazón de algunos de ellos; luego, viendo al ahogado por fin con la cara destapada, se rinden por completo ante la sinceridad de Esteban, y sienten inmediatamente la urgencia de hacerle los funerales más espléndidos que puedan concebirse; y, a fin de cuentas, junto con sus mujeres, se sienten incompletos y cambiados al caer el muerto hasta el abismo.

   d. una desilusión final ante la experiencia de estos pocos pero trascendentales días de la presencia del ahogado en el pueblo, pues a los hombres les queda la certeza de haberse dejado engañar por una fantasía de las mujeres.

El ahogado más hermoso del mundo
Gabriel García Márquez

Preguntas

I. Una de las mujeres simplemente le destapa la cara para comprobar a los hombres la descomunal sinceridad y verdad de Esteban. Los hombres se quedan sin aliento y se estremecen en los tuétanos.

Antes de aquella revelación, los hombres hablaban de echar el ahogado al mar sin mayor ceremonia: "Cansados de las tortuosas averiguaciones de la noche, lo único que querían era quitarse de una vez el estorbo del intruso".

Pero incitadas por el hechizo de Esteban, las mujeres dan rienda suelta a la fantasía: ". . . su casa [la de Esteban] habría tenido las puertas más anchas, el techo más alto y el piso más firme, y el bastidor de su cama habría sido de cuadernas maestras con pernos de hierro, y su mujer habría sido la más feliz . . . (El ahogado) habría puesto tanto empeño en el trabajo que hubiera hecho brotar manantiales de entre las piedras más áridas y hubiera podido sembrar flores en los acantilados".

La hermosura desconcertante de Esteban, su tamaño descomunal, su verdad y su sinceridad tienen extasiadas a las mujeres, cuyas reflexiones no dejan de poseer un inocuo y cariñoso tono de burla, no sólo por la torpeza y confusión que proyectan sobre Esteban al ser éste la causa de tantas molestias provocadas por su enorme cuerpo, sino también por encubrir en parte el irresistible y tal vez mortificante impulso que ellas sienten de ampararlo y de cuidarlo.

Los hombres empiezan a fastidiarse. "Mientras más se apresuraban, más cosas se les ocurrían a las mujeres para perder el tiempo. Andaban como gallinas asustadas picoteando amuletos de mar en los arcones, unas estorbando aquí porque querían ponerle al ahogado los escapularios del buen viento, otras estorbando allá para abrocharle una pulsera de orientación". Por lo tanto, "mortificada" por la "insolencia" de los hombres ante lo que ellos tienen por "aspavientos", una mujer emplea una táctica sencilla y directa para convencerles de lo que ellas ya saben: destapa la cara del ahogado. Los hombres, al verla, se dan cuenta, estremeciéndose, de la gran verdad y sinceridad de Esteban, de su esplendor y hermosura. "Fue así", nos dice el narrador, "como le hicieron los funerales más espléndidos que podían concebirse para un ahogado expósito".

2. Los estudiantes deben encontrar imágenes como las siguientes para detallar la metamorfosis de Esteban. Sus comparaciones pueden incluir conceptos como los que siguen a continuación de las imágenes señaladas:

Empieza siendo un "promontorio oscuro y sigiloso que se acercaba por el mar". (Un promontorio es una elevación de tierra que avanza dentro del mar, siendo algo así como un monte de poca altura; es un elemento geográfico fijo, e inanimado, que no se acerca por el mar, como se acerca el cadáver de Esteban, y que, en realidad, en nada se asemeja al tamaño de un cadáver.)

Los niños "se hicieron la ilusión de que era un barco enemigo" (de tamaño más reducido que un promontorio; introduce connotaciones románticas de aventura y peligro).

Les parece ballena (por primera vez, algo más que un objeto inerte; imagen a la que no le faltan elementos míticos).

Ven que es un ahogado que trae adheridas pruebas marinas de sus andanzas por mares exóticos (como cadáver, es inocuo; se convierte en su juguete).

Llevado por los hombres, pesa "más que todos los muertos conocidos, casi tanto como un caballo" y es "mucho más grande que todos los hombres, pues apenas si cabía en la casa"; "no sólo era el más alto, el más fuerte, el más viril y el mejor armado que habían visto jamás [las mujeres], sino que todavía cuando lo estaban viendo no les cabía en la imaginación", *etc.* (Esteban es todo un muerto superlativo).

". . . el ahogado se les iba volviendo cada vez más Esteban" (la evolución de Esteban en Esteban se va completando; esto equivale a una sencilla declaración del escritor de que Esteban va inventándose, o siendo inventado, conforme avanza el cuento).

"Bastó con que le quitaran el pañuelo de la cara para darse cuenta . . ." (el pueblo entero sucumbe ahora al embrujo de Esteban).

". . . hombres y mujeres tuvieron conciencia por primera vez de la desolación de sus calles, la aridez de sus patios, la estrechez de sus sueños, frente al esplendor y la hermosura de su ahogado" (con su partida, Esteban deja un vacío).

". . . iban a pintar las fachadas de colores alegres para eternizar la memoria de Esteban, y se iban a romper el espinazo excavando manantiales en las piedras y sembrando flores en los acantilados, para que en los amaneceres de los años venturosos los pasajeros de los grandes barcos despertaran sofocados por un olor de jardines en altamar . . ." (el pueblo queda cambiado para siempre por haber varado y morado allí Esteban).

3. Antes y después de Esteban, el pueblo tiene veinte casas de tablas, pero, a pesar de su reducida extensión, con la llegada del ahogado deja su estado anterior de "subsistir apenas". Ubicado en lo que antes era un cabo desértico de tierra, en sus atenciones al muerto, el pueblo concibe la idea de que Esteban "hubiera hecho brotar manantiales de las piedras y sembrado flores en los acantilados".

Después de Esteban, tanto los hombres como las mujeres piensan que será ahora un promontorio de rosas donde todos excavarán manantiales en las piedras, donde el sol brillará tanto que no sabrán hacia dónde girar los girasoles y donde el viento será tan manso que se quedará a dormir bajo las camas, como si fuera un gato.

Al echar a Esteban otra vez al mar, saben que todo cambiará en el pueblo de ahí en adelante; todas las casas serán más amplias y más firmes, y más llenas de flores, y pintadas de colores más alegres; habrá manantiales donde antes no los había; el pueblo será más solidario—después de todo, todos terminan por ser parientes entre sí, a causa de los parentescos votados e inventados entre ellos y Esteban. El pueblo tendrá fama. Vendrá gente de muy lejos, y se celebrará en muchos idiomas el cuento del pueblo donde vive la memoria de Esteban. Todos estos cambios esperados se encierran en la última frase del cuento.

4. Los cuentos más aptos del libro de lecturas para lograr esta comparación son "La prodigiosa tarde de Baltazar" y "Un señor muy viejo con unas alas enormes".

Algunos ejemplos de hipérbole presentes en "El ahogado más hermoso del mundo" son:

"El ahogado más hermoso del mundo", título del cuento.

Esteban como "promontorio oscuro y sigiloso que se acercaba por el mar".

Esteban es percibido como un barco enemigo.

Esteban es percibido como ballena.

A los hombres les parece pesar "más que todos los muertos conocidos, casi tanto como un caballo".

Es "mucho más grande que todos los hombres, pues apenas si cabía en la casa".

". . . no sólo era el más alto, el más fuerte, el más viril y el mejor armado que habían visto jamás, sino que todavía cuando lo estaban viendo no les cabía en la imaginación".

No hay "en el pueblo una cama bastante grande para tenderlo ni una mesa bastante sólida para velarlo. No le vinieron los pantalones de fiesta de los hombres más altos, ni las camisas dominicales de los más corpulentos, ni los zapatos del mejor plantado".

Entre los efectos de la presencia de Esteban, se cuenta que "el viento no había sido nunca tan tenaz ni el Caribe había estado nunca tan ansioso como aquella noche".

". . . habría tenido tanta autoridad que hubiera sacado los peces del mar con sólo llamarlos por sus nombres".

". . . habría puesto tanto empeño en el trabajo que hubiera hecho brotar manantiales de entre las piedras más áridas y hubiera podido sembrar flores en los acantilados".

Las mujeres piensan "que [sus propios hombres] no serían capaces de hacer en toda una vida lo que aquél era capaz de hacer en una noche", y los repudian "en el fondo de sus corazones como los seres más escuálidos y mezquinos de la tierra".

". . . le hicieron los funerales más espléndidos que podían concebirse para un ahogado expósito".

Siguen las hipérboles hasta el fin cuando "hombres y mujeres tuvieron conciencia por primera vez de la desolación de sus calles, la aridez de sus patios, la estrechez de sus sueños, frente al esplendor y la hermosura de su ahogado". Toda la última frase, de 21 renglones, es una exageración exquisitamente formulada.

A continuación siguen ejemplos de hipérbole en "Un señor muy viejo con unas alas enormes":

"Los más simples pensaban que sería nombrado alcalde del mundo. Otros, de espíritu más áspero, suponían que sería ascendido a general de cinco estrellas para que ganara todas las guerras. Algunos visionarios esperaban que fuera conservado como semental para implantar en la tierra una estirpe de hombres alados y sabios que se hicieran cargo del universo".

"Vinieron en busca de salud los enfermos más desdichados del Caribe: una pobre mujer que desde niña estaba contando los latidos de su corazón y ya no le alcanzaban los números; un jamaiquino que no podía dormir porque lo atormentaba el ruido de las estrellas, un sonámbulo que se levantaba de noche a deshacer dormido las cosas que había hecho despierto . . ."

". . . la fila de peregrinos que esperaban turno para entrar llegaba hasta el otro lado del horizonte".

". . . su pasividad [era] la de un cataclismo en reposo".

El espectáculo de la mujer araña cuya historia incluye un "trueno pavoroso [que] abrió el cielo en dos mitades, y por aquella grieta salió el relámpago de azufre que la convirtió en araña".

El médico que, auscultando al ángel, "le encontró tantos soplos en el corazón y tantos ruidos en los riñones, que no le pareció posible que estuviera vivo".

Basta que el estudiante trate solamente dos ejemplos bien escogidos y significantes de hipérbole en cada uno de los cuentos. Sin embargo, para satisfacer plenamente los requisitos de la pregunta, es imprescindible que analice la función de aquellas hipérboles y que analice la misma, en los dos textos.

La hipérbole puede ser vista como un artificio de que se sirve el escritor para invocar la irrealidad. En "Un señor muy viejo con unas alas enormes", la hipérbole sirve para agudizar la parodia y hacerla más punzante, mientras que a "El ahogado más hermoso del mundo" le faltan intenciones de parodia. En gran medida, es merced a las hipérboles presentes en "El ahogado más hermoso del mundo", que el escritor logra la calidad mítica del texto, y, con ésta, los matices de nobleza candorosa y humilde que caracterizan a su protagonista, ahogado venido de alta mar vuelto héroe reticente. En cambio, es mediante las hipérboles de "Un señor muy viejo con unas alas enormes" que García Márquez nos hace reír de las actitudes de la gente frente a lo fantástico de un ser decrépito, mugroso, ensopado, desdentado, pelado, plagado de parásitos y vestido de trapos, que tiene alas muy naturales en su organismo completamente humano y que realiza milagros trastrocados. Comparando al ángel con Esteban, nos admira la suprema inutilidad de su llegada y de su partida; aparte del dinero recaudado por sus anfitriones, el ángel no provoca cambio alguno durante su morada en el pueblo.

Por otro lado, el estudiante podrá querer contrastar el hecho de que las hipérboles de "El ahogado más hermoso del mundo" empiezan con su mismo título y siguen de forma continua hasta el último renglón del cuento. La primera hipérbole de "Un señor muy viejo con unas alas enormes" se demora en aparecer, y, en comparación con "El ahogado más hermoso del mundo", escasea la exageración de Márquez. Hasta cierto punto, "El ahogado más hermoso del mundo" depende de la hipérbole para lograr la lírica de su texto, mientras que la parodia de "Un señor muy viejo con unas alas enormes" depende de igual manera de otros usos retóricos, como el oxímoron y el símil.

Guía de estudio

Con este ejemplo a continuación no debería costarle mucho al estudiante encontrar esta frase, en las páginas 225–226 del libro de lecturas:

"Andaban como gallinas asustadas picoteando amuletos de mar en los arcones, unas estorbando aquí porque querían ponerle al ahogado los escapularios del buen viento, otras estorbando allá para abrocharle una pulsera de orientación, y al cabo de tanto quítate de ahí mujer, ponte donde no estorbes, mira que casi me haces caer sobre el difunto, a los hombres se les subieron al hígado las suspicacias y empezaron a rezongar que con qué objeto tanta ferretería de altar mayor para un forastero, si por muchos estoperoles y calderetas que llevara encima se lo iban a masticar los tiburones, pero ellas seguían tripotando sus reliquias de pacotilla, llevando y trayendo, tropezando, mientras se les iba en suspiros lo que no se les iba en lágrimas, así que los hombres terminaron por despotricar que de cuándo acá semejante alboroto por un muerto al garete, un ahogado de nadie, un fiambre de mierda . . ."

En las páginas 226–227 del libro de lecturas, encontramos otro ejemplo:

"Bastó con que le quitaran el pañuelo de la cara para darse cuenta de que estaba avergonzado, de que no tenía la culpa de ser tan grande, ni tan pesado ni tan hermoso, y si hubiera sabido que aquello iba a suceder habría buscado un lugar más discreto para ahogarse, en serio, me hubiera amarrado yo mismo un áncora de galeón en el cuello y hubiera trastabillado como quien no quiere la cosa por los acantilados, para no andar ahora estorbando con este muerto de miércoles, como ustedes dicen, para no molestar a nadie con esta porquería de fiambre que no tiene nada que ver conmigo".

Por fin, un inmejorable ejemplo del río de la conciencia es la última frase del cuento, que empieza, "Pero también sabían que todo sería diferente desde entonces . . ." Es una frase que tiene una extensión de 21 renglones, y en ellos encontramos narración, recuerdos, cavilaciones y diálogo inventado que fluyen del uno al otro como fluye un río, sin obstáculo.

Tesis de ensayo

1. Ésta representa el tipo de pregunta de análisis textual que se verá en la Pregunta N° 3 del examen de *AP Spanish Literature*.
2. Éste es un ejemplo del tipo de pregunta de análisis textual que se verá en la Pregunta N° 3, del examen de *AP Spanish Literature*.

Prueba de vocabulario

Las respuestas correctas son:
1. b, **2.** c, **3.** a, **4.** c, **5.** b, **6.** d, **7.** a, **8.** c, **9.** b, **10.** d, **11.** a, **12.** b.

Preguntas de opción múltiple

Las respuestas correctas son:
1. d, **2.** b, **3.** a, **4.** d, **5.** c.

Dos palabras

ISABEL ALLENDE

Antes de leer

A pesar de que la fama de Isabel Allende se basa en novelas como *La casa de los espíritus* y *El plan infinito*, la autora chilena también ha cultivado el relato corto, y una espléndida prueba de este ejercicio es su colección titulada *Cuentos de Eva Luna*, cuya composición le tomó solamente un año. Con respecto a las diferencias entre el cuento y la novela, la autora nos dice lo siguiente: "La novela es como bordar una tapicería con muchos hilos y colores, es una suma de detalles, todo es cuestión de paciencia. . . . Un cuento, en cambio, es como disparar una flecha, hay una sola oportunidad, se requiere de la mano de un buen arquero: dirección, fuerza, velocidad, buen ojo". Estos cuatro requisitos que la escritora menciona, están presentes en los *Cuentos de Eva Luna*, donde la autora logra condensar una admirable variedad de niveles de significación que se dispersan según el poder de la imaginación del lector.

El cuento "Dos palabras" reúne todas las cualidades del mundo literario de Allende; en él puede rastrearse la influencia definitiva del realismo mágico, la figura determinante de la mujer en la historia de los pueblos, el poder del amor como fuerza redentora de los seres humanos. "Dos palabras" es precisamente un relato en el que el amor se impone al poder, redimiendo de esta manera a dos personajes inmersos en una realidad de corrupción y violencia.

Vocabulario

acierto—buena decisión; idea que da en el blanco.

espejismo—ilusión vana; visión irreal.

tozudo—terco; empecinado; cabeza dura.

turbio—impuro; sucio.

atónito—asombrado; muy sorprendido.

irrumpir—entrar súbitamente.

atropellar—pisar; empujar; maltratar.

desplomarse—caerse; venirse abajo.

descifrar—entender; penetrar el significado de algo.

fiero—feroz; salvaje.

comicios—elecciones.

descartar—desechar; eliminar.

botín—despojo; producto de un robo o saqueo.

deslumbrado—fascinado; impresionado.

conmover—emocionar; afectar.

Al leer

Consulte la **Guía de estudio** como herramienta para comprender mejor esta obra.

Después de leer

Conviene saber que "Dos palabras" es un cuento perteneciente a la corriente literaria del realismo mágico, conocido también como lo real maravilloso. Fue el escritor cubano Alejo Carpentier quien acuñó el término de "lo real maravilloso" en 1948; y un año más tarde, en el prólogo de su novela *El reino de este mundo*, lo explicó con detalle, aseverando que los elementos maravillosos, mágicos y extraordinarios no hay que buscarlos deliberadamente en los sueños, al modo de los surrealistas franceses, sino en la realidad; sobre todo en esa realidad histórica y natural del continente americano, lleno de episodios increíbles, de paisajes exuberantes, de personajes y circunstancias inverosímiles. El representante más famoso de esta corriente es el colombiano Gabriel García Márquez, que ha ejercido una notable influencia en Isabel Allende, tanto a nivel de contenido como de forma. El cuento "Dos palabras", por ejemplo, tiene muchos elementos que provienen de la obra del novelista colombiano: Belisa Crepusculario nos recuerda al gitano Melquíades de *Cien años de soledad*; el contexto histórico de la Guerra Civil trae a la memoria los conflictos políticos y militares que desangran al pueblo mítico de Macondo; el coronel de quien Belisa se enamora parece la sombra de aquel famoso coronel Aureliano Buendía; los pueblos remotos y desérticos que Allende describe se emparentan con las aldeas lejanas que la pluma de García Márquez cubre de luz solar y de polvo; el viejo que espera su pensión por más de 17 años es el vivo retrato de aquel coronel desesperanzado que no tiene quien le escriba; y finalmente Belisa, mujer fuerte y resistente, parece hija o nieta de Úrsula Iguarán, la figura matriarcal que emerge de la selva espesa de Rioacha. Todos estos elementos, sin embargo, adquieren una nueva dimensión en un contexto literario donde la mujer desempeña el papel principal: ella es la trovadora, la portadora de tradiciones orales que circulan de pueblo en pueblo, la sacerdotisa que imprime su poder mágico en cada palabra, la artífice del verbo del hechizo; y por si esto fuera poco, la mujer es también el único ser capaz de subyugar al poder, diluyendo su malignidad en la verdad y pureza del sentimiento amoroso.

Conviene saber que la trama de "Dos palabras" coloca a Belisa Crepusculario en dos situaciones radicalmente opuestas: en la primera parte del cuento, Belisa desempeña de papel del juglar, artista nómada que difunde la riqueza de la tradición oral colectiva; y en la segunda parte, Belisa se ve forzada a escribir discursos electorales, pasando de esta manera del servicio al pueblo a la servidumbre forzosa a que la somete un grupo con ambiciones políticas. Este hecho está basado en la realidad latinoamericana, donde muchos escritores se ven obligados a colaborar con grupos políticos o gobiernos con los cuales no simpatizan. Lo interesante del cuento de Isabel Allende es que sigue el rumbo inverso al de la realidad: en lugar de que el poder transforme a Belisa Crepusculario en una esclava obediente, es Belisa Crepusculario quien transforma al poder por obra del amor.

Conviene saber que en "Dos palabras" hay otro tema de singular importancia. Así como el arte puede servir tanto a fines generosos como a propósitos crueles, sin que tal haya sido la intención del artista, las palabras pueden cargar contenidos que corroboran los valores éticos humanos o ideas enmascaradas cuya verdadera meta es la concentración del poder y la riqueza. Por un lado la palabra puede mantener vivos los valores y la cultura de un pueblo, y por otro puede ser la herramienta del discurso político demagógico desplegado con el fin de engañar a las masas. La magia de Belisa Crepusculario reside en su capacidad de dotar de nueva vida a las palabras, de rescatarlas de esos grandes cementerios verbales que son los diccionarios, de rescatarlas para las causas nobles, limpiándolas de la corrupción con que las ha maculado el discurso político. Así, cuando a Belisa se le encomienda la elaboración del discurso del coronel, en lugar de escribir una proclama convencional, comunica a cada palabra suya su magia, su verdad; descarta las palabras ásperas y secas, las de excesivo ornamento, las que prometen cosas improbables, las que venden sueños irrealizables, las que solamente sirven para confundir a los seres humanos, y se queda con la palabra desnuda y directa, que sabe llegar al corazón humano. De esto puede deducirse que para Isabel Allende el estilo no es solamente una empresa estética, sino también una empresa moral, ética.

Conviene saber que entre las características más interesantes de "Dos palabras" figura el carácter cerrado y simbólico del mundo que describe. La historia tiene un principio y un final claramente discernibles y los conflictos hallan una solución satisfactoria. La trayectoria de Belisa Crepusculario parece resumir el largo camino recorrido por el ser humano a través de los siglos; allí puede apreciarse el emigrar de la aldea primitiva en busca de la civilización y el progreso, el salto del lenguaje oral al lenguaje escrito, y la paulatina desaparición de los gobiernos dictatoriales en beneficio de la democracia. Y coronando todo este progreso de apariencia lineal, al caos generado por la ambición de poder le sustituye la armonía instaurada por el amor.

Preguntas

1. ¿Qué significado puede tener el que la protagonista lleve un nombre creado por ella misma? ¿Se puede afirmar que esto refleja aspectos de su carácter? Discute las connotaciones del nombre.

2. ¿Cómo llega Belisa Crepusculario a ser vendedora de palabras?

3. ¿Qué papel desempeña el hecho de que Belisa regala, sin cobrar, las palabras secretas propias de cada cliente comprador de palabras?

4. El poder de la palabra es una idea importante en la obra de Isabel Allende. Analiza de qué manera este cuento expone esa idea, basando tus ideas en detalles específicos.

Bibliografía

Carpentier, Alejo. *El reino de este mundo.* (1949)
Coddou, Marcelo. *Para leer a Isabel Allende.* (1988)
Correas Zapata, Celia. *Isabel Allende, vida y espíritus.* (1999)

Nombre _____

Dos palabras   Isabel Allende

En el cuento "Dos palabras" convergen dos mundos aparentemente antitéticos: el de los hechos cotidianos y el de los acontecimientos que podrían calificarse de "maravillosos". La razón de este encuentro es muy simple: en la realidad histórica y social de latinoamérica conviven lo común con lo extraordinario, hasta el punto de confundirse los dos. A un espectador foráneo, la simple lectura de una novela de Alejo Carpentier o García Márquez, o la revisión de un libro de historia latinoamericana, ha de colocarlo ante una cadena de hechos que le resultarán extraordinarios, aunque a los oriundos del mundo descrito tales cosas les parezcan relativamente normales. La descripción detallada de esa realidad Latinoamericana en que se mezclan hechos fabulosos y cotidianos, ha dado lugar a la literatura del realismo mágico o de lo real maravilloso. El cuento "Dos palabras" se inscribe en esa corriente. Tu tarea consiste en señalar y comentar los elementos de lo real maravilloso presentes en los siguientes fragmentos de "Dos palabras":

a. "A quien le comprara cincuenta centavos, ella le regalaba una palabra secreta para espantar la melancolía".

b. "Belisa Crepusculario había nacido en una familia tan mísera, que ni siquiera poseía nombres para llamar a sus hijos".

c. "Varios años después, en una mañana de agosto, se encontraba Belisa Crepusculario en el centro de una plaza, sentada bajo su toldo vendiendo argumentos de justicia a un viejo que solicitaba su pensión desde hacía diecisiete años".

d. "Llevaba muchos años durmiendo a la intemperie, picado de mosquitos, alimentándose de iguanas y sopa de culebra".

e. "Mientras hablaba sobre una tarima al centro de la plaza, el Mulato y sus hombres repartían caramelos y pintaban su nombre con escarcha dorada en las paredes, pero nadie prestaba atención a esos recursos de mercader, porque estaban deslumbrados por la claridad de sus proposiciones y la lucidez poética de sus argumentos, contagiados de su deseo tremendo de corregir los errores de la historia y alegres por primera vez en sus vidas".

Dos palabras Isabel Allende

1. En una entrevista con la estudiosa argentina Celia Correas Zapata, Isabel Allende manifiesta lo siguiente:

"Entiendo que la condición de la vida es el sufrimiento, hemos venido a este mundo a perderlo todo, incluso la propia conciencia, la propia vida. Así crecemos, así madura el alma y así aprendemos también sobre la alegría. Cuando me preguntas si el drama de la realidad alimenta mis libros, te respondo que sí, es cierto, pero los libros son también el lugar sagrado donde el drama cotidiano se eleva a una categoría épica y deja de ser un asunto personal para convertirse en algo que comparto con la humanidad entera. En el universo de la ficción las normas son claras: existen el sufrimiento, la violencia y el terror, pero siempre prevalecen el amor y la solidaridad. Ese es mi espacio literario, el mundo que he creado en mis libros".

Escribe un ensayo coherente explicando la relación que existe entre las ideas vertidas en este fragmento y el mundo que describe el cuento "Dos palabras".

(Tiempo: 40 minutos. Extensión mínima: 200 palabras).

2. Discute el papel del mito en dos de los siguientes textos literarios, comparando y contrastando la función del mismo en los dos textos que escojas:

"Romance de la luna, luna", de Federico García Lorca

"Mi caballo mago", de Sabine Ulibarrí

"La noche boca arriba", de Julio Cortázar

"El ahogado más hermoso del mundo", de Gabriel García Márquez

"Dos palabras", de Isabel Allende

(Tiempo: 40 minutos. Extensión mínima: 200 palabras.)

Nombre

Dos palabras Isabel Allende

Lee las frases siguientes y completa el sentido de cada una eligiendo la palabra más apropiada entre las cuatro opciones.

1. ¡Cómo cambian las cosas! Cuando tomé esa decisión, todo el mundo me dijo que era una locura, un disparate; ahora todos me felicitan, diciéndome que fue un gran ____.

   a. acertijo

   b. acierto

   c. acetato

   d. acecho

2. Estoy decepcionado; tanto tiempo en pos de algo ilusorio, un imposible, un ____.

   a. especiero

   b. espeluzno

   c. espejismo

   d. espigajo

3. Tósigo Testarudo es un hombre malo, pésimo; además, es cabeza dura, ____.

   a. tozudo

   b. tosco

   c. torpe

   d. tonsurado

4. No me gusta pescar en agua tan ____; a lo mejor los peces están contaminados.

   a. tunante

   b. tumefacta

   c. turbia

   d. túrgida

5. Cuando me informaron de lo sucedido, no lo pude creer; fue tan inesperada la noticia que me dejó ____.

   a. atollado

   b. atónito

   c. átono

   d. atosigado

6. La puerta estaba bien cerrada; sin embargo, los maleantes la echaron abajo e ____ en la habitación.

   a. irrumpieron

   b. irrigaron

   c. intuyeron

   d. irradiaron

7. La víctima del accidente yacía en la calle; el chofer del taxi que lo había ____ huyó sin detenerse.

   a. atiborrado

   b. atrincherado

   c. atropellado

   d. atrofiado

8. El soldado, aunque mal herido, logró dar unos pasos, pero entonces ____.

   a. se desplomó

   b. se descalzó

   c. se descarriló

   d. se desplegó

9. Cuando llegó la carta, la abrí en seguida porque el sobre traía estampillas de un país extranjero, pero no pude ____ el mensaje, y me quedé perplejo.

   a. descartar

   b. descastar

   c. desconcertar

   d. descifrar

10. Cuando me atreví a contradecir al cacique, me lanzó una mirada tan ____ que me dio miedo.

    a. fiel

    b. fiera

    c. festiva

    d. fétida

11. En todo el país, no se habla sino de los próximos ____; uno de los candidatos llegará a la Casa Blanca, pero, ¿cuál?

    a. comensales

    b. comicastros

    c. cominos

    d. comicios

12. Sé que muchos creen que Facón Blanco es el asesino; pero yo, después de llevar a cabo minuciosas indagaciones, me veo obligado a ____ esa teoría.

    a. descartar

    b. desencajar

    c. desembolsar

    d. descorchar

13. Después de saquear el pueblo abandonado, los atracadores volvieron cargados de ____.

    a. boticarios

    b. botoneros

    c. botín

    d. bozo

14. La alta calidad y el elevado valor de los objetos robados dejaron a todos los bandidos ____.

    a. deslustrados

    b. deslumbrados

    c. despojados

    d. desposados

15. ¡Claro que me ____ la situación de esos pobres huérfanos! ¿Crees que no les tengo lástima?

    a. conmina

    b. conmemora

    c. conmueve

    d. conmesura

Nombre

Dos palabras Isabel Allende

Contesta las siguientes preguntas, o completa la idea, eligiendo en cada caso la respuesta más apropiada.

1. ¿Cómo es la región en que nació Belisa Crepusculario?

a. Es una región de permanente sequía, sin tierras sembradas ni actividad ganadera.

b. Es una región inhóspita con tiempos de inundación y sequía.

c. Es una región de ríos caudalosos que al desbordarse se llevan toda la cosecha.

d. Es una región apacible de campos fértiles y buenas cosechas, pero sin escuelas para los niños.

2. Según el argumento narrativo de "Dos palabras",

a. Belisa Crepusculario se queda a vivir en un pueblo donde se gana la vida escribiendo cartas para los enamorados.

b. Belisa Crepusculario ama tanto las palabras, que siempre lleva un diccionario en el bolsillo.

c. Belisa Crepusculario paga a un cura para que le enseñe a leer y a escribir.

d. Belisa Crepusculario estafa a la gente, vendiéndole palabras mágicas que nunca surten efecto.

3. Con respecto al coronel de quien Belisa se enamora, ¿cuál de las siguientes afirmaciones es correcta?

a. Es un hombre que transmite un gran sentimiento de soledad.

b. Es un hombre alegre que se muestra optimista en toda circunstancia.

c. Es un hombre sin escrúpulos que quiere tomar el poder por la fuerza.

d. Es un hombre triste y sin ambiciones.

4. ¿Por qué Belisa considera que "vender palabras" es la mejor alternativa que le queda?

a. Porque la venta de palabras es un negocio bastante lucrativo y se puede estafar a la gente.

b. Porque aparte de la prostitución y la servidumbre no le quedan muchas alternativas y vender palabras es un oficio decente.

c. Porque no le gustan los trabajos que demandan esfuerzo físico.

d. Porque le gusta viajar de pueblo en pueblo, difundiendo chismes.

5. Con respecto a Belisa Crepusculario, ¿cuál de las siguientes afirmaciones es correcta?

a. Es una mujer fuerte, con un gran instinto de supervivencia, pero carente de principios morales.

b. Es una mujer de inteligencia simple, que se gana la vida alimentando las supersticiones de los campesinos.

c. Es una mujer amargada por las aflicciones que ha padecido en su infancia.

d. Es una muchacha fuerte y decente, que a pesar de su infancia sufrida muestra una gran voluntad de vivir.

6. ¿En qué se basa la fama del Mulato que sirvé al coronel?

  a. En cuentos de las atrocidades que comete contra las mujeres al entrar en un pueblo las tropas del coronel.

  b. En su pericia con un puñal y en serle fiel al coronel.

  c. En la generosidad con que trata a sus enemigos, una vez vencidos.

  d. En su carácter apacible, que contrasta con el carácter violento de su jefe.

7. ¿Cómo reacciona la gente al escuchar el discurso preparado por Belisa y pronunciado por el coronel durante su campaña?

  a. La gente rechaza el discurso, recordando las atrocidades cometidas por el coronel.

  b. La gente permanece indiferente al discurso, pues está cansada de política.

  c. La gente escucha atentamente el discurso, deslumbrada por su claridad y su poesía.

  d. La gente aplaude durante el discurso porque los hombres del coronel regalan caramelos a diestra y siniestra.

Guía de respuestas

Dos palabras Isabel Allende

Preguntas

1. Las respuestas de los estudiantes serán varias. La conexión más obvia, sin entrar en los campos de la historia o de la literatura, se hará con "crepúsculo", palabra de sentido equívoco, casi siempre tomada como la tenue luz a la puesta del sol; en este sentido, "crepúsculo" suele ser metáfora de la vejez, de la decadencia y de la falta de fuerzas. De mayor significación, para "Dos palabras", será su conexión con la expresión "estado crepuscular", ese estado de duermevela entre el sueño y la vigilia, semi conciencia en la cual lo onírico invade nuestra realidad cotidiana.

La palabra "crepúsculo" se refiere también a la incipiente claridad del amanecer, pudiéndose hablar correctamente de dos crepúsculos en el día, uno que lo cierra, y otro que lo abre. "Dos palabras"—cuento puesto en boca de Eva Luna, protagonista de la novela de Allende publicada en 1987—narra la vida de Belisa Crepusculario desde su nacimiento hasta su plena autoformación y el ejercicio cabal de su libre albedrío. Véase la respuesta a la Pregunta N° 2, para más información sobre este tema.

Más allá, el nombre de la protagonista sugiere el nombre Belisario. En la historia del Medioevo, Belisario fue el afamado general bizantino que peleó contra los vándalos invasores en África, Sicilia, Nápoles y Roma. Liberó a Constantinopla en 559 d. de J.C. Belisa Crepusculario es dueña de una valentía personal inusitada. A la llegada de los guerreros bajo el mando del Mulato, "salieron volando las gallinas, dispararon a perderse los perros, corrieron las mujeres con sus hijos y no quedó en el sitio del mercado otra alma más viviente que Belisa Crepusculario". Su capacidad de afrontar con templanza los contratiempos más estrafalarios se pone de manifiesto en su reacción a su rapto a manos del Mulato; demuestra una curiosidad de carácter policíaco: "Despertó varias horas después con el murmullo de la noche en el campo, pero no tuvo tiempo de descifrar esos sonidos . . .", y, dentro de poco, "Ella quiso saber la causa de tanto maltrato y él le explicó que . . ." Cualquier sugerencia de una conexión entre Belisa y la figura histórica del general Belisario agregaría al cuento un matiz medieval.

En la literatura española, Belisa es el nombre de la esposa infiel de una temprana obra de teatro de Federico García Lorca, *Amor de don Perlimplín con Belisa en su jardín*. García Lorca presenta a la Belisa de su farsa como una joven desalmada, revoltosa e independiente. La dictadura de Primo de Rivera prohibió la representación del drama en 1928, tachándolo de inmoral.[1]

No hay nada en el cuento que nos asegure explícitamente que éstas sean conexiones intencionales de la autora. Sin embargo, Belisa Crepusculario es una mujer, en todo sentido, independiente y autoformada. Es todo lo contrario de una víctima, a pesar de haber "nacido en una familia tan mísera, que ni siquiera poseía nombres para llamar a sus hijos", a pesar de haberse criado analfabeta, "en la región más inhóspita", y a pesar de ser raptada por el Mulato por petición del Coronel. Belisa posee dotes que la arman de una entereza tal que la hacen invencible.

Los sucesos del cuento ocurren por obra de la voluntad de la protagonista. Acostumbramos aceptar nombre y apellido impuestos por otros, pero Belisa Crepusculario crea su propio nombre. Cuando, todavía en el seno de la familia, se da cuenta de que pronto le va a tocar el turno de morir de hambre, deja atrás su vida anterior, sin pedir permiso a nadie. Sin sugerencia de nadie, y con plena confianza en sus capacidades, emprende el oficio que le da fama por todos los contornos donde lo practica, y es ese oficio lo que la coloca frente al Coronel. Al comprar el Coronel su discurso presidencial por valor de un peso, le corresponden dos palabras de ñapa, para su uso exclusivo, según lo determinado por Belisa, y son aquellas dos palabras, que ella le regala, lo que, al parecer, lo llega a hechizar.

---

[1] Prólogo de Miguel García-Posada, Ed., *Federico García Lorca: Obras completas*, Galaxia Gutenberg Círculo de Lectores, 1996, págs. 11–12.

Por último, desconocemos el aspecto físico de Belisa, pero es posible que los estudiantes vean, entre las posibles connotaciones de "Crepusculario", la sugerencia de una tez y cabellera morenas.

2. Independiente, Belisa se decide sola a vender palabras. La narradora nos informa que Belisa "se enteró de que las palabras andan sueltas sin dueño y cualquiera con un poco de maña puede apoderárselas para comerciar con ellas". Nótese el uso del reflexivo: Belisa se enteró sola de esta realidad. Por su cuenta, concibe y emprende el curioso oficio mediante el cual cobra fama. Se capacita sola para ello, pagando con sus ahorros a un cura para que le enseñe a leer y a escribir. Los extremos de su independencia se manifiestan cuando lanza al mar, una vez leído, el diccionario comprado con el resto de sus ahorros, "porque no era su intención estafar a los clientes con palabras envasadas."

Afín a la discusión de la autoformación es un comentario de la autora misma, en una entrevista hecha por Celia Correa Zapata en los años 90. Afirma que nadie la ayudó a aprender el oficio de escritora: "Nadie. Nunca tuve clases de literatura, no he pertenecido a talleres literarios, no he trabajado con un editor que me acompañe en las dudas o me guíe . . ."

La narradora de "Dos palabras" trae el siguiente dato sobre los primeros pasos de Belisa en su oficio: "Al principio ofrecía su mercancía sin sospechar que las palabras podían también escribirse fuera de los periódicos". La profesión de Isabel Allende, escritora, arranca de su labor como periodista, a partir de los 17 años: "El periodismo me dio casi todos los trucos que utilizo para la literatura. El primer deber del periodista es atrapar al lector."

Puede notarse que la frase "vender palabras" es poco usual; aporta un sabor primitivo, o hasta ingenuo, al texto. Aunque dudosamente dentro del contexto del llamado realismo mágico feminista de "Dos palabras", en otro contexto se podrían aplicar a su uso consideraciones cínicas.

Por último, cualquier discusión en clase debe tomar nota de la costumbre, en todo país hispanoamericano que sufra de un elevado índice de analfabetismo, de recurrir a amanuenses o escribanos, personas que sirven al público copiando al dictado, o componiendo, desde cartas de enamorados hasta documentos oficiales.

3. Es costumbre, en los mercados hispanoamericanos, dar ñapa a los clientes. Al comprar un cliente, por ejemplo, diez limones, el vendedor le pone en la cesta uno o dos limones más; es la ñapa, o yapa—un poquito extra por haberse acercado el comprador a este puesto a comprar. Comprar palabras a Belisa por valor de cincuenta centavos le da al comprador derecho a una palabra secreta, una que corresponda al cliente con exclusividad. El Coronel, al comprarle el discurso presidencial por valor de un peso, tiene derecho a dos.

El misterio que encierra la idea del uso exclusivo de una palabra por parte de cualquier cliente, se realza con respecto al Coronel, pues el lector sabe que algo ocurre ya, dentro de la protagonista, cuando ella recibe el encargo del discurso. La narradora nos informa que Belisa, "sintió el impulso de ayudarlo, porque percibió un palpitante calor en su piel, un deseo poderoso de tocar a ese hombre, de recorrerlo con sus manos, de estrecharlo entre sus brazos". Su sensualidad y su esencia responden a este hombre. Debe notarse que la expresa intención de Belisa, al regalar una palabra de ñapa a sus clientes, es "espantar la melancolía", y que el cliente que recibe una palabra de ñapa, lo hace "con la certeza de que nadie más la empleaba para ese fin en el universo y más allá". Esto nos recuerda los versículos de invocación mística del budismo, llamados mantras.

Los estudiantes querrán especular en qué consisten aquellas dos palabras que regala de forma tan seductora y sensual al Coronel, y podrán preguntarse si está el hechizo en las palabras o en el modo de entregarlas: ". . . el hombre sintió el olor de animal montuno que se desprendía de esa mujer, el calor de incendio que irradiaban sus caderas, el roce terrible de sus cabellos, el aliento de yerbabuena susurrando en su oreja las dos palabras secretas a las cuales tenía derecho".

En los meses siguientes, al recorrer el suelo patrio dando su discurso presidencial, a la vez que recibe una acogida cada vez más calurosa, el Coronel se emboba cada vez más; empieza "a andar como un sonámbulo y sus propios hombres comprendieron que se le terminaría la vida antes de alcanzar el sillón de los presidentes". Las dos palabras de ñapa parecen provocarle un hechizo, pero completa el hechizo el recuerdo de la persona de Belisa, pues, "en toda ocasión en que esas dos palabras venían a su mente, evocaba la presencia de Belisa Crepusculario y se le alborotaban los sentidos". Al buscarla el Mulato para que el Coronel le devuelva sus palabras, y para que Belisa le devuelva a él la hombría, se entiende que la hombría del Coronel dependerá de esta unión feliz entre un hombre, poderoso guerrero, y una mujer, poderosa en su dominio de sí misma y de los demás.

Finalmente, otro motivo de especulación de los estudiantes surgirá en lo tocante al hecho de que las palabras que tienen hechizado al Coronel, no son palabras compradas. No se entregan a consecuencia del acto de compraventa. Son una dádiva, un obsequio; y el regalarlas al cliente comprador, es un acto ideado por Belisa misma. Las discusiones que se lleven a cabo en clase sobre este fenómeno, deben tomar en cuenta que ésta es otra muestra más del espíritu independiente de esta mujer, vendedora que cumple con la entrega del producto pagado, pero que, encima, impone su voluntad sobre el comprador con el regalo de sus palabras secretas.

4. La novela de Isabel Allende titulada *Eva Luna* (1987) antecedió a *Cuentos de Eva Luna* (1990), colección de cuentos que contiene "Dos palabras". En *Eva Luna* Allende trata la cuestión del poder de la palabra, particularmente el de la palabra que narra, ya sea oralmente o por escrito. Eva Luna habla de su madre, "una persona silenciosa . . . como si no existiera", pero:

". . . en la intimidad de la habitación que compartíamos se transformaba. Comenzaba a hablar del pasado o a narrar sus cuentos y el cuarto se llenaba de luz, desaparecían los muros para dar paso a increíbles paisajes, palacios abarrotados de objetos nunca vistos, países lejanos inventados por ella o sacados de la biblioteca del patrón; colocaba a mis pies todos los tesoros de Oriente, la luna y más allá, me reducía al tamaño de una hormiga para sentir el universo desde la pequeñez, me ponía alas para verlo desde el firmamento, me daba una cola de pez para conocer el fondo del mar . . . fabricó un mundo para mí. Las palabras son gratis, decía y se las apropiaba, todas eran suyas. Ella sembró en mi cabeza la idea de que la realidad no es sólo como se percibe en la superficie, también tiene una dimensión mágica, y si

a uno se le antoja, es legítimo exagerarla y ponerle color para que el tránsito por esta vida no sea tan aburrido. Los personajes convocados por ella en el encantamiento de sus cuentos son los únicos recuerdos nítidos que conservo de mis primeros años, lo demás pereció envuelto en una niebla . . ."

La idea que expone Allende en "Dos palabras" no es diferente, pero el cuento va más allá. Sabemos, por la narradora, que, con su huida de casa, "Belisa Crepusculario salvó la vida y además descubrió por casualidad la escritura". Como "vender palabras le pareció una alternativa decente" a la prostitución y al servicio doméstico, "a partir de ese momento ejerció esa profesión y nunca le interesó otra", subrayándose de nuevo el ejercicio, a lo largo del cuento, del libre albedrío de la protagonista.

Pronto se da cuenta de que la palabra escrita cobra múltiples formas; "calculó las infinitas proyecciones de su negocio", que involucra, claro está, encomiendas comunes: cartas reclamando pensiones y cartas de enamorados; algunas se acercan a la frontera de lo mágico realista, sin cruzarla. Belisa mejora la calidad de los sueños e inventa insultos para enemigos irreconciliables. Vende cuentos; pero nótese que ninguno es fantástico.

Conviene señalar que hay en el ejercicio de su oficio un eco de la función de los juglares medievales que iban de pueblo en pueblo, cantando o recitando los romances y trayendo noticias. Eran los "periodistas" del Medioevo. Los cuentos de Belisa son largas historias verdaderas que recita de corrido, sin saltarse nada, y a las que, en cada pueblo, se agregan unas líneas, para que se entere la gente de todas las nuevas.

No carece de importancia el hecho de que el Coronel, imperioso en la guerra, necesita de las palabras de Belisa para lograr otro tipo de poder: el poder político. Tampoco carece de importancia que el Coronel es analfabeto. El poder de Belisa sobre él es ciertamente un poder sexual, pero, más allá, es un poder que se arraiga en el poder creador que ella posee, y que a él le falta: el uso y manejo de las palabras, palabras que encierran ideas que se transmiten de alma en alma, creando enlaces entre pueblos y entre individuos. Estos enlaces se manifiestan, en el cuento de Allende, en el éxito rotundo que tiene el discurso del candidato, conmoviendo el corazón de la patria; y también en las dos palabras secretas que con su hechizo fraguan la unión entre Belisa y el Coronel.

La palabra es poderosa porque nos une; crea comunidad.

Guía de estudio

Comentarios apropiados son los siguientes:

a. Aquí el elemento maravilloso está en el poder mágico de las palabras, que pueden curar enfermedades del alma como la melancolía y la nostalgia. Cabe anotar que la palabra que Belisa ofrece es una palabra secreta, oculta, misteriosa, revelada solamente a quien va a usarla.

b. Aquí se aprecia el uso de la hipérbole o exageración, recurso que es muy común en las novelas y cuentos que participan de lo real maravilloso.

c. Aquí se aprecia nuevamente el uso de la hipérbole, cuando aparentemente se exagera la cantidad de años que el viejo ha estado esperando para recibir su pensión. El recurso permite acentuar el sentimiento de desesperanza, tal como lo hizo García Márquez en su relato *El coronel no tiene quien le escriba*, donde el personaje central espera eternamente algo que jamás va a ocurrir. Otra cosa: esta exageración puede parecerle obvia a un lector ajeno a la realidad latinoamericana, pero a un nativo de este continente le parecería muy próxima a la verdad.

d. Nuevamente la mención hiperbólica de la realidad se hace presente. Esta vez a la aparente exageración se suma ese exotismo que a menudo explota las rarezas de las costumbres alimenticias en pueblos remotos.

e. Aquí lo maravilloso se presenta en la capacidad deslumbradora e hipnótica de la palabra, en su poder ilimitado; ya que el pueblo, hechizado por la belleza del discurso, actúa de modo benigno ante el recuerdo de las pasadas calamidades de las cuales el coronel fue responsable.

Tesis de ensayo

1. El estudiante puede releer atentamente el cuento "Dos palabras" y revelar no solamente su conexión con la realidad histórica de Latinoamérica, sino también la presencia de lo épico a que se refiere la escritora en el fragmento citado. También puede sacar conclusiones sobre el papel que cumple el sufrimiento en la formación del carácter de los personajes, sobre todo en el de Belisa Crepusculario. Finalmente, puede elaborar ideas sobre la manera en que el amor transforma una realidad llena de corrupción y violencia.

2. Éste es un ejemplo del tipo de pregunta de análisis textual que se verá en la Pregunta N° 3, del examen de *AP Spanish Literature*.

Prueba de vocabulario

Las respuestas correctas son:

1. b, **2.** c, **3.** a, **4.** c, **5.** b, **6.** a, **7.** c, **8.** a, **9.** d, **10.** b, **11.** d, **12.** a, **13.** c, **14.** b, **15.** c.

Preguntas de opción múltiple

Las respuestas correctas son:

1. b, **2.** c, **3.** a, **4.** b, **5.** d, **6.** b, **7.** c.

Un día de éstos

GABRIEL GARCÍA MÁRQUEZ

Antes de leer

Tres cosas indican que el alcalde de este pueblo es militar: la guerrera que lleva, el hecho de que el dentista se dirige a su paciente empleando el título de "teniente", y su displicente—desagradable, antipático—saludo militar. Desesperado de dolor, llega al consultorio a someterse a las atenciones del dentista. El dentista es partidario de la oposición.

El arte de García Márquez aquí ha fabricado un cuento escueto, enormemente eficaz, que nos conmueve al hacernos sentir la humanidad, no sólo del dentista sino también de su enemigo político. No falta empatía para el paciente. Vemos a través de sus ojos sufridos la austeridad del consultorio con sus telarañas polvorientas salpicadas de huevos de araña e insectos muertos; vemos a través de sus lágrimas la muela extraída, que parece ahora extraña al tormento que lo agobió durante noches; y el lector todavía siente en sus propios huesos el crujido de la extracción.

Vocabulario

postizo—artificial.

pulir—alisar; dar brillo.

gallinazo—buitre; zopilote; carancho.

alcalde—oficial ejecutivo de un municipio; administrador municipal mayor.

gaveta—cajón de un escritorio o cómoda.

girar—dar vueltas sobre un eje.

cauteloso—cuidadoso; receloso.

aferrarse (a)—agarrar con fuerza; pegarse (a); no soltar.

rencor (m.)—resentimiento.

jadeante—respirando trabajosamente.

Al leer

Consulte la **Guía de estudio** como herramienta para comprender mejor esta obra.

Después de leer

Conviene saber que "Un día de éstos" se halla en la colección de cuentos *Los funerales de la Mamá Grande*, que García Márquez terminó de escribir en 1959. Los sucesos del cuento tienen lugar durante la Violencia, época de la historia colombiana que empezó en 1946 y duró dos décadas.

Conviene saber que García Márquez pone en boca del dentista la frase, "Con esto nos paga veinte muertos.", lo cual no equivale a decir, "Con esto nos paga los veinte muertos". La falta de artículo definido da a entender que ha habido más de veinte víctimas en el pueblo a manos del alcalde. El carácter temporal del dolor que sufrirá, con la sacada de la muela sin anestesia, "paga" veinte, pero no paga todas las muertes que debe el hombre. No será un dolor que dure; no será un dolor que mate. Y es lícito suponer que la cifra total de personas que el alcalde ha hecho asesinar en el pueblo, remonta a muchos más de los veinte muertos que paga con su dolor, tal vez evitable, en el despacho, bajo el dominio del dentista; dominio que cesará antes de terminarse el cuento.

Conviene saber que la respuesta del alcalde "Es la misma vaina" connota algo más que la simple frase, "Da lo mismo". Su significado se extiende a "Es una y la misma cosa"; es decir, más allá de un simple indicio de adónde se debe mandar la cuenta—o a su domicilio, o al ayuntamiento—es una firme reposesión del mando, una reafirmación de que alcalde y municipio son una y la misma cosa. Nos recuerda la famosa declaración del Rey Luis XIV de Francia: *L'Etat, c'est moi.* ("El Estado soy yo".) Equivale a la nueva toma del poder, de manos del dentista que lo tenía, si sólo efímeramente, en la mañana de los sucesos.

Conviene saber que el género trágico, según Hegel, se fundamenta en un conflicto ritualizado entre dos opuestos igualmente válidos pero irreconciliables entre sí. Sin ir más lejos podemos apreciar, en la vida real, las posiciones en pro y en contra de Fidel Castro y en pro y en contra de Augusto Pinochet. En un artículo dedicado al tema de la violencia, García Márquez argumenta que: ". . . quienes vuelvan alguna vez sobre el tema de la violencia en Colombia tendrán que reconocer que el drama de ese tiempo no era sólo el del perseguido, sino también el del perseguidor".

Al tratar la violencia en "Un día de éstos", García Márquez logra lo que aquí sugiere: el drama de sus personajes es tanto del perseguidor como del perseguido, tanto del verdugo como de la víctima.

Conviene saber que "Un día de éstos" se llegó a publicar en 1962, en el mismo año García Márquez publicó una novela titulada *La mala hora*. Esta novela desarrolla, entrelazadas, las historias de los vecinos del pueblo colombiano donde tiene lugar la acción de "Un día de éstos". Aparece en ella el episodio del dentista, con la sacada de la muela del alcalde, pero bajo una perspectiva notablemente diferente; el hecho de que en esta novela se conozcan mayores detalles del alcalde y del dentista, le presta un distinto punto de vista del que se aprecia en "Un día de éstos".

(Después de que los estudiantes den el examen de *AP Spanish Literature* en mayo, es posible que este episodio de *La mala hora* resulte interesante, para que se juzguen las diferencias entre la historia en su estado alternativo y la historia que aquí nos concierne: la de "Un día de éstos". El procedimiento más recomendable será atenerse antes al texto que el examen de *AP Spanish Literature* pedirá que el estudiante trate: el de "Un día de éstos". Cualquier estudio comparativo de las dos versiones, interesará únicamente en lo que queda del año, después del examen, y, aun entonces, como estudio comparativo nada más.)

Preguntas

1. Describe los complejos sentimientos que afligen al dentista de este cuento. Justifica tu descripción con citas textuales, y comenta la forma en que García Márquez nos retrata estos sentimientos.

2. El enfoque de este cuento recae sobre un paciente necesitado de atención de un dentista. Sin embargo, no se trata de un paciente cualquiera. ¿Por qué empieza el dentista por negarle la atención que requiere? ¿Qué es lo que le hace cambiar de parecer? Justifica tu opinión con citas textuales.

3. Explica la declaración del dentista: "Con esto nos paga veinte muertos, teniente". ¿A qué se refiere?

4. ¿Cuál es el significado más profundo del pronunciamiento final del alcalde: "Es la misma vaina"? ¿Qué función cumple en la historia?

5. Un elemento frecuente en la obra de Gabriel García Márquez es lo omitido, es decir, detalles que no llegamos a conocer a través del texto. Un detalle omitido de "Un día de éstos" es la interrogante en cuanto a la necesidad que declara el dentista de sacarle la muela al alcalde sin anestesia. Comenta ésta y otras interrogantes con que quedamos al final de este cuento por causa de detalles omitidos.

Bibliografía

Bell-Villada, Gene H. *García Márquez: The Man and His Work*. (1990)

Benedetti, Mario, et al. *Nueve asedios a García Márquez*. (1969)

Collazos, Óscar. *García Márquez: La soledad y la gloria*. (1983)

Escobar Icaza, Jorge, et al. *A propósito de Gabriel García Márquez y su obra*. (1991)

Harss, Luis, and Dohmann, Bárbara. "Gabriel García Márquez, or the Lost Chord." *Into the Mainstream: Conversations with Latin-American Writers*. (1967)
Versión en español: Harss y Dohmann, "Gabriel García Márquez, o la cuerda floja". *Los nuestros*. (1966)

Mendoza, Plinio Apuleyo. *Aquellos tiempos con Gabo*. (2000)

Mendoza, Plinio Apuleyo. *El olor de la guayaba: Conversaciones con Gabriel García Márquez*. (1982)

Saldívar, Dasso. *García Márquez: El viaje a la semilla*. (1997)

Nombre

Un día de éstos Gabriel García Márquez

Muchas veces un autor desarrolla un tema a lo largo de su obra mediante elementos léxicos—vocablos—que implícitamente refuerzan el tema. En "Un día de éstos" vemos que el argumento se fundamenta en una amenaza de violencia y en la imposición de dolor. Mientras leas, haz una lista de palabras y frases que—dentro o fuera del contexto del cuento—ayuden a crear un ambiente de violencia, o bien, que connoten la violencia o el dolor.

Por ejemplo: *gallinazos*—aves que se alimentan de la carroña; o bien, *voz destemplada* y *grito*—elementos que interrumpen de manera chocante las actividades hasta ahora pacíficas del dentista.

Nombre

Un día de éstos Gabriel García Márquez

I. En un artículo dedicado al tema de la violencia , García Márquez argumenta que:

quienes vuelvan alguna vez sobre el tema de la violencia en Colombia tendrán que reconocer que el drama de ese tiempo no era sólo el del perseguido, sino también el del perseguidor.

Al tratar la violencia en "Un día de éstos", García Márquez logra lo que aquí sugiere: el drama de sus personajes es tanto del perseguidor como del perseguido, tanto del verdugo como de la víctima.

En un ensayo coherente y bien organizado, compara y analiza la forma en que el autor desarrolla el drama del perseguido, el de la aparente víctima en "Un día de éstos", y el drama del perseguidor, el del aparente verdugo del caso. Discute los fines que logra García Márquez al exponerlos en su cuento.

(Tiempo: 40 minutos. Extensión mínima: 200 palabras).

2. Discute el tema de la tenacidad individual ante un reto o desafío presente en dos de los siguientes cuentos:

"Las medias rojas", de Emilia Pardo Bazán
"La siesta del martes", de Gabriel García Márquez
"Un día de éstos", de Gabriel García Márquez
"Mi caballo mago", de Sabine Ulibarrí

(Tiempo: 40 minutos. Extensión mínima: 200 palabras.)

Nombre

Un día de éstos Gabriel García Márquez

Lee las frases siguientes y completa el sentido de cada una eligiendo la palabra más apropiada entre las cuatro opciones.

1. ¡Lástima que un hombre tan joven tenga que usar dentadura ____!

   a. postiza
   b. postergada
   c. postrada
   d. postrimera

2. El zapatero remendón hizo muy buen trabajo; reparó bien mis zapatos, y me los entregó limpios, hasta ____.

   a. punidos
   b. podridos
   c. pupilos
   d. pulidos

3. Ha muerto algún animal por allí; ya se acercan los ____.

   a. gallineros
   b. gallinazos
   c. gallegos
   d. gallos

4. El Concejo Municipal está harto de los desmanes del ____, y lo van a destituir.

   a. alcalde
   b. alcahuete
   c. alcance
   d. alcaide

5. El caso se resolvió cuando el detective halló el arma homicida en una ___ del escritorio del acusado.

   a. gaviota   **c.** gaveta
   b. gaceta   **d.** gacela

6. La Tierra se mueve de dos maneras: da vueltas alrededor del Sol; a la vez ____ en su eje.

   a. gestiona
   b. germina
   c. gime
   d. gira

7. Los soldados, ____, avanzaron lentamente, por temor a un contraataque del enemigo.

   a. cautivos
   b. cautelosos
   c. caudillos
   d. cauterizados

8. El condenado, viendo próxima la hora de su fusilamiento, ____ a la única esperanza que le quedaba: la de un indulto a última hora.

   a. se afeó
   b. se apeó
   c. se afiló
   d. se aferró

9. Es cierto que el tipo me traicionó, pero ha llovido mucho desde entonces, y ya ni siquiera le guardo ____.

   a. rencor
   b. renglón
   c. rendición
   d. rendimiento

10. Te pedí que vinieras en seguida, pero no hubo necesidad de correr; has llegado ____.

   a. jactancioso   **c.** jadeante
   b. jarabeado   **d.** jaraneado

Nombre

Un día de éstos Gabriel García Márquez

Contesta las siguientes preguntas, o completa la idea, eligiendo en cada caso la respuesta más apropiada.

1. La franca inocencia del hijo del dentista, al funcionar de intermediario entre los dos adversarios, presta un tono ___ al cuento:

   a. triste y aun pensativo

   b. solitario y aun vergonzoso

   c. irónico y aun cómico

   d. altivo y aun desafiante

2. Reconocemos que el dentista no intentó matar al alcalde, al encontrarse a solas con él, por ___.

   a. su falta de armas.

   b. su carácter honrado ante el obvio padecimiento del alcalde.

   c. su temor a las repercusiones si lo fuera a matar en su propia casa.

   d. su cobardía.

3. La frase "Es la misma vaina", entre otras cosas, puede señalar ___.

   a. corrupción en las finanzas del municipio.

   b. una protesta contra la necesidad de pagar dinero por el gran dolor que el alcalde acaba de sufrir a manos del dentista.

   c. una profunda repugnancia por la poca pericia y el estado poco aseado del gabinete del dentista.

   d. ternura por el dentista, que acaba de librar al alcalde de un sufrimiento único.

4. El comportamiento del alcalde se caracteriza por ___ admirable y algo inquietante.

   a. una indiferencia

   b. una austeridad

   c. un sarcasmo

   d. un estoicismo

5. El dentista cumple su deber profesional ___.

   a. oportunamente, pero sin suerte.

   b. caprichosamente, y con ánimo.

   c. temblorosamente, pero con prisa.

   d. lacónicamente, y con deliberación.

Guía de respuestas

Un día de éstos
Gabriel García Márquez

Preguntas

1. El papel del dentista es complejo, y sus sentimientos no lo son menos. Un dentista debe atender a todo paciente necesitado, y al fin el de este cuento cumple con su cometido. Lo que pasa es que conocemos su comportamiento, para lograr hacerlo, por detalles externos—actos, gestos y palabras; no nos constan ni sus pensamientos ni sus móviles. Extraemos la mayoría de nuestras conclusiones a base de detalles como los siguientes:

Ejerce "sin título", cosa permitida con tal que el hecho quede anunciado en una placa o letrero. Puesto que su enemigo político acude a hacerse atender por él, es de suponerse que es el único dentista en el pueblo. Tendrá tal vez la experiencia de atender a muchos pacientes, pero no tiene la debida ciencia formal.

No será nada fácil ser valiente cuando, a causa de tener un hijo, se tiene uno que preocupar por la propia sobrevivencia. ¿En qué pensará el padre de un niño al oírle repetir palabras tan amenazadoras como las del alcalde? No sabemos si el niño es huérfano de madre; el dentista puede ser viudo, como el padre del cuento "El hijo", criando a su hijo a solas. ¿Qué podrá pasar al niño si el alcalde lo mata?

El dentista es trabajador y tiene "una mirada que raras veces correspondía a la situación, como la mirada de los sordos"; trabaja "con obstinación, pedaleando en la fresa incluso cuando no se servía de ella"; y la voz de su hijo "lo sacó de su abstracción". Se intuye, en estas frases, una tendencia del dentista al ensimismamiento, algo que puede indicar una propensidad a la reflexión profunda, o bien, preocupaciones de peso. La aparente distracción puede indicar absorción en pensamientos graves. El texto de García Márquez nos dice que "parecía no pensar en lo que hacía . . ." Por cierto, pulir una dentadura postiza—trabajo a fin de cuentas manual—no debe ocupar toda la capacidad reflexiva del dentista.

Con todo ello, se podrá prever una capacidad por parte del dentista de tomar una decisión de aprovechar la circunstancia en que le sitúa su profesión, la de aplicar un breve pero escalofriante castigo a un enemigo político.

El alcalde no lleva arma aparente. El revólver del dentista, al parecer para defensa propia, queda encerrado en la gaveta. Este hombre honorable no matará al desarmado alcalde, por más encono que le tenga.

A un dentista entrenado y desinteresado, sólo dos caminos lógicos se le abren para la extracción de una muela infectada: o se puede ayudar al paciente a curarse del absceso antes de sacarle la muela, evitando así que se propague la infección a otros órganos susceptibles; o se le puede administrar en seguida la anestesia debida, para que no sufra demasiado al perder la muela.

Lo omitido, aquí, es el contenido psicológico, no tanto de su decisión de sacarle la muela a este paciente, sino de la de hacerlo sin anestesia: ¿es por ignorancia profesional—por lo tanto, benevolencia—, o es por venganza—por lo tanto, malevolencia?

Una buena discusión en la clase podría terminar sin que todos coincidan en cuanto a los sentimientos, y verdaderos móviles, del dentista. Sin embargo, para más información véase la Pregunta N° 2.

2. Podrá surgir una animada discusión en clase a raíz de esta pregunta. Al principio del cuento el dentista se niega a ver al alcalde como paciente, con la excusa de que no está. Cuando el hijo responde que el alcalde sabe que sí está, la respuesta del dentista es, "Mejor". Con esta palabra, nos damos cuenta de que el dentista no sólo no desea atender a este paciente, sino que siente una íntima satisfacción dejándoselo saber.

Cuando, con el hijo del dentista como mensajero entre los dos, se transmite la amenaza chocante de que el alcalde le pegará un tiro si no le atiende, el dentista responde diciendo que venga a pegárselo; no sin antes cerciorarse de que su revólver está al alcance. Lo recibe con la mano apoyada en la gaveta abierta. Dentro de poco, sabremos que el alcalde ha tenido larga experiencia matando; no tenemos razón para dudar de la seriedad de su amenaza.

Sin embargo, al ver entrar al alcalde, el dentista se da cuenta de que, por la gravedad de la infección de muela, se han invertido los papeles de tirano y víctima, dentro de este modesto gabinete. La naturaleza médica de la situación permite que el dentista sea el manipulador, y no el manipulado, y a su modo. Se subyuga el poder político del alcalde al poder médico del dentista. El alcalde lo necesita para librarse del dolor que le ha hecho pasar cinco noches de tormento. El alcalde está a merced del dentista.

Para algunos estudiantes, será difícil resolver la cuestión de la compasión del dentista. Sin lugar a duda, "los ojos marchitos" y la "desesperación de muchas noches" le impelen al dentista a atenderlo. Pero, al hacerlo sin anestesia, ¿lo hace por profesionalismo mal entendido, o porque, en el acto, concibe una venganza por las muertes con que carga el teniente?

3. Se refiere al hecho de que el dentista considera al alcalde responsable de más de veinte muertes.

La violencia que acecha continuamente en la vida política de muchos países hispanoamericanos es un tema principal del cuento. Hay una singular realidad: la amenaza de un resurgimiento del despotismo está siempre presente. García Márquez ha respondido al reproche con estas palabras: "No es justo que cuando en Colombia ha habido 300.000 muertes atroces en diez años, los novelistas sean indiferentes a ese drama"; ha dicho que una novela suya, *El coronel no tiene quien le escriba,* así como algunos cuentos de *Los funerales de la Mamá Grande,* colección de la que forma parte "Un día de éstos", están "inspirados en la realidad de Colombia". Sin embargo, afirma, en una entrevista con Plinio Apuleyo Mendoza: "No me arrepiento de haberlos escrito, pero constituyen un tipo de literatura premeditada, que ofrece una visión un tanto estática y excluyente de la realidad. Por buenos o malos que parezcan, son libros que acaban en la última página. Son más estrechos de lo que yo me creo capaz de hacer".

Es injusta e inexacta la autocondena de García Márquez a su obra. "Un día de éstos" es un ejemplo de la fina técnica del escritor para poner matiz sobre matiz, en el intercambio muy humano entre los dos protagonistas que aquí alternan en la sede del poder. (Para más información véase la sección **Después de leer**.)

Más allá de la frase, "Con esto nos paga veinte muertos, teniente", el título parece sugerir que "un día de éstos" el dentista tendrá la venganza más cabal que anhela, tal vez una que sea de origen médico. Hay una indiscutible igualdad de condiciones entre todos los seres humanos, ya sean oprimidos o tiranos, en lo que al azar de la salud se refiere.

4. Nos damos cuenta, al despedirse el alcalde, y al preguntar el dentista adónde debe mandar la cuenta, que la respuesta del alcalde, "Es la misma vaina.", devuelve las cosas a su sitio, y que el dominio y la opresión seguirán como antes. El alcalde ya no depende de la asistencia médica del dentista. Él y el municipio seguirán siendo una y la misma cosa. Para más sobre esto, véase la sección **Después de leer**.

5. Las respuestas de los estudiantes serán varias. La cuestión de la anestesia es la primera que surge en la lectura del cuento. A fin de cuentas, una supuesta conexión entre cualquier anestesia, y el efecto que pudiera tener en la muela, en la infección o en los órganos vitales del teniente, es muy poco convincente.

Pero el lector queda perplejo ante un hecho médico que, de aceptarlo como el debido procedimiento, disminuye en cierto grado el impacto de la historia. Se vuelve la de un evento penoso pero profesionalmente adecuado, uno que no sugiere mucho tocante a la resistencia a un tirano por parte del dentista. Será, en estos términos, una simple y necesaria decisión de carácter médico. Cuando más, ante la supuesta inevitabilidad médica de infligir sufrimiento al hombre que ha perpetrado mil agravios al pueblo, podemos estar seguros de que al dentista no se le ocurriría lamentarlo.

Por lo mismo, si es por ignorancia del dentista—después de todo, carece de formación profesional—que éste presupone, en la cura de la muela bajo anestesia, un peligro que no se encuentra en los textos de odontología, no encontramos en esa ignorancia indicio de lo que el lector intuye en sus entrañas: que el dentista, en el proceso de portarse como profesional, y de atender a un paciente a quien odia pero que padece, determina con premeditación quitarle la causa de su sufrimiento imponiéndole un dolor significativo, si bien pasajero.

Ciertamente, queda comprobada la buena calidad de atención médica proporcionada por este dentista: el alcalde queda aliviado en el acto.

Todo lo anotado arriba es posible. García Márquez no nos revela los resortes que mueven a este dentista abstraído y obstinado a proceder en la forma en que lo hace. Sólo nos queda lo que intuimos en las entrañas.

Otros detalles omitidos son: los antecedentes del alcalde—¿es del pueblo, o lo mandaron de fuera?; ¿cuál fue su misión al subir al poder?; la razón de que el alcalde cargue con los mucho más de veinte muertos—¿qué justificación puede haber habido para las muertes en el pueblo?, ¿fueron simples actos realizados para tener al pueblo aterrorizado?; el estado actual del pueblo—¿se rebelará contra el municipio? ¿contra el alcalde? ¿Por qué tolera a un matón en la sede del poder?; la independencia de acción del dentista—¿quedará apresado o muerto a causa del incidente de "Un día de éstos"? ¿Tiene el dentista copartidarios en el pueblo? ¿Habrá otros valientes en el pueblo que se opongan al alcalde, que le hagan frente? ¿Por qué no se ha hecho víctima el dentista de la mano dura del alcalde si es que forma parte de la oposición?

Los estudiantes seguramente propondrán otras omisiones importantes.

Guía de estudio

Hay muchas palabras y frases de este tipo a lo largo del texto, además de las obvias, como *te pega un tiro*, *revólver*, y *tortura*; incluyen *guerrera*, *telaraña*, e *insectos muertos*. Ciertamente, incluyen todas las palabras y frases que se refieren a la atención del dentista del cuento: *pinzas*, *crujido de huesos*, y aun *cautelosa presión de los dedos*, frase que hace temblar al lector que ha llegado a conocer el trance en que se halla el alcalde. Hay muchas más.

Tesis de ensayo

1. Aquí el estudiante está frente a una paradoja, pues, antes que todo, tendrá que determinar cuál de los dos, dentista o alcalde, es la víctima y cuál el verdugo.

Los ensayos con más acierto reconocerán que los dos protagonistas desempeñan ambas papeles.

Detalles omitidos por García Márquez nos impiden conocer muchos hechos que pudieran ayudarnos a tomar determinaciones informadas sobre el drama: las circunstancias de las muertes con que responsabiliza el dentista al alcalde es un misterio; como resultado de aquellas muertes, ¿se aprecia una disminución de caos en el pueblo bajo la mano dura del alcalde?; ¿hay hechos de índole personal que determinan la oposición del dentista?; ¿hay factores que mitiguen nuestra condena del alcalde, u obra éste del todo despiadadamente, sin misericordia?; la extracción de la muela sin anestesia, ¿es un acto necesario desde el punto de vista médico?; ¿es un acto realizado por una combinación de compasión e ignorancia científica?; ¿es un acto consciente de castigo? Éstas son preguntas que quedan pendientes.

Para satisfacer los requisitos más básicos de la tesis, el estudiante debe comparar y contrastar al dentista, como víctima y como verdugo, y al alcalde de igual manera, analizando, con detalles del texto, su interrelación. A la vez debe argüir lógicamente por su interpretación de los fines del escritor al escribir el cuento, y estos fines de alguna forma deben referirse a la cita dada de García Márquez, afirmando que el drama no estaría completo sin que se echara luz sobre los dos lados, por más opuestos e irreconciliables que sean.

Esta tesis refleja el tipo de pregunta de análisis textual a base de una cita de autor, como las que se verán en la Pregunta N° 3 del examen de *AP Spanish Literature*.

2. Éste es un ejemplo del tipo de Pregunta N° 2, de análisis temático que se verá en el examen de *AP Spanish Literature*.

Prueba de vocabulario

Las respuestas correctas son:

1. a, **2.** d, **3.** b, **4.** a, **5.** c, **6.** d, **7.** b, **8.** d, **9.** a, **10.** c.

Preguntas de opción múltiple

Las respuestas correctas son:

1. c, **2.** b, **3.** a, **4.** d, **5.** d.

Páginas 252–263 del libro de lecturas

La prodigiosa tarde de Baltazar

GABRIEL GARCÍA MÁRQUEZ

Antes de leer

Gabriel García Márquez es uno de los más destacados representantes de la corriente literaria conocida como el realismo mágico en la literatura latinoamericana del siglo XX; sus obras, muchas de las cuales están escritas con un estilo barroco, son producto de la búsqueda de un lenguaje apto para describir y analizar la realidad exuberante de Latinoamérica, prolífica en paisajes tropicales indómitos, en acontecimientos históricos sin parangón en otros continentes y en personajes cuya vida, por exagerada, parece salida de la imaginación de un mitómano. La gloria le llegó con la publicación de la novela *Cien años de soledad* en 1967; pero antes de tal acontecimiento, García Márquez tuvo que luchar para que su voz fuese reconocida en el ámbito internacional; su primera novela, *La hojarasca*, fue rechazada por la Editorial Losada y *El coronel no tiene quien le escriba* fue menospreciada por la editorial francesa Gallimard. Después de *Cien años de soledad*, García Márquez ha publicado otras novelas de gran resonancia y popularidad, como son *El otoño del patriarca*, *El amor en los tiempos del cólera* y *Crónica de una muerte anunciada*.

"La prodigiosa tarde de Baltazar", publicado en 1962 como parte de un volumen de cuentos titulado *Los funerales de la Mamá Grande*, es un relato que pertenece a un período de incertidumbre en la obra garcíamarqueana, cuando los intelectuales latinoamericanos exigían de sus mejores escritores una posición política comprometida con las causas del pueblo, instándolos a reflejar en sus obras los conflictos sociales que a diario iban transformando la historia. García Márquez, quizá impulsado por aquella coyuntura, escribió el relato de un artesano pobre y sencillo enfrentado al hombre más rico del pueblo, José Montiel, en una prodigiosa tarde que no solamente revela la colisión de dos clases sociales distintas, sino que además nos muestra la profunda soledad de Baltazar, el artesano, cuya vocación artística no es comprendida por nadie, salvo por los niños.

Vocabulario

ofuscado—confundido; perplejo; sin entender.
permanecer—seguir o quedar (en un estado).
soler—acostumbrar; tener por costumbre.
impasible—sin alterarse; sin emocionarse.
apaciguar—calmar.
agonía—tránsito de la muerte; proceso de morir.
tender—extender; ofrecer (la mano, por ejemplo).
incorporarse—levantarse; ponerse de pie.
cacharro—objeto de poco valor; trasto.
compromiso—promesa; obligación.

Al leer

Consulte la **Guía de estudio** como herramienta para comprender mejor esta obra.

Despues de leer

Conviene saber que "La prodigiosa tarde de Baltazar" es un cuento escrito en un período muy especial, cuando García Márquez pretendía dar a sus obras un carácter más sobrio, realista y mesurado; muy distinto del estilo que le dio fama y que se caracteriza por su impresionante riqueza verbal, su barroquismo febril y su continua alusión a un mundo donde se suceden acontecimientos insólitos y maravillosos que, según su autor, tienen su legítima fundación en la realidad. Sin embargo, aunque García Márquez no termine de aceptarlo, en "La prodigiosa tarde de Baltazar" asoman tímidamente algunos rasgos de lo que se conoce como realismo mágico; y eso puede verse desde el título, donde se usa una palabra exagerada y grandilocuente como "prodigiosa", que encierra en su significado una alusión directa a algo extraordinario, algo fuera de lo cotidiano, algo que no es del todo normal. También está, dentro de la línea argumental, la jaula que Baltazar construye, que es una jaula inverosímil, propia de un cuento de hadas por su belleza única e irrepetible. Finalmente, en la galería de los personajes, hallamos un José Montiel desmesurado y cruel, incapaz de dormir con el ventilador prendido a pesar del calor agobiante, por temor a que alguien se metiera en su casa y lo matara por todas sus atrocidades. Pero todos estos elementos, conjugados, están enmarcados en una trama donde los conflictos sociales y políticos ocupan el primer plano. En la cúspide de la pirámide social tenemos a José Montiel, rico y poderoso; en medio tenemos al Dr. Giraldo, profesional sensible; y en la base está Baltazar, artesano pobre y sencillo que se gana la vida como carpintero. Sabemos además, por la información obtenida en otros cuentos de García Márquez, que la situación política del pueblo es caótica y que Montiel ha obtenido toda su riqueza y su poder por medio del abuso y el crimen. Ello explica por qué la gente del pueblo le tiene antipatía y muestra su solidaridad con Baltazar, al creer ingenuamente que ha sido capaz de ganarle a Montiel una pequeña batalla comercial tras venderle a un precio elevado una jaula para turpiales.

Conviene saber que aunque el conflicto social está en un primer plano, existen al interior del relato otro tipo de confrontaciones. Por ejemplo, la confrontación entre los adultos y los niños, puesto que los primeros o bien desprecian la jaula (como Montiel) o bien le ponen un precio (como el Dr. Giraldo y Úrsula), mientras que los últimos admiran alelados su belleza e inconscientemente saben que la misma no tiene precio. Luego está la confrontación entre Baltazar y Úrsula, su mujer, en su percepción de la realidad; Baltazar es un artista, lo suyo no es "profesión" sino "vocación", vive por ello en un mundo imaginario que no sabe de precios ni de mercancías; Úrsula, en cambio, tiene los pies bien puestos sobre la tierra y toma las decisiones con un pragmatismo y una frialdad que Baltazar acepta sin protestas. Esto nos lleva a una primera conclusión de importancia: "La prodigiosa tarde de Baltazar" es la historia de un hombre doblemente marginado, primero por su condición de pobre y segundo por su condición de artista. Y debido a esta marginación, encuentra un refugio en su arte, se vuelca a un mundo imaginario donde contempla embriagado miles de jaulas preciosas, admiradas y deseadas por todos.

Conviene saber que García Márquez ha manifestado muchas veces que el tema central de su obra es la soledad. En el relato que hoy nos ocupa, la soledad de Baltazar es la soledad del artista. No lo comprende nadie, excepto los niños. Montiel lo desprecia, el Dr. Giraldo le dice apenado "hubieras sido un extraordinario arquitecto" y Úrsula le regaña por entregarse con tanta pasión a su arte, convirtiéndolo en un fin y no en un medio. Pero precisamente por esta incomprensión es que Baltazar se eleva por sobre todo el pueblo. En el episodio de su entrevista con Montiel, cuando éste último pretende humillarlo insultándole y llamando "cacharro" a su jaula, a su obra maestra, las palabras hirientes no afectan a Baltazar porque él está en otro plano, es superior al hombre rico que le maltrata, es más, le tiene compasión. Por eso es que cuando Baltazar piensa en Montiel, siente piedad por sus padecimientos de hombre rico, por sus achaques que lo llevarán a morir de una simple rabieta, por su esposa que tiene una obsesión enfermiza con la muerte. Su superioridad moral queda revelada en el mencionado episodio, cuando Baltazar, convencido de que Montiel no le dará un centavo por la jaula que encargó su pequeño hijo, se la regala al niño y se marcha. La jaula pues no tiene precio, es tan bella que no queda sino corroborar lo que dice el Dr. Giraldo: "Ni siquiera será necesario ponerle pájaros . . . Bastará con colgarla entre los árboles para que cante sola".

Conviene saber que la obra de García Márquez tiene otro tema central, aparte de la soledad. Tal tema es la desesperanza. En su novela *El coronel no tiene quien le escriba*, por ejemplo, el personaje está condenado a esperar una carta que nunca llega. En "La prodigiosa tarde de Baltazar" nos escontramos con unos pueblerinos sumergidos en el aburrimiento, sin esperanzas de cambiar la realidad que los oprime, como si fueran títeres de una historia tumultuosa plagada de abusos, injusticias, rebeliones sofocadas, tiranos excesivos, etc. La ciudad parece una aldea olvidada de calles polvorientas donde el calor agobiante lo cubre todo, sumiendo a todos en el sopor y el adormecimiento. A este respecto, el escritor colombiano Alvaro Mutis señala algo muy interesante: la desesperanza no es necesariamente propia de lugares sombríos, grises, tristes e invernales, sino más que nada de lugares azotados por un calor inclemente, donde imperan el tedio y el cansancio. Es de interés anotar que una de las obras más desesperanzadas es *El extranjero*, de Albert Camus, que se desarrolla en las calurosas tierras de Marengo. El calor es fundamental en la obra de García Márquez porque evoca lentitud, desgano, adormecimiento, fatiga de la vida.

Preguntas

1. Describe la jaula que ha construido Baltazar. ¿Cómo es físicamente y qué efecto tiene entre la gente del pueblo? ¿Comprende el artista los alcances de su capacidad artística?

2. ¿Por qué se niega Baltazar a vender la jaula al médico, como sugiere Úrsula, para después volver a hacer otra para el hijo de José Montiel?

3. ¿Por qué le resulta imposible a Baltazar contarle al pueblo la verdad sobre la negativa de Montiel de pagar la jaula?

4. ¿Por qué crees que se titula el cuento "La prodigiosa tarde de Baltazar" y no "La prodigiosa jaula de Baltazar"?

5. Muchas obras de Gabriel García Márquez y de Emilia Pardo Bazán se enfocan en personajes que son maltratados por otros. Compara el maltrato que recibe Baltazar en este cuento con el maltrato de Ildara en "Las medias rojas" de Emilia Pardo Bazán.

Bibliografía

Bell-Villada, Gene H. *García Márquez: The Man and His Work.* (1990)

Benedetti, Mario, et al. *Nueve asedios a García Márquez.* (1969)

Collazos, Óscar. *García Márquez: La soledad y la gloria.* (1983)

Escobar Icaza, Jorge, et al. *A propósito de Gabriel García Márquez y su obra.* (1991)

Harss, Luis, and Dohmann, Bárbara. "Gabriel García Márquez, or the Lost Chord." *Into the Mainstream: Conversations with Latin-American Writers.* (1967)
Versión en español: Harss y Dohmann, "Gabriel García Márquez, o la cuerda floja". *Los nuestros.* (1966)

Mendoza, Plinio Apuleyo. *Aquellos tiempos con Gabo.* (2000)

Mendoza, Plinio Apuleyo. *El olor de la guayaba: Conversaciones con Gabriel García Márquez.* (1982)

Saldívar, Dasso. *García Márquez: El viaje a la semilla.* (1997)

La prodigiosa tarde de Baltazar Gabriel García Márquez

1. Has visto que la atmósfera de este relato se caracteriza por la presencia de un calor asfixiante. El escritor utiliza la inclemencia del clima para revelar aspectos del modo de ser de sus personajes. Debes señalar esos momentos que aluden al calor insoportable y a su secuela natural de aburrimiento y cansancio.

2. Señala y discute los fragmentos en que se definen facetas de la personalidad de los personajes principales. Por ejemplo:

El Dr. Giraldo le dice a Baltazar con respecto a la jaula: "Ésta es una aventura de la imaginación. Hubieras sido un extraordinario arquitecto".

Comentario: *De este fragmento se concluye que el Dr. Giraldo aprecia la belleza en función de su utilidad. Para él, la jaula de Baltazar es hermosa e imaginativa, pero inútil; por eso le dice apenado que le hubiera convenido hacerse arquitecto, para hacer algo útil, por ejemplo una casa.*

Los estudiantes hallarán los siguientes fragmentos:

a. Úrsula le pregunta a Baltazar, a propósito de la jaula terminada:

"—¿Cuánto vas a cobrar?

—No sé —contestó Baltazar—. Voy a pedir treinta pesos para ver si me dan veinte.

—Pide cincuenta —dijo Úrsula. Te has trasnochado mucho en estos quince días. Además, es grande. Creo que es la jaula más grande que he visto en mi vida. Baltazar empezó a afeitarse.

—¿Crees que me darán los cincuenta pesos?

—Eso no es nada para don Chepe Montiel, y la jaula los vale —dijo Úrsula—. Debías pedir sesenta."

b. Montiel le dice a Baltazar cuando éste le lleva la jaula:

"No seas tonto Baltazar. Llévate tu trasto para la casa y no hagas más tonterías. No pienso pagarte ni un centavo".

Nombre

La prodigiosa tarde de Baltazar Gabriel García Márquez

1. Se ha afirmado muchas veces que en la obra de García Márquez las mujeres juegan un rol muy importante, poniendo orden y firmeza allí donde los hombres ponen caos. Al respecto, García Márquez nos dice: "En todo caso, analizando mis propios libros con esa óptica, he descubierto que en efecto parece corresponder a la visión histórica que tengo de los dos sexos: las mujeres sostienen el orden de la especie con puño de hierro, mientras los hombres andan por el mundo empeñados en todas las locuras infinitas que empujan la historia".

    Escribe un ensayo coherente, contrastando la personalidad de Úrsula con la de la esposa de José Montiel. Señala en tu ensayo el tipo de relación que estas dos mujeres tienen con sus respectivos maridos. Para facilitar tu trabajo, puedes leer el cuento "La viuda de Montiel".

    (Tiempo: 40 minutos. Extensión mínima: 200 palabras).

2. Discute la función de la mentira como móvil de la acción en dos de las siguientes obras:

    La vida de Lazarillo de Tormes, y de sus fortunas y adversidades (Anónimo)
    El burlador de Sevilla y convidado de piedra, de Tirso de Molina
    "Las medias rojas", de Emilia Pardo Bazán
    San Manuel Bueno, mártir, de Miguel de Unamuno
    "La prodigiosa tarde de Baltazar", de Gabriel García Márquez

    (Tiempo: 40 minutos. Extensión mínima: 200 palabras.)

3. Discute la presencia de momentos de éxtasis o de epifanías en dos de los siguientes textos:

    "Romance del conde Arnaldos" (Anónimo)
    "En una tempestad", de José María Heredia
    "La prodigiosa tarde de Baltazar", de Gabriel García Márquez
    "El ahogado más hermoso del mundo", de Gabriel García Márquez
    "Dos palabras", de Isabel Allende

    (Tiempo: 40 minutos. Extensión mínima: 200 palabras.)

Nombre

La prodigiosa tarde de Baltazar   Gabriel García Márquez

Lee las frases siguientes y completa el sentido de cada una eligiendo la palabra más apropiada entre las cuatro opciones.

1. El abogado defensor hizo trizas al testigo, y éste, ___, no supo qué responder.

    a. ofuscado

    b. obsoleto

    c. oblicuo

    d. obturado

2. El juez no quiso intervenir, y ___ callado, a pesar de las repetidas protestas del abogado.

    a. perteneció

    b. permaneció

    c. peregrinó

    d. perfiló

3. Yo me quedé boquiabierto, porque conozco al juez, y él no ___ tolerar esas cosas.

    a. suele

    b. suelta

    c. suelda

    d. solfea

4. Toscacho oía los insultos del otro como quien oye llover; siguió ___, sin alterarse.

    a. imposible

    b. impecable

    c. impasible

    d. impelido

5. Justamente cuando parecía que los reñidores iban a llegar a las manos, llegó Concordia, y logró ___ los ánimos.

    a. apaciguar

    b. apachurrar

    c. apacentar

    d. apabullar

6. El médico llegó en seguida, pero sólo pudo asistir a la ___ de la víctima del homicida, porque murió dentro de pocos minutos.

    a. agorera

    b. agorería

    c. agonía

    d. agorafobia

7. La pelea fue reñida, pero después, mi contrincante me ___ la mano, y se la estreché.

    a. terció

    b. tendió

    c. templó

    d. tiñó

8. El soldado herido estaba tendido en el suelo, pero le di una mano, y con mi ayuda, logró ___.

    a. incomodarse

    b. incrementarse

    c. inculcarse

    d. incorporarse

9. Tengo el garaje tan atestado de ___ que no hay lugar para el carro; los voy a botar mañana mismo.

    a. cacharros

    b. cachorros

    c. cachalotes

    d. cachiporras

10. Lo siento, pero no puedo eludir este ___; le di a Gandolfo mi palabra de honor.

    a. comprobante   **c.** compromiso

    b. compendio   **d.** complemento

La prodigiosa tarde de Baltazar Gabriel García Márquez

Contesta las siguientes preguntas, o completa la idea, eligiendo en cada caso la respuesta más apropiada.

1. ¿Por qué crees que Baltazar finalmente le regala la jaula a Pepe, el hijo de José Montiel?

   a. Porque no le importa mucho la jaula, ya que puede hacer otra cuando lo desee.

   b. Para provocar a su mujer, que constantemente lo asedia por cuestiones de dinero.

   c. Porque comprende que la jaula no tiene precio y se compadece del niño por el padre miserable que tiene.

   d. Porque nadie en el pueblo, salvo José Montiel, se la podía comprar.

2. ¿Cuál de las siguientes aseveraciones es verdadera?

   a. José Montiel rehúsa comprar la jaula porque no quiere consentir los caprichos de su hijo.

   b. El Dr. Giraldo desea comprar la jaula porque le parece que sería un excelente adorno para su jardín.

   c. La esposa de Montiel considera que el precio que Baltazar pide por la jaula es demasiado alto y la economía de su marido está en crisis.

   d. El Dr. Giraldo piensa en comprar la jaula porque a su esposa, que es inválida, le gustan mucho los pájaros.

3. ¿Cuál de las siguientes afirmaciones sobre Úrsula es cierta?

   a. Es una mujer ambiciosa que constantemente presiona a Baltazar para que consiga dinero de cualquier manera.

   b. Es una mujer con los pies sobre la tierra, cuyo carácter contrapesa el espíritu soñador y creativo de Baltazar.

   c. Es una mujer que intenta sacar ventaja de todas las situaciones y por eso busca que Baltazar le saque mucho dinero a Montiel.

   d. Es una mujer sencilla y dulce que apoya a Baltazar en todas sus empresas creativas.

4. Señala la afirmación falsa:

   a. Baltazar siente que solamente los niños comprenden el valor de su obra y esa es otra razón por la cual le satisface regalarle la preciosa jaula a Pepe.

   b. Baltazar piensa que solamente el Dr. Giraldo aprecia su obra porque es un hombre culto y sincero en sus comentarios.

   c. Montiel menosprecia la jaula porque para él solamente el dinero tiene valor.

   d. El Dr. Giraldo considera que la jaula es tan bella, que no necesita pájaros en su interior para resaltar esa hermosura que le sobra.

5. Los enunciados siguientes tratan de captar rasgos singulares de los personajes de "La prodigiosa tarde de Baltazar". Señala el enunciado que te parezca incorrecto.

   a. El Dr. Giraldo es un hombre sensible cuya única frustración proviene del cansancio que le causa el prolongado ejercicio de una profesión que ya no ama.

   b. Montiel vive tan asustado de sus fechorías que duerme con el ventilador apagado para sentir todos los rumores de la casa.

   c. Úrsula es una mujer sumisa que acata todo lo que Baltazar le ordena.

   d. Baltazar es un soñador que se aísla en un mundo de creación y fantasía como reacción a los aspectos grotescos e inhumanos de la realidad.

Guía de respuestas

La prodigiosa tarde de Baltazar Gabriel García Márquez

Preguntas

1. La jaula es grande; fue hecha para pájaros grandes, y, según Úrsula, "es la jaula más grande que he visto en mi vida." Con su "enorme cúpula de alambre con tres pisos interiores, con pasadizos y compartimientos especiales para comer y dormir, y trapecios en el espacio reservado al recreo de los pájaros, parecía el modelo reducido de una gigantesca fábrica de hielo". Está hecha del "alambre más resistente que se puede encontrar, y cada juntura está soldada por dentro y por fuera." La esposa de José Montiel la ve y exclama, con expresión radiante: "Qué cosa tan maravillosa. No había visto nada igual en mi vida."

Los encomios son extravagantes pero bien merecidos; salen de la boca del doctor Giraldo como quien no quiere la cosa: "Ni siquiera será necesario ponerle pájaros. Bastará con colgarla entre los árboles para que cante sola." El narrador comprueba a medias el juicio del médico: el carpintero "golpeó la cúpula con los nudillos, y la jaula se llenó de acordes profundos". Para el médico, la jaula "es una aventura de la imaginación". Es una fantasía de carácter ilusorio, como las ilusiones de Baltazar y de Úrsula, sobre la fortuna que les ha de traer.

Sólo falta que el artesano deje la jaula a la vista del pueblo para que todos la juzguen "la jaula más bella del mundo. Tanta gente vino a verla, que se formó un tumulto . . ." Ese tumulto, dentro de poco, es una multitud que, en la casa de Montiel, amenaza con convertir la sala en una gallera. Vale la pena fijarse en el hecho de que la edad y el oficio de Baltazar son los de Jesucristo.

En cuanto a la pregunta sobre la comprensión del protagonista de los alcances de su capacidad artística: "ni siquiera sabía que para algunas personas, la jaula que acababa de hacer era la más bella del mundo". Para Baltazar ha sido "apenas un trabajo más arduo que los otros", y la mayor alabanza que él se permite es que, acostumbrado a hacer jaulas desde niño, "pensaba que había hecho una jaula mejor que las otras . . ."

2. El caso es que Úrsula le sugiere que Baltazar podrá volverle a hacer otra jaula después. No entra a la cabeza ni de Úrsula ni de Baltazar que se pueda vender lo que ya está vendido. Es posible que Úrsula, siendo más pragmática, esté convencida de que el único bolsillo del pueblo capaz de pagar lo que vale esta jaula maravillosa es el de José Montiel; ella es quien sugiere por vez primera la suma de 60 pesos al fantasear con Baltazar sobre lo que éste debe pedir. Pero, en cuanto al artesano mismo, él dio su palabra, y esta jaula la hizo para Pepe Montiel.

3. La ingenuidad de Baltazar sobre qué efecto produciría en la gente su prodigiosa jaula, se extiende también a su ingenuidad sobre qué efecto produce en el pueblo la "venta" de la misma a José Montiel. Es, para muchas personas, una insigne victoria sobre la malograda fortuna del hombre más rico y poderoso del pueblo. Por ilusorias que sean aquella venta y aquella victoria, Baltazar tiene su tarde prodigiosa en el salón de billar.

Convendría que los estudiantes leyeran "La viuda de Montiel" en conjunto con este cuento, a fin de conocer los antecedentes de José Montiel. Para más sobre el tema de esta pregunta, véanse también las respuestas a las Preguntas N° 1, 3 y 4 de ese cuento.

Baltazar deja la casa de José Montiel, sin que éste le haya pagado un centavo por la jaula, y sin que el pueblo sepa la verdad de lo que allí acaba de ocurrir. Va al salón de billar, y en ese recinto lo reciben con una ovación. "Hasta ese momento, pensaba que había hecho una jaula mejor que las otras, que había tenido que regalársela al hijo de José Montiel para que no siguiera llorando, y que ninguna de esas cosas tenía nada de particular." Con la ovación del pueblo, se da cuenta de que "todo eso tenía una cierta importancia para muchas personas, y se sintió un poco excitado." El resultado: Baltazar, que no ha tomado un trago en la vida, se emborracha, y pasa allí la tarde y la noche, gastando tanto en música y en tandas para todos, que tiene que dejar el reloj en prenda. Se encuentra a la madrugada siguiente despatarrado en la calle y en proceso de perder los zapatos a ladrones, sin querer abandonar lo que para él ha sido el sueño más feliz de su vida.

Conviene notar que algunos críticos han hecho comentarios sobre los finales abruptos e inconclusos que caracterizan la obra de García Márquez: " . . . habrán de parecer extrañamente fragmentarios y dejarán perplejos a muchos lectores . . . La honradez del autor no le permite disimular su metafísica incertidumbre, recurriendo a fáciles consuelos . . . Lo "fragmentario" . . . en Gabriel García Márquez forma parte de su visión de un mundo inconcluso."[1]

4. Los estudiantes responderán con sus propios conceptos; lo importante es que sepan defenderlos a base del texto. Verán que la jaula de Baltazar, sin lugar a duda, es prodigiosa—por la ilusión que inspira y por lo hiperbólica que es. Es "la jaula más grande", hecha del "alambre más resistente"—en todo sentido, una jaula "superior a su propio prestigio". Pero por encima de todas las hipérboles que merezca la prodigiosa jaula, es la tarde prodigiosa la que le ha traído al carpintero el sueño más feliz de su vida. Él ha sido, en el concepto del pueblo, "el único que ha logrado sacarle ese montón

de plata a don Chepe Montiel". Es una victoria que hay que celebrar, una hazaña digna de los grandes héroes de la poesía épica del Medioevo: "Hay que hacer una raya en el cielo," dice alguien. Todos brindan "por la salud de Baltazar, por su suerte y su fortuna, y por la muerte de los ricos".

Para más sobre este tema, véase la historia de José Montiel en el cuento siguiente, "La viuda de Montiel".

Baltazar se caracteriza por su ingenuidad, su capacidad de quedar perplejo—ofuscado—ante la gente rica con "sus mujeres feas y conflictivas, . . . sus tremendas operaciones quirúrgicas". Le inspiran una piedad análoga a la lástima con que ve al hijo de Montiel; "observó al niño [que lloraba en el suelo] como hubiera observado la agonía de un animal contagioso". A Pepe le regala la jaula, digna y honradamente, aunque tenga que hacerlo mintiendo, porque se la tenía prometida. Ese simple acto de generosidad para un niño rico, forma parte también de su prodigiosa tarde.

5. Mientras que en "Las medias rojas", el maltrato que recibe Ildara es un abuso físicamente atroz, el que recibe Baltazar a manos de José Montiel es estríctamente verbal. La muchacha, quien se muestra férrea ante la inquisición del padre, es vulnerable únicamente cuando empiezan a caerle los golpes decisivos de su abusador.

Montiel rechaza a voces la jaula, como "trasto" y "cacharro", y Baltazar no se inmuta. Con su carácter sencillo, es resistente como la seda al sable a las insinuaciones groseras de Montiel. Impávido ante la negativa de éste, el carpintero pone la jaula en manos del niño, y logra así su victoria sobre el aprovechador del pueblo.

Mientras que la paliza que Ildara recibe a manos del tío Clodio es un ataque contra su persona— contra ella misma: su integridad física, sus sueños de ir lejos, y su libre albedrío—, el ataque contra Baltazar tiene un carácter impersonal; el episodio es tan sólo uno más en la historia del maltrato que ha sufrido el pueblo a manos de este hombre. De

---

[1] Ernesto Volkening, "Gabriel García Márquez, o el trópico desembrujado", Mario Benedetti, *et al.*, *Asedios a García Márquez.* Editorial Universitaria, 1969, pág. 163.

hecho, los tres presentes en la sala con Montiel—su esposa y su hijo, al igual que Baltazar—sufren a la par las irreverencias de este bruto insensible. Una de las groserías más fuertes que echa Montiel va en contra del niño: "Déjalo que se rompa la cabeza contra el suelo y después le echas sal y limón para que rabie con gusto." El maltrato que recibe Baltazar a manos de Montiel es un pálido reflejo del maltrato de que es objeto el pueblo. (Para más, véase el cuento "La viuda de Montiel".)

Socarrón y rabioso, Montiel morirá al fin de la rabieta—ya sea ésta u otra igual—que le ha prohibido el médico, pero el hombre es mezquino y pierde los estribos ante un encargo que Baltazar no ha consultado con él. Una vez que Montiel entiende que el carpintero no va a cobrar, no echa más insultos, no hay violencia de ningún tipo, y la jaula queda en manos de su dueño esperado: todo por voluntad de Baltazar. Montiel bien puede gritar que "lo último que faltaba es que un cualquiera venga a dar órdenes en mi casa", pero la última palabra la tiene el carpintero. La batalla con José Montiel se libró, y la victoria está en manos de Baltazar. En lo que a Ildara se refiere, es todo lo contrario: la batalla librada contra ella la gana su abusador.

Guía de estudio

1. El estudiante debe señalar y comentar los fragmentos anotados abajo para llevar a cabo la primera parte de la **Guía de estudio**.

- **a.** "La casa yacía en una penumbra sofocante. Era la primera semana de abril y el calor parecía menos soportable por el pito de las chicharras. Cuando acabó de vestirse, Baltazar abrió la puerta del patio para refrescar la casa . . ."
- **b.** "En la terraza interior donde ponían las mesas en los días de calor, había muchas macetas con flores y dos jaulas con canarios".
- **c.** "El médico se encogió de hombros. Secándose el sudor del cuello con un pañuelo, contempló la jaula en silencio, sin mover la mirada de un mismo punto indefinido, como se mira un barco que se va".
- **d.** "Luego, moviéndose hacia la puerta, empezó a abanicarse con energía, sonriente . . ."

- **e.** "En realidad José Montiel no había tenido tiempo de bañarse. Se estaba dando una urgente fricción de alcohol alcanforado para salir a ver lo que pasaba. Era un hombre tan prevenido, que dormía sin ventilador eléctrico para vigilar durante el sueño los rumores de la casa".

2. Los estudiantes pueden hacer comentarios similares a los escritos abajo, tras leer atentamente los fragmentos citados en la segunda parte de la **Guía de estudio**.

- **a.** De este fragmento se concluye que Úrsula es una mujer con los pies bien puestos sobre la tierra, dueña de un carácter firme que contrasta con el carácter dubitativo e indeciso de Baltazar.
- **b.** De este fragmento se concluye que Chepe Montiel carece de sensibilidad artística porque en su vida sólo han contado los esfuerzos por concentrar poder y dinero.

Tesis de ensayo

1. El estudiante puede recurrir al cuento "La viuda de Montiel", el cual le proporcionará más datos sobre la enigmática esposa de don Chepe. También puede ser de mucha ayuda recurrir a un libro sumamente popular: *El olor de la guayaba,* que es una colección de entrevistas con García Márquez realizada por el escritor Plinio Apuleyo Mendoza. En el mencionado libro, García Márquez se explaya sobre el papel de que la mujer ha cumplido en la historia latinoamericana y brinda opiniones de gran interés para el desarrollo de un ensayo inteligente y entretenido.

2. Éste es un ejemplo del tipo de Pregunta N° 2, de análisis temático que se verá en el examen de *AP Spanish Literature.*

3. Éste es un ejemplo del tipo de Pregunta N° 2, de análisis temático que se verá en el examen de *AP Spanish Literature.*

Prueba de vocabulario

Las respuestas correctas son:

1. a, **2.** b, **3.** a, **4.** c, **5.** a, **6.** c, **7.** b, **8.** d, **9.** a, **10.** c.

Preguntas de opción múltiple

Las respuestas correctas son:

1. c, **2.** d, **3.** b, **4.** b, **5.** c.

Páginas 264–274 del libro de lecturas

La viuda de Montiel

GABRIEL GARCÍA MÁRQUEZ

Antes de leer

Paralelamente a su actividad literaria, Gabriel García Márquez ha desempeñado un papel muy importante como líder de opinión en los asuntos sociales y políticos de Latinoamérica. En numerosas ocasiones se ha declarado socialista, pero siempre negándose a supeditar su labor creativa a los vaivenes de sus ideales políticos. Tales ideales, sin embargo, permean muchos de sus relatos, donde se ve claramente que García Márquez simpatiza con los pobres, poniéndose de su parte en los conflictos que éstos tienen con los que detentan el poder y lo ejercen de modo dictatorial y abusivo, es decir, los ricos. Durante sus más de cincuenta años de actividad literaria, García Márquez ha publicado algunas colecciones de cuentos, entre las que cabe destacar *Ojos de perro azul, Los funerales de la Mamá Grande* y *La increíble y triste historia de la cándida Eréndira y de su abuela desalmada.*

El cuento "La viuda de Montiel" fue publicado en 1962, como parte del volumen de relatos *Los funerales de la Mamá Grande*; desde entonces se ha convertido en un verdadero clásico de la narrativa breve, que ilustra no solamente la descomposición de una sociedad por obra de la corrupción y la violencia, sino también el choque, la confrontación, de dos realidades antagónicas: la realidad objetiva y la realidad imaginaria, el mundo de los hechos y el de la fantasía. Conviene leer este relato junto con "La prodigiosa tarde de Baltazar", puesto que, por la presencia en ambos de José Montiel y su familia, son cuentos que se complementan.

Vocabulario

vengarse—desquitarse; tomar satisfacción de un agravio.

acribillar—llenar de agujeros; poner como una criba.

redactar—escribir; componer (algo escrito).

pretendiente—novio; el que corteja a una mujer.

cimientos—bases; armadura que sostiene algo.

escampar—aclarar; disiparse las nubes después de un aguacero.

lúgubre—triste; oscuro; sombrío.

represalias—venganza; acciones emprendidas contra un agresor.

disfrutar—gozar; sacar jugo (de alguna circunstancia).

atareado—ocupado; cargado de deberes.

crujir—producir un sonido agudo; hacer "crac".

tibio—con calor suficiente pero no excesivo; poco entusiasmado.

Al leer

Consulte la **Guía de estudio** como herramienta para comprender mejor esta obra.

Después de leer

Conviene saber que "La viuda de Montiel" se desarrolla en un período histórico marcado por la violencia y los disturbios sociales. En abril de 1948, Jorge Eliécer Gaitán, líder del partido liberal de Colombia, fue asesinado a tiros; a pesar de que la verdad sobre aquel asesinato nunca fue aclarada, muchos sostuvieron que los autores intelectuales fueron miembros del partido conservador, que al parecer obraron impulsados por el creciente radicalismo de Gaitán, quien se acercaba cada vez más a los pobres. El asesinato de Gaitán desencadenó una guerra civil de proporciones inimaginables que cobró la vida de por lo menos doscientas mil personas. En ese entonces García Márquez tenía apenas veinte años, pero no hay duda de que los acontecimientos de que fue testigo marcaron buena parte de su obra. El escritor Mario Vargas Llosa sitúa el argumento de "La viuda de Montiel" en 1951, año en que el marido de ésta muere. En tal coyuntura la realidad histórica de Colombia es tumultuosa y aunque el pueblo en que se desenlazan los hechos ficticios es muy pequeño, García Márquez se las arregla para darnos una idea exacta de los conflictos que desangraban al país entero en aquel entonces. Chepe Montiel el alcalde del pueblo, representa el orden establecido, lleva hasta ese rincón remoto de Colombia las decisiones arbitrarias del gobierno; representa su fuerza de choque, es el encargado de realizar el trabajo sucio, es decir, el asesinato sistemático de los opositores del gobierno. El pueblo pequeño en que se desarrollan los hechos narrados en "La viuda de Montiel" es pues una especie de microcosmos representativo de toda la sociedad colombiana y también, por qué no decirlo, de Latinoamérica en general. Allí están la represión y el abuso perpetrados por una clase social privilegiada que consolida por medio de la violencia su poder y su riqueza; allí también están los advenedizos como Montiel, que después de vivir en la indigencia por casi toda su vida, se hace rico fusilando a los enemigos del gobierno; y allí está el pueblo sufrido, con todo su pesar y su desesperanza, naufragando en un trópico inclemente que parece remedo del infierno.

Conviene saber que se ha hablado mucho del papel que las mujeres cumplen en la obra de García Márquez. El mismo afirma que ellas ponen orden donde los hombres solamente ponen caos. La viuda de José Montiel no parece corresponder a esta característica que denota fortaleza moral y física. En "La prodigiosa tarde de Baltazar", la viuda se nos aparece como una mujer obsesionada por la muerte, cerrando las puertas y ventanas de su casa, a pesar del agobiante calor, para protegerse entre las sombras. En el relato que lleva su nombre, parece una mujer sumisa, leal a su marido abusivo hasta las últimas consecuencias, ciega a la realidad social que la circunda. Su ingenuidad contrasta de manera notable con la viveza de otros personajes femeninos de García Márquez, cuyo ímpetu de supervivencia se opone a la melancolía fatalista de la pobre viuda que se entrega al delirio tras la muerte de su marido. Una tesis feminista podría argumentar que la viuda es víctima de una sociedad patriarcal, que su distancia de la realidad es producto del ostracismo a que la condena su condición de mujer, que su fidelidad a su esposo no es otra cosa que la complicidad que a menudo une a víctima y verdugo. Pero la verdad no es tan sencilla. Como bien lo anota Mario Vargas Llosa, la viuda de Montiel tiene sus propios medios de supervivencia en un mundo contaminado por la corrupción y la violencia. Tales medios constituyen un mundo ilusorio, un mundo imaginario, que surge como alternativa al mundo real que según la viuda de Montiel "está mal hecho". La genialidad de García Márquez reside en el hecho de haber dotado a su personaje central de una filosofía espontánea de la desesperanza, cuya profundidad insospechada trae a la memoria la exclamación de Macbeth, el personaje de Shakespeare: "La vida es un cuento narrado por un idiota". La viuda de Montiel también cruza los linderos de la herejía cuando piensa que si Dios no hubiese descansado el domingo, su obra, el mundo, hubiese tenido un mejor acabado.

Conviene saber que en "La viuda de Montiel" el autor, Gabriel García Márquez, narra la historia tomando partido. Su simpatía por la clase popular va pareja con su desprecio por José Montiel, quien, según el relato, "pagaba seis años de asesinatos y tropelías" en su mausoleo adornado con bombillas eléctricas y arcángeles en imitación de mármol. Esto se pone en evidencia cuando el autor nos narra que a la muerte de Montiel "todo el mundo se sintió vengado". Montiel, sin embargo, tenía simpatizantes en el municipio y era siempre bienvenido en la iglesia, para la cual compró un San José de yeso poco después de ganarse la lotería. Cuando García Márquez generaliza de esta manera, coloca a toda la comunidad en contra de Montiel, esquematizando de esta manera el conflicto entre el rico y la colectividad de los pueblerinos y haciendo caso omiso de los aliados del finado.

Preguntas

1. Describe en tus propias palabras la historia de José Montiel. ¿Quién era, de joven? ¿Cuál era su condición económica? ¿Qué tuvo que hacer para llegar a ser el hombre más rico y poderoso del pueblo?

2. En todo el cuento notamos indicios de la ingenuidad fatal de la viuda de Montiel, y de su ceguera ante las deplorables actividades de su marido. Describe brevemente por lo menos tres indicios de esta ingenuidad.

3. El narrador nos dice que, a la muerte de José Montiel, cada uno de sus tres hijos envía un telegrama desde Europa. La escena de la redacción de estos mensajes delata el esfuerzo que a sus autores les cuesta cumplir con esta obligación. ¿Cómo interpretas tú este hecho? Trata por un lado tu concepto de la relación entre padre e hijo, y, por otro, el carácter de los hijos de Montiel. No debe olvidar que el hijo con puesto consular en Alemania es el mismo que llora sin lágrimas en el cuento "La prodigiosa tarde de Baltazar".

4. Después de la muerte de José Montiel el pueblo busca vengarse de su brutalidad. ¿Cómo lo logra?

5. En cartas desde Europa, las hijas le escriben a su madre diciendo, "Es imposible vivir en un país tan salvaje donde asesinan a la gente por cuestiones políticas". Explica la ironía de esto.

Bibliografía

Carpentier, Alejo. *De lo real maravilloso americano* (1984), *Lo barroco y lo real maravilloso.* (1975)

Mendoza, Plinio Apuleyo. *El olor de la guayaba.* (1982)

Vargas Llosa, Mario. *García Márquez: historia de un deicidio.* (1971)

La viuda de Montiel Gabriel García Márquez

1. En reiteradas ocasiones el narrador establece el conflicto entre José Montiel y la colectividad del pueblo, haciendo caso omiso de todos aquellos que sirvieron a Montiel en su obra de hacerse el hombre más rico y poderoso del pueblo. Tu tarea aquí será señalar fragmentos en que el autor enfoca la narrativa en este conflicto. Segundo, comenta las razones por las cuales lo hace. Señala, en tus comentarios, la posible intención de García Márquez de hacer más explícita su postura política.

_____

_____

_____

2. Cita también algunos fragmentos donde se recuerda a José Montiel con rencor y odio.

_____

_____

_____

La viuda de Montiel Gabriel García Márquez

1. Como bien has podido apreciar, los dos grandes temas de la producción literaria de Gabriel García Márquez son la soledad y la desesperanza. Ambos estados del alma se presentan en personajes como Baltazar y la viuda de Montiel. Escribe un ensayo coherente, señalando todos aquellos aspectos que unen a esos dos personajes. Explica la dimensión de la soledad y la desesperanza en ambos y la manera como García Márquez nos transmite sus sentimientos.

(Tiempo: 40 minutos. Extensión mínima: 200 palabras.)

2. El comportamiento del ser humano en esferas sociopolíticas es tema frecuente en la literatura hispana. Discute este tema, presente en por lo menos dos de los siguientes textos:

"Romance del rey moro que perdió Alhama" (Anónimo)
"A Roosevelt", de Rubén Darío
"Un día de éstos", de Gabriel García Márquez
"La prodigiosa tarde de Baltazar", de Gabriel García Márquez
"La viuda de Montiel", de Gabriel García Márquez

(Tiempo: 40 minutos. Extensión mínima: 200 palabras.)

Nombre

La viuda de Montiel   Gabriel García Márquez

Lee las frases siguientes y completa el sentido de cada una eligiendo la palabra más apropiada entre las cuatro opciones.

1. Ese hombre me traicionó; por eso lo aborrezco, y algún día ___ de él.

   a. me vendaré

   b. me veneraré

   c. me ventilaré

   d. me vengaré

2. La policía encontró el cadáver en una esquina, en el centro de la ciudad; el asesino lo había ___ a balazos.

   a. acribillado

   b. acriollado

   c. acrisolado

   d. acrecentado

3. La profesora me asignó una tarea para el lunes: ___ un ensayo sobre la crisis económica.

   a. redundar   **c.** recamar

   b. reposar   **d.** redactar

4. No cabe duda de que la muchacha es guapa, inteligente y bien educada; una señorita tan atractiva tiene muchos ___, por supuesto.

   a. pretéritos   **c.** pretorianos

   b. pretendientes   **d.** primados

5. Esta casa se vino abajo hace un mes; se sabe ahora que carecía de ___ firmes.

   a. cimitarras   **c.** cimientos

   b. címbalos   **d.** cimarrones

6. Estoy cansado de esta lluvia incesante; ¿cuándo va a ___?

   a. escampar   **c.** escamar

   b. escalar   **d.** escanciar

7. Ayer fue un día ___; cielo nublado, viento frío, llovizna; más triste que Jueves Santo.

   a. lúbrico

   b. lubricado

   c. lujurioso

   d. lúgubre

8. Sí, he sido víctima de ese matón en varias ocasiones, pero no pienso tomar ___ contra él; sería el comienzo de un círculo vicioso.

   a. repliegues   **c.** repiques

   b. represalias   **d.** reposteros

9. No les guardo rencor a los que me han ofendido, porque no vale la pena amargarse la vida; prefiero ___ de todo lo bueno que hay en la vida.

   a. disfrutar   **c.** disimular

   b. disparar   **d.** diseñar

10. Lo siento mucho, Alfiambre, pero no puedo cenar contigo esta noche; estoy tan ___ que no puedo ni respirar.

    a. atabaleado   **c.** atareado

    b. atajado   **d.** ataviado

11. Estaba solo en la casa, acostado, pero me había sido imposible conciliar el sueño; entonces, a medianoche, sentí ___ un peldaño de la escalera, y se me heló la sangre.

    a. crujir   **c.** cuajar

    b. cundir   **d.** cuadrar

12. El amor ha de ser ardiente, apasionado; un amor ___ no sirve.

    a. tieso   **c.** timorato

    b. timado   **d.** tibio

La viuda de Montiel Gabriel García Márquez

Contesta las siguientes preguntas, o completa la idea, eligiendo en cada caso la respuesta más apropiada.

1. En "La prodigiosa tarde de Baltazar" el pueblo sucumbía ante un verano insoportable. ¿Cuál es el marco climático en "La viuda de Montiel"?

   a. Igual que en "La prodigiosa tarde de Baltazar", el clima es veraniego y el calor es insoportable.

   b. La estación reinante es el invierno y las lluvias son frecuentes.

   c. La primavera florece mientras la viuda de Montiel se apaga.

   d. El otoño impera y la viuda contempla a través de su ventana cómo los árboles pierden sus hojas.

2. ¿Cuál de las siguientes afirmaciones es verdadera con respecto a la viuda de Montiel?

   a. Era una mujer de carácter fuerte que manipulaba a su marido para que comprara tierras de los ricos expulsados del pueblo.

   b. Es una mujer débil e ingenua que decide morir porque sus hijos no quieren regresar del extranjero.

   c. Es una mujer desesperanzada y sola que para huir de una realidad de corrupción y violencia se aísla en un mundo imaginario.

   d. Es una mujer que muere mucho antes que su esposo y que vaga por la casa cual fantasma.

3. De las siguientes afirmaciones, una es verdadera:

   a. El autor del relato ubica su historia en la estación invernal para que el paisaje entre en consonancia con la paulatina muerte del personaje central.

   b. La historia no tiene nada que ver con acontecimientos reales.

   c. La excesiva atención que el autor presta a la viuda de Montiel impide que los lectores tengamos una idea cabal de los conflictos entre ricos y pobres.

   d. La viuda de Montiel representa a la mujer que se rebela contra la sociedad patriarcal.

4. Tras la muerte de José Montiel . . .

   a. el pueblo, lleno de alegría, organiza una fiesta en la plaza central.

   b. los hijos de Montiel se reparten su fortuna y se marchan al extranjero.

   c. la gente deja de acudir a sus negocios, en represalia por los abusos que cometió cuando estaba vivo.

   d. el señor Carmichael decide enviar la fortuna de la familia a Alemania, donde el hijo de Montiel trabaja como cónsul.

5. Cuando la viuda de Montiel dice que "el mundo está mal hecho", ¿a qué se refiere?

   a. A la ingratitud del pueblo, que no toma en cuenta la antigua generosidad de su marido, don Chepe Montiel.

   b. A la realidad objetiva, llena de corrupción y violencia; lo cual queda demostrado cuando muestra su pesar por todas las víctimas de la represión política.

   c. A la ingratitud de los hijos, que no quieren volver del extranjero.

   d. A su mundo imaginario, lleno de pesadillas que la despiertan a medianoche.

6. ¿Cuál de éstos sería uno de los escasos elementos de la trama que se relacionan con el realismo mágico?

   a. El exilio de los hijos de Montiel en Europa.

   b. La aparición de la Mamá Grande al final del relato, cuando no se sabe si la viuda sueña o se ha vuelto loca.

   c. La riqueza descomunal que José Montiel lega a su familia.

   d. El clima, lleno de tormentas tropicales que destruyen casas y sembrados.

7. ¿Qué papel cumple el señor Carmichael en el relato?

   a. Es el administrador de las propiedades que José Montiel deja a su viuda.

   b. Es un pretendiente de la viuda.

   c. Es el único sirviente que se queda a trabajar para la viuda tras la muerte de su esposo.

   d. Es el administrador que hunde a propósito los negocios de la viuda.

La viuda de Montiel
Gabriel García Márquez

Preguntas

1. Las respuestas de los estudiantes pueden incluir los siguientes hechos: Montiel, recién muerto de un ataque de rabia, pasó media vida sin riquezas y sin poder. Tres datos específicos sobre su condición económica de entonces son:

- el que "se había pasado la mitad de la vida en calzoncillos sentado a la puerta de su piladora de arroz";
- el que "la primera vez que se le vio usar zapatos fue cuando llegó el nuevo alcalde" enviado por la dictadura (Podemos suponer que antes usaba sólo alpargatas, zapatillas de suela de esparto.); y
- el que entonces era un "comerciante modesto cuyo tranquilo humor de hombre gordo no despertaba la menor inquietud".

Se podría agregar el dato de que "en un tiempo . . . prometió en voz alta regalar al templo un San José de tamaño natural[2] si se ganaba la lotería, y dos semanas después se ganó seis fracciones y cumplió su promesa"; esto le dio cierta fama de buen creyente. Yuxtapuestos al hecho de que le choca al pueblo ver en su mano muerta un crucifijo, en lugar de la fusta que solía llevar a misa los domingos, estos datos dan a entender la hipocresía del hombre, defecto que se destaca en el hecho de que, hasta llegar el alcalde enviado por la dictadura, "José Montiel era un discreto partidario de todos los regímenes".

Hipócrita, y aprovechador también, Montiel se alía con el alcalde, que llega con "órdenes expresas de liquidar la oposición". Empieza por servir al alcalde como "informador confidencial", y más tarde planifica con él la "masacre" de los "adversarios políticos" del régimen. Los estudiantes notarán que García Márquez no ofrece, ni aquí ni en su cuento "Un día de éstos", el saldo de los muertos; lo deja a la imaginación del lector. Lo que sí sabemos es que el plan de José Montiel distingue entre pobres y ricos. La policía mata a los pobres, a tiros en la plaza pública. Esta matanza dura menos de un año, y deja liquidada la oposición. Los "cinco años rogando a Dios que se acaben los tiros" y los "seis años de asesinatos y tropelías", se refieren al régimen de terror que sigue a la masacre, cuya finalidad, para Montiel al menos, es monopolizar el comercio local con el producto de la hacienda que él ha acaparado.

En cuanto a la masacre, Montiel se limita a planearla, al lado del alcalde; no la lleva a cabo él mismo. Aunque su viuda la entienda como una "matanza política", compadeciéndose de los muertos, ella no la conecta con las visitas del alcalde a Montiel en su propia casa, tras una puerta cerrada. Recuérdese que a Montiel se le ve en el pueblo con fusta en la mano, y no con revólver.

De su monumental hipocresía brota el mayor empeño de José Montiel: el de despojar a los ricos al expulsarlos del pueblo el alcalde. Montiel los señala como adversarios políticos, y el alcalde les da un plazo de 24 horas para abandonar el pueblo, con previo aviso de un tiroteo a la puerta de sus viviendas. Luego, en un proceso que la esposa ve como necia piedad por parte de su esposo ("Te arruinarás ayudándolos para que no se mueran de hambre en otra parte, y ellos no te lo agradecerán nunca."), Montiel les compra a vil precio las tierras y ganados que tienen que dejar atrás. Los estudiantes podrán valerse de las siguientes hipérboles del autor en su descripción de los haberes de Montiel al morir: "desaforada riqueza"; "su imperio"; su "desordenada y fabulosa hacienda"; y sus "tierras sin límites".

2. Sobran ejemplos de la ceguera ingenua de la viuda. Los estudiantes notarán, por ejemplo:

a. que "a todos pareció increíble, menos a su viuda, . . . que José Montiel hubiera muerto de muerte natural"; "Mientras todo el mundo esperaba que lo acribillaran por la espalda en una emboscada, su viuda estaba segura de verlo morir de viejo en su cama, confesado y sin agonía, como un santo moderno."

---

[2] Se refiere al tipo de figura tallada en madera que suele encontrarse en las iglesias de la Fe Católica. San José es el santo de Montiel, por llevar éste su nombre.

b. que "su esposa esperaba también que todo el pueblo asistiera al entierro y que la casa fuera pequeña para recibir tantas flores. Sin embargo sólo asistieron sus copartidarios y las congregaciones religiosas, y no se recibieron más coronas que las de la administración municipal." (La inclusión, entre los asistentes, de "las congregaciones religiosas", podrá ser vista como otro indicio más de la hipocresía religiosa de Montiel.)

c. que, sabiendo que el alcalde es "un criminal", ella le dice al marido, el cómplice más grande del "criminal": "Aprovecha tus influencias en el gobierno para que se lleven a esa bestia que no va a dejar un ser humano en el pueblo."

d. que la viuda permite, sin queja, los abusos verbales de Montiel: "No seas pendeja"; y "Vete para tu cocina y no me friegues tanto."

e. que, dándose cuenta cada vez más de los robos y asaltos a la hacienda de su difunto esposo, la viuda responde, hablando sola: "Yo te lo decía, José Montiel . . . Éste es un pueblo desagradecido. Aún estás caliente en tu tumba y ya todo el mundo nos volteó la espalda."

Los estudiantes podrán aportar otros ejemplos más. Algunos notarán que la viuda de Montiel carece de nombre propio dentro del cuento; es conocida únicamente por su estado conyugal. Recuérdese que consta el nombre en las páginas del cuento "La prodigiosa tarde de Baltazar"; pero su falta aquí refuerza la ausencia de distintivo o de identidad por derecho propio de la protagonista de "La viuda de Montiel".

3. El narrador nos dice que, a la muerte de José Montiel, cada uno de sus tres hijos envía un telegrama desde Europa. La escena de la redacción de estos mensajes delata el esfuerzo que a sus autores les cuesta cumplir con esta obligación. ¿Cómo interpretas tú este hecho? Trata por un lado tu concepto de la relación entre padre e hijos, y, por otro, el carácter de los hijos de Montiel. No debe olvidarse que el hijo con puesto consular en Alemania es el mismo hijo que llora sin lágrimas por la jaula en el cuento "La prodigiosa tarde de Baltazar".

Las interpretaciones de los estudiantes serán varias. Esta escena tiende a dejar al alumno perplejo, por el reto que presenta de visualizar los detalles específicos; muchos jóvenes no tendrán la experiencia de una oficina de telégrafos.

- Redactar los telegramas de pie indica apuro y desinterés por parte de los hijos—de todos los tres, tan parecidos entre sí como gotas de agua—, y una falta en ellos del cariño y respeto debidos a un padre muerto. ¿Acaso redactaron su contenido concienzudamente en casa? Pudieron haberlo hecho, y no lo hizo ninguno.

- Lo de los veinte dólares, ¿indica que los hijos de Montiel disponen de fondos limitados para sus telegramas? Es inverosímil. [Además, la mayoría de los estudiantes no tendrá idea de lo que costaba enviar un telegrama a comienzos de los años 60 cuando García Márquez publicó su cuento.] Con los réditos de las haciendas tomadas por el padre, estos jóvenes no sufren de estrechez económica. Al contrario, el problema que afrontan es el de encontrar un número decente de palabras—fijado el valor en $20—para deshacerse adecuadamente de la obligación de comunicar su "sentido pésame". Gastan mucha tinta y muchas páginas en el esfuerzo. La pregunta que hacerse es, ¿por qué no vuelve a casa, aunque sea por una temporada, alguno de los hijos? No sólo se trata del entierro del propio padre, sino del debido consuelo a la madre recién enviudada. Los hijos son tan hipócritas y tan insensibles como el mismo José Montiel.

Nótese que, posteriormente, el hijo rechaza las sugerencias repetidas del señor Carmichael de que vuelva para encargarse de los negocios de la familia, en cartas que se refieren también a la salud de la madre. Después de evadir el asunto por algún tiempo, el hijo responde que no volverá nunca; teme que le peguen un tiro. No sabemos si es porque juzga al país bárbaro—como las hermanas santurronas—, o si teme represalias por los actos de su difunto padre; en fin, el lector no sabe si su temor nace de ingenuidad heredada de la madre, o de astucia heredada del padre.

Por su lado, las hijas vanidosas ("se veían repetidas en muchos espejos cuando se detenían a pensar" qué poner en las cartas que escribían) desatienden de tal forma a la madre que se turnan para contestar sus cartas. Viven en París, dándose la buena vida en lo que para ellas es el corazón de "la civilización". La viuda, en la luna como siempre, se lo aprueba todo, hasta la nota escabrosa que deja una mano desconocida en una de las cartas recibidas. Muere sin volver a ver a los hijos.

Será interesante hacerles saber a los estudiantes que García Márquez habló alguna vez de la escena final, en la que se asoma la figura de la Mamá Grande, y le dice a la viuda que morirá "cuando te empiece el cansancio del brazo". La abuela del escritor "se le apareció una vez en un sueño a su madre con ese mensaje, que aterrorizó a la familia"; y García Márquez dejó intacta la frase, sin cambiar una palabra, para dar a sus páginas el lirismo que él estima sobre todas las cosas. "Lo que da valor literario es el misterio", dice el escritor, "una sugerencia enigmática, la rápida visión de algo fugitivo, indescifrable como un sueño que se pierde al despertar."[3]

4. Es interesante notar que el cuento comienza con el detalle de que, con su muerte, "todo el mundo se sintió vengado" de José Montiel. Algunos estudiantes tal vez noten que la venganza del pueblo es, en comparación con las tropelías del hombre muerto, bastante inocua, nada violenta y nada ruin. El primer indicio son "las casas silenciosas cuyas puertas no se abrieron para ver el entierro de José Montiel." El narrador alude a los hechos subsiguientes como resultado únicamente de un nuevo sentimiento de libertad, en el que el pueblo se encuentra libre al fin "de la amenaza de José Montiel, que monopolizaba el comercio local por el terror". Las represalias del pueblo consisten en dejar de comprarle a la viuda el producto de la malograda hacienda de Montiel; específicamente la leche, la miel y el queso. Así, "José Montiel pagaba seis años de asesinatos y tropelías".

5. Debemos empezar por aclarar el término *ironía*. En la trama de una obra literaria, hay ironía cuando el público, viendo una obra de teatro, o cuando el lector, leyendo un cuento, sabe la verdad de una situación y los personajes no. La enorme ironía de la frase que escriben las hijas a su madre consiste en que el individuo que facilitó la liquidación de la oposición, el individuo que colaboró con el alcalde en su barbarismo "por cuestiones políticas", es su propio padre. Aún más irónico es el hecho de que las mismas hijas, al escribir la carta, han de saber la verdad de los hechos. La única ingenua e ignorante, de comienzo a fin, es la madre a quien escriben. La viuda de Montiel nunca sospecha nada. Recuérdese que el primer dato que llegamos a saber de ella es que "no había estado nunca en contacto directo con la realidad".

Guía de estudio

1. Los estudiantes encontrarán los fragmentos anotados abajo para llevar a cabo la primera parte de la **Guía de estudio**.

   a. "Cuando murió don José Montiel, todo el mundo se sintió vengado, menos su viuda; pero se necesitaron varias horas para que todo el mundo creyera que en verdad había muerto."

   b. "Después del entierro, lo único que a todos pareció increíble, menos a su viuda, fue que José Montiel hubiera muerto de muerte natural. Mientras todo el mundo esperaba que lo acribillaran por la espalda en una emboscada, su viuda estaba segura de verlo morir de viejo . . ."

   c. "Libre de la amenaza de José Montiel, el pueblo tomaba represalias."

   d. "Yo te lo decía José Montiel —decía, hablando sola—. Este es un pueblo desagradecido. Aún estás caliente en tu tumba y ya todo el mundo nos volteó la espalda."

---

[3] Gabriel García Márquez, citado en "Gabriel García Márquez, o la cuerda floja", *Los nuestros*, Luis Harss y Bárbara Dohmann. Editorial Sudamericana, Buenos Aires, 1968, págs. 414–415.

2. Los estudiantes ubican y comentan los fragmentos transcritos abajo para desarrollar la segunda parte de la **Guía de estudio**.

   a. "En su mausoleo adornado con bombillas eléctricas y arcángeles en imitación de mármol, José Montiel pagaba seis años de asesinatos y tropelías."

   b. "Aquel comerciante modesto cuyo tranquilo humor de hombre gordo no despertaba la menor inquietud, discriminó a sus adversarios políticos en ricos y pobres. A los pobres los acribilló la policía en la plaza pública. A los ricos les dieron un plazo de 24 horas para abandonar el pueblo".

   c. "Planificando la masacre, José Montiel se encerraba días enteros con el alcalde en su oficina sofocante, mientras su esposa se compadecía de los muertos."

   d. "En realidad su negocio no era la muerte de los pobres, sino la expulsión de los ricos. Después de que el alcalde les perforaba las puertas a tiros y les ponía el plazo para abandonar el pueblo, José Montiel les compraba sus tierras y ganados por un precio que él mismo se encargaba de fijar."

Tesis de ensayo

1. El estudiante puede desarrollar una lectura paralela de los dos cuentos de García Márquez que ilustran las personalidades de Baltazar y la viuda de Montiel respectivamente. Puede hacer un esquema para anotar las características que diferencian o distancian a ambos personajes y a base de ello pueden esbozar retratos de la personalidad de cada uno. En el ensayo, el estudiante puede reunir la información obtenida durante la lectura y escribir sobre las razones por las cuales Baltazar y la viuda de Montiel son seres solitarios y desesperanzados.
2. Éste es un ejemplo del tipo de Pregunta N° 2, de análisis temático que se verá en el examen de *AP Spanish Literature*.

Prueba de vocabulario

Las respuestas correctas son:
1. d, **2.** a, **3.** d, **4.** b, **5.** c, **6.** a, **7.** d, **8.** b, **9.** a, **10.** c, **11.** a, **12.** d.

Preguntas de opción múltiple

Las respuestas correctas son:
1. b, **2.** c, **3.** a, **4.** c, **5.** b, **6.** b, **7.** a.

Romance del rey moro que perdió Alhama

ANÓNIMO

Antes de leer

Lor romances nacen tras la decadencia de los cantares de gesta, que eran composiciones anónimas de carácter épico basadas en las hazañas históricas de un pueblo. Los cantares de gesta eran en realidad una creación colectiva, puesto que los juglares los divulgaban de ciudad en ciudad y la gente que los escuchaba los recreaba a su modo. En este proceso de creación colectiva, los largos textos de los cantares de gesta se fueron reduciendo y los fragmentos que de ellos quedaron fueron la base de los romances antiguos. A ello se debe el carácter episódico de los romances, que no abarcan nunca la totalidad de una historia, sino solamente un breve acontecimiento considerado esencial. La clasificación de los romances fue una tarea muy ardua, puesto que por su carácter oral, muchos de ellos han desaparecido por completo, haciendo imposible rastrear el verdadero origen de los que sobreviven. Sin embargo, se puede aventurar una clasificación con base cronológica, agrupando a los romances compuestos antes de la segunda mitad del siglo XVI en la categoría de los romances viejos; mientras que los romances que datan de los últimos decenios del siglo XVI y del siglo XVII, que sí tienen un autor definido, pasarían a conformar la categoría de los romances eruditos y artísticos. A propósito de éstos últimos, su esplendor nace de la pluma de escritores como Juan de Timoneda, Lope de Vega, Góngora y Quevedo. El romance, por supuesto, no solamente ha tenido eco durante el Siglo de Oro, sino que su influencia ha llegado hasta la poesía contemporánea, hecho comprobado por los romances escritos por Antonio Machado y García Lorca.

El "Romance del rey moro que perdió Alhama" nos permite ver todas esas características típicas de los romances antiguos. No hay en él la menor intención de resumir la historia del conflicto entre moros y cristianos, sino que se limita a cantar la pérdida de la ciudad de Alhama. Aparte de ello se observa el uso abrupto del diálogo, que es un recurso que no aparece tan a menudo en los cantares de gesta.

Vocabulario

moro—natural del norte de África; por extensión, mahometano; musulmán.

ganar—salir victorioso; aquí, conquistar.

mensajero—el que lleva un recado o una noticia a otro.

descabalgar—bajar; desmontar.

cabalgar—ir montado en caballo.

cajas—aquí, tambores; este sentido sobrevive en la expresión "despedir con cajas destempladas", es decir, despedir bruscamente.

son (m.)—sonido rítmico producido con instrumentos.

Marte—dios de la guerra en la antigua Roma; el cuarto planeta de nuestro sistema solar.

nueva desdichada—noticia de un infortunio; mala noticia.

tornadizo—que se torna o varía fácilmente; aquí se refiere a los conversos que han cambiado de religión por conveniencia política.

Al leer

Consulte la **Guía de estudio** como herramienta para comprender mejor esta obra.

Después de leer

Conviene saber que el Romancero, o sea, el conjunto de romances antiguos que nos ha legado el Medioevo, es una expresión literaria que rebasa el calificativo de "popular" y se convierte en "arte nacional", no solamente por los temas históricos que trata, sino por su capacidad de penetrar en todos los estratos sociales de su tiempo, incluido el de la aristocracia con la reina Isabel en su centro. Aparte de esto, el romance, con el correr de los siglos, penetró en el mundo de los escritores cultos, quienes se enamoraron de su ingenua espontaneidad y trataron de adaptarlo a sus necesidades expresivas. Bien puede decirse que el Romancero es una fuente popular de la cual bebieron escritores cultos como Góngora y Quevedo.

Conviene saber que según su tema los romances se clasifican en tres diversos grupos:

a. Históricos: Nacidos directamente de algún acontecimiento histórico relacionado con la formación de España, los romances de esta categoría se nutren de episodios relacionados con el rey Don Rodrigo, Bernardo del Carpio, los Infantes de Lara, el conde Fernán González y sus sucesores, y el Cid. También tocan sucesos varios correspondientes a los siglos XIII y XIV así como acontecimientos de otros reinos como Portugal y Nápoles.

b. Caballerescos: Estos romances están relacionados con Carlomagno y sus doce pares. Carlomagno fue coronado emperador del Imperio Romano de Occidente en 800 d. de J.C., e inspiró numerosos cantares de gesta; sus doce pares eran sus nobles. Estos romances se conocen como romances carolingios.

c. Novelescos y líricos: Estos romances están vinculados a un inmenso repertorio internacional de leyendas y relatos emocionantes.

Conviene saber que el "Romance del rey moro que perdió Alhama" pertenece a la categoría de los romances históricos. Y dentro de esa categoría, se ubica en el grupo especial de los romances fronterizos, que se nutren de los acontecimientos ocurridos durante la guerra contra los moros de Granada y que se llaman así porque se compusieron en la frontera con la España musulmana del siglo XV. El escritor Julio Torri anota lo siguiente con respecto a los romances fronterizos: ". . . son de los más hermosos que ostenta el Romancero. Se caracterizan por su exactitud histórica; y los tradicionales provienen de composiciones juglarescas destinadas a difundir y perpetuar pequeños incidentes de la guerra contra el moro, a veces olvidados por los cronistas oficiales: hazañas de fronteros y alcaides que no trascendieron de una corta región; arengas de reyes moros a sus tropas al emprender una expedición; deliberaciones de cristianos en correría, y en fin, todo género de pormenores que por razón de su insignificancia no aprovechó la historia, y que forman la materia de la poesía popular. Algunas veces se hallan animados de espíritu hostil a los cristianos, y en ocasiones —como en el romance de Abenámar y en la elegía por la pérdida de Alhama— muestran influencia evidente de la poesía árabe".

Conviene saber que la elegía es una composición lírica que expresa un profundo pesar ante la pérdida de un bien individual o colectivo. Si nos basamos en esta definición, el "Romance del rey moro que perdió Alhama" tiene un notable carácter elegíaco, toda vez que sus versos expresan el llanto doloroso de un rey y su pueblo ante la pérdida de un bastión a manos de los cristianos. El uso del posesivo "mi" resalta aún más el dolor sentido, puesto que muestra hasta qué punto los moros sentían Alhama como parte suya.

Preguntas

1. Una característica sobresaliente de los romances es su uso creador de tiempos verbales. Todos los hechos narrados ocurren en el pasado, y, de ceñirse siempre a la verdad temporal, los romances caerían en la monotonía y en el aburrimiento. Con intuición poética tan espontánea como admirable, la voz colectiva comenzó a jugar con los tiempos verbales, trayendo acontecimientos pasados al presente y a veces insinuando el futuro. Este fenómeno, presente también por exigencias del metro y de la rima, da lugar a combinaciones de tiempos aparentemente inapropiadas. Tu tarea consiste en señalar y comentar en qué versos del "Romance del rey moro que perdió Alhama", esto ocurre, y por qué.

2. Otra característica fundamental de los romances antiguos es que el efecto, al leerlos, es musical. Comenta los recursos poéticos que notas en "Romance del rey moro que perdió Alhama" y presenta ejemplos extraídos del poema del lirismo logrado con estos recursos poéticos.

3. Otra característica fundamental de los romances antiguos es que suelen relatar un momento épico, dramático y conmovedor, y a veces lo logran con un diálogo entre dos o más personas. Apunta ejemplos específicos de estos dos fenómenos en este romance. ¿Qué efecto tienen?

4. Una cuarta característica de los romances es que suelen abrirse *in medias res*, es decir, empezada ya la acción de la narración, y tienden a acabarse de manera abrupta. Describe este fenómeno con relación a este romance.

5. Una última característica fundamental de los romances antiguos es que muchas veces presentan un diálogo que contribuye directamente al efecto dramático del hecho narrado. Da ejemplos de este fenómeno, extraídos del "Romance del rey moro que perdió Alhama", y comenta la manera en que aumentan el dramatismo de la pieza.

Bibliografía

Deyermond, Alan. *Historia y crítica de la literatura española: la Edad Media.* (1979)

Menéndez Pidal, Ramón. *Romancero hispánico.* (1968), *Estudios sobre el Romancero.* (1973)

Torri, Julio. *La literatura española.* (1952)

Romance del rey moro que perdió Alhama Anónimo

1. Una característica sobresaliente de los romances es su uso creador de tiempos verbales. Todos los hechos narrados ocurren en el pasado, y, de ceñirse siempre a la verdad temporal, los romances caerían en la monotonía y en el aburrimiento. Con intuición poética tan espontánea como admirable, la voz colectiva comenzó a jugar con los tiempos verbales, trayendo acontecimientos pasados al presente y a veces insinuando el futuro. Este fenómeno, presente también por exigencias del metro y de la rima, da lugar a combinaciones de tiempos aparentemente inapropiadas. Tu tarea consiste en señalar y comentar en qué versos del "Romance del rey moro que perdió Alhama", esto ocurre, y por qué.

2. Otra de las características de los romances antiguos es su tendencia a repetir expresiones. En el "Romance del rey moro que perdió Alhama", por ejemplo, el lirismo se multiplica gracias a la repetición del estribillo "¡Ay de mi Alhama!". Este, sin embargo, no es el único ejemplo existente en este romance. Tu tarea consiste en señalar algunos ejemplos en los que las expresiones se reiteran, dando a los versos cierto aliento musical placentero al oído.

Nombre

Romance del rey moro que perdió Alhama Anónimo

1. El estudioso Ramón Menéndez Pidal ha dicho que un romance se compone de cuatro elementos principales: la esencialidad[4], la naturalidad, el lirismo[5] y el dramatismo. Escribe un ensayo coherente y bien desarrollado, discutiendo cómo intervienen estos cuatro elementos en la expresión poética de "Romance del rey moro que perdió Alhama".

(Tiempo: 40 minutos. Extensión mínima: 200 palabras.)

2. El rey moro que perdió Alhama, el rey Alfonso XI de *El burlador de Sevilla y convidado de piedra*, el alcalde-teniente de "Un día de éstos", y el Coronel de "Dos palabras", son personajes cuyo poder político se ve atenuado por situaciones que de algún modo los inmovilizan o los vuelven ineficaces en el mando. Analiza las situaciones de inmovilidad, o ineficacia en el mando, de dos de estos personajes.

(Tiempo: 40 minutos. Extensión mínima: 200 palabras.)

---

[4] esencialidad—expresión de un vasto acontecimiento, histórico o humano, mediante tan sólo lo esencial, lo más significativo

[5] lirismo—expresión de sentimientos subjetivos, mediante tonalidades emotivas y cualidades musicales

Nombre _____

Romance del rey moro que perdió Alhama Anónimo

Lee las frases siguientes y completa el sentido de cada una eligiendo la palabra más apropiada entre las cuatro opciones.

1. Hay expresiones en español que se remontan a los tiempos de la Reconquista; como "hay ____ en la costa", por ejemplo, para decir que se debe guardar silencio, que alguien puede estar oyendo.

   a. mormones

   b. morados

   c. moros

   d. moras

2. Si nuestro ejército logra ____ esa fortaleza, las tropas enemigas se verán forzadas a retroceder.

   a. ganar

   b. galantear

   c. gafar

   d. gotear

3. Así que, si el ____ traía malas noticias, el rey lo mandaba matar. ¡Qué barbaridad!

   a. mentecato

   b. mendigo

   c. menso

   d. mensajero

4. Hoy se dice "desmontar", pero en aquellos tiempos se decía ____ por bajarse de un caballo.

   a. descabellar

   b. descabalgar

   c. descalabrar

   d. descabalar

5. Si vamos a pie, no llegaremos a tiempo; pero, ____, sí. ¿Dónde están los caballos?

   a. cabalgando   c. cabeceando

   b. cabestrando   d. cabriolando

6. Cuando digo que me despidieron con ____ destempladas, quiero decir que no fueron comedidos conmigo; que me pusieron de patitas en la calle, desconsideramente.

   a. cabras

   b. castas

   c. cajas

   d. canas

7. Si el jefe me dice que haga algo, lo hago. Como dice el refrán, "uno baila al ____ que le tocan".

   a. sol

   b. son

   c. sonsonete

   d. soneto

8. El nombre del dios romano de la guerra es ____.

   a. Marte

   b. Marciano

   c. Mario

   d. Martín

9. El otro día recibimos una mala noticia; como se decía antiguamente, una ____.

   a. nieve derretida

   b. notaría disparada

   c. nova despachada

   d. nueva desdichada

10. En aquellas circunstancias, algunas personas cambiaban de religión por razones políticas; esos conversos eran ____, como los llamaban.

    a. tornasoles   c. tornillos

    b. torneros   d. tornadizos

Romance del rey moro que perdió Alhama Anónimo

Contesta las siguientes preguntas, o completa la idea, eligiendo en cada caso la respuesta más apropiada.

1. En el "Romance del rey moro que perdió Alhama" se utiliza un recurso que consiste en repetir un mismo verso al final de cada estrofa. ¿Qué nombre recibe este recurso?

   a. Hemistiquio

   b. Cesura

   c. Elipsis

   d. Estribillo

2. ¿Por qué le dice el alfaquí al rey moro que merece doblemente su pena?

   a. Porque ha sido sumamente cruel con sus soldados y por eso le ha sido negada la victoria contra los cristianos.

   b. Porque mandó matar a la familia de los Abencerrajes y acogió en su reino a los cristianos conversos al Islam.

   c. Porque abandonó a sus huestes cuando más lo necesitaban, durante el sitio de Alhama.

   d. Porque no supo gobernar con tino, a causa de lo cual el pueblo estaba descontento.

3. ¿Cómo califica el rey moro a los cristianos que han tomado Alhama?

   a. De bravos, reconociendo el valor que han demostrado en el ataque.

   b. De invasores, por haber tomado Alhama, ciudad que no les pertenece.

   c. De herejes, por no seguir la doctrina del Islam.

   d. De cobardes, por haber atacado la fortaleza de noche.

4. En los siguientes versos: "¡Bien se te emplea, buen rey, / buen rey, bien se te empleara! ", ¿cuál de los siguientes recursos poéticos se emplea?

   a. La anáfora.

   b. La aliteración.

   c. El apóstrofe.

   d. La antítesis.

5. ¿Qué es lo que ordena el rey moro, desde lo alto de la fortaleza de Alhambra?

   a. Ordena a sus súbditos a que se sometan pacíficamente a los cristianos.

   b. Ordena a sus soldados a guardar compostura ante la derrota sufrida en Alhama.

   c. Ordena que se toquen las trompetas y los añafiles, y que los tambores llamen a las armas.

   d. Ordena que se sacrifiquen a todos los cristianos de Granada.

6. ¿Qué cosa viene a ser el llamado al "sangriento Marte", que los moros escuchan a través del son de los tambores y las trompetas?

   a. Es un llamado a la paz.

   b. Es un clamor a la venganza.

   c. Es un clamor a la resignación.

   d. Es un llamado a la guerra.

Guía de respuestas

Romance del rey moro que perdió Alhama Anónimo

Preguntas

1. Para cumplir con los requisitos de la pregunta, el estudiante podrá escoger cualquier segmento que desee, con tal que sea un número suficiente de versos. Cuatro bastarán. Como ejemplo, veamos la estructura de la segunda estrofa del poema: "Cartas le fueron venidas / que Alhama era ganada: / las cartas echó en el fuego, / y al mensajero matara."

Los versos son octosílabos:

Car-tas-le-fue-ron-ve-ni-das
que A-l-ha-ma-e-ra-ga-na-da
las-car-tas-e-chó en-el-fue-go
y al-men-sa-je-ro-ma-ta-ra

El estudiante debe notar que el segundo y el cuarto verso del ejemplo dado, son octosílabos a fuerza del empleo de la sinalefa, la unión de dos vocales que se cuentan como una en el cómputo silábico: una vocal al final de una palabra y otra al comienzo de la siguiente. Además, el estudiante debe tomar en cuenta que las sílabas en castellano tienden a empezar con consonante y terminar con vocal: como ejemplo, véase la división del segundo verso, arriba. (Una buena actividad en clase será practicar con los estudiantes, utilizando muchos ejemplos de este fenómeno, los suficientes para habilitarles a contar sílabas independientemente.)

Hay asonancia a partir de la vocal de la última sílaba tónica (la última que carga la fuerza de la voz) de los versos pares, es decir, del segundo y del cuarto: "ga-na-da; ma-ta-ra". Es decir, las vocales son iguales, pero no las consonantes. Por eso, la rima en esta estrofa de este romance se reduce a estas dos vocales: "a-a".

Nótese el uso antiguo, "al Alhambra", en la tercera estrofa; la palabra "Alhambra" es femenina, pero en el Medioevo, toda palabra femenina que comenzaba con "a" pedía el artículo masculino por razones de eufonía. Nótese que, de todos modos, para el efecto del cómputo silábico, no habría diferencia entre "subido se había al Alhambra" y "subido se había a la Alhambra".

Se debe notar que no hay correspondencia alguna entre "venidas" y "fuego", palabras que ocurren al final de los versos impares; los versos impares, el primero y el tercero, quedan sueltos, o sea, sin rima de ninguna clase.

Las demás estrofas tienen la misma estructura.

Este romance tiene un estribillo, "¡Ay de mi Alhama!" que queda suelto, es decir, que no se cuenta para el efecto de la rima asonante de los versos pares. Sin embargo, este estribillo guarda la misma asonancia que los versos pares: "a-a". La presencia de un estribillo así no cambia el hecho de que aquí se trata de un romance; el estribillo va regularmente intercalado, como los estribillos de una pieza musical. Sirve para reforzar la emoción del tema de la pérdida de Alhama, y su repetición realza el patetismo del poema.

Es de notar que todas las estrofas tienen la asonancia "a-a" en los versos pares, repitiendo la asonancia reflejada en su tema, Alhama. No es de poca importancia lírica el hecho de que Granada también tiene la asonancia "a-a".

2. Si el estudiante todavía no ha presentado la idea de la función del estribillo en este romance, deberá incluirla al contestar esta pregunta. Véase arriba. Recuérdese que muchas veces los juglares difundían los romances cantándolos; la inserción de estribillos, fenómeno netamente musical, facilitaba este medio de difusión.

Los estudiantes podrán notar también que la asonancia presente en este romance, "a-a", no sólo refleja las vocales del nombre de la ciudad fortaleza perdida, sino que inyecta, repetidamente, el sonido humano—anterior a las palabras—que más se une al dolor; muchas veces vuelta interjección, "¡Ah!" denota pena; también, admiración o sorpresa.

3. Este romance refleja todas las características notadas en la pregunta. Es épico, porque relata un evento de proporciones históricas para la morería y para toda la nación española. La pérdida de Alhama fue no sólo lamentable, sino también claramente trágica. Este romance es una tragedia clásica, pues la pérdida relatada en él no fue accidental; ocurrió por defectos en el carácter del rey moro, que se dan a conocer mediante sus versos.

Es dramático: el lector está presente para el drama de la llegada de la noticia de la pérdida de Alhama, y un elenco de personajes conmovidos—el moro viejo, el alfaquí de barba crecida y cana, toda la morería—echan la culpa al rey, descubriéndonos cómo fue que se perdió Alhama. En versos dramáticos, nombran los errores del rey: mató a los Abencerrajes y acogió a los tornadizos de Córdoba. Bien merece el castigo de la pérdida de Alhama. Los moros reunidos le pronostican una "pena muy doblada": la de la futura pérdida de Granada.

Debe notarse que, aunque el punto de vista de este romance parece musulmán, se delata su origen castellano. Primero, el poeta anónimo se vale del nombre del dios romano de la guerra, Marte, como metáfora de la guerra. Segundo, en la condena al rey, falta la honda pena que esperaríamos, especialmente ante la inminente pérdida del reino de Granada. Fuera del estribillo, la insistencia está en el suceso como el justo pago por los errores del rey moro.

4. Los estudiantes podrán ver fácilmente que estamos de pronto frente al rey moro en Granada, quien recibe cartas con la noticia sobre la victoria de Alhama; entrando así, *in medias res*, desconocemos del todo su significado. No sabemos quién es este rey, qué fama tiene, qué es Alhama, quién la ganó, ni qué significado tiene todo esto para los moros de Granada. Hacia el final, hemos llegado a saber mucho sobre estas cuestiones; pero el romance nos deja de nuevo *in medias res* ante el pronóstico de que va a perderse también Granada; es la "pena muy doblada" y bien la merece el rey.

5. Dos ejemplos son:

"—Habéis de saber, amigos, / una nueva desdichada / que cristianos de braveza / ya nos han ganado la batalla." El rey moro ha reunido a los moros de Granada para compartir con ellos la noticia; así también el lector llega a conocerla y a lo que entender significa para todos los allí presentes.

"—¡Bien se te emplea, buen rey, / buen rey, bien se te empleara!" Con gran asombro el lector presencia el hecho de que los moros de Granada le echan la culpa al rey; sus razones no las sabemos a estas alturas, pero pronto se llegan a conocer (en la siguiente estrofa).

Los estudiantes encontrarán fácilmente los otros versos pertinentes.

Guía de estudio

1. El uso creativo de los tiempos verbales se da en los siguientes versos:

a. "las cartas echó en el fuego,
y al mensajero matara".
Comentario: En estos versos, el romance ubica la quemadura de las cartas en el tiempo pasado. Sin embargo, en la siguiente estrofa, regresamos al presente en los siguientes versos: "Descabalga de una mula,
y en un caballo cabalga . . ."
Con el procedimiento empleado en estos dos últimos versos, la imagen del rey moro se ubica en primer plano, adquiere vida, sus circunstancias transcurren a la par de las nuestras.

b. "Allí habló un moro viejo,
de esta manera hablara:
—¿Para qué nos llamas, rey,
para qué es esta llamada?"
Comentario: En esta estrofa, el discurso del moro viejo, ubicado en el pasado en el primer verso, vuelve al tiempo presente en los dos últimos versos dialogados. El dramatismo que adquiere el poema es evidente.

c. "—Habéis de saber, amigos,
una nueva desdichada
que cristianos de braveza
ya nos han ganado Alhama".
Comentario: El discurso del rey moro, en su primer verso, insinúa el tiempo futuro, creando expectativa y suspenso en los súbditos que lo escuchan, que todavía no saben del desafortunado episodio de la pérdida de Alhama.

d. "—¡Mataste los Abencerrajes,
que eran la flor de Granada;
cogiste los tornadizos
de Córdoba la nombrada!"
Comentario: Aquí el diálogo muestra su capacidad de desenvolverse en el presente, refiriendo acontecimientos pasados y usando los tiempos verbales correspondientes.

2. He aquí tres ejemplos en que se produce la reiteración de términos:

a. "—¿Para qué nos llamas, rey,
para qué es esta llamada?"

b. "—¡Bien se te emplea, buen rey,
buen rey, bien se te empleara!"

c. "que te pierdas tú y el reino,
y aquí se pierda Granada."

Tesis de ensayo

1. El estudiante puede averiguar en torno a los hechos históricos que refiere el "Romance del rey moro que perdió Alhama"; de esta manera podrá advertir qué circunstancias fueron omitidas en la creación de este poema. Luego, de la relectura atenta del mencionado romance, puede sacar conclusiones sobre las características que comparte con otras creaciones arraigadas en el sentimiento popular. La vena lírica puede rastrearse en las exclamaciones en que el sentimiento se muestra herido y en el tono elegíaco que recorre de principio a fin el romance estudiado. Finalmente, se puede analizar la función que cumple el diálogo en la progresión dramática del "Romance del rey moro que perdió Alhama".

2. Éste es un ejemplo del tipo de pregunta de análisis textual que se verá en la Pregunta N° 3, del examen de *AP Spanish Literature*.

Prueba de vocabulario

Las respuestas correctas son:
1. c, **2.** a, **3.** d, **4.** b, **5.** a, **6.** c, **7.** b, **8.** a, **9.** d, **10.** d.

Preguntas de opción múltiple

Las respuestas correctas son:
1. d, **2.** b, **3.** a, **4.** c, **5.** c, **6.** d.

Páginas 317–333 del libro de lecturas

Romancero gitano

FEDERICO GARCÍA LORCA

Antes de leer

La trayectoria poética de García Lorca, en el contexto de la denominada "Generación del 27", es singular. No solamente por haber evitado la seducción modernista, buscando su fuente de inspiración en los romances populares antiguos, sino también por sus dotes declamatorias, capaces de despertar un furor por la poesía recitada incluso en gente común y corriente, alejada de las capillas literarias. Así lo recuerda Rafael Alberti, compañero de generación de Lorca, cuando resucita un memorable episodio en que tras la lectura pública de algunos poemas del *Romancero gitano*, la audiencia agitó pañuelos y por poco levantó al poeta en hombros como si fuese un torero de inolvidables faenas. Era tal el talento de Lorca para hechizar con sus versos a todos los que lo escuchaban declamar, que los poemas del *Romancero gitano* ya eran famosos mucho antes de su publicación. Y es que en García Lorca se conjugan el poeta moderno y el juglar, el que sobresale tanto en lo escrito como en lo oral, el que en la intimidad modela con paciencia y esfuerzo denodado cada metáfora hasta dotarla de magia y el que luego canta sus versos delante de las masas, que los hace suyos por su arraigo popular.

El *Romancero gitano* representa la expresión literaria del amor que Lorca sintió por Andalucía, tierra milenaria, rica en historia y en cultura, ombligo de Occidente que, con la savia de sus ancestrales tradiciones enriquecieron los tartesos, los moriscos y los gitanos. Estos últimos llegaron a la tierra andaluza en 1462 y decidieron afincarse en ella luego de comprobar que allí había elementos culturales de oriente muy afines a su tradición. Explicando la naturaleza del *Romancero gitano*, Lorca manifestó lo siguiente: "El libro, en conjunto, aunque lo llamo gitano, es el poema de Andalucía; y lo llamo gitano porque el gitano es lo más elevado, lo más profundo, más aristocrático de mi país, lo más representativo de su modo y el que guarda el ascua, la sangre y el alfabeto de la verdad andaluza y universal".

Vocabulario

cavar—ahondar en la tierra, haciendo un hoyo.
gemir—articular con voz lastimosa.
gruñir—emitir sonidos inarticulados y roncos.
llagas—heridas, especialmente abiertas o supurantes.
vislumbrar—ver indistintamente, como a lo lejos.
chorro—cantidad de líquido que sale con fuerza.
tiritar—temblar de frío.
relucir—brillar; reflejar la luz.
digno—merecedor; propio.
alba—aurora; amanecer.
frotar—restregar; refregar.
manta—cobija; frazada; colcha.
hojalata—estaño; metal maleable.
hiel (f.)—bilis; figuradamente, amargura.
mecerse—moverse de un lado a otro, rítmicamente.

Al leer

Consulte la **Guía de estudio** como herramienta para comprender mejor esta obra.

Después de leer

Conviene saber que el Romancero tradicional surge aproximadamente a fines del siglo XIV, tras la decadencia de los cantares de gesta. Estos últimos eran poemas de carácter épico, creados y difundidos por juglares anónimos con el fin de relatar episodios significativos de la historia de los pueblos. Los primeros romances, que aparecen como resúmenes o fragmentos de esos cantares de gesta, se caracterizan por la narración más rápida de los hechos y porque emplean con mayor frecuencia diálogos y elementos líricos. Con el transcurso del tiempo, los romances comienzan a variar su temática, enfocándose en hechos relativamente nuevos como la guerra contra los moros granadinos o basándose en leyendas de caballeros. Cuando el romance se consolida en el siglo XV, adquiere una forma más o menos fija: los versos, que integran una serie indefinida, son de igual medida, rimando los pares de modo asonante y quedando los impares libres. El romance propiamente dicho, está compuesto de versos octosílabos; pero hay variantes de importancia como la *endecha*, compuesta de versos heptasílabos, o el *romancillo*, compuesto de hexasílabos o versos todavía más breves.

Conviene saber que García Lorca, al escribir su *Romancero gitano*, bebió de la fuente del Romancero tradicional, integrando su herencia a una concepción poética moderna que eleva la metáfora a las alturas del mito. Sin embargo, a pesar de la modernidad de los versos lorqueanos, los puntos en que ambos romanceros convergen son numerosos. En primer lugar está el aspecto musical: como se sabe, los romances antiguos fueron compuestos para ser cantados; los romances de Lorca, a pesar de haber sido escritos para la lectura, tienen ese don musical que se presta para la declamación y hechiza a quien los escucha de la misma manera en que lo hace una canción. Una segunda característica compartida es la sencillez, puesto que ambos romanceros carecen de ornamentos inútiles y la presencia de los adjetivos pasa prácticamente inadvertida. Ésta, por supuesto, es una sencillez muy trabajada en el caso de Lorca, hecho comprobado por el tiempo que le tomó crear y pulir los versos del *Romancero gitano*. Una tercera característica tiene que ver con el arraigo popular; así como los romances antiguos gozaban de enorme fama entre el pueblo, los versos de Lorca son también tremendamente populares entre la gente del pueblo, que se los sabe de memoria y los recita al modo en que se tararea una canción. Una cuarta característica tiene que ver con el empleo del diálogo; tanto en el Romancero tradicional como en el *Romancero gitano*, la narración se interrumpe de súbito y le sustituye la escena dialogada; este recurso capta la atención del oyente llevándolo a un plano en que los personajes adquieren voz y vida, como en la "Muerte de Antoñito el Camborio", donde Antoñito habla para denunciar a quienes lo han matado. La quinta característica que une a los romances de Lorca con los romances tradicionales tiene que ver con la universalidad de los temas, los cuales casi siempre tienen que ver con el odio, el amor, la traición y la muerte. En Lorca, particularmente, la muerte invade el primer plano, recorre cada uno de sus versos, se convierte en su gran tema; pero no la muerte lejana, contemplada como el fin de la vida, sino la muerte como presencia viva, siempre cercana y acechante. La última característica por mencionar es la supresión de los detalles; tanto en los romances tradicionales como en los lorqueanos, no podemos elucidar las razones o las consecuencias detalladas de los hechos, sólo sabemos que ocurren.

Conviene saber que una de las principales diferencias que separan al *Romancero gitano* del Romancero tradicional, es su desprendimiento de los aconteceres históricos. Los romances antiguos se nutren de acontecimientos reales y definidos, como por ejemplo la guerra contra los moros. Los romances de Lorca, llenos de metáforas que aluden a un mundo irreal, ocurren fuera de la historia, perdidos en una vaga eternidad. Esto, por supuesto, no implica que los romances de Lorca estén completamente separados de la realidad; puesto que precisamente nacieron en el corazón de la cultura andaluza, en contacto con la realidad, y con el pueblo gitano cuya vida retratan y universalizan por medio del mito. Así, en el *Romancero gitano*, parecen encadenarse dos mundos: el de la realidad y el del mito o la fábula; por un lado tenemos hechos, circunstancias, personajes de la vida cotidiana; y por otro tenemos elementos, presencias vivas de fuerza cósmica, como la luna y el viento. Como afirma el estudioso Gustavo Correa: "Lo definidor de esta poesía es, pues, la constante alternancia y simultánea interacción de dos planos de realidad, el uno humano y vital y el otro mítico y fabular en permanente correspondencia y fusión integradora". Así, en el "Romance sonámbulo", el mundo real y cotidiano es identificado en el ascenso de los compadres por la cuesta; mientras que el mundo mítico nos presenta a una gitana embrujada por la luna.

Conviene saber que el gran tema y personaje del *Romancero gitano* es la pena andaluza. Una pena que no se parece ni a la melancolía ni a la nostalgia, que tampoco surge de los bajones del ánimo; una pena que no es de este mundo, sino de otro, cósmico y celeste. Esa pena andaluza está directamente relacionada con la indescifrable realidad del universo; es una pena "limpia y sola", como la de Soledad Montoya, cuya pena nocturna sólo puede vislumbrar un amanecer remoto.

Preguntas

1. ¿Por qué crees tú que le habrán atraído la forma y la tradición del romance a Lorca, para elaborar los poemas de este poemario? Analiza por lo menos dos de estos seis romances en cuanto al fondo y a la forma. ¿Por qué conviene la forma del romance para los temas que expresa el poeta en ellos?

2. La luna es uno de los símbolos más recurrentes en la obra de Lorca. ¿Qué simboliza la luna en cada una de las composiciones que has leído? Cita ejemplos.

3. Los protagonistas del *Romancero gitano* son gitanos. ¿Qué representa esta cultura para Lorca y qué metáforas utiliza para expresarlo? Cita ejemplos de los poemas.

4. Al proponerse crear el *Romancero gitano* Lorca escribió a un amigo: "Quiero hacer este verano una obra serena y quieta . . . haré una obra popular y andalucísima . . ." Andalucía ciertamente figura entre los protagonistas de esta obra. Analiza por lo menos dos de los romances que has leído, en lo que se refiere a la flora, a la fauna y a los demás elementos naturales andaluces. ¿Qué implicaciones extraes de su presencia dentro de la obra?

Bibliografía

Correa, Gustavo. *La poesía mítica de Federico García Lorca.* (1970)

Díaz-Plaja, Guillermo. *Federico García Lorca.* (1968)

Lapesa, Rafael. *Introducción a los estudios literarios.* (1995)

Mena Benito, Francisco. *El tradicionalismo de Federico García Lorca.* (1974)

Salinas, Pedro. *Ensayos de literatura hispánica.* (1961)

Romancero gitano Federico García Lorca

En los poemas de Federico García Lorca, la realidad cotidiana de pronto se ve asaltada por un hecho mítico. En el "Romance de la luna, luna", por ejemplo, a la circunstancia real del niño en la fragua se suma de pronto la aparición mágica y mortal de la luna; a partir de entonces, el poema se mueve entre la realidad y el sueño, generando en los lectores una sensación de misterio. Tu tarea consiste en nombrar los principales elementos reales y los principales elementos míticos, presentes en cada uno de los siguientes poemas:

a. "Romance de la luna, luna"
b. "Romance de la pena negra"
c. "La monja gitana"
d. "Prendimiento de Antoñito el Camborio en el camino de Sevilla"
e. "Muerte de Antoñito el Camborio"
f. "Romance sonámbulo"

Nombre

Romancero gitano   Federico García Lorca

1. En una conferencia notable, García Lorca se refiere al *Romancero gitano* de la siguiente manera:

> *"Un libro donde si apenas está expresada la Andalucía que se ve, pero donde está temblando la que no se ve. Y ahora lo voy a decir. Un libro anti-pintoresco, anti-folclórico, anti-flamenco. Donde no hay ni una chaquetilla corta ni un traje de torero, ni un sombrero plano, ni una pandereta, donde las figuras sirvan a fondos milenarios y donde no hay más que un personaje grande y oscuro como un cielo de estío, un solo personaje que es la Pena que se filtra en el tuétano de los huesos y en la savia de los árboles, y que no tiene nada que ver con la melancolía ni con la nostalgia ni con ninguna aflicción o dolencia del ánimo, que es un sentimiento más celeste que terrestre; pena andaluza que es una lucha de la inteligencia amorosa con el misterio que la rodea y no puede comprender."*

Escribe un ensayo coherente relacionando las ideas de este fragmento con dos de los siguientes poemas: "Romance de la luna, luna", "Romance de la pena negra", "La monja gitana", "Prendimiento de Antoñito el Camborio en el camino de Sevilla", "Muerte de Antoñito el Camborio" y "Romance sonámbulo".
(Tiempo: 40 minutos. Extensión mínima: 200 palabras.)

2. Alguna vez Federico García Lorca dijo, en una entrevista:

> La poesía es algo que anda por las calles. Que se mueve, que pasa a nuestro lado. Todas las cosas tienen su misterio, y la poesía es el misterio que tienen todas las cosas. . . Por eso yo no concibo la poesía como abstracción, sino como cosa real existente, que ha pasado junto a mí.[1]

Escoge dos de los siguientes poemas, ya sean de Lorca o de otros, y compara y contrasta la forma en que los dos manifiestan el misterio poético que tienen las cosas, misterio al que se refiere Lorca aquí:

"He andado muchos caminos", de Antonio Machado
"Romance de la pena negra", de Lorca
"Prendimiento de Antoñito el Camborio en el camino de Sevilla", de Lorca
"Walking around", de Pablo Neruda
"Oda a la alcachofa", de Neruda
"A Julia de Burgos", de Julia de Burgos
"Autorretrato", de Rosario Castellanos
(Tiempo: 40 minutos. Extensión mínima: 200 palabras.)

3. La imagen del gitano le sirve a Federico García Lorca para desarrollar temas tales como la pasión desenfrenada, la libertad, el honor, y la autenticidad del ser. Escoge por lo menos dos romances que hayas leído de *Romancero gitano* de Lorca, y compara y analiza la imagen del gitano y el papel que esta imagen desempeña en el desarrollo de los dos poemas.

"Romance de la luna luna"
"Romance de la pena negra"
"La monja gitana"
"Prendimiento de Antoñito el Camborio en el camino de Sevilla"
"Muerte de Antoñito el Camborio"
"Romance sonámbulo"
(Tiempo: 40 minutos. Extensión mínima: 200 palabras.)

---

[1] Federico García Lorca, *Obras completas* Tomo III. Círculo de Lectores S.A., y Galaxia Gutenberg S.A., Barcelona, 1997, pág. 628.

Nombre _____

Romancero gitano Federico García Lorca

Lee las frases siguientes y completa el sentido de cada una eligiendo la palabra más apropiada entre las cuatro opciones.

1. Según el mapa que encontré en el escondite de los piratas, el tesoro está enterrado aquí; no hay más que empezar a ____.

   a. cavilar

   b. cautivar

   c. catar

   d. cavar

2. Era horrible; oía claramente al soldado herido que ____, muy cerca de mí, pero no me atrevía a socorrerlo, por temor a que me alcanzara una bala enemiga.

   a. germinaba

   b. gemía

   c. gestionaba

   d. generaba

3. Yo estaba aterrado, naturalmente, porque el oso me tenía acorralado; pero no hizo más que ____ un poco, y luego me dejó en paz.

   a. gruñir

   b. graznar

   c. gravar

   d. gaguear

4. El sargento sufrió una herida en la guerra; se le infectó, y todavía tiene una ____ que no se le quita.

   a. llave

   b. llama

   c. llaga

   d. llanta

5. Llevamos tiempo caminando en la más profunda oscuridad, pero ahora creo ____ luz al final del túnel.

   a. vituperar

   b. vincular

   c. vindicar

   d. vislumbrar

6. Abrí la llave demasiado, y salió un ____ de agua que me mojó la camisa.

   a. churro

   b. chorro

   c. charro

   d. chirlo

7. Aquel invierno vino un titiritero a nuestro pueblo, y hacía tanto frío que hasta los títeres del titiritero ____ de frío.

   a. tiritaban

   b. tiraban

   c. tintineaban

   d. tiranizaban

8. Todo el mundo conoce el refrán que dice: "No es oro todo lo que ____."

   a. repugna

   b. repuja

   c. reluce

   d. relincha

9. Puedes confiar en Prudencia, te lo aseguro; esa mujer es ____ de la mayor confianza.

    a. diluida

    b. dipsómana

    c. diputada

    d. digna

10. No dormí en toda la santa noche; pero por fin logré conciliar el sueño, casi al ____.

    a. anda

    b. alba

    c. anca

    d. aspa

11. Cuando mi papá ____ las manos así, quiere decir que está a punto de cerrar un trato ventajoso.

    a. se frota

    b. se fríe

    c. se funde

    d. se frena

12. Hace frío esta noche; hay que poner otra ____ en la cama.

    a. mantilla

    b. manteca

    c. manta

    d. manotada

13. El coche mío es pésimo; suena más que una sonaja; parece hecho de ____, no de acero.

    a. hojaldre

    b. holanda

    c. hojarasca

    d. hojalata

14. ¡Qué vergüenza! Me confundí; quería pedir miel y pedí ____, todo lo opuesto . . .

    a. hielo

    b. hiel

    c. hierba

    d. hiedra

15. Mi abuela se sienta en la mecedora y ____ en ella todo el santo día.

    a. se mece

    b. se menea

    c. se merma

    d. se merece

Nombre

Romancero gitano Federico García Lorca

Contesta las siguientes preguntas, o completa la idea, eligiendo en cada caso la respuesta más apropiada.

1. Con respecto al "Romance de la luna, luna", ¿cuál de las siguientes afirmaciones es falsa?

   a. En este romance se emplea la prosopopeya, puesto que se atribuye a la luna cualidades humanas.

   b. En este romance se emplea la repetición de términos con la finalidad de reforzar ciertas ideas y darle musicalidad a los versos.

   c. En este romance hay una atmósfera de hechizo lunar, reforzada por la alusión al color blanco en algunos de sus versos.

   d. En este romance se emplean los versos octosílabos y la rima consonante.

2. Con respecto a los siguientes versos del romance "Prendimiento de Antoñito el Camborio en el camino de Sevilla": "Y a la mitad del camino, /bajo las ramas de un olmo, /guardia civil caminera/lo llevó codo con codo"; ¿cuál de los siguientes recursos literarios emplea el poeta?

   a. Anáfora, puesto que se repite la palabra "codo".

   b. Aliteración, puesto que un mismo sonido se repite en la expresión "codo con codo".

   c. Hipérbaton, puesto que se ha alterado por completo la sintaxis.

   d. Antítesis, ya que el concepto de guardia civil se opone al concepto de gitano.

3. En "Muerte de Antoñito el Camborio" . . .

   a. García Lorca interviene, haciéndose partícipe del drama de su personaje.

   b. el poeta ha omitido los diálogos.

   c. el poeta ha eludido los elementos míticos y nos ofrece un poema de corte realista.

   d. abundan los detalles sobre las razones por las cuales Antoñito es perseguido.

4. ¿Por qué crees que el "Romance de la pena negra" no abunda en detalles personales con respecto a Soledad Montoya?

   a. Porque Soledad Montoya es un personaje imaginado que no tiene ninguna relación con la realidad exterior.

   b. Porque al poeta le interesa más la descripción metafórica del paisaje.

   c. Porque de esta manera Soledad Montoya se convierte en un símbolo de la pena negra andaluza.

   d. Porque Soledad Montoya es solamente un símbolo de la soledad.

5. En el "Romance de la pena negra", ¿por qué crees que el poeta se refiere a la pena de los gitanos como una pena de "madrugada remota"?

   a. Porque se trata de una pena producida por el insomnio.

   b. Porque la pena adquiere la dimensión cósmica de una noche sin madrugada.

   c. Porque la pena solamente asalta cuando rompe el alba.

   d. Porque la pena proviene de evocar constantemente a la muerte.

6. En el "Romance sonámbulo", ¿qué nos quiere decir el poeta, con respecto a la gitana, cuando escribe los siguientes versos: "Bajo la luna gitana, /las cosas la están mirando/y ella no puede mirarlas"?

   a. Que la gitana se ha quedado ciega.

   b. Que la gitana ha migrado a un mundo de ensoñaciones donde sólo contempla a su amado.

   c. Que la gitana ha cedido al embrujo de la luna, entregándose a ella en un estado de hipnosis y sonambulismo.

   d. Que la gitana se ha convertido en una aparición espectral puesto que ya ha muerto.

7. ¿Cuál de las siguientes afirmaciones es cierta con respecto a Antoñito el Camborio?

   a. Es un gitano cobarde que se entrega a la policía pacíficamente mientras pasea por la orilla de un río.

   b. Es un gitano sencillo y bondadoso, acusado de crímenes que no ha cometido.

   c. Es un gitano legítimo, que pretende borrar la afrenta de su captura con la sangre de sus cuatro primos, que lo traicionaron.

   d. Es un gitano que se niega a defender la dignidad con que sus antepasados han revestido su nombre.

Guía de respuestas

Romancero gitano
Federico García Lorca

Preguntas

1. Las respuestas de los estudiantes serán varias. Pueden incluir alusiones al contenido de la introducción a *Romancero gitano*, en el libro de lecturas. Véase la página 318. Otras razones que divisarán para el atractivo de la forma del romance para Lorca pueden ser:

a. que Lorca era andaluz, y fue precisamente en Andalucía donde florecieron los romances tradicionales, sobre todo los fronterizos. En Andalucía se libraron las últimas batallas de la Reconquista. Recuérdese que los moros no fueron expulsados de Granada, provincia natal de García Lorca, hasta 1492. Las huellas que dejaron en aquella región de España son visibles hasta hoy. Los primeros romances eran fragmentos de los antiguos cantares de gesta, de carácter épico, que cantaban las grandes hazañas de los héroes nacionales del Medioevo. La forma del romance, nacida en Andalucía, era natural.

b. que, puesto que los romances más antiguos eran fragmentos de los antiguos cantares de gesta, el romance se caracteriza por dos fenómenos de interés para Lorca: es anecdótico, relatando una historia de gentes y sucesos; y es fragmentario. Los romances empiezan y terminan abruptamente, *in medias res*. Esto pone de relieve su contenido dramático—particularmente, los hechos de sangre—y su aire de misterio. Recuérdese que Lorca era dramaturgo a la vez que poeta, y tenía un fino sentido de estos dos elementos, decisivos en una creación literaria.

c. que eran populares, recitados y cantados por los juglares que viajaban de pueblo en pueblo, y eran calurosamente acogidos por las clases populares; reflejaban el habla y el modo de ser del pueblo, un afán constante de Lorca en su poesía y en sus dramas. Buscaba que su obra fuera un reflejo del pueblo, a pesar de que él mismo juzgó su *Romancero gitano* de modo diferente. En una entrevista, hecha en 1933, afirmó que:

"El *Romancero gitano* no es un libro popular aunque lo sean algunos de sus temas. Sólo son populares algunos versos míos, pero sólo en minoría . . . Pero la mayor parte de mi obra no puede serlo, aunque lo parezca por su tema, porque es un arte, no diré aristocrático, pero sí depurado, con una visión y una técnica que contradicen la simple espontaneidad de lo popular."

Los romances de Lorca siguen fielmente la forma de los romances antiguos. Se componen de versos de ocho sílabas, por ejemplo: En "Romance de la luna, luna", "El-ji-ne-te-se a-cer-ca-ba/to-can-do el-tam-bor-del-lla-no". La asonancia, en el mismo poema, es "a-o": nardos-mirando; brazos-estaño; gitanos-blanco, etc., manteniéndose la misma asonancia hasta el final. En "Prendimiento de Antoñito el Camborio en el camino de Sevilla", la asonancia es "o-o": Camborios-toros; garboso-ojos; redondos-oro; olmo-codo, etc., a través del poema.

A Lorca le cuadra esta forma precisamente porque sus romances, como los antiguos, narran una historia dramática. El octosílabo, y la asonancia presente en versos pares de número indefinido, se presta para la expresión poética de estas historias. Cabe observar que el mismo idioma—el castellano—se presta fácilmente a la rima asonante.

Para mayor conocimiento de los estudiantes, la siguiente cita de Lorca, que acompañó un recital del *Romancero gitano* que diera en 1935, puede servir para iluminar este tema:

"Desde el año 1919, época de mis primeros pasos poéticos, estaba yo preocupado con la forma del romance, porque me daba cuenta que era el vaso donde mejor se amoldaba mi sensibilidad. El romance había permanecido estacionario desde los últimos exquisitos romancillos de Góngora, hasta que el duque de Rivas lo hizo dulce, fluido, doméstico; o Zorrilla lo llenó de nenúfares, sombras y campanas sumergidas. El romance típico había sido siempre una narración, y era lo narrativo lo que daba encanto a su fisonomía, porque cuando se hacía lírico, sin eco de anécdota, se convertía en canción. Yo quise fundir el romance narrativo con el lírico sin que perdieran ninguna calidad, y este esfuerzo se ve conseguido en algunos poemas del *Romancero*, como el llamado "Romance sonámbulo", donde hay una gran sensación de anécdota, un agudo ambiente dramático, y nadie sabe lo que pasa, ni aun yo, porque el misterio poético es también misterio para el poeta que lo comunica, pero que muchas veces lo ignora."

2. Los estudiantes podrán, por su cuenta, identificar varias características de la luna que perciben todos los pueblos y todos los poetas. Por ejemplo, 1) su inconstancia; la luna no es como el sol que nos acompaña todos los días y cuyos movimientos aun para los no estudiosos son previsibles; para el lego, la luna va y viene, crece y mengua, aparece y se esconde; 2) su frialdad; a pesar de brillar en el cielo, lo hace con luz prestada, o robada, y no da calor; y 3) su misterio.

Aparte de estas características, para Lorca la luna tenía un profundo sentido místico. Se ofrece lo siguiente para que sirva de base a maestros y estudiantes para comprender el significado de la luna para García Lorca:

La luna, figura mítica y atavística, simboliza la muerte, o más bien, funciona como agente de la muerte en las composiciones de *Romancero gitano*, así como en *Bodas de sangre*, obra en que la luna anhela la sangre de los dos jóvenes que han de morir.

La luna no subsiste por su propio calor ni por su propia luz. Brilla con luz prestada, robada al sol, y, por ello, necesita del calor que le pueda brindar la sangre de un corazón humano. Trabaja mano a mano con la Mendiga—la Muerte—en el Tercer Acto de la obra de teatro, *Bodas de sangre*.

En "Romance de la luna, luna", se experimenta una luna seductora, que baila ante el niño gitano y lo hipnotiza con su fría hermosura. Se deja atrás, dentro de la fragua, el cuerpo inerte del niño gitano, quedando el aire, testigo único de la seducción, para velarle, mientras por el cielo va la luna, con un niño de la mano.

En "Romance sonámbulo", la gitana está muerta, verde carne, pelo verde, bajo la luna gitana:

"Bajo la luna gitana,
las cosas la están mirando
y ella no puede mirarlas".

Además, rayos de luna la sostienen sobre el agua del aljibe:

"Sobre el rostro del aljibe,
se mecía la gitana.
Verde carne, pelo verde,
con ojos de fría plata.
Un carámbano de luna
la sostiene sobre el agua".

El garboso Antoñito el Camborio, que está para morir, es "moreno de verde luna": verde, el color de la muerte, verde, el color cobrizo de la piel de los gitanos, verde, el color de la naturaleza, indiferente a la pena negra de los gitanos. Es el mismo verde que vemos también en "Romance sonámbulo".

Cabe señalar que la luna es el elemento que aparece con mayor frecuencia en toda la poesía de Lorca: un total de 218 veces, según informa Alice Pollin en su *Concordancia*, basada en las *Obras completas* de Lorca, edición de 1969. Ángel Álvarez de Miranda, en su estudio *La metáfora y el mito*, comenta sobre la mentalidad de los pueblos de la antigüedad ante los elementos celestes. La luna, nos dice, es el elemento celeste que resulta ser, para los primitivos:

". . . el más rico, el más influyente en la tierra y, sobre todo, en la vida orgánica, el más misterioso y esperanzador, y, en fin, el más "potente" . . . y si al hombre moderno le cuesta trabajo percibirlo así sólo revela cuán lejana está ya la mentalidad moderna y racional de la arcaica y mágica . . . El sol no tiene devenir, pero la luna, en cambio, muere una vez por mes. Para la religiosidad primitiva y arcaica la luna contiene en sí a la muerte, la sufre y la trasciende. Luna y muerte son inseparables . . ."

Lorca opinó alguna vez que "la luna como bailarina mortal" era un mito que él mismo había inventado.[1] Sin embargo, hay que tener en cuenta que es antigua la equivalencia de la luna y la muerte. La luna, para los pueblos primitivos, ha sido la morada de todos los que mueren, es el destino y el país de los

---

[1] Federico García Lorca, *Obras completas III*, Miguel Garcia-Pasada, Ed. Galaxia Gutenberg Círculo de lectoner, Barcelona, 1996, pág. 181

muertos. La luna se apropia de ellos, los recoge y se los lleva. Esto no sólo ocurre en "Romance de la luna, luna" ("Por el cielo va la luna con un niño de la mano"), sino también en "Canción de la madre de El Amargo" ("La cruz. No lloraad ninguna. / El Amargo está en la Luna"), y en "Llanto por Ignacio Sánchez Mejías", cuando, ante el cuerpo presente del torero, el poeta ruega "Que se pierda en la plaza redonda de la luna". Plaza, aquí, en el sentido que quiere Lorca, se refiere a la plaza de toros.

3. Para García Lorca los gitanos eran un símbolo, y el poeta se enfocaba en su desenfrenada libertad, en su nobleza, en la pureza de sus instintos humanos, en su forma sensual de abrazar la vida y en su condición de pueblo perseguido, al margen de la sociedad. Lorca una vez describió al gitano como "la cosa más pura y más auténtica" en Andalucía. Con esto, cabe afirmar que el poeta percibía en el gitano algo así como un ser mítico:

"El libro en conjunto, aunque se llama gitano, es el poema de Andalucía, y lo llamo gitano porque el gitano es lo más elevado, lo más profundo, más aristocrático de mi país, lo más representativo de su modo y el que guarda el ascua, la sangre y el alfabeto de la verdad andaluza y universal. Así pues, el libro es un retablo de Andalucía, con gitanos, caballos, arcángeles, planetas, con su brisa judía, con su brisa romana, con ríos, con crímenes, con la nota vulgar del contrabandista y la nota celeste de los niños desnudos de Córdoba que burlan a San Rafael. Un libro donde apenas si está expresada la Andalucía que se ve, pero donde está temblando la que no se ve. Y ahora lo voy a decir. Un libro anti-pintoresco, anti-folclórico, anti-flamenco, donde no hay ni una chaquetilla corta, ni un traje de torero, ni un sombrero plano, ni una pandereta; donde las figuras sirven a fondos milenarios como un cielo de estío, un solo personaje que es la Pena, que se filtra en el tuétano de los huesos y en la savia de los árboles, y que no tiene nada que ver con la melancolía, ni con la nostalgia, ni con ninguna otra aflicción o dolencia del ánimo; que es un sentimiento más celeste que terrestre; pena andaluza que es una lucha de la inteligencia amorosa con el misterio que la rodea y no puede comprender."[2]

Los gitanos de "Romance de la luna, luna" son jinetes, van montados a caballo. (Lorca asocia el caballo con la pasión y con la libertad, y aun más, con la muerte). Es gente apasionada, que galopa tratando de llegar para salvar al niño gitano de la seducción de la luna, y que da gritos al encontrar el cuerpo inerte de la víctima.

En "Romance sonámbulo" el gitano contrabandista llega a la casa de su compadre, queriendo tardíamente cambiar sus objetos de la vida aventurera y violenta por objetos caseros. Tardíamente, pues la sangre rezuma y huele alrededor de su faja; el gitano ya está moribundo:

"¿No veis la herida que tengo
desde el pecho a la garganta?
Trescientas rosas morenas
lleva tu pechera blanca".

Tocante a "Romance sonámbulo", el poeta ha dicho que es:

". . . uno de los más misteriosos del libro, interpretado por mucha gente como un romance que expresa el ansia de Granada por el mar, la angustia de una ciudad que no oye las olas y las busca en sus juegos de agua subterránea y en las nieblas onduladas con que cubre sus montes. Está bien. Es así, pero también es otra cosa. Es un hecho poético puro del fondo andaluz, y siempre tendrá luces cambiantes, aun para el hombre que lo ha comunicado, que soy yo. Si me preguntan ustedes por qué digo yo 'Mil panderos de cristal herían la madrugada', les diré que los he visto en manos de ángeles y de árboles, pero no sabré decir más, ni mucho menos explicar su significado. Y está bien que sea así. El hombre se acerca por medio de la poesía con más rapidez al filo donde el filósofo y el matemático vuelven la espalda en silencio".[3]

La omnipresencia del color verde en "Romance sonámbulo" connota la piel color de aceituna del gitano, y connota además la muerte—como lo hace también el aspecto plateado de los ojos de la gitana, frío color plateado de la luna—y la pasión. En la cultura hispánica, verde es la quintaesencia de lo erótico. Además, verde es el color de la naturaleza— de las hierbas, de las plantas y de los árboles—que de continuo se muestra indiferente al sufrimiento del

---

[2] *Ibid.*, pág. 179.

[3] *Ibid.*, pág. 182.

ser humano. En "Romance sonámbulo" se destaca un fuerte contraste entre la "cara fresca, negro pelo" de la gitana, que en vida esperaba la llegada del mozo, y la "verde carne, pelo verde" de la gitana muerta, que ahora se mece en el agua del aljibe.

La monja gitana, bordando alhelíes, florecitas blancas y delicadas, en el mantel de la misa, quisiera bordar su pasión frustrada, convirtiéndola en las flores de su fantasía—girasoles y magnolias, grandes y de colores fuertes, con cintas. En el poema, la Iglesia se representa como un oso que gruñe, panza arriba, a lo lejos: imagen que nos recrea la amenazadora fuerza física, si bien torpe, del oso, con su confiada autosuficiencia, al descansar dejando al descubierto—panza arriba—su vulnerabilidad. El ambiente de "La monja gitana" es de una sostenida quietud. La única turbación del silencio del poema ocurre cuando por los ojos de la monja galopan dos caballistas, y a continuación sigue un rumor sordo que a la monja le despega la camisa. Sin embargo, la agitación en nada resulta, y, de nuevo, la naturaleza se muestra indiferente a las frustraciones humanas. La imagen final del poema nos descubre la luz del día jugando en lo alto de la celosía del aposento, al volver la monja, después de la fantasía que la interrumpió y que le quebró el corazón, a bordar sus flores en el mantel de la misa. Cabe notar que una celosía es una especie de ventana enrejada a través de la cual se puede ver sin ser visto desde afuera. De origen moro, las celosías fueron creadas para tener a las mujeres musulmanas fuera de la vista pública. La palabra guarda relación semántica con las palabras "celo" y "celos".

En "Romance de la pena negra", la gitana Soledad Montoya es la personificación de la pena negra: Soledad se encuentra fuera de su casa, antes del alba, buscando en la vacía noche su alegría y su persona. Una de las tres voces que escuchamos, la voz de Federico mismo, le advierte que "caballo que se desboca / al fin encuentra la mar / y se lo tragan las olas". Entiéndase por "caballo que se desboca", la pasión desenfrenada. Soledad responde que su pena nace "en las tierras de aceituna / bajo el rumor de las hojas"; es decir que brota de la vida misma. El poeta se conduele de Soledad por su cocina y su alcoba vacías, en interminable espera, y le aconseja que

convierta su sufrimiento en canción: "Soledad: lava tu cuerpo / con agua de las alondras". La negrura del poema, empezando de noche, y el color azabache que van cobrando la carne y ropa de la gitana, contrastan con la luz del incipiente amanecer, que pinta un mundo alegre reflejado en un río descubierto, donde bailan, juntos, cielo y hojas. Otra vez Lorca nos ofrece una naturaleza indiferente a la pena de sus protagonistas. No hay cura para la pena negra de los gitanos, que fluye por cauces ocultos y ante madrugadas siempre remotas. Lorca nos ha dicho que Soledad Montoya es "concreción de la Pena sin remedio, de la pena negra, de la cual no se puede salir más que abriendo con un cuchillo un ojal bien hondo en el costado siniestro. La pena de Soledad Montoya es la raíz del pueblo andaluz. No es angustia, porque con pena se puede sonreír, ni es un dolor que ciega, puesto que jamás produce llanto; es un ansia sin objeto, es un amor agudo a nada, con una seguridad de que la muerte (preocupación perenne de Andalucía) está respirando detrás de la puerta. Este poema tiene un antecedente en la canción del jinete . . . en la que a mí me parece ver a aquel prodigioso andaluz Omar ben Hafsún desterrado para siempre de su patria . . ."[4]

Por último, Lorca nos dice que Antoñito el Camborio, el ficticio, el de estos dos poemas, es uno de los héroes más netos del *Romancero gitano*: "el único de todo el libro que me llama por mi nombre en el momento de su muerte. Gitano verdadero, incapaz del mal, como muchos que en estos momentos mueren de hambre por no vender su voz milenaria a los señores que no poseen más que dinero, que es tan poca cosa". El misterio envuelve tanto al protagonista como a su muerte, pues, aunque lo llevan preso cinco "tricornios" (miembros de la Guardia Civil), el garboso Antoñito el Camborio no muere a sus manos sino a manos de sus primos, motivados, nos dice el gitano, por la envidia. Antoñito llama a voces al poeta a que busque socorro a la misma Guardia Civil. Se invierte así el papel agresivo típico de la Guardia Civil, perseguidora del gitano, quien busca su libertad entre símbolos de lo erótico—su vara de mimbre, los toros, y los limones que va tirando al agua—, para convertirla en su fallido agente salvador.

---

[4] *Ibid.*, pág. 183.

Vale la pena concluir con una queja que expresó Lorca al poeta Jorge Guillén, en enero de 1927, cuando ya se corregían las pruebas de *Romancero gitano:*

"Me va molestando un poco mi mito de gitanería. Confunden mi vida y mi carácter . . . Los gitanos son un tema. Y nada más. Yo podía ser lo mismo poeta de agujas de coser o de paisajes hidráulicos. Además el gitanismo me da un tono de incultura, de falta de educación y de poeta salvaje que tú sabes bien no soy. No quiero que me encasillen. Siento que me van echando cadenas".[5]

4. En cuanto a sus temas *Romancero gitano* se centra en Andalucía—en Granada en particular, y en la pena negra, que, afirmó Lorca, es el único personaje de los dieciocho poemas. Elementos de los que se vale Lorca para el desarrollo del tema de la pena negra son, entre otros, caballos, arcángeles, ríos, romerías, crímenes violentos, la Guardia Civil y su agresión y persecución a los gitanos; la luna, y lo metálico—el estaño, el bronce, la plata y el cobre; limones; varas de mimbre—el mimbre es frecuente entre los gitanos; y la muerte omnipresente.

Según el poeta:[6]

"Desde los primeros versos se nota que el mito está mezclado con el elemento que pudiéramos llamar realista, aunque no lo es, puesto que al contacto con el plano mágico se torna aún más misterioso e indescifrable, como el alma misma de Andalucía, lucha y drama del veneno de Oriente del andaluz con la geometría y el equilibrio que impone lo romano, lo bético[7]".

Guía de estudio

a. Los elementos reales más resaltantes son: la fragua a donde acude el niño, los gitanos en el campo y la zumaya que canta en el árbol. Los elementos míticos más importantes son: la luna y su poder maligno, el presagio que los gitanos advierten en el canto de la zumaya y la imagen de la luna arrastrando por el cielo al niño.

b. Los elementos reales más importantes son: las cualidades físicas naturales de Soledad Montoya, el paisaje por el que desciende la gitana y la voz que le interroga en su camino. El elemento mítico más importante es la transformación del color de la piel de Soledad, que se torna azabache, como la noche; hecho mítico que contrasta de manera notable con la proximidad de la madrugada, que es un hecho real.

c. El elemento real más importante es la vida monótona del convento. Mientras que el elemento mítico que más resalta es la fantasía del amor, surgida en el enclaustramiento mientras la monja borda sus flores.

d. El elemento real y cotidiano de este romance está representado por la Guardia Civil que prende a Antoñito en la orilla del río. El elemento mítico se halla en los reflejos dorados del sol sobre el agua, que Antoñito provoca echando limones desde la orilla del río.

e. El elemento real que más sobresale es la muerte de Antoñito a manos de sus cuatro primos. El elemento mítico se halla en la asimilación sucesiva de Antoñito a la figura de un pez, un caballo y una flor.

f. El elemento real más importante es el encuentro de los compadres, que dialogan mientras suben la cuesta. El elemento mítico más importante es el hechizo lunar que hipnotiza a la gitana.

Tesis de ensayo

1. Al escribir el ensayo, el estudiante debe justificar sus conceptos sobre la relación entre la pena negra y la muerte, basándose en los dos poemas que decida tratar.

2. Éste es un ejemplo del tipo de respuesta a una cita de autor, que se verá en la Pregunta N° 3 del examen de *AP Spanish Literature*.

3. Éste es un ejemplo del tipo de Pregunta N° 2, de análisis temático que se verá en el examen de *AP Spanish Literature*.

Prueba de vocabulario

Las respuestas correctas son:
1. d, 2. b, 3. a, 4. c, 5. d, 6. b, 7. a, 8. c, 9. d, 10. b, 11. a, 12. c, 13. d, 14. b, 15. a.

Preguntas de opción múltiple

Las respuestas correctas son:
1. d, 2. b, 3. a, 4. c, 5. b, 6. c, 7. c.

---

[5] *Ibid.*, pág. 940.
[5] *Ibid.*, pág. 181.
[7] lo bético—lo procedente de la Bética, antiguo nombre de Andalucía bajo el Imperio romano.

Soneto XXIII

GARCILASO DE LA VEGA

Antes de leer

La poesía de Garcilaso de la Vega, junta con la de su gran amigo Juan Boscán, representa el triunfo de la lírica italiana en España. A pesar de que poetas como Petrarca ya eran conocidos en suelo ibérico antes de que Garcilaso y Boscán emprendieran sus primeros versos de madurez, es con ellos que el soneto italiano logra transplantarse a plenitud en la poesía española. No fue, sin embargo, la poesía italiana la única fuente de la cual bebió Garcilaso; como lo han demostrado numerosos estudios, su poesía también se alimentó del cancionero español del siglo XV, de la lírica de Ausías March y de la cultura clásica latina, que incluye a poetas como Virgilio y Horacio. Debido a que la muerte lo sorprendió prematuramente en el campo de batalla, Garcilaso no pudo dejarnos una obra copiosa; y solamente después de su muerte, acaecida en 1536, se publicaron algunos de sus poemas, gracias a la intervención de Juan Boscán, que actuó como albacea literario en nombre de la admiración y la amistad.

El "Soneto XXIII" es uno de los más hermosos que escribió Garcilaso. En él, nuestro poeta abandona momentáneamente su peculiar melancolía y se entrega a la alegría vital propia del Renacimiento. A pesar de los versos del último terceto, que recuerdan el fatídico momento de la extinción y la muerte, el soneto conserva su entusiasmo e insta al género humano a seguir el antiguo consejo del poeta latino Horacio: "aprovecha el día presente" (*carpe diem*).

Vocabulario

gesto—rostro; cara; expresión.
honesto—casto; puro.
refrenar—detener; sosegar; dominar.
presto—rápido; pronto.
enhiesto—erguido; elevado.
esparcir—dispersar; regar.
airado—iracundo; ofendido; enojado.
cumbre (f.)—cima; parte más alta (de una montaña, por ejemplo).
marchitarse—secarse; envejecer (una hoja, por ejemplo).
mudar—cambiar; transformar; alterar.

Al leer

Consulte la **Guía de estudio** como herramienta para comprender mejor esta obra.

Después de leer

Conviene saber que Garcilaso de la Vega consolida el triunfo de las formas italianas transplantadas a la poesía española a partir del Renacimiento. Como afirma el crítico Antonio Gallego Morell: "Sus endecasílabos aportan a la lírica española toda una gama de posibilidades sonoras en virtud al juego de sus acentos, y sólo este capítulo de la estilística garcilasiana señalaría el triunfo decisivo de los versos de Petrarca sobre la poesía española del siglo XVI". La influencia de Petrarca, sin embargo, no se dio solamente en lo formal; Garcilaso toma del gran poeta italiano la melancólica percepción de los avatares de la vida, el análisis de las emociones, los temas, la concepción de un amor eternamente insatisfecho, etc. El "Soneto XXIII", donde reina el endecasílabo trocaico, con su énfasis sonoro en la segunda, la sexta y la décima sílaba métrica de la mayoría de sus versos; muestra a todas luces su inspiración renacentista al referirse a la fugacidad de la vida, al lento desmoronamiento de todo lo que existe, al fin de la primavera que le abre paso al invierno. La poesía de Garcilaso es de alguna manera una lucha contra el tiempo, lo cual revela su anhelo de inmortalidad.

Conviene saber que si bien la poesía de Garcilaso recibió la notable influencia de Francesco Petrarca tanto en contenido como en forma, el "Soneto XXIII", que insta al género humano a gozar del día presente, se acerca más a la tradición clásica latina, entre cuyos puntales figura el poeta Horacio, que acuñara la frase *Carpe diem* (aprovecha el día presente). Es en efecto Horacio quien advierte: "Vamos todos al mismo lugar, la urna gira para todos; tarde o temprano la suerte saldrá y nos dejará en el barco fatal para la muerte eterna". Esta presencia amenazadora de la muerte ha cimentado los miedos de los hombres de todas las épocas y contra ella se han creado diversos paliativos espirituales sintetizados en diversas fórmulas. A Isaías, por ejemplo, se le debe la frase: "Comamos y bebamos, que mañana moriremos". Próximo al espíritu de este consejo, escribe Garcilaso con mayor finura: "coged de vuestra alegre primavera / el dulce fruto, antes que el tiempo airado / cubra de nieve la hermosa cumbre". Como puede verse, el gran poeta español no nos empuja a la gula y a la ebriedad, sino al goce sensorial y espiritual de la naturaleza; y la delicadeza de sus versos se revela en cuanto no menciona explícitamente a la muerte, sino sólo a la vejez, al desgaste que en los seres y las cosas de este mundo opera el tiempo. El "Soneto XXIII" está impregnado de epicureísmo, pero afortunadamente no expresa esa alegría descontrolada presente en la poesía de muchos poetas hedonistas, sino que a lo largo de sus versos la emoción se contiene en presencia de la virtud.

Conviene saber que la poesía española anterior a Garcilaso se aísla del mundo exterior y se refugia en la intimidad, a tal grado que el paisaje se convierte, cuando es mencionado, en un ente decorativo. Influenciado por el poeta italiano Jacobo Sannazaro, que en su libro *La Arcadia* describe un universo en que los seres humanos se funden íntimamente con la naturaleza, Garcilaso regresa a menudo de su intimidad al mundo externo y halla en el paisaje una infinidad de placeres sensoriales que empieza a plasmar poéticamente. Aquí también desenpeña un papel decisivo Petrarca, cuya poesía se abandona muchas veces en la contemplación extática de la naturaleza, generando una corriente de afinidad entre su espíritu y los elementos varios del paisaje. En Garcilaso la naturaleza posee un espíritu, tiene alma; y esta visión panteísta del mundo representa en su poesía una superación con respecto a la lírica ensimismada de los poetas españoles que le precedieron. En el "Soneto XXIII", se observa que Garcilaso ha tomado distancia de sus dolorosas cavilaciones sentimentales, entregándose a una celebración primaveral que insta al género humano a gozar de la juventud mientras se pueda.

Conviene saber que el "Soneto XXIII" pertenece al período napolitano de Garcilaso (1532–1536). Durante su estancia en Nápoles, a donde arribó en noviembre de 1532, Garcilaso hizo suyo el mundo pastoril de Jacobo Sannazaro. El descubrimiento del paisaje idílico de *La Arcadia*, que celebra la naturaleza en estado puro, le obligó a adiestrarse en el uso del epíteto como herramienta descriptiva. Al respecto afirma el crítico Rafael Lapesa: "en un principio Garcilaso es poco amigo del remansamiento que lleva en sí el adjetivo, y casi no lo emplea sino como refuerzo de las notas sombrías. Cuando por efecto de influencias literarias empieza a describir el mundo exterior, la adjetivación se hace imprescindible y aparecen las calificaciones representativas de una visión hostil o amable de la naturaleza. Pero el empleo constante del epíteto sólo comienza en Nápoles, al tiempo que el poeta exterioriza su fe en la perfección natural . . ." En el "Soneto XXIII" puede apreciarse ese desfile de epítetos a que se refiere Lapesa; basta anotar los siguientes ejemplos: "mirar ardiente, honesto", "cuello blanco, enhiesto", "dulce fruto", "tiempo airado", "viento helado", "edad ligera", etc. Lo admirable del caso es que Garcilaso no abusa de las adjetivaciones, cada epíteto está colocado en el lugar preciso y por necesidad. Como bien lo advierte el poeta Fernando de Herrera, en la primera estrofa del soneto el "mirar ardiente" se corresponde con "enciende el corazón", del mismo modo que el "mirar honesto" se corresponde con "lo refrena".

Preguntas

1. El tema universal de este soneto se conoce como *Carpe diem*. Traza una relación entre este tema y los sentimientos expresados en el soneto. Presenta detalles específicos del texto, y defiende su conexión con el tema.

2. Para ser soneto al estilo italiano, este poema debe tener una forma muy específica. Descubre tú cuál es la forma de un soneto al estilo italiano, anotando primero el número de versos por estrofa. Para que sea soneto, debe tener un número fijo de versos por estrofa. Este número es invariable. ¿Sabes cómo se llaman los dos tipos de estrofas que has notado?

3. Habla ahora de la rima que encuentras. ¿Hay rima en este poema? Si hay rima, ¿es rima asonante o rima consonante? Di cómo lo sabes, con ejemplos del poema. En un soneto al estilo italiano, los cuartetos pueden rimar de distintas maneras. Muchas veces vemos rima abrazada, así: ABBA ABBA; o rima encadenada, así: ABAB ABAB, pero hay otros modos de buscar la repetición regular de una misma terminación. En los tercetos, por igual, vemos varias maneras de rimar, ya sea CDC CDC, o CCD CCD, u otras. ¿Qué esquema de rima ves en los cuartetos de este poema? ¿Cuál ves en los tercetos?

4. Para ser soneto al estilo italiano, debe tener un número específico de sílabas por verso. La métrica o ritmo de un poema en castellano tiene como unidad básica la sílaba y no el pie como en la poesía en inglés. ¿Cuántas sílabas hay por verso en un soneto al estilo italiano? Basa tu respuesta en el cómputo que hagas del soneto al estilo italiano de Garcilaso.

5. Fijándote principalmente en el desarrollo de la idea o el tema de este poema, ¿en qué parte del poema encuentras el planteamiento del tema? ¿en qué parte el desarrollo del mismo? ¿en qué parte la resolución? Ahora recuerda lo que has descubierto, porque de estos elementos consiste todo soneto al estilo italiano.

Bibliografía

Keniston, Hayward. *Garcilaso de la Vega: A Critical Study of His Life and Works.* (1922)

Lapesa, Rafael. *La trayectoria poética de Garcilaso.* (1948)

Gallego Morell, Antonio. *Garcilaso de la Vega y sus comentaristas.* (1972)

Soneto XXIII Garcilaso de la Vega

I. Como bien sabes, Garcilaso introdujo en España el soneto al estilo italiano, que tiene como base el empleo del verso endecasílabo. Para seguir estrictamente la regla de las once sílabas métricas, Garcilaso usa magistralmente una licencia poética denominada *sinalefa*, que consiste en la unión de la última sílaba de una palabra terminada en vocal con la primera sílaba de la palabra siguiente, que tenga una vocal al principio. Esas dos sílabas, que en la lectura del poema suenan como si estuvieran pegadas, se cuentan como una sola sílaba métrica. Tu tarea consiste en analizar el uso de la sinalefa en el Soneto XXIII. Considera los siguientes versos:

> "y en tanto que el cabello, que en la vena
> del oro se escogió, con vuelo presto;
> por el hermoso cuello blanco, enhiesto,
> el viento mueve, esparce y desordena."

> "Marchitará la rosa el viento helado,
> todo lo mudará la edad ligera,
> por no hacer mudanza en su costumbre."

Después de una lectura detenida de estas estrofas, responde a las siguientes preguntas:

a. ¿Cuántas sílabas ortográficas tiene cada verso?

b. ¿Cómo reduce el poeta el número de sílabas ortográficas para lograr las once sílabas métricas del verso endecasílabo?

c. ¿Impiden la letra "h" y la coma el empleo de la sinalefa?

2. Así como la sinalefa une vocales de dos palabras distintas, el hiato las separa. En el Soneto XXIII, Garcilaso emplea un par de veces el hiato para la separación sonora de dos sílabas de palabras colindantes, la primera de las cuales tiene una vocal al final, mientras que la otra la tiene una al principio. Analiza los siguientes versos:

> "coged de vuestra alegre primavera
> el dulce fruto, antes que el tiempo airado
> cubra de nieve la hermosa cumbre".

Responde luego a las siguientes preguntas:

a. ¿En qué verso el poeta emplea el hiato?

b. ¿Cuál es la razón por la cual emplea el hiato?

3. Averigua qué es un verso endecasílabo trocaico. Luego analiza el siguiente cuarteto y marca los acentos rítmicos que Garcilaso le da a esta estrofa:

> "En tanto que de rosa y azucena
> se muestra la color en vuestro gesto
> y que vuestro mirar ardiente, honesto,
> enciende el corazón y lo refrena".

Nombre

Soneto XXIII Garcilaso de la Vega

1. El siguiente es un soneto de Francisco de Quevedo, estrechamente relacionado con el *carpe diem*:

"Huye sin percibirse, lento el día,
y la Hora secreta y recatada
con silencio se acerca, y, despreciada,
lleva tras sí la edad lozana mía.

La vida nueva, que en niñez ardía,
la juventud robusta y engañada,
en el postrer invierno sepultada,
yace entre negra sombra y nieve fría.

No sentí resbalar, mudos, los años;
hoy los lloro pasados, y los veo
riendo de mis lágrimas y daños.

Mi penitencia deba a mi deseo,
pues me deben la vida mis engaños,
y espero el mal que paso, y no le creo."

Discute de qué manera se vincula el tema del poema citado arriba con el tema del Soneto XXIII de Garcilaso. En tu discusión toma en cuenta los recursos técnicos y el lenguaje poético que emplean los dos poetas para la expresión poética.

(Tiempo: 40 minutos. Extensión mínima: 200 palabras).

2. Discute el tema del *Carpe diem* en el poema "Canción de otoño en primavera", de Rubén Darío, contrastándola con la función del mismo tema en el Soneto XXIII ("En tanto que de rosa y azucena"), de Garcilaso de la Vega.

(Tiempo: 40 minutos. Extensión mínima: 200 palabras).

Nombre _____

Soneto XXIII Garcilaso de la Vega

Lee las frases siguientes y completa el sentido de cada una eligiendo la palabra más apropiada entre las cuatro opciones.

1. La cara de Cora es muy bonita; si yo fuera poeta, cantaría a su risueño semblante, su gentil ____.

   a. gesta
   b. gestión
   c. gesto
   d. gestación

2. Además, es una joven modesta, recatada, ____.

   a. honesta
   b. honorífica
   c. hongosa
   d. hontanal

3. El caballo mío es fogoso; le gusta correr a galope tendido, y a veces tengo que ____.

   a. refregarlo
   b. refrendarlo
   c. reforzarlo
   d. refrenarlo

4. Un sinónimo antiguo de "pronto" sobrevive en el refrán que reza: "En casa llena, ____ se guisa la cena".

   a. presto
   b. preso
   c. preste
   d. préstamo

5. ¿Un sinónimo de "erguido"? ¿Qué tal ____?

   a. engreído
   b. enhiesto
   c. enjaezado
   d. enjuto

6. ¿Qué hace el sacerdote con el hisopo? Pues, ____ agua bendita.

   a. esparce
   b. espanta
   c. espolea
   d. espeta

7. Cuando le pedí a Eva Siva que me pagara el dinero que me debía, me dijo, ____, que no podía, que estaba sin blanca.

   a. ajada
   b. airada
   c. aireada
   d. aislada

8. Seguimos subiendo trabajosamente, y por fin llegamos a la ____ de la montaña.

   a. cuna
   b. cumbia
   c. cuneta
   d. cumbre

9. Mira cómo se han ____ estas rosas; ¿no las regaste?

   a. marchitado
   b. marchado
   c. manchado
   d. marginado

10. Como dice el poeta en su soneto, el tiempo pasa, y lo ____ todo.

    a. musita
    b. mulle
    c. muda
    d. murmura

Nombre

Soneto XXIII Garcilaso de la Vega

Lee las frases siguientes y completa el sentido de cada una eligiendo la palabra más apropiada entre las cuatro opciones.

1. La cara de Cora es muy bonita; si yo fuera poeta, cantaría a su risueño semblante, su gentil ____.

   a. gesta
   b. gestión
   c. gesto
   d. gestación

2. Además, es una joven modesta, recatada, ____.

   a. honesta
   b. honorífica
   c. hongosa
   d. hontanal

3. El caballo mío es fogoso; le gusta correr a galope tendido, y a veces tengo que ____.

   a. refregarlo
   b. refrendarlo
   c. reforzarlo
   d. refrenarlo

4. Un sinónimo antiguo de "pronto" sobrevive en el refrán que reza: "En casa llena, ____ se guisa la cena".

   a. presto
   b. preso
   c. preste
   d. préstamo

5. ¿Un sinónimo de "erguido"? ¿Qué tal ____?

   a. engreído
   b. enhiesto
   c. enjaezado
   d. enjuto

6. ¿Qué hace el sacerdote con el hisopo? Pues, ____ agua bendita.

   a. esparce
   b. espanta
   c. espolea
   d. espeta

7. Cuando le pedí a Eva Siva que me pagara el dinero que me debía, me dijo, ____, que no podía, que estaba sin blanca.

   a. ajada
   b. airada
   c. aireada
   d. aislada

8. Seguimos subiendo trabajosamente, y por fin llegamos a la ____ de la montaña.

   a. cuna
   b. cumbia
   c. cuneta
   d. cumbre

9. Mira cómo se han ____ estas rosas; ¿no las regaste?

   a. marchitado
   b. marchado
   c. manchado
   d. marginado

10. Como dice el poeta en su soneto, el tiempo pasa, y lo ____ todo.

    a. musita
    b. mulle
    c. muda
    d. murmura

Soneto XXIII Garcilaso de la Vega

Contesta las siguientes preguntas, o completa la idea, eligiendo en cada caso la respuesta más apropiada.

1. En los siguientes versos: "todo lo mudará la edad ligera / por no hacer mudanza en su costumbre", el poeta utiliza la palabra "mudar" en dos de sus accidentes gramaticales. Esta figura literaria recibe el nombre de:

   a. Epíteto

   b. Metáfora

   c. Poliptoton

   d. Hemistiquio

2. Cuando el poeta escribe el verso: "por el hermoso cuello blanco, enhiesto", suprime la conjunción que debería unir a los dos últimos adjetivos que califican al sustantivo "cuello". ¿Cómo se llama este recurso poético?

   a. Anáfora

   b. Asíndeton

   c. Reiteración

   d. Estribillo

3. ¿Cuál de las siguientes afirmaciones es verdadera?

   a. El "Soneto XXIII" tiene una estructura tomada de los poemas de Horacio.

   b. El "Soneto XXIII" es famoso por su empleo del verso alejandrino.

   c. El "Soneto XXIII" está compuesto por 12 versos endecasílabos y 2 decasílabos.

   d. El "Soneto XXIII", en cuanto a contenido, parte de fuentes clásicas latinas.

4. ¿Cuál de las siguientes afirmaciones es falsa?

   a. Los endecasílabos son versos de arte mayor.

   b. En el "Soneto XXIII" domina el endecasílabo trocaico.

   c. Los endecasílabos también reciben el nombre de versos alejandrinos.

   d. Los endecasílabos son de origen italiano.

5. El "Soneto XXIII" plantea que . . .

   a. se debe vivir de prisa, puesto que la vida es breve.

   b. se debe aprovechar el día presente, puesto que existe la amenaza de la vejez y la muerte.

   c. los seres humanos deben entregarse a la gula y la ebriedad, para olvidar el acecho de la muerte.

   d. se debe consumir la fortaleza corporal en los placeres sensuales.

6. Lee atentamente la primera estrofa del "Soneto XXIII" y detente en los siguientes versos: "y que vuestro mirar ardiente, honesto / enciende el corazón y lo refrena". ¿Qué es lo que Garcilaso nos revela en esta parte de su poema?

   a. Que el amor verdadero es silencioso.

   b. Que el amante cortés contiene sus emociones en presencia de la virtud.

   c. Que el sufrimiento es consecuencia de la timidez.

   d. Que el amor no tiene sentido si no se expresa plenamente.

7. En el "Soneto XXIII". . .

   a. el poeta busca recuperar su juventud perdida.

   b. el poeta reflexiona sobre la necedad de la juventud.

   c. el poeta recuerda sus años mozos con tristeza.

   d. el poeta se aparta de su habitual melancolía y expresa cierta alegría vital.

Guía de respuestas

Soneto XXIII
Garcilaso de la Vega

Preguntas

I. *Carpe diem* es una frase extraída de las Odas de Horacio, y significa "aprovecha el día presente". Es un llamado a gozar del momento, a aprovecharlo, pues la vida es corta. Lo más saliente en el texto es la anáfora[1] de que se vale el poeta. Con la frase "en tanto que" nos recuerda que llegará un momento después del ahora, cuando el gesto de la amada ya no mostrará colores lozanos (versos 1 y 2), cuando su mirar dejará de encender el corazón (versos 3 y 4) y cuando el viento ya no removerá el cabello de la joven por su cuello hermoso (versos 5–8). La admonición que sigue es la idea de *Carpe diem* dicha de otro modo: "coged el dulce fruto de vuestra alegre primavera" (versos 9 y 10). Las imágenes del fin del poema constituyen un pronóstico de la vejez, cuando la cabellera de la mujer se volverá cana (versos 10 y 11) y desaparecerá el color rosa de su tez (verso 12). Estos cambios los efectuará el paso veloz del tiempo—tiempo, que, para el poeta, es viento helado (metáfora) que marchita la rosa—, siguiendo su costumbre (versos 13 y 14).

2. El poema tiene cuatro estrofas: dos de cuatro versos cada una, y luego dos más, de tres versos cada una. Las estrofas de cuatro versos se llaman cuartetos; y las de tres versos, tercetos.

3. Sí, hay rima en este poema, y la rima es consonante, porque coinciden tanto las consonantes como las vocales a partir de la vocal de la última sílaba tónica. (Recuérdese que la última sílaba tónica es la última sílaba que carga la fuerza de la voz.) Por ejemplo: "azucena-refrena"; "gesto-honesto". Nótese que la consonante de la última sílaba tónica puede variar, mientras que la consonante de la sílaba siguiente no.

En este soneto, la rima en los dos cuartetos es ABBA ABBA. En los dos tercetos, es CDE DCE. (Recuérdese que en un soneto los cuartetos y tercetos pueden rimar de distintas maneras.)

4. El soneto al estilo italiano consta de catorce versos, siempre distribuidos de la forma que hemos visto en la respuesta a la Pregunta N° 2—primero dos cuartetos, y luego dos tercetos—y cada uno de los catorce versos tiene once sílabas. Por eso se llaman, endecasílabos. Ejemplos de ello en este poema son: "En-tan-to-que-de-ro-sa y-a-zu-ce-na"; y "por-no-ha-cer-mu-dan-za en-su-cos-tum-bre". Cualquiera de los versos serviría como ejemplo.

Nótese que otro tipo de soneto ocurre en la literatura hispánica: es el soneto alejandrino, y tiene el mismo número de cuartetos y tercetos que el italiano; sin embargo, los versos alejandrinos constan de 14 sílabas.

Como ejemplo de la estructura de un soneto al estilo italiano, ninguno mejor que el llamado "Soneto de repente", de *La niña de plata*, obra de teatro de Lope de Vega, cuyo tema es la estructura de un soneto:

Un soneto me manda hacer Violante,
que en mi vida me he visto en tanto aprieto;
catorce versos dicen que es soneto,
burla burlando van los tres delante.

Yo pensé que no hallara consonante
y estoy a la mitad de otro cuarteto,
mas si me veo en el primer terceto,
no hay cosa en los cuartetos que me espante.

Por el primer terceto voy entrando,
y parece que entré con pie derecho
pues fin con este verso le voy dando.

Ya estoy en el segundo y aun sospecho
que voy los trece versos acabando:
contad si son catorce y está hecho.

Los estudiantes tal vez noten que cada estrofa del soneto de Lope está compuesta por una sola frase completa. Esto no es requisito de la forma de soneto. Notarán también que, como el soneto de Garcilaso, éste encierra una sola idea, un solo tema. Un soneto propone una sola idea.

---

[1] La *anáfora*, propiamente dicha, pide que las palabras repetidas ocurran al principio de los versos o al principio de frases semejantes, como en este soneto.

5. Los estudiantes podrán ver que el planteamiento del tema y el desarrollo del mismo ocurren en los cuartetos; la resolución del tema ocurre en los tercetos. Todos los poetas que escriben sonetos siguen este principio.

Guía de estudio

Las respuestas correctas son:

1. a. Los versos de la primera estrofa citada tienen 14, 12, 12 y 13 sílabas ortográficas respectivamente; mientras que los versos de la segunda estrofa, tienen 13, 12 y 12.

b. El poeta reduce el número de sílabas empleando la sinalefa, presente en los encuentros silábicos subrayados a continuación:

Primera estrofa citada:

"y en tanto que el cabello que en la vena

$(14 - 3 = 11)$

del oro se escogió con vuelo presto,

$(12 - 1 = 11)$

por el hermoso cuello blanco, enhiesto,

$(12 - 1 = 11)$

el viento mueve, esparce y desordena".

$(13 - 2 = 11)$

Segunda estrofa citada:

"Marchitará la rosa el viento helado,

$(13 - 2 = 11)$

todo lo mudará la edad ligera,

$(12 - 1 = 11)$

por no hacer mudanza en su costumbre".

$(12 - 1 = 11)$

Como se puede apreciar, el empleo de la sinalefa permite que dos sílabas separadas ortográficamente sean consideradas como una sola debido a su fusión en el plano sonoro. De esta manera, el poeta logra sus famosos endecasílabos.

c. Como lo muestra el tercer verso de la primera estrofa citada y el primero de la segunda, la "h" y la coma, en estos casos, no ha impedido el uso de la sinalefa.

2. a. El poeta emplea el hiato en el tercer verso de la estrofa citada, según lo muestra el subrayado siguiente:

"cubra de nieve la hermosa cumbre".

Las sílabas subrayadas suenan como una sola, pero el poeta decide separarlas por razones formales.

b. El poeta emplea el hiato para que el verso alcance las 11 sílabas métricas requeridas por la estructura formal.

Tesis de ensayo

1. El estudiante que compara y contrasta los dos sonetos basándose en la claridad de sus ideas sobre el *carpe diem* y el *memento mori* estará bien encaminado. La actitud encerrada en el soneto de Garcilaso, *carpe diem*, se expresa precisamente en uno de sus versos, "coged el dulce fruto de vuestra alegre primavera": recoge los placeres de la juventud. En cambio, Quevedo, en un soneto muy afín incluido en la antología, ya siente huir la juventud. La actitud aquí está más cerca del *Memento mori.* Los años, para Quevedo, ya se le han resbalado.

Los ensayos deben hacer mención de por lo menos dos elementos técnicos o léxicos. Hay muchos: la anáfora del soneto de Garcilaso, de la conjunción temporal "en tanto que", subrayando el carácter pasajero de la edad lozana; imágenes de "primavera" y "dulce fruto". En Quevedo predominan imágenes de decaimiento: el día huye y el silencio se acerca; llega el "postrer invierno", sepultada ya la juventud robusta. El verbo "ardía" está en el pasado, y los verbos en tiempo presente sugieren ausencia y silencio: "huye", "yace", "lloro", "espero". Los estudiantes encontrarán mucho más que tratar en los dos sonetos.

2. Éste es un ejemplo del tipo de Pregunta N° 2, de análisis temático que se verá en el examen de *AP Spanish Literature.*

Prueba de vocabulario

Las respuestas correctas son:

1. c, **2.** a, **3.** d, **4.** a, **5.** b, **6.** a, **7.** b, **8.** d, **9.** a, y **10.** c.

Preguntas de opción múltiple

Las respuestas correctas son:

1. c, **2.** b, **3.** d, **4.** c, **5.** b, **6.** b, **7.** d.

Poemas de Gustavo Adolfo Bécquer

Antes de leer

La poesía de Gustavo Adolfo Bécquer surge en las postrimerías del Romanticismo español, señalando la línea divisoria en que comienza su curso la poesía contemporánea. Olvidado por muchos años, fue reivindicado primero por Rubén Darío, piedra capital del modernismo poético, y luego por los poetas de la generación del 27, que aprendieron a apreciar a Bécquer gracias al inspirado magisterio de Juan Ramón Jiménez. Hombre de profundas contradicciones, Bécquer llevó una doble vida: la del funcionario oportunista vinculado al sector político conservador y la del poeta, entregado a la expresión intimista de sus sentimientos. Su temprana desaparición, cuando apenas tenía treinta y cuatro años, se debió a una vieja dolencia probablemente agravada por su incorregible bohemia. A pesar de que la esencia de su sentir poético puede ser hallada a plenitud en obras como *Rimas* y *leyendas*, muchos de los escritos de Bécquer están todavía diseminados en periódicos y revistas de su tiempo, esperando ser descubiertos y reconocidos por los estudiosos del período romántico de la literatura española.

Las rimas seleccionadas revelan la concepción que Bécquer tuvo de la poesía. Para él, la realidad es una fuente inagotable de misterios, un enigma infinito que trastoca todo sentimiento; la misión del poeta consiste en expresar por medio de palabras la vibración trascendental de tales sentimientos. Y puesto que esa realidad sentida es un arcano, puesto que su esencia, su razón de ser, no será jamás descubierta, la eternidad de la poesía está garantizada. El manifiesto de Bécquer podría resumirse en estos versos de la "Rima IV": "mientras haya un misterio para el hombre / ¡habrá poesía!".

Vocabulario

agotado—consumido del todo.

acudir—venir; llegar (a una cita, por ejemplo, o para socorrer a alguien).

goce (m)—placer.

brindar—ofrecer; presentar.

intangible—intocable; impalpable; incorpóreo.

tapia—muro bajo construido de piedras o ladrillos.

escalar—trepar; subir.

rocío—humedad en el aire que se condensa durante la noche.

absorto—embelesado; hipnotizado; extasiado.

desengañarse—dejar de hacerse ilusiones; volver a la realidad.

Al leer

Consulte la **Guía de estudio** como herramienta para comprender mejor esta obra.

Después de leer

Conviene saber que Bécquer intentó explicar el nacimiento de su poesía en la introducción sinfónica de sus *Rimas*. En tal introducción el poeta nos habla de los sentimientos trastocados, las impresiones, las ideas que nacen del encuentro entre su extraordinaria sensibilidad y el mundo misterioso que le rodea, y les llama "hijos de su fantasía". Esas vivencias interiores, que habitan los rincones más sombríos de su cerebro, ebullen en las noches de insomnio y pugnan por salir a la superficie, causando en el poeta un gran desasosiego y abatimiento. Bécquer, buscando liberarse de tal peso, entiende que el único medio de lograrlo es la palabra, dándole de esta manera a la poesía una misión catártica. Desgraciadamente las palabras son demasiado austeras, demasiado pobres para expresar un mundo tan rico y complejo; por eso Bécquer se resigna a escribir una poesía consciente de sus limitaciones. En cierta parte de la introducción sinfónica se dirige a esos hijos de su fantasía en tono exclamativo: "Andad y vivid con la única vida que puedo daros. Mi inteligencia os nutrirá lo suficiente para que seáis palpables; os vestirá, aunque sea de harapos, lo bastante para que no avergüence vuestra desnudez".

Conviene saber que la "Rima IV" es una especie de manifiesto de la poesía becqueriana; allí, cuando el poeta afirma emocionado: "Podrá no haber poetas, pero siempre / ¡habrá poesía!", plantea básicamente que la inspiración no nace de la nada, sino que surge del contacto entre la sensibilidad del poeta y el mundo y sus circunstancias, fuente inagotable de misterios que la poesía hurga sin llegar nunca al centro. Esta imposibilidad, esta sed de revelaciones que no puede ser amainada, es la razón de ser de la poesía, la cual se alimenta incluso de sus propias frustraciones. Bien dice Bécquer, dirigiéndose a los "hijos de su fantasía", a los fantasmas que alteran noche a noche su espíritu: "Yo quisiera forjar para cada uno de vosotros una maravillosa estofa tejida de frases exquisitas, en la que os pudiérais envolver con orgullo, como en un manto de púrpura. Yo quisiera poder cincelar la forma que ha de conteneros, como se cincela el vaso de oro que ha de guardar un preciado perfume. Mas es imposible". Y ello por supuesto no se debe a sus limitaciones de poeta, si es que las tuvo, sino a la natural imposibilidad humana de expresar las ideas del modo en que se dan en el pensamiento.

Conviene saber que en la "Rima IV", Bécquer manifiesta que la poesía es también un resultado del conflicto entre el "corazón" y la "cabeza", es decir, entre la razón y el sentimiento. Con esta bella afirmación devuelve de los cielos a la tierra la figura del poeta, que se debate en este mundo entre el derrotero señalado por sus fantasías y el consejo prudente del sentido común. Este dilema, nunca resuelto en el caso de Bécquer, quedó en evidencia en su doble condición de poeta romántico y burócrata al servicio del estado; y también en su cínica aceptación de una literatura barata y rentable. Afortunadamente, cuando Bécquer se alejaba de la política, de las crónicas de sociedad y las operetas de mal gusto, se dedicaba con pasión a la escritura de sus *Rimas*, que le han dado justa trascendencia en el mundo de las letras.

Conviene saber que la "Rima XI" está directamente relacionada con la vida sentimental de Bécquer. Como se sabe, en la vida de Bécquer hubo tres mujeres: Julia Espín, a quien amó platónicamente y en silencio; Elisa Guillén, de quien se enamoró perdidamente para desengañarse luego; y finalmente Casta Esteba, con quien se casó en 1861 a pesar de no quererla. Estas frustraciones lo convencieron de que el amor terrenal sólo trae decepción y sufrimiento, y que el poeta, si tiene sensibilidad, puede avizorar un amor ideal y casto donde la amada es una criatura intangible, un fantasma o una musa como lo fueron Beatriz para el Dante o Laura para el Petrarca. Por eso en las primeras dos estrofas de la "Rima XI", Bécquer rechaza primero el amor sensual y voluptuoso, que pone su énfasis en el placer carnal; y luego el amor terrenal, que resalta los valores familiares y la ternura filial; para quedarse, sobre el final, con un amor abstracto y puro, un amor que no exige reciprocidad y que no es de este mundo.

Conviene saber que la "Rima LIII" es la más famosa de todas las que escribió Bécquer. A lo largo de sus estrofas se siente una nostalgia trascendental por todo aquello que fue; por los seres, las cosas y las circunstancias que el tiempo ha devorado sin piedad. El poeta observa con melancolía que todo cambia, que nada es inmutable, que incluso el amor, por intenso que sea, no es ni puede ser eterno. Por eso, cuando se dirige a su amada, le dice en tiempo pasado: "como yo te he querido . . . desengáñate/¡así no te querrán!". Es de necesidad aclarar que el poeta no manifiesta en esta Rima el dolor de haber perdido a una mujer, sino el dolor de haber perdido el amor; pueden ser transitorias las golondrinas que nunca retornan, las madreselvas que no abren las mismas flores cada primavera, las palabras de amor que pronuncian los amantes; pero lo que causa el desmoronamiento emocional del poeta es lo transitorio en el amor, el hecho de que sentimiento tan sublime comience y termine, al modo en que una rosa se marchita.

Preguntas

1. ¿Cuáles son los temas que Bécquer desarrolla en estos poemas? ¿Qué recursos técnicos utiliza para expresarlos? Justifica tus observaciones con detalles concretos extraídos de los textos.

2. Determina tú la métrica de la "Rima IV". Da ejemplos específicos de los aspectos formales que encuentras. Esta forma métrica, ¿tiene un nombre? ¿Cuál es? Defiende la idea de que estas preferencias técnicas del poeta informan el tema del poema.

3. Compara la idea expuesta en la "Rima XI" con la que encierra la redondilla de Sor Juana Inés de la Cruz: "Hombres necios que acusáis . . . " ¿Qué afirma Bécquer sobre el amor en este poema?

4. Comenta el empleo de la anáfora y el hipérbaton en la "Rima LIII". ¿Qué efecto tiene cada uno de estos recursos técnicos sobre la expresión poética?

Bibliografía

Bécquer, Gustavo Adolfo. "Introducción sinfónica, en *Rimas*". (1982)

Bynum, B. Brant. *The Romantic Imagination in the Works of Gustavo Adolfo Bécquer*. (1994)

De la Fuente, Carlos. "Prólogo a las Rimas de Gustavo Adolfo Bécquer, en *Rimas*". (1982)

Poemas de Gustavo Adolfo Bécquer

1. La poesía de Gustavo Adolfo Bécquer se caracteriza por el delicado uso de las figuras literarias que realzan la belleza de sus creaciones. Por ejemplo, en la "Rima LIII", el poeta nos dice:

> "pero aquellas cuajadas de rocío,
> cuyas gotas mirábamos temblar
> y caer, **como** lágrimas del día . . .
> ésas . . . ¡no volverán!"

Aquí resaltamos la palabra "**como**", que establece una comparación entre las gotas de rocío y las lágrimas, ofreciéndonos un ejemplo perfecto de una figura literaria llamada **símil**.

Tu tarea consiste en señalar y explicar las siguientes figuras literarias, presentes en los versos transcritos:

a. **Metáfora**

> "No digáis que agotado su tesoro,
> de asuntos falta, enmudeció la lira.
> Podrá no haber poetas, pero siempre
> habrá poesía".

b. **Hipérbaton**

> "Volverán las oscuras golondrinas
> en tu balcón sus nidos a colgar,
> y otra vez con el ala a sus cristales,
> jugando llamarán . . ."

c. **Epíteto**

> "Volverán del amor en tus oídos
> las palabras ardientes a sonar;
> tu corazón de su profundo sueño
> tal vez despertará . . ."

d. **Símil**

> "pero mudo y absorto y de rodillas,
> como se adora a Dios ante su altar,
> como yo te he querido . . . desengáñate:
> ¡así no te querrán!"

2. Averigua en qué consiste la licencia poética denominada **sinalefa**. Lee cuidadosamente los siguientes versos y señala en qué partes el poeta se ha valido de la sinalefa para respetar las reglas de la métrica poética.

a. "mientras el aire en su regazo lleve
perfumes y armonías . . ."

b. "mientras haya un misterio para el hombre,
¡habrá poesía!"

c. "Mientras haya unos ojos que reflejen
los ojos que los miran;
mientras responda el labio suspirando
al labio que suspira . . ."

d. "mientras exista una mujer hermosa,
¡habrá poesía!"

Poemas de Gustavo Adolfo Bécquer

I. En la "Rima IV", Gustavo Adolfo Bécquer plantea que el amor es una de las fuentes inagotables de que se nutre la poesía. En la "Rima LIII", que tiene un corte más pesimista, observa que todas las cosas pasan y desaparecen para nunca más volver, y que el amor, en apariencia eterno, no se salva de esta cruel sentencia del tiempo. De la lectura detenida de ambas Rimas se deduce, sin embargo, que el amor, esté muerto o vivo, sea cosa del presente o del pasado, siempre tiene la capacidad de avivar el fuego creativo en la mente del poeta.

    Tomando como punto de partida la "Rima XI", escribe un ensayo coherente sobre la percepción que Bécquer tenía del amor. Describe y comenta los tipos de amor de los cuales habla, y saca conclusiones en cuanto a sus preferencias.

(Tiempo: 40 minutos. Extensión mínima: 200 palabras).

2. En el siguiente poema, Gustavo Adolfo Bécquer encuentra la fuente duradera de inspiración poética en los sentimientos, la belleza y el misterio de la vida. En un ensayo coherente y bien organizado, analiza la técnica que emplea el poeta para expresar esta idea.

Rima IV

No digáis que agotado su tesoro,
de asuntos falta, enmudeció la lira.
Podrá no haber poetas, pero siempre
habrá poesía.

Mientras las ondas de la luz al beso
palpiten encendidas;
mientras el sol las desgarradas nubes
de fuego y oro vista;

mientras el aire en su regazo lleve
perfumes y armonías
mientras haya en el mundo primavera,
¡habrá poesía!

Mientras la ciencia a descubrir no alcance
las fuentes de la vida,
y en el mar o en el cielo haya un abismo
que el cálculo resista;

mientras la Humanidad, siempre avanzando,
no sepa a dó camina;
mientras haya un misterio para el hombre,
¡habrá poesía!

Mientras sintamos que se alegra el alma
sin que los labios rían;
mientras se llore sin que el llanto acuda
a nublar la pupila;

mientras el corazón y la cabeza
batallando prosigan;
mientras haya esperanzas y recuerdos,
¡habrá poesía!

Mientras haya unos ojos que reflejen
los ojos que los miran;
mientras responda el labio suspirando
al labio que suspira;

mientras sentirse puedan en un beso
dos almas confundidas;
mientras exista una mujer hermosa,
¡habrá poesía!

(Tiempo: 40 minutos. Extensión mínima: 200 palabras).

Poemas de Gustavo Adolfo Bécquer

Lee las frases siguientes y completa el sentido de cada una eligiendo la palabra más apropiada entre las cuatro opciones.

1. Fui a la librería a comprar la novela más reciente de Daniela Acero, pero me dijeron que no quedaba un solo ejemplar, que el libro estaba _____.

a. agostado

b. agotado

c. acorazado

d. apostado

2. La pobre mujer herida yacía en la acera, gimiendo, pero nadie _____ a socorrerla.

a. acució

b. acusó

c. acudió

d. achuchó

3. Para mí, la lectura es puro _____; leyendo, estoy contento.

a. goce

b. gozne

c. godo

d. gorjeo

4. Sí, la vida me ha _____ muchas oportunidades, pero no siempre las he aprovechado.

a. blindado

b. brincado

c. brindado

d. bregado

5. Las ideas son incorpóreas; no se pueden tocar con las manos; son _____.

a. intachables

b. intangibles

c. intactas

d. infumables

6. Al intruso no le costó mucho trabajo entrar; saltó la _____ del jardín.

a. tapa

b. tapicería

c. tapera

d. tapia

7. La invasión fracasó, porque los soldados no pudieron _____ el muro de esa fortaleza.

a. escalar

b. escamotear

c. escalonar

d. escamochar

8. Cuando salimos al jardín esa mañana, encontramos _____ en las hojas de las plantas.

a. rocín

b. roza

c. rocío

d. rocinante

9. Le dije algo al teniente Columbo, pero no me hizo caso; estaba _____, mirando fijamente la mancha de sangre en el suelo.

a. absuelto

b. absorto

c. abstinente

d. absolvente

10. Por fin Caridad se _____; se dio cuenta de que Rufián era un sinvergüenza y lo echó de la casa con cajas destempladas.

a. desengañó

b. desenconó

c. desencajó

d. desenfadó

Nombre

Poemas de Gustavo Adolfo Bécquer

Contesta las siguientes preguntas, o completa la idea, eligiendo en cada caso la respuesta más apropiada.

1. El pequeño verso exclamativo "¡habrá poesía!", que se repite al final de casi todas las estrofas de la "Rima IV", recibe el nombre de:

   a. Metáfora

   b. Epíteto

   c. Estribillo

   d. Hemistiquio

2. ¿Cuál de las siguientes afirmaciones, relacionadas con la "Rima XI", es cierta?

   a. El poeta plantea que no existe el amor.

   b. El poeta, bohemio empedernido, afirma que la pasión es superior al amor.

   c. El poeta renuncia al amor terrenal y busca el aislamiento del místico.

   d. El poeta se entrega a un amor ideal y abstracto, sin esperar correspondencia de su amada intangible.

3. En el cuarteto siguiente de la "Rima LIII":
   "pero aquellas que el vuelo refrenaban
   tu hermosura y mi dicha a contemplar;
   aquellas que aprendieron nuestros nombres,
   ésas . . . ¡no volverán!"
   ¿Qué combinación métrica emplea el poeta?

   a. Los tres primeros versos son decasílabos y el cuarto es pentasílabo.

   b. Los tres primeros versos son endecasílabos y el cuarto es hexasílabo.

   c. Los tres primeros versos son endecasílabos y el cuarto es heptasílabo.

   d. Todos los versos son octosílabos.

4. Con respecto al siguiente verso de la
   "Rima LIII":
   "como se adora a Dios ante su altar . . ."
   ¿Cuál de las siguientes afirmaciones es cierta?

   a. El verso tiene 12 sílabas ortográficas y 13 sílabas métricas, debido a la ausencia de hiato.

   b. El verso tiene 11 sílabas métricas, debido a la triple presencia de la sinalefa y a la sílaba que se le suma por terminar en palabra aguda.

   c. Al verso se le restan dos sílabas métricas porque termina en palabra grave.

   d. El verso es un estribillo de la "Rima LIII".

5. ¿Qué afirmación es falsa con respecto a la "Rima IV"?

   a. La poesía ha de existir siempre porque el misterio del mundo es infinito.

   b. El amor es también una fuente inagotable que nutre a la poesía.

   c. Aunque no haya poetas, habrá poesía.

   d. La ciencia acabará algún día con la poesía.

6. ¿Qué afirmación es correcta con respecto al siguiente fragmento de la "Rima LIII"?
   "Volverán del amor en tus oídos
   las palabras ardientes a sonar;
   tu corazón de su profundo sueño
   tal vez despertará . . ."

   a. Es un cuarteto de pie quebrado puesto que los tres primeros versos son endecasílabos y el cuarto es heptasílabo.

   b. Es un cuarteto de rima consonante.

   c. Es un terceto con estribillo.

   d. Es un cuarteto con versos de 10 sílabas métricas y rima asonante.

7. Con respecto al siguiente cuarteto de la "Rima IV":
   "No digáis que agotado su tesoro,
   de asuntos falta, enmudeció la lira.
   Podrá no haber poetas, pero siempre
   habrá poesía . . ."
   ¿Qué afirmación es falsa?

   a. El cuarteto tiene rima asonante.

   b. Los tres primeros son versos de arte mayor y el cuarto es verso de arte menor.

   c. El poeta emplea tres versos endecasílabos.

   d. El poeta renuncia al uso de la sinalefa.

Poemas de Gustavo Adolfo Bécquer

Preguntas

1. El tema del primer poema, la "Rima IV", es la poesía misma: su razón de ser y su futuro. Siempre habrá poesía, dice Bécquer, porque la poesía—como las bellas artes, en general—tiene su raíz en la experiencia humana: en el amor (versos 5 y 6), en el placer estético de los sentidos (de la vista, versos 7 y 8; del olfato, versos 9 y 10), en la renovación de la vida (vista en la primavera, versos 11 y 12), y sobre todo en el misterio (nombrado, versos 19 y 20) de las grandes interrogantes de la vida (de dónde venimos, versos 13 y 14; adónde vamos, versos 17 y 18). Cuando nos preguntamos el porqué de las cosas, nos hallamos frente al misterio. La ciencia nos puede explicar, hasta cierto punto, cómo es el mundo, cómo funciona; pero no nos puede explicar todo lo que hay entre cielo y tierra (versos 15 y 16). A falta de respuestas científicas, el ser humano se dedica a hacer poesía (y, por extensión, a elaborar obras de arte), a veces motivado por el impulso religioso, a veces por el amor, a veces por otras razones.

Pues la vida no es tan solo misterio científico; hay misterios metafísicos también. Y como habrá siempre el enigma de las emociones humanas (el de la alegría, versos 21 y 22; el de la tristeza, versos 23 y 24), y el de nuestra esencia doble (versos 25 y 26) con su pasado y su futuro (versos 27 y 28), el poeta dice que siempre habrá poesía. Mientras haya gente que necesite del encuentro humano, ojo a ojo (versos 29 y 30), suspiro a suspiro (versos 31 y 32), y beso a beso (versos 33 y 34), y mientras haya una mujer hermosa en el mundo (versos 35 y 36), el poeta concluye que siempre habrá poesía.

El tema del segundo poema, la "Rima XI", es el amor, pero no un amor ardiente, pleno de placer erótico (primera estrofa), ni un amor tierno, pleno de sentimiento (segunda estrofa), sino un amor imposible (tercera estrofa). Es decir, un amor ideal, intangible, incorpóreo; un amor espiritual o platónico, al parecer. En resumidas cuentas, una fantasía, nacida de la imaginación del poeta. El poeta nos presenta esto como otro enigma insondable, otra interrogante de la vida.

El tema del tercer poema, la "Rima LIII", es el amor otra vez, pero se trata aquí de un amor no correspondido. Mejor dicho, ya no correspondido, porque los enamorados del poema fueron felices en un tiempo anterior, cuando observaban las golondrinas desde el balcón de la novia, pero, al parecer, ella ha puesto fin al noviazgo, y ahora el poeta, triste y compungido, se dirige a la amada en verso. Sí, le dice, las golondrinas volverán a colgar sus nidos en tu balcón (aunque no las que fueron testigos de nuestra felicidad); las madreselvas volverán a escalar las tapias de tu jardín, y se abrirán sus flores (aunque no las que nosotros mirábamos entonces con sus gotas de rocío); otro hombre te murmurará al oído palabras de amor, y puede ser que tu corazón despierte, y responda a ese hombre. Pero—le advierte el poeta—no te hagas ilusiones; ni ese hombre, ni nadie, te querrá como te quería yo; te adoraba, como se adora a Dios ante su altar.

2. El poema está dividido en nueve estrofas. Cada estrofa se compone de cuatro versos. Con excepción de la primera, cada estrofa consiste en el esquema: endecasílabo, heptasílabo, endecasílabo, heptasílabo, salvo que el verso "habrá poesía", que constituye el último verso de cada una de las estrofas impares, tiene sólo 6 sílabas, o 5, si "poesía" se cuenta como 3 sílabas. El resultado de la intercalación de este verso corto es que el lector repetidamente se detiene en él: el tema del poema. Sirve como estribillo, y no se alterna con ningún otro. A diferencia de las otras estrofas, la primera consiste en tres versos endecasílabos, más "habrá poesía". Podemos concluir que este poema es una silva, porque está formado por endecasílabos y heptasílabos distribuidos al gusto del poeta.

Una silva puede manifestar cualquier esquema de rima que quiera el poeta. En cuanto a la rima de este poema, es asonante, pero sólo entre el segundo y el cuarto verso de cada estrofa, por ejemplo: "lira-poesía", "encendidas-vista", "armonías-poesía", "vida-resista", etc. Vale la pena observar que la asonancia es "i-a", a través del poema. No hay asonancia ni consonancia entre el verso primero y el tercero, o sea, los versos impares del poema quedan sueltos, sin rima.

Al contrastar este poema con los versos de Bécquer de la "Rima LIII", los estudiantes notarán que los de la "Rima IV" poseen una mayor soltura y naturalidad. La forma de la *silva* concede al poeta bastante flexibilidad; le permite aprovechar la rima y la distribución de versos que se le presentan espontáneas, y no está obligado a ir en busca de una rima que le sería difícil encontrar, ni a distribuir sus versos de forma más rígida.

3. Los estudiantes responderán de distinta forma. Lo importante, como siempre, será que presenten argumentos bien fundamentados en los dos textos. A continuación, se ve una manera de responder:

La idea expuesta en la "Rima XI" de Bécquer tiene, en común con las redondillas de Sor Juana, el tema general de la falta de lógica que el hombre presenta en cuestiones de amor. Sor Juana desarrolla una idea muy específica: la injusticia y la hipocresía de los hombres cuando pretenden a una doncella. Quieren que la pretendida ceda a sus deseos, y que a la vez no deje de ser virgen, pura. Compara al hombre que piensa así con una persona que empaña un espejo y luego se lamenta de que no esté claro. La idea de Bécquer es parecida pero a la vez distinta. No le interesa ni el amor ardiente, apasionado, lleno de goces, ni el amor casto y tierno. Parece que se le ha presentado en la vida la posibilidad de lograr la felicidad en el amor. Pero rechaza los dos tipos, porque el amor que busca este poeta es un amor imposible, incorpóreo, intangible: una fantasía, un sueño. En este sentido, la idea de Bécquer de querer sólo el amor que está fuera de su alcance, se asemeja a la idea de Sor Juana de que el hombre, al pretender a una mujer, busca también un imposible, queriendo que su amada sea a la vez liviana y casta.

Los dos amores que se le ofrecen a Bécquer en las dos primeras estrofas de su poema, le brindan amor, calor, belleza, y placer; lo que no le pueden brindar—queriendo al poeta, correspondiéndole—, es lo inefable, lo ausente, el misterio. El encanto de los dos amores tangibles se desvanece, por no ser un imposible. Hay una falta de lógica en el afán de Bécquer de lo ilusorio, lo imposible, como la que hay en los hombres de los que habla Sor Juana; la diferencia está en el hecho de que éstos, retratados por Sor Juana en sus versos satíricos, resultan hipócritas, mientras que, en los de Bécquer, el poeta se muestra melancólico ante su irónica condición, que le obliga a querer sólo el amor que no tiene.

4. La anáfora que emplea Bécquer se encuentra en la repetición de la palabra "Volverán" al comienzo de la primera, tercera y quinta estrofas; y la repetición de la palabra "pero" al comienzo de la segunda, cuarta y sexta. Alternando entre las dos, el poeta subraya el tema del poema: la ausencia de la amada, ahora, y su presencia, anteriormente. Las cosas nombradas por Bécquer, alguna vez estuvieron, pero ya no están; la amada tampoco. El poeta no sentiría aquellas cosas tan ausentes—las de antes—, si no volvieran otras nuevas (otras golondrinas, no aquéllas; otras madreselvas, no aquéllas), para recordarle su amor ido.

Otro recurso técnico de que se vale Bécquer en la "Rima LIII", es el hipérbaton, o sea, la alteración de la sintaxis. Normalmente, la frase verbal "volver a" más infinitivo, como, por ejemplo, "volver a salir", no se separa. Pero Bécquer, en la primera estrofa de la "Rima LIII", escribe: "Volverán las oscuras golondrinas / en tu balcón sus nidos a colgar", cuando uno diría normalmente, conversando: "Las oscuras golondrinas volverán a colgar sus nidos en tu balcón." De igual manera en la tercera estrofa, el poeta escribe: "Volverán las tupidas madreselvas / de tu jardín las tapias a escalar", en vez de "Las tupidas madreselvas volverán a escalar las tapias de tu jardín". Y por último, la quinta estrofa: "Volverán del amor en tus oídos / las palabras ardientes a sonar", en vez de "Volverán las palabras ardientes del amor a sonar en tus oídos". En gran manera, es a fuerza del hipérbaton, que el poeta logra en estos versos el aire de misterio y la musicalidad que poseen.

Guía de estudio

1. a. La metáfora se encuentra en el segundo verso, cuando al acto de crear poesía se le llama "lira"; obviamente es una comparación implícita basada en la musicalidad inherente tanto a la poesía como a la lira.

b. El hipérbaton está presente en toda la estrofa. El orden sintáctico normal de los dos primeros versos es: "Las oscuras golondrinas volverán a colgar sus nidos en tu balcón"; pero Bécquer, utilizando magistralmente el hipérbaton, altera el orden lógico de las palabras para darle musicalidad y ritmo al poema.

c. El epíteto está presente en el segundo verso de esta estrofa, cuando el poeta, para dar una idea de la pasión amorosa, utiliza el adjetivo "ardientes" para calificar a las palabras del amante.

d. El símil recorre toda la estrofa, cuando el poeta compara su modo de amar con el modo en que los devotos aman a Dios.

2. La sinalefa es una licencia poética que une a la última sílaba de una palabra terminada en vocal con la primera sílaba de la palabra siguiente, que comienza en vocal. La licencia se basa en el hecho de que esas dos sílabas, durante la lectura, se pronuncian como si fuesen una sola. El uso de la sinalefa le permite al poeta reducir el número de sílabas ortográficas de un verso, para ceñirse a las normas de la métrica poética. A continuación subrayamos los encuentros silábicos en que el autor decidió emplear la sinalefa:

a. "mientras el ai<u>re en</u> su regazo lleve perfumes <u>y a</u>rmonías . . ."

b. "mientras ha<u>ya un</u> misterio p<u>ara el</u> hombre . . ."

c. "Mientras ha<u>ya u</u>nos ojos que reflejen los ojos que los miran; mientras respon<u>da el</u> labio suspirando . . ."

d. "mientras exis<u>ta u</u>na mujer hermosa . . ."

Tesis de ensayo

1. El estudiante, después de leer atentamente la "Rima XI", puede comenzar a describir los tipos de amor que Bécquer describe. Como bien se aprecia en el poema, Bécquer rechaza el amor sensual al principio, después toma distancia del amor honesto y hogareño que, a pesar de su ternura, es todavía terrenal; y al final, se queda con un amor eterno e intangible que no exige reciprocidad. El estudiante puede relacionar la elección sublime de Bécquer con el amor cortés y platónico que cultivaron muchos poetas del Renacimiento. Para ello sería de gran utilidad leer algunos versos de Garcilaso de la Vega y de los poetas españoles que le precedieron.

2. Éste es un ejemplo del tipo de pregunta de análisis profundo de un poema incluido en la Lista de Lecturas Obligatorias, que se verá en la Pregunta N° 3 del examen de *AP Spanish Literature*.

Prueba de vocabulario
Las respuestas correctas son:
1. b, **2.** c, **3.** a, **4.** c, **5.** b, **6.** d, **7.** a, **8.** c, **9.** b, **10.** a.

Preguntas de opción múltiple
Las respuestas correctas son:
1. c, **2.** d, **3.** c, **4.** b, **5.** d, **6.** a, **7.** d.

Poemas de José Martí

Antes de leer

La poesía de José Martí está íntimamente ligada a su vida, puesto que lleva en su savia todas las ideas y emociones que le impulsaron a combatir por la libertad de su patria durante la guerra de independencia cubana. No sorprende que alguna vez haya escrito lo siguiente: "El lenguaje es humo cuando no sirve de vestido al sentimiento generoso o a la idea eterna"; frase que alude a los ideales libertarios y al compromiso con la humanidad siempre presente en el cuerpo temático de su poesía. Martí, sin embargo, nunca avaló los principios de una poesía de combate social, pues sabía muy bien que para la prédica ideológica y política no había mejor arma que la prosa; el verso, para él, estaba destinado a la expresión de una realidad espiritual, que es en última instancia la que define al ser humano.

Los versos sencillos de esta antología muestran de manera transparente la dimensión espiritual del poeta que los escribe, con sus penas, sus tristezas, sus ideales eternos y sublimes. "Dos patrias", por su parte, es un poema de suma importancia porque revela un sombrío pesimismo que contrasta con el optimismo histórico del Martí que combatió por la liberación de Cuba.

Vocabulario

escombros—ruinas de un edificio derrumbado.

viña—viñedo; terreno plantado de vides, plantas que dan uvas.

víbora—serpiente venenosa.

lívido—pálido; pero también amoratado.

manso—sumiso; apacible; pacífico.

pompa—gala; ostentación; ceremonia.

velo—pedazo de tela que se usa para tapar la cara.

clavel—flor vistosa, muy popular.

estorbar—molestar; obstruir.

batallar—pelear; luchar.

Al leer

Consulte la **Guía de estudio** como herramienta para comprender mejor esta obra.

Después de leer

Conviene saber que *Versos sencillos* marca el retorno de Martí a la simplicidad de la expresión poética. Antes de emprender la escritura de este poemario que verá la luz en 1891, Martí estaba inmerso en la inventiva compleja de *Versos libres*, impresionante colección de versos blancos que para compensar la falta de rima se someten a la medida del endecasílabo. Los poemas de *Versos sencillos*, en cambio, son un retorno a los octosílabos de la versificación tradicional y al uso de la rima consonante. Esta aparente involución se justifica si se piensa en el hecho de que Martí fue precursor del modernismo, y que dicho movimiento, de acuerdo con la opinión del poeta Octavio Paz, "postula un futuro que es también un regreso". Martí no le teme ni a las formas tradicionales ni a las nuevas, pues sabe bien que los sentimientos, las intuiciones poéticas en general, llevan dentro suyo, en estado embrionario, la forma que les conviene. La versificación tradicional por lo demás, acentúa la transparencia, la claridad sutil y la fluidez que imperan en *Versos sencillos;* tal y como Martí lo deseaba.

    Conviene saber que los poemas que integran *Versos sencillos* nacieron en el invierno de 1889, cuando Martí fue nombrado delegado del Uruguay para la Conferencia Internacional Monetaria, realizada en Washington. Allí el poeta manifestó su temor ante la política imperialista impulsada por el Secretario de Estado James Blaine; y después de emprender una campaña para derrotar la política del gobierno norteamericano, terminó tan fatigado, que el médico se vio forzado a recetarle un descanso en las zonas montañosas de Nueva York. Durante aquel retiro, Martí escribió los poemas de *Versos sencillos* para conjurar sus temores y dar algo de alivio a su espíritu. A lo largo de aquel poemario, resaltan los temas que siempre obsesionaron al poeta: el amor a la mujer, a la madre y a la patria; el descubrimiento del dolor ante la presencia de la muerte; la belleza del mundo que espera convertirse en diamante por intervención de la palabra poética; la lucha de los mártires en provecho de sus pueblos; el amor por los niños, por la noche y el silencio; la hermosura de la poesía y la amistad.

Conviene saber que "Dos patrias" es un poema que Martí dejó inédito entre sus páginas sueltas; sin embargo, por razones de índole estilística, fue incluido en la edición de *Versos libres* preparada por el Centro de Estudios Martianos en Cuba. Respecto de aquel poemario, que Martí no pudo concluir debido a su muerte prematura acaecida en 1895, el mismo poeta nos dice en una nota introductoria: "Tajos son estos de mis propias entrañas. Ninguno me ha salido recalentado, artificioso, recompuesto de la mente; sino como las lágrimas salen de los ojos y la sangre sale a borbotones de la herida". Esta declaración de sinceridad plantea básicamente que en la poesía, en última instancia, cuenta más la expresión sincera de los sentimientos que las formas convencionales disponibles para expresarlos. José Martí era un verdadero maestro de la versificación, podía crear magníficos artificios poéticos; pero en *Versos libres* se niega a hacer tal cosa y declara tajante: "Recortar versos, también sé, pero no quiero. Así como cada hombre trae su fisonomía, cada inspiración trae su lenguaje". Es decir, como ya lo había indicado Antonio Machado, la forma no es solamente una cualidad exterior, sino que es algo interno, una estructura íntima que sostiene las ideas de la misma manera en que los huesos sostienen la totalidad del cuerpo. Así los poemas agrupados en *Versos libres* tienen la forma que la necesidad les impone, distante de las normas estilísticas en boga; se entiende que Martí se refiriera a ellos de la siguiente manera: "Mis encrespados *Versos libres*, mis endecasílabos hirsutos, nacidos de grandes miedos o de grandes esperanzas, o de indómito amor de libertad, o de amor doloroso a la hermosura, como riachuelo de agua natural, que va entre arena y aguas turbias y raíces, o como hierro caldeado, que silba y chispea, o como surtidores candentes".

Conviene saber que "Dos patrias" se caracteriza por el uso del verso blanco, también denominado verso suelto, que al no estar sujeto a las normas de la rima adquiere un ritmo irregular y complejo. Para compensar este aparente defecto sonoro, los poetas someten el verso blanco a la medida del endecasílabo. En el poema "Dos patrias" se aprecia el uso del verso endecasílabo, cierta irregularidad en la repartición de los acentos rítmicos y la ausencia de la rima consonante o asonante. En cuanto a contenido, el poema expresa el sombrío pesimismo de Martí, que aquí se entrega a la noche y a la muerte, aún cuando la llama de la vela flamea invitando a la acción combativa; observándose de esta manera el dilemático encuentro entre la condición espiritual del individuo y el deber social en un período de lucha. Por un lado, Cuba clama por la presencia del poeta en el combate por la libertad; por otro, la noche se apodera de su condición espiritual por razones que no alcanza a confesar, pero que se entienden en un espíritu poético y sensible, entregado por igual a las seducciones de la vida y de la muerte.

Preguntas

1. ¿Cuáles son los conceptos contenidos en *Versos sencillos*, I? Justifica tu respuesta con detalles concretos del texto. ¿Crees apropiado el título *Versos sencillos*? ¿Por qué? ¿Por qué no?

2. ¿En qué sentido son, para Martí, una sola patria Cuba y la noche?

3. Comenta el concepto de patria en el sentido que quiere darle Martí aquí, e investiga y describe las razones por las que, en la vida del poeta, el concepto de patria hubiera ocupado un puesto especial.

4. ¿Qué regularidades distingues en la forma de estos dos poemas? ¿Qué esquema de rima sigue cada cual? ¿Cuántas sílabas hay por verso? ¿Por qué crees que Martí optó por estas estructuras formales? ¿Cómo se presta la estructura formal de cada uno a la expresión poética de los dos poemas?

Bibliografía

Martí, José. *Poesía completa.* (1985)
Paz, Octavio. *Cuadrivio.* (1965)
Schulman, Iván. *Génesis del modernismo; Martí, Nájera, Silva, Casal.* (1968)
Vitier, Cintio. *Los versos de Martí.* (1969)

Nombre

Poemas de José Martí

1. En la métrica española el número de sílabas ortográficas difiere del número de sílabas métricas. Tu tarea consiste en determinar la diferencia numérica entre ambos tipos de sílabas en la siguiente estrofa:

   "Rápida como un reflejo,
   dos veces vi el alma, dos:
   cuando murió el pobre viejo,
   cuando ella me dijo adiós".

2. En el siguiente fragmento del poema "Dos patrias" se obtienen los versos endecasílabos recurriendo a una de las más importantes licencias poéticas: la sinalefa. Tu tarea consiste en señalar en qué sílabas de los siguientes versos se hace uso de la sinalefa:

   "mi pecho destrozado está y vacío
   en donde estaba el corazón. Ya es hora
   de empezar a morir. La noche es buena
   para decir adiós. La luz estorba . . ."

3. En *Versos sencillos, I,* la musicalidad de cada estrofa es evidente. Ello se debe a una sabia repartición de los acentos rítmicos. Tu tarea consiste en señalar la ubicación de los acentos rítmicos en los siguientes versos:

   "Yo vengo de todas partes,
   y hacia todas partes voy:
   arte soy entre las artes;
   en los montes, monte soy.
   Yo sé de nombres extraños
   de las yerbas y las flores,
   y de mortales engaños,
   y de sublimes dolores".

4. José Antonio Pérez Rioja define al epíteto como "un adjetivo que se antepone al sustantivo, no ya para calificarlo, sino para patentizar o subrayar una cualidad muy saliente, contenida de hecho en el sustantivo, sin que haya necesidad de añadir más . . ." Considerando esta definición, tienes que hallar por lo menos cuatro epítetos en *Versos sencillos, I.*

Nombre

Poemas de José Martí

1. Alguna vez Martí escribió lo siguiente:

"La verdad ha de darse envuelta al hombre en mieles. Ha de hacérsela risueña y amable, para que el hombre, seducido por su apariencia externa, se acerque a ella, y la oiga sin saber que la oye".

Esta declaración se vincula de modo estrecho con la concepción que Martí tenía de la poesía, la cual, para él, era un vehículo de exteriorización de la realidad espiritual del ser humano. Esa realidad espiritual, según Martí, comprendía no solamente los sentimientos ligados al alma del individuo, sino también los ideales eternos de libertad y solidaridad con el género humano. Escribe un ensayo coherente sobre el modo en que las ideas del fragmento citado se expresan en *Versos sencillos, I* y "Dos patrias".

(Tiempo: 40 minutos. Extensión mínima: 200 palabras).

2. Un tema frecuente en la poesía es las lecciones que la vida nos enseña. Escoge por lo menos dos poemas de la siguiente lista y define, en un ensayo coherente y bien organizado, las lecciones manifiestas en cada uno de los poemas y la actitud del poeta ante ellas:

Versos sencillos, I, de José Martí
"Lo fatal", de Rubén Darío
"He andado muchos caminos", de Antonio Machado
"La primavera besaba", de Antonio Machado
"Caminante, no hay camino", de Antonio Machado
"Tú me quieres blanca", de Alfonsina Storni
"Peso ancestral", de Alfonsina Storni

(Tiempo: 40 minutos. Extensión mínima: 200 palabras).

3. Discute la presencia de premoniciones de la muerte en dos de los textos siguientes, y relaciónalas con el desenlace de los dos:

Salmo XVII ("Miré los muros de la patria mía"), de Francisco de Quevedo
"Dos patrias", de José Martí
"Las ataduras", de Carmen Martín Gaite
"La viuda de Montiel", de Gabriel García Márquez

(Tiempo: 40 minutos. Extensión mínima: 200 palabras).

Poemas de José Martí

Lee las frases siguientes y completa el sentido de cada una eligiendo la palabra más apropiada entre las cuatro opciones.

1. El bombardeo fue intenso aquí; como ves, de estos edificios no queda más que ____.

   a. escombros

   b. escobajos

   c. escollos

   d. escolios

2. Después de observar la ____, cuyas uvas ya estaban maduras, pasamos a una sala, donde probamos varios vinos.

   a. viña

   b. venia

   c. viñeta

   d. venta

3. Estoy en el hospital porque allá en el monte, me picó una ____, y me envenenó la sangre.

   a. vianda

   b. verbena

   c. veta

   d. víbora

4. ____ es una palabra ambigua; a veces significa "pálido", otras veces "amoratado".

   a. Lívido

   b. Libido

   c. Librado

   d. Lícito

5. ¡Mala corrida de toros hoy! ¡Pésima! Todos los toros salieron ____; no embestían, sólo retrocedían, y huían.

   a. mancos

   b. maniceros

   c. mansos

   d. manteados

6. El general Medallones quiere que me ponga uniforme de gala y que asista a la ceremonia, pero a mí no me gusta tanta ____.

   a. pomada

   b. pompa

   c. popa

   d. popusa

7. En algunos países musulmanes, las mujeres todavía se ponen un ____, para ocultar la cara.

   a. velador

   b. velero

   c. velorio

   d. velo

8. Aquí tengo dos flores; escoja usted entre el ____ y la rosa.

   a. clavel

   b. clavo

   c. clamor

   d. clarín

9. —Hágase a un lado, señor; me está ____ el paso.

   a. estofando

   b. estoqueando

   c. estorbando

   d. estornudando

10. Mi batallón tiene dificultades; se pasa el tiempo ____ con los oficiales, con los reglamentos; es una lucha continua.

    a. basqueando

    c. bastando

    b. batallando

    d. batiendo

Nombre _____

Poemas de José Martí

Contesta las siguientes preguntas, o completa la idea, eligiendo en cada caso la respuesta más apropiada.

1. Con respecto a los siguientes versos: "Todo es hermoso y constante, / todo es música y razón, / y todo como el diamante, / antes que luz es carbón"; ¿cuál de las siguientes afirmaciones es cierta?

   a. El poeta afirma que la vida es bella y que no necesita de la poesía para enaltecerse.

   b. El poeta afirma que la realidad que nos rodea no sería hermosa si no existiese la poesía.

   c. El poeta afirma que todas las cosas de este mundo tienen una belleza primitiva que la poesía revela y enaltece.

   d. El poeta afirma que la belleza no requiere explicación.

2. En el poema "Dos patrias". . .

   a. el poeta manifiesta un sentimiento sombrío cuando se entrega a la noche, la soledad y el silencio.

   b. el poeta pretende sobreponerse a su tristeza para luchar por la libertad de Cuba.

   c. el poeta manifiesta sobre el final de su vida que la única patria que le queda es la noche.

   d. el poeta se deja morir embargado por el dominio colonial de España sobre Cuba.

3. De acuerdo con *Versos sencillos, I,* ¿cuándo se le revela al poeta la existencia del alma?

   a. En un momento de horror, cuando el alcaide lee llorando la sentencia que le condena a muerte.

   b. En un momento de ternura, cuando ve a su niña llorando por la picadura de una abeja.

   c. En momentos de extremo dolor, cuando contempla la realidad de la muerte y cuando acaba un amor.

   d. En el momento dramático en que entrega su vida a la causa de la independencia cubana.

4. Con respecto a las características formales del poema "Dos patrias", señala la afirmación incorrecta:

   a. Está compuesto con versos endecasílabos.

   b. Carece de rima consonante.

   c. Está compuesto por versos de arte mayor.

   d. No se observa en su estructura el uso de licencias poéticas.

5. ¿Qué quiere decir el poeta cuando escribe: "Yo sé bien que cuando el mundo / cede, lívido, al descanso, / sobre el silencio profundo / murmura el arroyo manso"?

   a. Que cuando el mundo duerme, el poeta permanece despierto para oír la voz de la poesía.

   b. Que durante el silencio nocturno resucitan sonidos ocultos de la naturaleza.

   c. Que mientras la mayoría de los seres humanos duerme normalmente, los poetas sufren de insomnio.

   d. Que más allá del silencio y de la noche se engendran los murmullos de la muerte.

6. En *Versos sencillos, I;* ¿qué afirma el poeta sobre el amor y la amistad?

a. Afirma que el amor es divino, mientras que la amistad es terrenal.

b. Afirma que la amistad, joya perdurable, es superior al amor, que tarde o temprano acaba.

c. Afirma que el amor y la amistad son fuentes de desengaños.

d. Afirma que el amor es sensual, mientras que la amistad es espiritual.

7. En *Versos sencillos, I;* ¿qué simbolizan el águila herida y la víbora venenosa?

a. El águila simboliza a los Estados Unidos y la víbora a España.

b. El águila simboliza a la virtud, que aún herida asciende al cielo; mientras que la víbora simboliza lo rastrero.

c. El águila simboliza a la patria libre, mientras que la víbora simboliza al opresor.

d. El águila simboliza a las aspiraciones del ser humano, mientras que la víbora simboliza sus desilusiones.

Guía de respuestas

Poemas de José Martí

Preguntas

1. Los estudiantes verán que cada una de las estrofas de los *Versos sencillos* de José Martí encierra un pensamiento, una vivencia personal y a la vez universal, y que su totalidad cifra lo que el poeta ha visto y aprendido en la vida. En su expresión, los versos son elocuentes, y en su temática, son universales. La primera estrofa plantea la intención del poeta de escribir sus *Versos sencillos*, antes de morir. (Recuérdese que, en 1891, cuando los escribió, Martí todavía no cumplía los cuarenta años. Sin embargo, vale la pena que los estudiantes repasen los datos biográficos de Martí al respecto, en la página 362 del libro de lecturas.) A primera vista, los estudiantes han de coincidir en el hecho de que los *Versos sencillos*, son verdaderamente sencillos. Y, sin embargo, algunas de las estrofas aparentemente más sencillas presentan inesperadas dificultades para la comprensión.

Entre las afirmaciones más accesibles se encuentra: "arte soy entre las artes;/en los montes, monte soy". El poeta presenta los conceptos "artes" y "montes", partes de la totalidad del universo, para señalar el universo entero; y el lector entiende que el poeta siente su unidad con él, y, con él, la unidad de todas las cosas. Otros temas contenidos en los versos que aparecen en el libro de lecturas incluyen: lecciones aprendidas a manos de la ciencia y del espíritu humano, el esplendor divino experimentado en la tempestad, la belleza y el estoicismo. Algunas de las estrofas cuyo significado provocará cierta dificultad son la 8, la 9, la 12, la 13 y la 14. Las ideas de todos no coincidirán necesariamente.

2. La noche es una metáfora tradicional en la cultura occidental. Representa muchas veces un período o una situación infeliz en la historia de un pueblo o de una región. Por ejemplo, hablamos de la "noche" por la que pasó Europa bajo el dominio de los nazis. Martí, desterrado de Cuba, veía a su patria padeciendo la tiranía española y privada de la luz de la libertad. Cuba vivía su larga noche, y Martí, aunque lejos, la vivía por igual.

Dentro del texto del poema "Dos patrias", Martí nos presenta una noche específica en la que él se asoma a la ventana de su habitación. Se le aparece una visión en las tinieblas: va pasando por las ventanas, su patria Cuba como mujer vestida de viuda. Lleva un clavel en la mano, y el poeta se da cuenta de la realidad de ese clavel: Martí tiene el pecho vacío, y Cuba tiene su corazón en la mano. (Nótese que, en la tradición hispánica, el clavel es la flor masculina por excelencia.) El poeta siente cerca la muerte. Está cansado de palabras, y hastiado por la luz. La llama roja de una vela se agita como si fuera bandera, llamándole a la batalla. Aquella batalla, intuye Martí premonitoriamente, será la lucha por la independencia de Cuba del yugo español. Martí abre las ventanas, pero Cuba pasa, silenciosa como una nube, y él percibe que ella va rompiendo con la mano el clavel. Parece que ha sido una premonición de su muerte venidera.

Sobre dos planos, entonces, Cuba y la noche son una sola—primero por la larga noche de esclavitud que vivió Cuba bajo el Imperio español, y, segundo, por los detalles del presagio que poetiza Martí.

3. Parece evidente que para Martí, la palabra patria encerraba un amor entrañable y un concepto noble, ideal. Se identificaba con Cuba. La personificaba, al referirse a "Cuba, viuda". Martí sufre, porque sus compatriotas en Cuba sufren, y porque él está en el exilio. Para él, Cuba no es sólo una entidad geográfica, la isla caribeña donde nació y se crió.

El puesto que ocupaba la patria en el corazón de Martí era aún más especial, porque Cuba no había logrado su independencia todavía. Era la última colonia española en América, y Martí escribió su poesía más de medio siglo después de las guerras de independencia que habían liberado del peonaje colonial a todos los demás países de habla española.

El poeta ansiaba la libertad de su patria, y la historia nos enseña que Martí ofrendó su propia vida por ella; cumpliendo con el terrible presagio de "Dos patrias", Martí volvió a Cuba, donde murió en la lucha.

4. En el primer poema de *Versos sencillos I* ("Yo soy un hombre sincero"), el verso escogido a través de todas las estrofas es el octosílabo: por ejemplo, "Yo-soy-un-hom-bre-sin-ce-ro"; y "A-las-na-cer-vi en-los-hom-bros". Las estrofas son de cuatro versos cada uno, con rima consonante: "sincero-quiero", "palma-alma", partes-artes", "voy-soy", extraños-engaños", "flores-dolores", etc. El esquema es *abab*, a través de todo el poema, que consiste en dieciocho estrofas. Hay una estrofa que a primera vista se compone de versos de sólo siete sílabas, pero, como se ve en el romance antiguo, "Romance del conde Arnaldos", éstos, en verdad, son versos octosílabos. Si la última sílaba de un verso es tónica, es decir, que carga la fuerza de la voz, se cuenta como dos sílabas. (Para más sobre este tema véase la respuesta a la Pregunta N° 5, del "Romance del conde Arnaldos".) Dicho de otra manera, si la última palabra del verso es aguda, la última sílaba de esa palabra vale por dos en el cómputo silábico.

Esta estrofa nos presenta la oportunidad de fijarnos en algunas irregularidades en cuanto al cómputo silábico. Primero, como se ve en "Romance del rey moro que perdió Alhama", la sinalefa, o sea, la unión de vocales cuando una palabra termina con vocal y la siguiente empieza con vocal, permite que las palabras "va a", en el último verso, arriba, formen una sola sílaba poética, cuando son, de hecho, dos sílabas gramaticales. Es de notar que el primer verso trae dos casos de sinalefa, reduciéndose nueve sílabas gramaticales a siete sílabas poéticas; la presencia de la palabra aguda "través" pide la agregación de la cuenta final, igual que todos los demás versos agudos. Segundo, el poeta no tiene obligación de valerse de la unión de vocales que la sinalefa le permite; el cómputo silábico requiere que las dos sílabas "no" y "es", del tercer verso, arriba, se mantengan separados, para efectuar el octosílabo. El que el poeta se valga, o no, de la sinalefa, se deja siempre a discreción del poeta.

La estructura estrófica que Martí emplea en este poema se acopla bien con el título *Versos sencillos*, y con los temas del poema. El verso octosílabo es popular. Nació del pueblo, y forma parte de la poesía popular española desde el Medioevo; recuérdese que los romances se componen de versos octosílabos. Se puede decir también que los octosílabos son menos formales que los endecasílabos, por ser más cortos. Por eso se graban más fácilmente en la memoria. Una sola idea se encaja con gran facilidad dentro de cada una de las estrofas de *Versos sencillos*.

En cuanto a la regularidad estrófica, el tipo de estrofa de que se vale Martí en sus *Versos sencillos* son cuartetas, pues cuarteta, definida, es estrofa de cuatro versos rimando en consonante el primero con el tercero y el segundo con el cuarto. Se trata de versos octosílabos pero *Versos sencillos*, no es romance, cuya asonancia es una sola constante en los versos pares. Como hemos visto, las estrofas de Martí, como toda cuarteta, siguen el esquema *abab cdcd*, etc. Hay en la literatura hispánica cuartetas de seis sílabas, de ocho, de diez y hasta hay cartetas de versos alejandrinos (o sea de 14 sílabas).

Aquí se debe aclarar que el esquema de rima de un verso de ocho sílabas o menos (verso de arte menor) siempre se anota con minúsculas; el de un verso de nueve sílabas o más (verso de arte mayor), siempre con mayúsculas.

El segundo poema, "Dos patrias", se compone de endecasílabos; esta estructura cuadra bien con su tema más formal. No tiene estructura estrófica. Lo componen 18 versos sueltos, o sea, sin rima, ni consonante ni asonante. Es posible que los estudiantes noten la presencia de la palabra "vacío" en dos versos consecutivos; este hecho no ofrece suficiente regularidad para tomarlo en cuenta para la rima. El fenómeno tampoco se consideraría anáfora, pues, aunque se trate de la repetición de una palabra clave, la repetición no ocurre al comienzo de un verso o de una frase, como se ve en los sonetos de Garcilaso de la Vega y de Luis de Góngora.

Guía de estudio

1. Los cuatro versos de la estrofa citada son octosílabos, es decir, tienen ocho sílabas métricas. Es el número de sílabas ortográficas el que varía levemente: el segundo verso tiene 8, mientras que los otros tres tienen 9.

2. La sinalefa está presente en los encuentros silábicos subrayados a continuación:

"mi pecho destroza<u>do está y</u> vacío
en don<u>de estaba el</u> corazón. <u>Ya es</u> hora
<u>de e</u>mpezar a morir. La no<u>che es</u> buena
para decir adiós. La luz estorba . . ."

3. Los acentos rítmicos (cuyo símbolo es una tilde, como la del acento ortográfico) están ubicados en las sílabas subrayadas a continuación:

"Yo <u>ven</u>go de todas <u>par</u>tes,
y hacia <u>to</u>das partes <u>voy</u>:
<u>ar</u>te soy entre las <u>ar</u>tes;
en los <u>mon</u>tes, monte <u>soy</u>.

Yo <u>se</u> de nombres ex<u>tra</u>ños
de las <u>yer</u>bas y las <u>flo</u>res,
y de mor<u>ta</u>les en<u>ga</u>ños,
y de su<u>bli</u>mes do<u>lo</u>res".

4. Los epítetos subrayados a continuación se encuentran en la cuarta, decimoprimera y decimotercera estrofa de *Versos sencillos, I*:

a. "Yo he visto en la noche <u>oscura</u> . . ."
Como bien se sabe, la noche es de por sí oscura; sin embargo, el epíteto de este verso refuerza poéticamente tal idea.

b. "tomo a un amigo <u>sincero</u> . . ."
La sinceridad es necesariamente una cualidad de la verdadera amistad. Sin embargo, Martí potencia la idea de la lealtad y el decoro empleando el epíteto "sincero".

c. "sobre el silencio <u>profundo</u> . . ."
En cierto sentido, todo silencio es "profundo", puesto que implica la ausencia total de ruido. El epíteto "profundo" potencia la idea de un silencio absoluto.

d. "murmura el arroyo <u>manso</u>".
El arroyo es "manso" por naturaleza. El epíteto empleado cumple la función de potenciar la idea que tenemos de su pasividad.

Tesis de ensayo

1. El estudiante puede buscar en *Versos sencillos, I* todos los fragmentos en que el poeta adopta un tono persuasivo, tratando de reafirmar sus ideales y convencer a la humanidad de la validez de sus principios. Un ejemplo claro puede encontrarse en los siguientes versos: "el hijo de un pueblo esclavo / vive por él, calla y muere". Aquí el poeta nos revela su amor a la patria sojuzgada que busca su liberación, su apego a principios libertarios indeclinables que condicionan no solamente los actos de su vida, sino el modo en que escribe poesía.

2. Éste es un ejemplo del tipo de Pregunta N° 2, de análisis temático, que se verá en el examen de *AP Spanish Literature*.

3. Éste es un ejemplo del tipo de Pregunta N° 2, de análisis temático que se verá en el examen de *AP Spanish Literature*.

Prueba de vocabulario

Las respuestas correctas son:
1. a, **2.** a, **3.** d, **4.** a, **5.** c, **6.** b, **7.** d, **8.** a, **9.** c, **10.** b.

Preguntas de opción múltiple

Las respuestas correctas son:
1. c, **2.** a, **3.** c, **4.** d, **5.** a, **6.** b, **7.** b.

Páginas 367–375 del libro de lecturas

Poemas de Rubén Darío

Antes de leer

La importancia de la poesía de Rubén Darío sobrepasa los límites de Latinoamérica y obtiene su debido reconocimiento en España, donde los logros de poetas como Antonio Machado y Juan Ramón Jiménez serían impensables sin la recreación de la lengua española de que fuera artífice el gran poeta nicaragüense. Así lo reconoce José Ortega y Gasset, quien califica a Darío de "indio divino, domesticador de palabras, conductor de los corceles rítmicos", antes de agregar que sus versos han sido una escuela de forja poética. Darío fue el líder del movimiento modernista, cuyas múltiples facetas convergen en la común oposición a las convenciones políticas, religiosas y literarias de la época. Este rechazo de todos los dogmas vigentes alcanzó en Darío su cúspide, pues la extraordinaria inventiva verbal de su poesía puso en jaque los anquilosados convencionalismos de la lengua española.

Los poemas seleccionados para esta antología pertenecen al libro *Cantos de vida y esperanza*, que abre un período de profundas transformaciones en la poesía de Darío. Como afirma el crítico Jaime Torres Bodet: En *Cantos de vida y esperanza*, ya no es Darío el ejecutante excelente de artificios, formas y estilos aprendidos en otras lenguas e imitados de otras literaturas. De pronto es él. Nada menos y nada más que Rubén Darío".

Es decir, el poeta que abre su corazón con sinceridad, el que muestra su alma relegando sus pirotecnias formales, el que nos regala una poesía desnuda, sencilla y perdurable.

Vocabulario

ingenuo—inocente; crédulo; de poca experiencia en el mundo.

soberbio—arrogante; altanero; orgulloso.

estremecerse—temblar (de emoción).

garras—uñas largas de ciertos animales salvajes.

gasa—tela ligera y transparente, generalmente de seda.

estuche (m.)—funda; contenedor (para una joya, por ejemplo).

roer—consumir poco a poco con los dientes.

pesadumbre—tristeza; aflicción.

rumbo—camino; dirección.

tentar—atraer; despertar deseo.

aguardar—esperar.

fúnebre—sombrío; que sugiere la muerte.

Al leer

Consulte la **Guía de estudio** como herramienta para comprender mejor esta obra.

Después de leer

Conviene saber que el modernismo no fue solamente un movimiento literario, sino sobre todo una actitud vital caracterizada por el rechazo de todos los dogmas vigentes en tiempos de Darío. Este signo de rebeldía tuvo su profundo eco en la literatura de fines del Siglo XIX, cuando al rechazar la sociedad y sus convenciones, los escritores buscaron fuentes de inspiración en el pasado indígena o en tierras remotas de resonancias míticas o literarias. Al respecto, el crítico Ricardo Gullón nos dice lo siguiente: "Por asco de las realidades inmediatas, sórdidas a menudo, malignas con frecuencia, los modernistas se rodearon de altivez. Para defenderse de una sociedad contagiada de materialismo, y de la insolente vulgaridad de los poderosos, se proclamaron baluarte de la espiritualidad . . ." Esta actitud en contra del poder y del materialismo constituye el contenido del poema que Darío le dedica al entonces presidente de los Estados Unidos, Theodore Roosevelt, a quien increpa de manera explícita cuando le dice: "Juntáis al culto de Hércules el culto de Mammón"; es decir, el culto doble del poder y la avaricia, presto a desatar una política imperialista cuyas consecuencias podrían ser devastadoras para Latinoamérica. Es importante, sin embargo, señalar el contexto en que este poema fue escrito. Estados Unidos había librado una guerra reciente contra España, anexándose después de su victoria los territorios de Puerto Rico, Filipinas y Guam; al tiempo que convertía a Cuba en satélite norteamericano. Los versos de Darío no manifiestan temor hacia la América sajona, puesto que confían en la tradición, la fuerza ancestral, la concepción de la vida, la riqueza humana y espiritual de la América indígena y española; por eso Darío le dice a Roosevelt que tenga cuidado, que no confíe en su empresa de conquista, la cual para salir victoriosa, necesitaría del apoyo de Dios. Esta actitud hacia los Estados Unidos cambió unos años más tarde. Entonces Darío escribió el poema "Salutación al Aguila", donde manifiesta que la América impetuosa y guerrera del Aguila, puede compartir el cielo con la América indígena y española del cóndor, unidas ambas en un esfuerzo de progreso y armonía. De esta manera Darío le asigna a los Estados Unidos la misión de guía de los pueblos latinoamericanos.

Conviene saber que la "Canción de otoño en primavera" ilustra el encuentro de dos mundos, el de la vejez y el de la juventud; el primero como realidad dolorosa y el segundo como recuerdo querido. Darío evoca los amores de antaño y con breves pinceladas describe a las mujeres que en su vida significaron inocencia, ternura o pasión. El poema alcanza su mayor grado emotivo cuando Darío, consciente del paso irremediable de los años, recuerda vagamente otros amores, a los cuales llama "fantasmas de mi corazón", es decir, presencias vagas, casi sepultadas, casi muertas. Otro de los temas que recorren este poema es el de la imposibilidad del amor ideal; la princesa a la que se refiere Darío, síntesis de perfección, belleza y armonía, es inalcanzable. Pero aún así la vida de los hombres consiste en persistir, y por eso al final el poeta confiesa que aunque tenga el cabello cano se acerca todavía a los rosales del jardín en busca de ese amor que no va a llegar. Aunque el poema adquiera por momentos un tono optimista, después de su lectura predomina la sensación de nostalgia y tristeza, que siempre nacen de la evocación de la muerte.

Conviene saber que el poema "Lo fatal" está considerado como uno de los mejores de Rubén Darío. Y no sin razón suficiente, puesto que allí se encuentran concentradas todas las interrogantes metafísicas que acosan no solamente al poeta, sino al hombre en general. ¿De dónde venimos? ¿Hacia dónde vamos? ¿Cuál es el principio y cuál el fin de esta vida? Tales son las preguntas que atormentan a Darío en el momento de escribir este poema. Probablemente el origen del mismo se halle en su profundo horror a la muerte; horror que se agudiza en las noches de insomnio y que solamente puede ser neutralizado por medio de la expresión poética. "Lo fatal", para Darío, tuvo un valor catártico; fue un verdadero desahogo tras el cual, a pesar de la indeclinable angustia, comenzó a contemplar la realidad de la vida y la muerte con mayor sosiego.

Conviene saber que "Lo fatal" es uno de los poemas más transparentes de Darío. Todo está claro en sus versos. Como afirma el crítico Jaime Torres Bodet: "No hay en esos versos ni artificios retóricos, ni complicados andamios técnicos, ni tesis filosóficas doctrinarias. El poeta, como cualquier otro hombre, sabe hasta qué punto ignora lo que no sabe". El hecho revela un cambio sustancial notorio a lo largo de los *Cantos de vida y esperanza,* puesto que Darío, hasta poco antes de la publicación de este poemario, había sido el artífice del "exotismo", constructor de un mundo irreal, lleno de pueblos resplandecientes y remotos, de náyades y princesas etéreas y azules. El cambio, sin embargo, responde a un proceso evolutivo comprensible en un espíritu tan sensible como el de Darío. En una primera etapa de su vida, había reinado el azul, símbolo de pureza, de irrealidad y sustancias etéreas; ahora, en los *Cantos de vida y esperanza,* reinaba la palabra desnuda, único medio de consolar al hombre desolado.

Bibliografía

Anderson-Imbert, Enrique. *La originalidad de Rubén Darío.* (1967)

Darío, Rubén. *Páginas escogidas.* (1997)

Paz, Octavio. *Cuadrivio.* (1965)

Rama, Angel. *Rubén Darío. El mundo de los sueños.* (1973)

Torres Bodet, Jaime. *Rubén Darío, Abismo y cima.* (1966)

Preguntas

1. Resume la actitud del poeta frente a los Estados Unidos, expresada en "A Roosevelt".

2. ¿Qué tema universal se expresa en "Canción de otoño en primavera"? Justifica tu respuesta con citas del texto.

3. ¿Cuál es la idea central de "Lo fatal"? Compara y contrasta el estado de ánimo que se evoca en este poema con el que se evoca en el poema "Salmo XVII", de Francisco de Quevedo.

4. Escoge uno de los tres poemas de Darío y analiza su estructura formal: ¿qué regularidades métricas distingues? Trata en tu análisis tanto la rima como el cómputo silábico. Nombra por lo menos tres recursos técnicos de los que se vale el poeta y describe el efecto de cada uno de ellos sobre la expresión poética.

Nombre

Poemas de Rubén Darío

I. En la métrica de la poesía en español existe un conjunto de reglas muy importantes: cuando el verso termina en palabra grave, mantiene su número de sílabas intacto; pero si termina en palabra aguda o esdrújula, se le tiene que sumar una sílaba en el primer caso o reducir una en el segundo. Esto se debe a que el acento prolonga, reduce o estabiliza el ritmo del verso. Tu tarea consiste en leer atentamente el siguiente fragmento del poema "A Roosevelt" y señalar los versos donde se observa la adición o sustracción de una sílaba métrica:

> "Mas la América nuestra, que tenía poetas
> desde los viejos tiempos de Netzahualcoyotl,
> que ha guardado las huellas de los pies del gran Baco,
> que el alfabeto pánico en un tiempo aprendió;
> que consultó los astros, que conoció la Atlántida
> cuyo nombre nos llega resonando a Platón,
> que desde los remotos momentos de su vida
> vive de luz, de fuego, de perfume, de amor . . ."

2. "Canción de otoño en primavera" es un poema rico en figuras literarias de gran valor expresivo. Tu tarea consiste en señalar y comentar las figuras presentes en los versos citados.

a. Poliptoton:

"Juventud, divino tesoro,
¡Ya te vas para no volver!
Cuando quiero llorar no lloro . . .
y a veces lloro sin querer".

b. Símil:

"Miraba como el alba pura;
sonreía como una flor.
Era su cabellera obscura
hecha de noche y de dolor".

c. Metáfora:

"Mas a pesar del tiempo terco,
mi sed de amor no tiene fin;
con el cabello gris me acerco
a los rosales del jardín . . ."

Poemas de Rubén Darío

I. En las "Dilucidaciones" de *El canto errante* Rubén Darío escribió:

> *"El mayor elogio hecho recientemente a la Poesía y a los poetas ha sido expresado en lengua 'anglosajona' por un hombre insospechable de extraordinarias complacencias con las nueve Musas. Un yanqui. Se trata de Teodoro Roosevelt.*

> *Ese Presidente de la República juzga a los armoniosos portaliras con mucha mejor voluntad que el filósofo Platón. No solamente les corona de rosas; mas sostiene su utilidad para el Estado y pide para ellos la pública estimación y el reconocimiento nacional. Por esto comprenderéis que el terrible cazador es un varón sensato".*

A base de tus lecturas del poema "A Roosevelt", y de la cita arriba, discute cómo concibe Darío la función de la poesía frente al poder político norteamericano encarnado en la controvertida figura de Theodore Roosevelt.

(Tiempo: 40 minutos. Extensión mínima: 200 palabras).

2. Discute el tema de la juventud desvanecida que se presenta en dos de los poemas a continuación:

Soneto CLXVI ("Mientras por competir con tu cabello"), de Luis de Góngora
Salmo XVII ("Miré los muros de la patria mía"), de Francisco de Quevedo
"Canción de otoño en primavera", de Rubén Darío
"Lo fatal", de Rubén Darío
"La primavera besaba", de Antonio Machado

(Tiempo: 40 minutos. Extensión mínima: 200 palabras).

Poemas de Rubén Darío

Lee las frases siguientes y completa el sentido de cada una eligiendo la palabra más apropiada entre las cuatro opciones.

1. ¡Qué _____ eres, Inocencio! A lo mejor, todavía crees en los cuentos de hadas.

   a. ingente
   b. ingenioso
   c. ingenuo
   d. ingeniero

2. Sí, Ínfulas es muy buen pintor, pero es _____; a todos los demás los mira por encima del hombro; se cree la *Divina Comedia*.

   a. soberano
   b. sobretodo
   c. sobrante
   d. soberbio

3. La noticia nos _____ a todos; ¡había estallado la guerra con Inglaterra!

   a. estremeció
   b. estriñó
   c. estrelló
   d. estrenó

4. El antílope trató de huir, pero quedó atrapado entre las _____ del león.

   a. gorras
   b. garitas
   c. garras
   d. garrafas

5. El hospital carecía de todo; no había ni siquiera _____ para vendar las heridas.

   a. gaseosa
   b. gasa
   c. garza
   d. gasista

6. El anillo es precioso, y el _____ en que viene es muy bonito también.

   a. estuche
   b. estupro
   c. esturión
   d. estuco

7. Este pan no se puede comer; mira cómo está, _____ todo, por ratones, sin duda.

   a. raído
   b. rodado
   c. roído
   d. rugido

8. Fue enorme la _____ que me causó la noticia de los infortunios de Alonso, porque le tengo mucho afecto.

   a. pesadez
   b. pesantez
   c. peste
   d. pesadumbre

9. Los viajeros partieron de Vera Cruz el martes, _____ a Caracas.

   a. rumba
   b. rumbo
   c. rumano
   d. runa

10. Como dicen, el diablo nunca duerme; nos _____ a cada paso, ofreciéndonos oportunidades de pecar.

    a. tienta
    b. tiesta
    c. tuesta
    d. tiende

11. —_____ aquí, Ramona; se me olvidó la llave; vuelvo en seguida.

    a. Aguántame
    b. Acuartélame
    c. Aguárdame
    d. Acuítame

12. Esto me trae a la memoria un verso de Rubén Darío: "la tumba que aguarda con sus _____ ramos".

    a. fulgurosos
    b. fúnebres
    c. fungosos
    d. fugaces

Poemas de Rubén Darío

Contesta las siguientes preguntas, o completa la idea, eligiendo en cada caso la respuesta más apropiada.

1. En el poema "A Roosevelt", el poeta . . .

 a. reacciona contra los Estados Unidos en solidaridad con España.

 b. plantea un retorno a la sabia sencillez de los pueblos indígenas de América.

 c. opone a la poderosa y beligerante América sajona, una América indígena y española, pronta a despertar en caso de invasión territorial.

 d. manifiesta su admiración por la espiritualidad reinante en los Estados Unidos.

2. ¿Cómo define el poeta a los Estados Unidos?

 a. Como un país potente, pero sin cultura.

 b. Como un país poderoso donde se rinde culto a la fuerza y la avaricia.

 c. Como un país moderno que vive todavía en el pasado.

 d. Como un país destinado a convertirse en el más grande imperio de la historia.

3. Cuando el poeta escribe: "eres el futuro invasor / de la América ingenua que tiene sangre indígena, / que aún reza a Jesucristo y aún habla en español"; aparte de su temor a una invasión militar, manifiesta . . .

 a. su temor a una invasión cultural que incluya los dominios de la religión y el idioma.

 b. su temor a la religión protestante.

 c. su temor al materialismo que impera en los Estados Unidos.

 d. su temor a la expansión del inglés como lengua universal.

4. "Canción de otoño en primavera". . .

 a. es una celebración hedonista de los placeres de antaño.

 b. es la expresión poética de la nostalgia de un hombre que se acerca a la vejez.

 c. es una invitación a persistir en el amor pasional.

 d. es el recuento de los desengaños amorosos de un poeta.

5. Con respecto a las cualidades formales de la siguiente estrofa: "En vano busqué a la princesa / que estaba triste de esperar. / La vida es dura. Amarga y pesa. / ¡Ya no hay princesa que cantar!"; ¿cuál de las siguientes afirmaciones es correcta?

 a. Cada verso de la estrofa tiene nueve sílabas métricas, pero la rima es asonante.

 b. El primer y el tercer verso de la estrofa tienen nueve sílabas métricas, mientras que los restantes tienen ocho.

 c. Al segundo y al cuarto verso de la estrofa se les suma una sílaba, puesto que terminan en palabra aguda.

 d. La rima de la estrofa es consonante, pero los versos tienen diferente cantidad de sílabas métricas.

6. ¿Por qué en el poema "Lo fatal", Rubén Darío afirma que no hay mayor pesadumbre que la vida consciente?

    a. Porque el pensamiento se concentra en la memoria de los pasados sufrimientos y los revive y recrea.

    b. Porque el pensamiento impide que el ser humano actúe en busca de la felicidad.

    c. Porque los árboles y las piedras, al carecer de pensamiento, carecen también de penas.

    d. Porque el pensamiento, incapaz de responder a los misterios de la vida y la muerte, despierta los temores metafísicos del ser humano.

7. Con respecto al siguiente verso: "y la tumba que aguarda con sus fúnebres ramos". ¿Cuál de las siguientes afirmaciones es correcta?

    a. Es un verso alejandrino que tiene los acentos rítmicos en la tercera, sexta, décima y decimotercera sílaba métrica.

    b. Es un endecasílabo sáfico con acento en la cuarta, sexta y décima sílaba.

    c. Es un verso de arte menor que no tiene cesuras.

    d. Es un verso donde no se emplea ninguna licencia poética.

Poemas de Rubén Darío

Preguntas

1. En "A Roosevelt", Rubén Darío reconoce el vigor, la fuerza, el poder y la pujanza de los Estados Unidos, y admira la enorme energía que el entonces presidente, Theodore Roosevelt, desplegaba, no sólo en su papel de primer mandatario, sino en todas sus actividades, una de las cuales era la caza. Pero el poeta ve un futuro peligro, hasta una amenaza, para la América española, manifestando su temor a una posible expansión imperialista de los Estado Unidos.

Sin embargo, Darío dirige una advertencia al país del norte: los países del sur—del Sol (una posible referencia a las religiones indígenas de América que rendían culto al sol; por otra parte, gran parte de Centroamérica y Sudamérica se encuentra en el trópico)—, poseen una rica cultura, en parte indígena, en parte española, y no están dispuestos a aceptar el dominio del llamado "Coloso del Norte". "Hay mil cachorros sueltos del León español", y los norteamericanos, si se proponen conquistarlos, no lograrán hacerlo, porque en su afán de lucro y de poder, se han olvidado de Dios.

2. El tema de "Canción de otoño en primavera" es universal en la poesía: el paso del tiempo, que, implacable, se lleva la juventud, y, más tarde, la vida misma. El tema tiene una larga tradición en la poesía hispánica, y aparece en varios de los poemas incluidos en el libro de lecturas; por ejemplo, en los de Garcilaso de la Vega, Luis de Góngora, Francisco de Quevedo, Sor Juana Inés de la Cruz y Antonio Machado.

En este poema, Darío une a su lamento por la pérdida de la juventud, una historia de sus amores, que ha sido, como confiesa el poeta, plural ("Plural ha sido la celeste/historia de mi corazón."). Aunque buscó a su amada ideal ("En vano busqué a la princesa/que estaba triste de esperar."), no la encontró, y se conformó con otras, que no fueron pocas ("¡ Y las demás!, en tantos climas,/en tantas tierras, siempre son,/si no pretexto de mis rimas,/fantasmas de mi corazón.") Pero el poeta no ceja en su afán, y aún ahora, al borde de la vejez,

sigue buscando el amor ("Mas a pesar del tiempo terco,/mi sed de amor no tiene fin;/con el cabello gris me acerco/a los rosales del jardín . . .") Y a diferencia de otros poetas que lamentan la pérdida de la juventud, Darío no se desespera: "¡Más es mía el Alba de oro!" (último verso).

3. La idea central de "Lo fatal" es doble: por una parte, la certidumbre de la muerte; por otra, la incertidumbre del más allá. Esta combinación produce la pesadumbre que aflige el alma del poeta, pues su dolor se origina en el hecho de estar vivo, y de poseer vida consciente. Por eso tienen suerte el árbol y la piedra, porque no sienten; no tienen conciencia de ser. El hombre, en cambio, sufre, porque tiene plena conciencia de su situación: sabe que la muerte es inevitable ("y la tumba que aguarda"), pero no sabe qué le espera al otro lado; no sabe siquiera por qué ha nacido ("¡y no saber adónde vamos, ni de dónde venimos . . . !"). El destino del ser humano es amargo: ignora lo que más anhela saber, porque su conciencia, que le impulsa a formular las preguntas, es incapaz de penetrar el velo que oculta el misterio.

El poema de Quevedo, aunque versa sobre la muerte, es muy distinto: carece de las reflexiones filosóficas que encontramos en "Lo fatal"; el poeta de "Salmo XVII" no se hace preguntas; no se queja de su ignorancia ante las grandes interrogantes de la humanidad; ni siquiera se lamenta de su suerte. Aunque el tono de "Salmo XVII" es de profunda tristeza, el poeta se limita a enumerar escuetamente las cosas que le recuerdan la muerte, por su decrepitud ocasionada por el paso del tiempo. El tono de tristeza nace simple y naturalmente, de esta circunstancia: que todas las cosas que mira le recuerdan la muerte: "y no hallé cosa en que poner los ojos/donde no viese imagen de mi muerte."

4. Tómese como ejemplo "Lo fatal". El verso escogido por el poeta es el alejandrino: verso de catorce sílabas (llamado también, de arte mayor, término que se refiere a todo verso de nueve sílabas o más):

Di-cho-so-el-ár-bol-que es-a-pe-nas-sen-si-ti-vo
y-más-la-pie-dra-du-ra-por-que és-ta-ya-no-sien-te

(Nótese que el poeta no se vale de la posible sinalefa "-so el", en el primer verso.)

El verso alejandrino es una forma muy antigua. Existen ejemplos que datan del Medioevo, a comienzos del siglo XIII.

El poema consiste en tres estrofas. Las dos primeras de cuatro versos cada una, con rima consonante: por ejemplo, "sensitivo-vivo"; "siente-consciente". El esquema es ABAB en la primera estrofa, y, si las consideramos una sola entidad, CDCD en la segunda estrofa, y EFEF en la tercera, aunque el "último verso" es en realidad un eneasílabo (verso de nueve sílabas) seguido de un heptasílabo (verso de siete sílabas). Pero la palabra "vamos" mantiene la rima consonante con "sospechamos" y "ramos", y "venimos", con "racimos".

Tres recursos técnicos saltan a la vista en las siguientes dos estrofas:

"Ser, y no saber nada, y ser sin rumbo cierto,
y el temor de haber sido y un futuro terror . . .
Y el espanto seguro de estar mañana muerto,
y sufrir por la vida y por la sombra y por
lo que no conocemos y apenas sospechamos,
y la carne que tienta con sus frescos racimos
y la tumba que aguarda con sus fúnebres ramos.
¡y no saber adónde vamos,
ni de dónde venimos . . . !"

a. polisíndeton: el uso de más conjunciones que lo normal. Las inquietudes del poeta se conectan entre sí con la palabra "y". El resultado es un desfile solemne de pensamientos amargos; y se aprecia más su calidad de interconexos.

b. anáfora: es la repetición de una palabra o frase al comienzo de un verso. Al usar como anáfora la conjunción "y", el poeta realza el efecto ya visto, del polisíndeton.

c. encabalgamiento: ocurre cuando el final de un verso tiene que unirse al siguiente verso para completar su significado. En el caso de "Lo fatal", se ve la necesidad de unir el verso "y sufrir por la vida y por la sombra y por"—el último de una estrofa— con "lo que no conocemos, y apenas sospechamos,"—el primero de la siguiente. Éste es un empleo poco común, particularmente al tratarse de una frase preposicional. Cualquier caso de encabalgamiento impelerá al lector a seguir adelante, a buscar la conclusión de la idea. Pero la inusitada unión de dos estrofas así, agrava su efecto: el lector siente el carácter inconcluso de la estrofa y apura el paso para entrar en la siguiente, que es la última del poema; en ella pesan aún más las inquietudes del poeta.

Guía de estudio

1. En el cuarto, sexto y octavo verso de este fragmento se ha producido la suma de una sílaba métrica debido a que terminan en palabra aguda. En el quinto verso, mientras tanto, se ha producido la sustracción de una sílaba métrica debido a que termina en palabra esdrújula.

"Mas la América nuestra, que tenía poetas / desde los viejos tiempos de Netzahualcoyotl, / que ha guardado las huellas de los pies del gran Baco, /

que el alfabeto pánico en un tiempo aprendió; /
(13 + 1 = 14)
que consultó los astros, que conoció la Atlántida /
(15 - 1 = 14)
cuyo nombre nos llega resonando a Platón, /
(13 + 1 = 14)
que desde los remotos momentos de su vida /
vive de luz, de fuego, de perfume, de amor . . ."
(13 + 1 = 14)

2. Las figuras literarias presentes en los versos citados son:

a. El poliptoton se halla en los dos últimos versos de la estrofa, cuando el poeta emplea el verbo "llorar" en dos de sus accidentes gramaticales.

b. El símil se halla en los dos primeros versos, donde el poeta compara a la mujer amada con el alba y con la flor.

c. La metáfora está en el último verso, cuando el poeta se refiere a los sujetos de su enamoramiento como "rosales del jardín".

Tesis de ensayo

1. El estudiante puede recurrir al poemario de Darío titulado *El canto errante;* en el prólogo del mismo, se encuentra un pequeño reconocimiento de algunas virtudes de Theodore Roosevelt. Después puede leer con atención el poema "A Roosevelt", para comprobar si en ella solamente se mencionan cualidades negativas del entonces presidente de los Estados Unidos. Con los retratos morales que el estudiante obtenga de la lectura detenida de ambos textos, puede elaborar un ensayo comparativo en que se incluyan todas las facetas que Darío reconoce en Roosevelt.

2. Éste es un ejemplo del tipo de Pregunta N° 2, de análisis temático, que se verá en el examen de *AP Spanish Literature.*

Prueba de vocabulario

Las respuestas correctas son:
1. c, **2.** d, **3.** a, **4.** c, **5.** b, **6.** a, **7.** c, **8.** d, **9.** b, **10.** a, **11.** c, **12.** b.

Preguntas de opción múltiple

Las respuestas correctas son:
1. c, **2.** b, **3.** a, **4.** b, **5.** c, **6.** d, **7.** a.

Poemas de Sor Juana Inés de la Cruz

Antes de leer

Nacida el 12 de noviembre de 1651, en el pueblo de San Miguel Nepantla, Juana de Asbaje y Ramírez, futura Sor Juana, creció rodeada por los libros de su abuelo, de quien posiblemente heredó la afición por las letras. De su precocidad da testimonio el hecho de que aprendió a leer siendo todavía muy niña; no había cumplido los cuatro años cuando, valiéndose de astutas estratagemas, convenció a la maestra de su hermana de que la guiara en el laberinto del abecedario. Esta sed de saber se iría incrementando con el paso de los años, de modo tal que durante su adolescencia, trascurrida en la corte de los marqueses de Mancera, Juana comienza a deslumbrar a la gente no sólo con su inteligencia y sus conocimientos, sino también con sus primeros versos. Desgraciadamente sus tiempos fueron de intolerancia y dominio patriarcal, de modo que su condición de mujer le impidió consagrarse a los estudios, obligándola a verse en el injusto dilema de elegir entre el matrimonio o el convento. Fue esto último lo que eligió la poeta, convirtiéndose en Sor Juana; y a pesar del enclaustramiento en que transcurría su nueva vida, llegó a consolidar una obra en que el verso y la prosa alcanzan muchas veces la altura de la filosofía.

El soneto "En perseguirme, Mundo, ¿qué interesas?" y la sátira filosófica "Hombres necios que acusáis . . .", son dos composiciones poéticas cuya fama nunca ha declinado; tal vez porque las respectivas temáticas que abordan, la libertad creativa en el soneto y la incomprensión masculina del sexo femenino en la sátira, mantienen su actualidad y su carácter provocador.

Vocabulario

insinuar—dar a entender (de modo indirecto).
despojo—residuo; resto; ruina; a veces, botín.
inconsecuencia—falta de lógica; contradicción.
necio—tonto; terco; obstinado.
desdén (m.)—menosprecio; falta de estima.
liviandad—inconstancia; deshonestidad.
denuedo—insistencia; brío; esfuerzo; valor.
empañar—oscurecer; ensuciar; manchar; nublar.
templado—ecuánime; valiente; firme.
errado—equivocado; descaminado; desviado.
afición—gusto; deseo; preferencia; inclinación.
lidia—combate; lucha.

Al leer

Consulte la **Guía de estudio** como herramienta para comprender mejor esta obra.

Después de leer

Conviene saber que durante el Renacimiento, el hombre descubrió su individualidad y comenzó a liberarse de los dogmas instaurados por la Iglesia. Renació entonces el culto por la razón y la inteligencia, despertaron la curiosidad del saber y el ímpetu creativo adormecidos por el Medioevo, y se renovaron las esperanzas de alcanzar nuevas cumbres del conocimiento. El hombre renancentista fue por eso alegre y optimista; y tal disposición espiritual le permitió crear una atmósfera propicia al estudio, tranquila y clásica, como debieron ser en su imaginación los días del ágora griega. Pero toda esta confianza en el saber del hombre, todo este optimismo científico y artístico, comenzaría a declinar durante el siglo XVI; y este declive llevaría a la irrupción del Barroco, cuyo fondo es la pasión, la angustia y el desasosiego que en su violento desborde arrasan con la tranquilidad del clasicismo renacentista. En España, el Barroco significó un retorno al fanatismo religioso, a la jerarquización social y al conservadurismo político; pero a pesar de esta involución, surgió en el campo de las letras una generación de verdadero genio, que dio origen al denominado Siglo de Oro y que tuvo sus puntales en Francisco de Quevedo y Luis de Góngora. En Latinoamérica, el Barroco tuvo en Sor Juana a su más insigne representante.

Conviene saber que el barroquismo literario de Sor Juana Inés de la Cruz, si bien recibió la influencia del Barroco español con toda su abundancia verbal y sus ornamentos retóricos, tiene sello propio por su frecuente retorno a la claridad clásica. En Sor Juana convergen pues dos estilos, cuyos rasgos principales describe la estudiosa Anita Arroyo de la siguiente manera: ". . . corresponderían al estilo clásico la sencillez y la diafanidad, el concepto nítido, la clara armazón del pensamiento que determinará la estructura de la forma; y, al barroco, el predominio de la forma pintoresca, de la visión efectista, la gran riqueza ornamental, las metáforas materialistas, concebidas para impresionar más por la vía de los sentidos que por medio de la inteligencia . . ." Todo esto resulta claro si uno lee atentamente el soneto "En perseguirme, Mundo, ¿qué interesas?", cuya transparencia y claridad en el nivel de las ideas no impiden el lujo verbal del retruécano barroco. Lo mismo ocurre en la sátira filosófica "Hombres necios que acusáis . . .", donde el retruécano y la antítesis están presentes, sin llegar a ser obstáculos para la cabal comprensión del poema.

Conviene saber que el barroquismo de Sor Juana, más que "literario" es "vital". En ella se dan las contradicciones, angustias e incertidumbres propias de un espíritu barroco; su pasión inunda su intelecto y en su afán de saber se entrelazan la razón y la fe, como si quisiera juntar en su alma al intelectual y al místico. Sin embargo, debido a la condición marginal de la mujer en sus tiempos, no pudo desarrollar su formación humanística del modo en que lo hubiera deseado; y acorralada entre la prisión del matrimonio y la prisión del convento, decidió hacerse monja, pensando que tal vez en la intimidad del claustro, en los momentos de reflexión y soledad, podría hallar el conocimiento y la fortaleza a que su espíritu aspiraba. En este sentido es interesante la opinión del poeta Pedro Salinas, que argumenta que en la vida de Sor Juana no interesan los datos biográficos externos, sino lo que ella quiso ser, el sueño truncado de una mujer que estaba mucho más cerca de las intelectuales francesas de la Ilustración que de las religiosas fanáticas atormentadas en los conventos.

Conviene saber que Sor Juana Inés de la Cruz representa un anhelo de libertad en un mundo de clausura espiritual como el de su tiempo. Como afirma la estudiosa Anita Arroyo: "Su alma racionalista se adelantó al siglo XIX, el de la ruptura de aquel orden colonial cerrado. Hacer la defensa de la mujer en el siglo XVII y proclamar su afición por el pensamiento desinteresado, la convierten en una figura moderna. Y lo es en la medida en que, acercándonos a su verdadero ser dramático, la vemos luchar afanosamente por encontrarse a sí misma como una mentalidad ya nueva, americana y no española, con una sensibilidad profundamente compleja, mestiza también como su sangre . . ." Es esta lucha agónica en contra de la corriente la que da una dimensión contemporánea a Sor Juana, sobre todo si se considera su condición de mujer, que la obligó a superar no solamente los obstáculos de la ignorancia y la ceguera, sino también los del prejuicio, para lograr, en un mundo enclaustrado, la expresión libre de su espíritu.

Preguntas

1. El soneto "En perseguirme, Mundo, ¿qué interesas?" demuestra características del estilo barroco cultivado por Sor Juana en su obra. Justifica esta afirmación, señalando ejemplos específicos del texto. Compara y contrasta el barroquismo de este soneto de Sor Juana con el del "Soneto CLXVI" de Luis de Góngora.

2. Explica algunas de las contradicciones o inconsecuencias que señala Sor Juana en el trato del hombre a la mujer, en su poema en redondillas, "Hombres necios que acusáis . . ." Opina sobre la validez hoy en día de los conceptos expresados en la sátira de Sor Juana.

3. Para escribir "Hombres necios que acusáis . . .", Sor Juana empleó la forma poética denominada redondilla. Vuelve sobre el poema y determina la estructura formal de esta forma poética. ¿Se puede decir que la forma de redondilla, al pretender satirizar la relación entre el hombre y la mujer, le sirvió como forma mejor que otra? ¿El soneto, tal vez? ¿O el verso libre? ¿Por qué?

Bibliografía

Arroyo, Anita. *Razón y pasión de Sor Juana.* (1980)

Campoamor, Clara. *Sor Juana Inés de la Cruz.* (1944)

Reyes, Alfonso. *Letras de la Nueva España, México, Fondo de Cultura Económica.* (1948)

Salazar Mallén, Rubén. *Apuntes para una biografía de Sor Juana Inés de la Cruz.* (1952)

Poemas de Sor Juana Inés de la Cruz

I. Uno de los recursos estilísticos muy usados durante el período barroco fue el "Retruécano", que consiste en invertir los términos de un verso en el verso subsiguiente, con la finalidad de que este último exprese una idea opuesta a la del primero. Un ejemplo notable lo hallamos en los siguientes versos de Quevedo:

"¿Siempre se ha de sentir lo que se dice?
¿Nunca se ha de decir lo que se siente?"

La poesía de Sor Juana fue influida grandemente por la literatura barroca; y el uso del retruécano es evidente tanto en el soneto "En perseguirme, Mundo ¿qué interesas?" como en la sátira filosófica "Hombres necios que acusáis . . ." Tu tarea consiste en señalar los versos de estos poemas en que se aprecia el uso del retruécano.

2. Otro de los recursos retóricos del barroco fue la antítesis, que consiste en contraponer dos conceptos, al modo en que lo hace nuevamente Quevedo en el verso siguiente:

"muriendo naces y viviendo mueres".

Tu tarea consiste en revisar atentamente los poemas de Sor Juana reproducidos en la antología, y señalar aquellos versos en que la poeta contrapone conceptos.

Nombre _____

Poemas de Sor Juana Inés de la Cruz

1. Con respecto a sus ansias de aprender, Sor Juana escribió lo siguiente:

> _"Empecé a deprender gramática en que creo no llegaron a veinte las lecciones que tomé; y era tan intenso mi cuidado que, siendo así que en las mujeres es tan apreciable el adorno natural del cabello, yo me cortaba de él cuatro o seis dedos, midiendo hasta dónde llegaba antes, e imponiéndome ley de que si cuando volviese a crecer hasta allí no sabía tal o cual cosa, que me había propuesto deprender, en tanto que crecía, me lo había de volver a cortar en pena de la rudeza: que no me parecía razón que estuviese vestida de cabellos cabeza que estaba tan desnuda de noticias, que era más apetecible adorno"._

Más tarde, cuando era inminente el peligro de que le prohibieran estudiar en el convento, Sor Juana nos confiesa lo siguiente:

> _"Una vez lo consiguieron con una Prelada muy santa y muy cándida que creyó que el estudio era cosa de Inquisición y me mandó que no estudiase. Yo la obedecí (unos tres meses que duró el poder ella mandar) en cuanto a no tomar libro, que en cuanto a no estudiar absolutamente, como no cae debajo de mi potestad, no lo pude hacer, porque no estudiaba en los libros, estudiaba en las cosas que Dios crió, sirviéndome ellas de letras y de libro toda esta máquina universal"._

En un ensayo coherente y bien organizado, discute cómo se relaciona el sentimiento expresado aquí por Sor Juana con el tema del soneto "¿En perseguirme, Mundo, qué interesas?"

(Tiempo: 40 minutos. Extensión mínima: 200 palabras)

2. Un tema frecuente en las letras hispanas es el deseo del ser humano de librarse de la imposición de una máscara o embozo. Escoge dos poemas de la lista siguiente, y analiza la actitud de las respectivas poetas hacia la imposición de una máscara o embozo, y su deseo de librarse de ellos:

> "En perseguirme, Mundo, ¿qué interesas?", de Sor Juana Inés de la Cruz
> "Tú me quieres blanca", de Alfonsina Storni
> "A Julia de Burgos", de Julia de Burgos
> "Autorretrato", de Rosario Castellanos

(Tiempo: 40 minutos. Extensión mínima: 200 palabras).

3. Discute la independencia de espíritu que se destaca como tema en dos de los siguientes textos literarios:

> "En perseguirme, Mundo, ¿qué interesas?", de Sor Juana Inés de la Cruz
> "Canción del pirata", de José de Espronceda
> "Las medias rojas", de Emilia Pardo Bazán

(Tiempo: 40 minutos. Extensión mínima: 200 palabras).

Nombre _____

Poemas de Sor Juana Inés de la Cruz

Lee las frases siguientes y completa el sentido de cada una eligiendo la palabra más apropiada entre las cuatro opciones.

1. Yo soy franco, no tengo pelos en la lengua; llamo al pan, pan, y al vino, vino. El señor Ambages, en cambio, no dice las cosas llanamente, sino que las ____ nada más.

   a. inculca   **c.** insinúa

   b. inocula   **d.** incinera

2. Los vencedores saquearon el pueblo, llevándose todo objeto de valor que encontraron, como ____.

   a. despojo   **c.** desplomo

   b. desposado   **d.** despoblado

3. Noto una ____ en lo que dices, Felonio, parece que te contradices.

   a. incógnita   **c.** inconsecuencia

   b. incontinencia   **d.** incuria

4. Este muchacho no dice más que disparates, no sabe de la misa la media; parece ____.

   a. nabo   **c.** nimbo

   b. nefasto   **d.** necio

5. Desdémona no odia a todos los hombres, pero es cierto que mira a la mayoría de ellos con ____.

   a. desdoro   **c.** despeño

   b. desdén   **d.** despojo

6. Polly Pollera es una joven bastante popular con los chicos, y las malas lenguas hablan con malicia de lo que llaman su ____.

   a. lividez

   b. liviandad

   c. litigación

   d. litera

7. Aunque eran pocos, los soldados enemigos se lanzaron al ataque con ____, y nos costó trabajo mantenerlos a raya.

   a. denuesto   **c.** derrumbe

   b. denuncia   **d.** denuedo

8. Se me ha nublado la vista y lo veo todo borroso, como el reflejo en un espejo ____.

   a. empañado   **c.** empuñado

   b. empeñado   **d.** empinado

9. Tengo plena confianza en el coronel; es un hombre ____, que no se amilana ante el peligro, aunque vengan degollando.

   a. templado   **c.** temporáneo

   b. tempranero   **d.** tempestivo

10. Confieso que he llevado una vida ____ hasta ahora; pero me he arrepentido, y de aquí en adelante, pienso vivir como un santo.

    a. erradicada   **c.** errada

    b. erudita   **d.** erizada

11. Sí, es verdad que Ron Potrero tiene ____ a la bebida; le gusta empinar el codo a menudo.

    a. afiliación   **c.** aflicción

    b. afición   **d.** afinación

12. Mira, aquél es un toro de ____; pesa más de 500 kilos, y forma parte del encierro destinado a la Plaza México; ¡ojalá que le toque un torero digno de él!

    a. librea   **c.** lirio

    b. linfa   **d.** lidia

Nombre

Poemas de Sor Juana Inés de la Cruz

Contesta las siguientes preguntas, o completa la idea, eligiendo en cada caso la respuesta más apropiada.

1. Cuando la poeta escribe los siguientes versos: "¿En qué te ofendo cuando sólo intento/ poner bellezas en mi entendimiento/y no mi entendimiento en las bellezas?"; ¿qué es lo que quiere decir?

   a. Que su entendimiento es muy corto para apreciar la belleza.

   b. Que es imposible combinar belleza y entendimiento.

   c. Que anhela embellecer los conceptos, sin conceptualizar la belleza.

   d. Que crear belleza implica erradicar las ideas.

2. En el soneto "En perseguirme, Mundo, ¿qué interesas?". . .

   a. la poeta muestra humildad y no pretende que sus versos sean eternos.

   b. la poetisa rechaza los bienes mundanos en provecho del espíritu y la poesía.

   c. la poetisa justifica consumir la vida personal en las vanidades del mundo.

   d. la poetisa manifiesta que todos los versos están condenados al olvido.

3. Con respecto al poema "Hombres necios que acusáis . . .", ¿cuál de las siguientes afirmaciones es correcta?

   a. Es una sátira que señala la contradicción que hay entre las acciones de los hombres y sus opiniones sobre las mujeres.

   b. Es una sátira que demuestra la ineptitud masculina para captar las virtudes de la mujer.

   c. Es una sátira que exige para la mujer los derechos de que goza el hombre en una sociedad patriarcal.

   d. Es una sátira que se burla cruelmente de los hombres, menospreciando su inteligencia y su sensibilidad.

4. ¿Por qué el verso "Hombres necios que acusáis" tiene ocho sílabas métricas?

   a. Porque en el encuentro de las dos últimas palabras del verso se produce un hiato.

   b. Porque el número de sílabas métricas es siempre igual al de las sílabas ortográficas.

   c. Porque el verso termina en palabra grave y por tanto se le debe quitar una sílaba métrica.

   d. Por el uso de la sinalefa y la aplicación de la ley de los acentos, que suma una sílaba a los versos terminados en palabra aguda.

5. Lee atentamente la siguiente estrofa: "¿Cuál mayor culpa ha tenido/en una pasión errada: /la que cae de rogada/o el que ruega de caído?". Aparte del retruécano presente en los dos últimos versos, ¿qué otra figura literaria emplea la poeta?

a. La hipérbole, puesto que exagera el carácter negativo de la pasión al calificarla de "errada".

b. El poliptoton, puesto que emplea las palabras "caer" y "rogar" en dos de sus accidentes gramaticales.

c. La anáfora, puesto que repite los verbos "rogar" y "caer" en diferentes versos.

d. La aliteración, puesto que muchos sonidos se repiten constantemente dentro de un mismo verso.

6. ¿Por qué el poema "Hombres necios que acusáis . . ." se autocalifica como "sátira filosófica"?

a. Porque la sátira filosófica, motivada por la reflexión moral, censura vicios y defectos humanos.

b. Porque la sátira, aunque esté impregnada de filosofía, no profundiza mucho en las ideas.

c. Porque la sátira filosófica combina el humor con los agravios.

d. Porque la sátira filosófica tiene como objetivo principal erradicar los prejuicios.

Guía de respuestas

Poemas de Sor Juana Inés de la Cruz

Preguntas

1. La característica barroca más notable en el soneto de Sor Juana es el juego verbal. Hay casos de inversión sintáctica y léxica, que exponen que, para la poeta, es mejor:

"poner bellezas en mi entendimiento
y no mi entendimiento en las bellezas."
"poner riquezas en mi pensamiento
que no mi pensamiento en las riquezas."
"consumir vanidades de la vida
que consumir la vida en vanidades."

El término aplicado a este tipo de juego verbal es retruécano, y es análogo al que se conoce en inglés como *pun*, frecuente objeto de escarnio en el trato cotidiano. Hace falta, por eso, ahondar más en su uso en la literatura barroca. Es innegable que las cualidades melódicas de este soneto se deben en gran parte al carácter circular de sus retruécanos, pero donde más destaca Sor Juana, en su soneto, es en saber aprovechar el idioma para dilucidar su tema: su aversión a lo que el mundo tiene por los intereses apropiados para las mujeres.

El Premio Nobel mexicano Octavio Paz dice: "la poesía es ante todo un arte verbal rítmico".[1] Sor Juana, mediante sus brillantes inversiones, cumple con todos los requisitos de esta definición. Consideremos dos de las notadas arriba: en el primer pareado, las bellezas que el primer verso nombra son las que capta el entendimiento, los objetos del saber—son bellezas porque el intelecto las toma por tales; la inversión obrada en el segundo verso convierte estas bellezas del intelecto en las bellezas físicas y efímeras que cantan Garcilaso y Góngora en sus sonetos—, bellezas que rechaza el intelecto de la poeta. En el segundo pareado, las riquezas del primer verso son las bellezas del saber nombradas en el pareado anterior, riquezas en las que Sor Juana se afana por poner su pensamiento, y que están muy lejos de ser las riquezas mundana del segundo verso—las que suelen ocupar los pensamientos de otras mujeres. En el planteamiento de su tema, la poeta expone, con ingeniosidad, su desdén por las consideraciones materiales del mundo, invirtiendo el significado de un puñado de palabras. Sor Juana aprovecha el doble significado que ofrecen—uno concreto y el otro metafórico—para lograr sus inversiones sintácticas y léxicas—sus retruécanos—a fin de elaborar su tema. Nótese que lo que suele desdeñar la gente en los retruécanos son sus sutilezas, las inexactitudes y exageraciones que admiten para el juego verbal. Lo que en ellos carece de profundidad, en el soneto de Sor Juana, une fondo y forma en una perfección absoluta de expresión. El resultado aquí no es la risa, sino sorpresa y admiración ante su precisión técnica y lírica. No debemos olvidar que la obra de Sor Juana, en gran medida culterana como la de Góngora, abraza los valores clásicos del Renacimiento. El soneto "En perseguirme, Mundo, ¿qué interesas?" refleja claramente estos valores: el equilibrio y la elegancia sobre toda otra consideración estética.

Otra característica barroca es la alteración de la sintaxis normal, llamada hipérbaton. Un caso, en el soneto de Sor Juana, es la colocación del adjetivo, separado del sustantivo por una frase verbal: "ni riqueza me agrada fementida" por "ni me agrada riqueza fementida" (verso 11). Esta práctica fue el blanco de la sátira de Francisco de Quevedo, cuando escribió, burlándose de la tendencia culterana al hipérbaton: "Quien quisiera ser culto en sólo un día / la *jeri* aprenderá *gonza* . . ."[2]

Será importante hacerles notar a los estudiantes también que el tema del soneto de Sor Juana participa de la desilusión barroca con el mundo circundante—con la sociedad de aquel tiempo, el siglo XVII.

---

[1] Octavio Paz, *Sor Juana Inés de la Cruz, o Las trampas de la fe*; edición del autor. Fondo de Cultural Económica, México, 1995, pág. 561.

[2] *jerigonza*—lenguaje especializado, reservado para los "conocedores"; una segunda acepción de *jerigonza* es acción extraña y ridícula.

Al comparar y contrastar el soneto de Sor Juana con el "Soneto CLXVI", de Góngora, resalta a la vista la hipérbole de que se vale Góngora: por más que se esfuerce, el sol no puede igualarse al cabello de oro bruñido; el lilio bello queda humillado por la blanca frente; el luciente cristal queda vencido por el gentil cuello. La mesura del soneto de Sor Juana, reflejo de los valores del clasicismo, se contrasta con la exageración desmedida de Góngora. La serenidad y soltura de "En perseguirme, Mundo, ¿qué interesas?", se logra no sólo por su ingenio técnico sino también por sus razones bien argüidas. Es cierto que Góngora logra un impresionante efecto equilibrado, dentro de la exageración, con el encadenamiento de sustantivos, uno tras otro, valiéndose del asíndeton: "cuello, cabello, labio y frente"; "oro, lilio, clavel, cristal luciente"; y "en tierra, en humo, en polvo, en sombra, en nada".

Pero la diferencia más saliente en estos dos sonetos reside en su tema y en la manera de tratarlo: en Góngora, el tema es el *Carpe diem:* Goza, dice, y goza ahora, porque el paso del tiempo convertirá tu belleza, no sólo en la fealdad de la vejez, sino—con la muerte—en sombra, en nada. Hay una insistencia que raya en la desesperación ante la brevedad de la vida y la inevitabilidad de la muerte. En cambio, en otra especie de inversión que pone de cabeza el tema del *carpe diem*, la preocupación de Sor Juana no es gozar de los placeres de la carne, sino al contrario, huir de ellos: poner su pensamiento en las riquezas del saber, poner bellezas—las joyas del conocimiento humano—en su entendimiento. Aunque alude al paso del tiempo y su efecto sobre la hermosura ("Yo no estimo hermosura que vencida/es despojo civil de las edades"), es sólo para despreciarla. Góngora dice, "Goza". Sor Juana concuerda con lo dicho por Fray Luis de León, otro de los grandes poetas españoles de la época: "¡ . . . Huye el mundanal ruido,/y sigue la escondida/ senda por donde han ido/los pocos sabios que en el mundo han sido!"

2. Para tratar sólo tres ejemplos de las inconsecuencias que nota en los hombres la poeta:

La segunda redondilla pregunta: "Si con ansia sin igual/solicitáis su desdén,/¿por qué queréis que obren bien/si las incitáis al mal?" (Acusa la práctica del hombre de requerir de amores a la mujer, incitándola a aceptarlo como amante, pero queriendo simultáneamente que la mujer sea casta.)

La tercera plantea la ironía de que "Combatís su resistencia/y luego con gravedad/decís que fue liviandad/lo que hizo la diligencia". (Al buscar sus favores sexuales, el hombre lucha contra cualquier resistencia que la mujer ofrezca, y, después, cuando el esfuerzo tiene éxito, culpa a la mujer de ser fácil.)

La sexta redondilla interroga: "¿Qué humor puede ser más raro/que el que, falto de consejo,/él mismo empaña el espejo/y siente que no esté claro?" (Encuentra sumamente extraña la actitud descabellada del hombre que desvirga a una mujer, y después lamenta que ya no sea virgen.)

Las opiniones de los estudiantes sobre la validez de los juicios de Sor Juana hoy en día serán varias y, seguramente, provocarán un intercambio animado. Sus respuestas dependerán en gran manera de sus conceptos culturales y de su independencia intelectual.

3. La estructura de la redondilla es muy sencilla. Es una estrofa de cuatro octosílabos, con rima consonante, *abba*. Para satirizar la relación entre el hombre y la mujer, la redondilla es la forma ideal; se presta a las inversiones de que tanto se vale la poeta y el paso ligero del verso octosílabo agrega la agilidad que pide el tema. Los retruécanos típicamente tienen propósito burlesco, y aquí el tono burlón que cobran va apoyado por el uso de los versos de arte menor. El tema satírico no se prestaría tan fácilmente a la forma del soneto, con sus versos más largos—ni al soneto al estilo italiano, con sus endecasílabos, ni al soneto alejandrino, con sus versos de catorce sílabas, demasiado elegantes y majestuosos para el tema. Tampoco se prestaría a la forma del romance, porque la comicidad depende en gran medida de la rima consonante de estas redondillas; falta además lo anecdótico, lo dramático, y lo fragmentario, otras características que pide un romance. Por último, no serviría de ningún modo al propósito de la poeta el verso libre, ya que el verso libre dejaría de lado la musicalidad de sus redondillas. A fin de cuentas, la sátira que construye Sor Juana depende en gran parte de la feliz estructura de la redondilla, con sus versos de extensión breve y su rima consonante *abba*.

Guía de estudio

1. Ejemplos de retruécano son los versos siguientes: del soneto "En perseguirme, Mundo, ¿qué interesas?"

a. "¿En qué te ofendo, cuando sólo intento
   poner bellezas en mi entendimiento
   y no mi entendimiento en las bellezas?"

b. "y así, siempre me causa más contento
   poner riquezas en mi pensamiento
   que no mi pensamiento en las riquezas".

c. "teniendo por mejor en mis verdades
   consumir vanidades de la vida que consumir
   la vida en vanidades".[3]

De la sátira filosófica "Hombres necios que acusáis . . .":

d. "la que cae de rogada
   o el que ruega de caído?"

e. "la que peca por la paga
   o el que paga por pecar?

2. El uso de la antítesis se puede apreciar en los siguientes versos de la sátira filosófica "Hombres necios que acusáis . . .":

a. ¿por qué queréis que obren bien
   si las incitáis al mal?

b. "quejándoos, si os tratan mal,
   burlándoos, si os quieren bien".

c. "y después de hacerlas malas
   las queréis hallar muy buenas".

Tesis de ensayo

1. El estudiante puede investigar en torno a la vida de Sor Juana para averiguar las razones por las cuales su espíritu acentuó su ánimo rebelde y contestatario.[4] El soneto "En perseguirme, Mundo, ¿que interesas?", no solamente muestra un rechazo de los bienes mundanos, sino que también plantea problemas de mucha importancia como la independencia del artista con respecto al mundo que le presiona con sus convenciones y prejuicios. La sátira filosófica "Hombres necios que acusáis . . .", critica ásperamente la incapacidad masculina de apreciar las cualidades profundas y esenciales del sexo femenino. El estudiante debe profundizar en estos signos de rebeldía y determinar si las demandas de Sor Juana son todavía vigentes.

2. Éste es un ejemplo del tipo de Pregunta N° 2, de análisis temático, que se verá en el examen de *AP Spanish Literature*.

3. Éste es un ejemplo del tipo de Pregunta N° 2, de análisis temático, que se verá en el examen de *AP Spanish Literature*.

Prueba de vocabulario

Las respuestas correctas son:

1. c, 2. a, 3. c, 4. d, 5. b, 6. b, 7. d, 8. a, 9. a, 10. c, 11. b, 12. d.

Preguntas de opción múltiple

Las respuestas correctas son:

1. c, 2. b, 3. a, 4. d, 5. b, 6. a.

---

[3] Será importante que los estudiantes entiendan que el primer significado de *consumir* es "destruir", acabar con; como el fuego consume la leña, destruyéndola. En este sentido la tercera inversión de Sor Juana, vista en c) arriba, está tan perfectamente bien argüida como las otras: dice que es mejor destruir las vanidades de la vida, acabar con ellas, que gastar la vida en vanidades.

[4] contestatario—que protesta; que se opone a lo establecido y lo manifiesta con protestas.

Poemas de Antonio Machado

Antes de leer

La trayectoria poética de Antonio Machado sigue un rumbo aparentemente inverso a la de Rubén Darío. Mientras la poesía del nicaragüense evolucionó del preciosismo formal de *Azul* a un intimismo desolador en los *Cantos de vida y esperanza,* la de Machado avanzó del intimismo de *Soledades* a la contemplación de lo externo en *Campos de Castilla.* Machado conoció personalmente a Darío, y se sabe que éste último elogió generosamente sus versos; sin embargo la influencia de la poesía del gran vate modernista sobre la del español ha sido puesta en duda en numerosas ocasiones. El poeta Pedro Salinas, por ejemplo, afirma que Machado siempre estuvo lejos de los ornamentos formales excesivos, tan caros a la estética del modernismo; y que a todo aquel castillo de versos relucientes y exóticos, Machado opuso una poesía desnuda, sencilla, clara y sin adornos. El poeta Juan Ramón Jiménez, amigo cercano de Machado, afirma lo contrario; con muy buenos argumentos demuestra que la poesía de Darío influyó de manera notable en la poesía temprana de Machado. De lo que no cabe ninguna duda es de la influencia de Gustavo Adolfo Bécquer, poeta que Machado veneraba y cuyos versos conoció desde niño por mediación de su padre.

Tanto "Soledades, II" como "Galerías, XXV", son poemas representativos del período en que Machado sale de su ensimismamiento y dirige su contemplación poética hacia el paisaje, particularmente el paisaje de Soria, ciudad en la que vivió tras obtener una cátedra en un instituto educativo. El poema "Proverbios y cantares, XXIX", por su parte, pertenece a un período tardío en la trayectoria de Machado, cuando el poeta comenzó a sustituir su lirismo decantado por un cúmulo de ideas filosóficas.

Vocabulario

apestar—echar mal olor; sembrar peste, pestilencia.

laborar—cultivar (la tierra).

lomo—espalda de los animales.

brotar—salir a la superficie (una flor, por ejemplo); iniciarse (una epidemia, por ejemplo).

humareda—nube de humo.

almendro—árbol cuyo fruto es la almendra, una especie de nuez.

maldecir—pronunciar una maldición.

huella—marca; impresión dejada en una superficie.

senda—sendero; vereda.

estela—agitación del agua que deja tras sí un barco al pasar; figuradamente, serie de consecuencias.

Al leer

Consulte la **Guía de estudio** como herramienta para comprender mejor esta obra.

Después de leer

Conviene saber que la primera etapa en la evolución poética de Machado tiene todavía cierta afinidad con el modernismo. El poeta no tarda en marcar su distancia, oponiendo a los valores puramente formales consagrados por los modernistas, la expresión desnuda de los latidos del alma. Eso lleva al joven Machado a explorar dentro de sí mismo y a crear un lenguaje poético que pueda transmitir sus más íntimos sentimientos. Los poemas que escribe durante aquellos años dan vida a eso que el mismo Machado denominó "intimismo". El crítico José Luis Cano, que advierte además la influencia del simbolismo francés, explica que el intimismo de Machado "consiste en que el poeta mira hacia su mundo interior, hacia las 'galerías del alma', habitadas por sueños y quimeras, recuerdos y esperanzas, nostalgias y soledades: un mundo misterioso y sutil que no puede expresarse con representaciones directas, sino a través de símbolos, de sugerencias, de alusiones". El poema "Galería, XXV", a pesar de la emoción desgarradora que yace latente bajo la musicalidad de las palabras, señala un período de transición en que el intimismo se atenúa y comienza a dominar en los versos una intención descriptiva, como si la realidad exterior de pronto resucitara; el poeta contempla el paisaje primaveral inscribiendo en ese contexto de aparente alegría una profunda tristeza al recordar su juventud sin amor, logrando que comulguen en el poema lo que siente y lo que ve, lo que está dentro y lo que está fuera, el alma y el entorno material que le asila.

Conviene saber que "Soledades, II" tiene un carácter precursor en la obra de Machado. Aquí el poeta ha abandonado su ensimismamiento y ha vuelto los ojos hacia la realidad objetiva. A pesar de que el cambio ha sido gradual, no cabe duda de que el salto definitivo se dio cuando Machado descubrió el paisaje de Soria, ciudad a la cual llegó en 1907. Esta evolución de su poesía se relaciona además con la vida sentimental del poeta; si en un principio sus versos fueron tristes, melancólicos y ensimismados, es porque su vida estaba vacía de amor, como lo confiesa en el poema "Galerías, XXV"; en Soria, con más de treinta años de edad, Machado descubre por primera vez el amor, y al ser correspondido descubre además la felicidad. En 1909 se casa con Leonor Izquierdo Cuevas, pero la alegría dura poco; en agosto de 1912, Leonor muere de tuberculosis. Machado, a raíz de este suceso, se sume en una desesperación suicida y huye de los campos de Soria que le habían proporcionado tanta dicha.

Conviene saber que el poema "Soledades, II", describe un mundo objetivo. Pero en sus versos no desfilan paisajes, sino hombres de carne y hueso. El poema pareciera describir el andar interminable del poeta por las ciudades y los campos, puesto que por un lado se refiere con repugnancia a los decadentes citadinos y a los intelectuales pedantes, y por otro se refiere con admiración a los campesinos. El vicio que el poeta más detesta es la soberbia, la pretensión de

ciertos seres humanos que por sus conocimientos acumulados creen estar por encima de los hombres sencillos que se ganan el pan trabajando. Mientras que las virtudes que admira son el hábito de trabajo del hombre que ara la tierra, su impasibilidad ante las adversidades, su renuncia a la queja y su concepción de la muerte como algo cotidiano. Estos sentimientos se reflejan en la concepción poética de Machado, que en lugar de orientarse hacia una poesía intelectualizada y libresca, se dedicó a crear versos diáfanos cuya fuente es el lenguaje popular. Como afirma el poeta Octavio Paz: "Poeta del tiempo, Machado aspira a crear un lenguaje temporal que sea palabra viva en el tiempo. Desdeña el arte barroco porque éste mata al tiempo al pretender encerrarlo en cárceles conceptuales. Él quiere tenerlo vivo como Bécquer y Velázquez, esos 'enjauladores del tiempo'. La poesía del tiempo será aquella que esté más lejos del idioma conceptual. El habla concreta, fluida, común y corriente. El habla popular".

Conviene saber que Antonio Machado, dolido por la muerte de su esposa, se mudó a Baeza en 1912, y en aquella ciudad comenzó a ganarse la vida como catedrático de francés. Con el paso de los años, la herida abierta por la muerte de Leonor se va cerrando y Machado emprende nuevos proyectos, uno de los cuales consiste en una serie de poemas de corte filosófico que agrupa bajo el título de *Proverbios y cantares*. Estos poemas todavía generan controversia, puesto que muchos críticos los consideran de escaso valor en el conjunto de la obra de Machado, mientras que otros reconocen la originalidad de combinar la copla popular con el saber filosófico. El crítico Dámaso Alonso manifestó alguna vez que en *Proverbios y cantares* Machado pone a un lado la inspiración lírica, que es lo mejor de sí, y la sustituye por una poesía abstracta que solamente revela a un aprendiz de filósofo. Comentario duro, sobre todo si se considera que la poesía, como cualquier otra manifestación artística, sólo sobrevive si cambia. Y en la trayectoria de Machado, los *Proverbios y cantares* representan no solamente el fin del verso intimista, sino también el principio de un sueño noble: la unión de la belleza y el pensamiento, de la poesía y la filosofía.

Conviene saber que gran parte de la poesía de Machado está marcada por un profundo amor por el pueblo. Este amor, sin embargo, no solamente se desarrolló en el plano poético, sino también en el plano ético. El poeta lo demostró al comprometerse con la causa de la República Española durante la Guerra Civil que acabó con el triunfo del ejército del general Franco. Dolido por la destrucción de las esperanzas de la clase trabajadora y consciente de la amenaza de un gobierno militar dictatorial, Machado abandonó España y se asiló en Francia. Allí murió el 22 de febrero de 1939.

Preguntas

1. "He andado muchos caminos" es parte de una colección de 19 poemas a los que el poeta puso por título *Soledades*. ¿En qué sentido corresponde este poema a su título? Explica por qué lo afirmas, defendiendo tu punto de vista con detalles del texto.

2. Analiza el desarrollo de la analogía planteada en "La primavera besaba" entre la primavera y la juventud. En la segunda estrofa, el poeta se vale del recurso técnico que se denomina hipálage, al referirse al "campo juvenil". Explica por qué esta frase se puede llamar hipálage, y cómo le sirve al poeta en la evocación de un recuerdo.

3. ¿De qué es metáfora el acto de caminar en el poema "Caminante, son tus huellas"? ¿Qué vienen a representar el camino y el caminar en este poema? Justifica tu respuesta, escogiendo y comentando citas claves tomadas del texto. Compara y contrasta el acto de caminar en este poema con el mismo acto en "Soledades, II" ("He andado muchos caminos").

4. ¿Por qué se puede afirmar que el poema "Caminante, son tus huellas" es un romance, forma tradicional de la poesía hispánica? Demuestra las características del romance con ejemplos específicos tomados del poema. ¿Por qué crees que Machado escogió esta forma para expresar su tema aquí?

5. Antonio Machado escribía en un tiempo en que los poetas modernistas se esforzaban por renovar la poesía con innovaciones métricas y metafóricas, afán que llevó a algunos de sus coetáneos a abrazar una opulencia de lenguaje y de recursos retóricos. A base de los tres poemas que has llegado a conocer aquí, contrasta el léxico y las imágenes de Machado con los valores que abrazaba el modernismo. Para ilustrar tus observaciones, cita ejemplos específicos de poemas que conoces, que tienen carácter modernista.

Bibliografía

Alonso, Dámaso. *Cuatro poetas españoles (Garcilaso, Góngora, Maragall, Antonio Machado)*. (1962)

Cano, José Luis. *Antonio Machado. Biografía ilustrada*. (1975)

Gullón, Ricardo. *Las secretas galerías de Antonio Machado*. (1958)

Sánchez Barbudo, Antonio. *Los poemas de Antonio Machado*. (1976)

Nombre

Poemas de Antonio Machado

La poesía de Antonio Machado se nutre de la tradición simbolista española, que parte del Cancionero popular y alcanza su mayor grado de desarrollo con Gustavo Adolfo Bécquer. En tiempos en que la experimentación con la métrica estaba muy en boga, Machado encuentra en la versificación tradicional la sencillez necesaria para la expresión depurada de sus sentimientos. Tu tarea consiste en determinar la Métrica de los siguientes fragmentos, comentando además las características de la rima y subrayando aquellos encuentros silábicos en que se observa la presencia de la sinalefa.

1. De "Soledades II":

"Y en todas partes he visto
gentes que danzan o juegan
cuando pueden, y laboran
sus cuatro palmos de tierra.

Nunca, si llegan a un sitio,
preguntan adónde llegan.
Cuando caminan, cabalgan
a lomos de mula vieja,

Y no conocen la prisa
ni aún en los días de fiesta.
Donde hay vino, beben vino;
donde no hay vino, agua fresca".

2. De "Galerías XXV":

"La primavera besaba
suavemente la arboleda,
y el verde nuevo brotaba
como una verde humareda.

Las nubes iban pasando
sobre un campo juvenil . . .
Yo vi en las hojas temblando
las frescas lluvias de abril".

Poemas de Antonio Machado

1. En una carta a Miguel de Unamuno, fechada en 1904, Antonio Machado dice:

> *". . . pero hoy, despúes de haber meditado mucho, he llegado a una afirmación: todos nuestros esfuerzos deben tender hacia la luz, hacia la conciencia. He aquí el pensamiento que debía unirnos a todos. Usted, con golpes de maza, ha roto, no cabe duda, la espesa costra de nuestra vanidad, de nuestra somnolencia. Yo, al menos, sería un ingrato si no reconociera que a usted debo el haber saltado la tapia de mi corral o de mi huerto. Y hoy digo: Es verdad, hay que soñar despierto. No debemos crearnos un mundo aparte en que gozar fantástica y egoístamente de la contemplación de nosotros mismos; no debemos huir de la vida para forjarnos una vida mejor que sea estéril para los demás".*

Escribe un ensayo coherente sobre el modo en que las ideas expresadas en este fragmento repercuten en "Soledades, II", "Galerías, XXV" y "Proverbios y cantares, XXIX".

(Tiempo: 40 minutos. Extensión mínima: 200 palabras).

2. Federico García Lorca dijo alguna vez en una entrevista:

> En la tierra encuentro una profunda sugestión de pobreza. Y amo la pobreza por sobre todas las cosas. No la pobreza sórdida y hambrienta, sino la pobreza bienaventurada, simple, humilde, como el pan moreno . . . [2]

Un tema frecuente en la literatura española es esta pobreza bienaventurada, simple y humilde, a la que alude Lorca. Escoge dos de las siguientes obras, y analiza el desarrollo de este tema en ellas.

> *La vida de Lazarillo de Tormes, y de sus fortunas y adversidades*
> "¡Adiós, *Cordera*!", de Leopoldo Alas, "Clarín"
> "He andado muchos caminos", de Antonio Machado

(Tiempo: 40 minutos. Extensión mínima: 200 palabras).

[1] Federico García Lorca, *Obras completas*, Tomo III. Círculo de Lectores, S.A., y Galaxia Gutenberg, S.A., Barcelona, 1997, pág. 527.

Poemas de Antonio Machado

Lee las frases siguientes y completa el sentido de cada una eligiendo la palabra más apropiada entre las cuatro opciones.

1. Sé que fumas a escondidas, Fodor. Tu ropa ____ a tabaco.

    a. apuesta

    b. apresa

    c. apela

    d. apesta

2. ¿Qué hacen los labradores? Pues, ____ la tierra; la cultivan.

    a. laboran

    b. lacran

    c. laceran

    d. lamen

3. Antes de cabalgar, conviene colocar la montura en el ____ del caballo.

    a. lobo

    b. logo

    c. lodo

    d. lomo

4. Mira, hace apenas quince días que sembramos el maíz, y ya empieza a ____.

    a. bromear

    b. brotar

    c. brochar

    d. broncear

5. Parece que hay un incendio en el centro; se ve la ____ desde aquí.

    a. humedad

    b. humorada

    c. humareda

    d. humana

6. La policía ha encontrado el cadáver del occiso; el asesino lo había enterrado en un huerto, bajo un ____.

    a. almendro

    b. almagesto

    c. almirante

    d. almidón

7. El mago, picado, se negó a realizar más taumaturgia, y hasta ____ a los circunstantes por la falta de atención.

    a. malcrió

    b. malbarató

    c. malició

    d. maldijo

8. El caso está resuelto; el laboratorio ha confirmado que las ____ digitales encontradas en el arma asesina son las del acusado.

    a. hullas

    b. huellas

    c. huesas

    d. huelgas

9. Tengan cuidado, muchachos, es peligroso apartarse de la ____ en esta selva.

    a. senda

    b. sierpe

    c. senectud

    d. séneca

10. El barco pasó a gran velocidad, dejando atrás una larga ____ que tardó en disiparse.

    a. estera

    b. estepa

    c. estela

    d. estética

Nombre _____

Poemas de Antonio Machado

Contesta las siguientes preguntas, o completa la idea, eligiendo en cada caso la respuesta más apropiada.

1. ¿Cuál de las siguientes afirmaciones es cierta con respecto al poema "Soledades, II"?

   a. El poeta manifiesta su tristeza por las duras condiciones de vida en el campo.

   b. El poeta se opone a la decadencia y la soberbia del hombre citadino, las virtudes sencillas del trabajador del campo.

   c. El poeta, se habla de la profunda soledad que siente en la ciudad y el campo.

   d. El poeta reniega de todos los lugares que pisa y continúa viajando.

2. En el poema "Soledades, II", los campesinos cuya vida describe el poeta . . .

   a. son infelices porque su vida es puro trabajo.

   b. son felices porque tienen tiempo de sobra para danzar y soñar.

   c. no se quejan de su suerte, pues aceptan la vida que les ha tocado.

   d. luchan por liberarse de las duras condiciones de la vida en el campo.

3. ¿Qué afirmación es correcta con respecto a la tercera estrofa del poema "Galerías, XXV"?

   a. El poeta emplea la rima asonante.

   b. El segundo y cuarto verso de la estrofa tienen solamente siete sílabas métricas.

   c. En toda la estrofa no se advierte el uso de la sinalefa.

   d. El poeta emplea el epíteto "florido" para resaltar una cualidad evidente del almendro en primavera.

4. En el poema "Galería, XXV", cuando el poeta exclama: "¡Juventud nunca vivida, / quién te volviera a soñar!". . .

   a. sugiere que la juventud vive de ilusiones y sueños.

   b. sugiere que durante la juventud la vida trascurre como un sueño.

   c. sugiere que la juventud pasa tan rápido, que nadie alcanza a vivirla.

   d. sugiere que la juventud transcurre dichosamente y sin problemas.

5. En el poema "Galería, XXV"...

   a. el paisaje sólo existe en la mente del poeta.

   b. el paisaje refleja el estado emocional del poeta.

   c. el paisaje es objetivo y en su florecer primaveral contrasta con la pena del poeta.

   d. el paisaje es un nostálgico recuerdo que emerge en la mente del poeta cuando piensa en sus desilusiones amorosas.

6. Con respecto al poema "Proverbios y cantares XXIX", ¿qué afirmación es incorrecta?

   a. En el poema se observa la ausencia de epítetos.

   b. Todos los versos del poema son octosílabos.

   c. El segundo, cuarto, sexto, octavo y décimo verso del poema son heptasílabos.

   d. En el poema se advierte el uso de la sinalefa.

7. Cada cuarteta del poema "Soledades, II" está compuesta por cuatro versos de arte menor; el segundo y el cuarto verso riman de modo asonante, mientras que los otros dos no riman en absoluto. ¿Qué nombre recibe este tipo de combinación métrica?

   a. Cantar popular

   b. Redondilla

   c. Seguidilla

   d. Lira

Guía de respuestas

Poemas de Antonio Machado

Preguntas

1. Las ideas de los estudiantes serán varias. "He andado muchos caminos" ciertamente encierra la experiencia de toda una vida con los dos tipos de personas que contrasta Machado en su poema: los soberbios infelices ("los soberbios y melancólicos/ borrachos de sombra negra") y los hipócritas ("los pedantones al paño"), quienes se contrastan de forma absoluta con la gente sencilla que vive su vida con lo más esencial: laboran la tierra y danzan; comen y beben lo que hay; no les importa saber la hora; y cuando les toca morir, descansan. Esta gente encuentra su elemental sosiego—sus satisfacciones— en no esperar más de lo que se tiene, en pasar la vida arraigada en lo primordial, en la tierra. Vivir con llaneza, hacer lo debido, trabajar y gozar de los placeres esenciales es infinitamente superior a la pretensión, al orgullo y a la maldad de la otra gente. Ellos disfrutan la sustancia de la vida, y los otros desconocen su secreto por soberbios (porque "miran, callan y piensan que saben . . ."). Existe un abismo creado por ellos mismos para separarse de aquéllos ("porque no beben el vino de las tabernas"). Se recomienda, aparte, a modo de comparación de temas, la lectura de algunos de los versos de Jorge Manrique y sus "Coplas a la muerte del maestre de Santiago, don Rodrigo Manrique, su padre". Escritos en 1476, justo antes de la caída de Alhama, los versos de Jorge Manrique tratan el mismo tema: la filosofía popular de la vida y la muerte. Dicen en parte:

> "Nuestras vidas son los ríos
> que van a dar en la mar,
> que es el morir;
> allí van los señoríos
> derechos a se acabar
> y a consumir;
> allí los ríos caudales,
> allí los otros medianos

> y más chicos;
> allegados, son iguales
> los que viven por sus manos
> y los ricos . . ."

Vale la pena hacer saber a los estudiantes un poco sobre la geografía de los campos de Castilla, de los alrededores de Soria. Soria es la tierra donde se arraigó el poeta; de ella nació su inspiración. Hasta el día de hoy, se puede conocer las "soledades" de los campos, y caminar largas horas entre paisajes tranquilos y solitarios donde no se transita sino por caminos de una sola vía, pasando por pueblos como Madrigalejo del Monte, Lerma y Zael, camino a Burgos; son campos agrícolas donde no se ve ni siquiera una cabina de teléfono, donde las mañanas son relucientes, y los grandes cielos son de un azul intenso, la tierra es oscura, y la paz es absoluta. Hitos de piedra todavía marcan los kilómetros, y uno siente que el lugar no ha sufrido cambio alguno desde hace siglos.

2. Los versos del poema "Galerías, XXV", presentan la imagen de una primavera con todo su esplendor de "verde nuevo", brotando "como una humareda". La voz poética presenció los cambios que trae la primavera ("Yo vi en las hojas . . .").

No obstante, inesperadamente en medio de imágenes, hasta ahora ubicuas, de las promesas de la juventud, oímos que "yo he maldecido mi juventud sin amor." Estos versos chocantes velan de pesadumbre al "campo juvenil" de las primeras estrofas. Lo que supusimos era la felicidad del poeta, de joven, termina en un lamento por su juventud sin amor. Sobre este nuevo plano, descubrimos que las primeras estrofas funden dos "primaveras". La primera es la de la juventud del poeta, la que él no disfrutó. Él fue un mero testigo de aquella primavera del pasado ("Yo vi en las hojas temblando/las frescas lluvias de abril.") Y ahora, la llegada de una nueva primavera, en la mitad de su vida, le ha traído recuerdos de la otra, la de su juventud no vivida.

El poema se cierra con el pesaroso lamento, "¡Juventud nunca vivida,/quién te volviera a soñar!" La "primavera" de nuestra vida es única; la juventud se nos va con los años, como nos recuerdan Garcilaso ("coged de vuestra alegre primavera el dulce fruto"), Góngora ("goza cuello, cabello, labio y frente") y Rubén Darío ("¡Juventud, divino tesoro, ya te vas para no volver!"). Y aunque todos los años llega la primavera para besar de nuevo al mundo, y los seres que vivimos en la tierra volvemos a "soñar" su renovación, todos hemos de reconocer, con pesar, que la juventud no vuelve. Si no la vivimos cuando la tenemos, no la recuperaremos jamás.

La analogía clásica, desarrollada por poetas desde tiempos antiguos, entre la juventud y la primavera, se renueva aquí al sobreponerse las dos primaveras del poema de Machado: la primavera que, en la mitad de la vida, él acaba de presenciar, y la otra que ésta le recordó, la de su juventud no vivida.

En cuanto al recurso técnico nombrado en la pregunta: una hipálage atribuye a un sustantivo una cualidad que en realidad corresponde a otro. El "campo juvenil" de Machado es un campo renovado—vuelto nuevamente joven—por el beso de la primavera; ese "beso" le recuerda, en la mitad de la vida, el campo "juvenil" de su juventud en aquella lejana primavera. Si los estudiantes creen distinguir otra hipálage en "la primavera besaba", se les puede aclarar que en esta frase no se encuentra la combinación debida de sustantivo-adjetivo, sino sujeto-verbo; "la primavera besaba" es un ejemplo, no de hipálage, sino de prosopopeya, o personificación. Atribuye cualidades del ser humano a lo que no lo es.

3. Es antigua la metáfora, y se han valido de ella los poetas de todos los tiempos: caminar es vivir, y el camino es la vida: no hay vuelta atrás ("y al volver la vista atrás/se ve la senda que nunca/se ha de volver a pisar."); todos forjamos nuestro propio camino, pues el futuro, adonde nos encaminamos, se desconoce ("Caminante, son tus huellas/el camino, y nada más"; "se hace camino al andar");

nuestro paso por la vida pronto queda en el olvido, y los que han ido delante, no dejan camino que podamos seguir; sólo dejamos huellas que no son más que estelas que se desvanecen ("Caminante, no hay camino, sino estelas en la mar."). Los estudiantes deben fijarse en que Machado logra magistralmente encerrar conceptos tan profundos y tan completos sobre la existencia humana, sobre nuestro pasar por el mundo, de una manera tan escueta y tan sencilla.

Comparando el caminar de "Caminante, son tus huellas" con el caminar de "Soledades, II" los estudiantes verán que caminar, andar, en el segundo poema, también implica la vida, pero aquí no es la vida en cuanto existencia, sino la vida en cuanto experiencia. El tema ya no es el andar mismo, sino lo que el poeta ha aprendido al andar muchos caminos: que hay dos tipos de personas en el mundo, la gente presuntuosa y mala y las gentes sencillas. Los primeros se malgastan la vida en tristezas y vanas pretensiones; y los segundos viven la vida como mejor pueden, con placeres sencillos, sin lujos, sin prisa, hasta tocarles el momento de descansar en la muerte.

En fin, el sentimiento expresado en "Caminante, son tus huellas" es hondamente filosófico, mientras que en "Soledades, II", el poeta expone sus observaciones sobre la naturaleza humana.

4. "Caminante, son tus huellas" es un romance porque los versos son octosílabos: por ejemplo, "Ca-mi-nan-te, son-tus-hue-llas", y hay asonancia en los versos impares: "más-andar-atrás-pisar-mar". Estos versos tienen sólo siete sílabas gramaticales, pero para fines poéticos, por ser versos agudos, se cuentan ocho, como se ve en "Romance del conde Arnaldos" (Para más información sobre la asonancia en casos de verso agudo, véase la respuesta a la Pregunta N° 5, del "Romance del conde Arnaldos".) Se llaman versos agudos, porque terminan con palabras agudas, es decir, palabras cuya sílaba final carga la fuerza de la voz. La palabra "mar" se considera aguda, como toda palabra monosílaba, y vale por dos sílabas también, en el cómputo silábico.

Sabiendo algo sobre el espíritu de Machado, y el tema del poema, los estudiantes percibirán que esta forma se acopla perfectamente a la sencillez y la llaneza del poeta. La idea expresada en el poema es sencilla y clásica. Es un tema tradicional en la literatura hispánica, con muchos ilustres antecedentes: la vida como camino, sin vuelta atrás; las huellas del caminante como estelas, que pronto desaparecen.

5. Rubén Darío escribió muchos poemas que podrían usarse como ejemplo; sin embargo, debe notarse que los poemas del libro de lecturas no datan del apogeo de las tendencias modernistas de Darío. Los mejores ejemplos se encuentran en sus dos obras más modernistas, *Prosas profanas* y *Azul*. "Sonatina", de *Prosas profanas*, es uno que puede ser considerado el epítome de las tendencias modernistas; otro es "De invierno", de *Azul*. Estos poemas muestran muchas características de la escuela modernista: temas medievales, y mundos ficticios y mitológicos ("hada madrina"; "caballo con alas"; "príncipe de Golconda o de China"); por un lado, la innovación métrica, que trata de flexibilizar la métrica, y por otro, la vuelta a estructuras antiguas, como los versos alejandrinos, divididos en dos hemistiquios (de siete sílabas cada uno); el preciosismo, o mención de objetos exóticos o refinados ("jarras de porcelana china"; "biombo de seda del Japón"; "pavos reales"); la aliteración ("la princesa está pálida"; "el teclado de su clave sonoro"); la repetición de palabras ("la libélula vaga de una vaga ilusión"); y la asonancia en el interior de las palabras ("dulzura de luz"; "están tristes las flores por la flor de la corte").

Todo esto contrasta de forma absoluta con la expresión lírica de Antonio Machado de la cual se puede, resaltar lo siguiente: la imagen clásica, nacida de la experiencia universal de todo ser humano, del acto de caminar como metáfora del transcurso de la vida; la sencillez de su léxico, que se mantiene dentro de los confines de los vocablos llanos y expresivos del pueblo, ("gentes que danzan o juegan / cuando pueden, y laboran / sus cuatro palmos de tierra."; "donde hay vino, beben vino; / donde no hay vino, agua fresca."; "Yo vi en las hojas temblando / las frescas lluvias de abril"; "Caminante, no hay camino, / sino estelas en la mar."). Sus versos son cortos y compuestos de formas tradicionales. La poesía de Antonio Machado carece por completo de las características del modernismo: lo exótico, lo ficticio y mitológico, lo preciosista y lo original. Lo machadiano junta formas llanas y metáforas antiguas.

Guía de estudio

1. En el primer fragmento se presentan las siguientes características:

   a. Todos los versos tienen ocho sílabas métricas.

   b. En cada cuarteta, el segundo y cuarto verso riman de modo asonante, mientras que los versos restantes no riman en absoluto.

   c. La sinalefa puede ser apreciada en los encuentros silábicos subrayados.

   "<u>Y en</u> todas partes he visto
   gentes que danzan o juegan
   cuando pueden, y laboran
   sus cuatro palmos de tierra.

   Nunca, si llegan <u>a un</u> sitio,
   preguntan adónde llegan.
   Cuando caminan, cabalgan
   a lomos de mula vieja,

   Y no conocen la prisa
   <u>ni aún</u> en los días de fiesta.
   Donde <u>hay</u> vino, beben vino;
   donde <u>no hay</u> v<u>ino</u>, agua fresca".

2. En el segundo fragmento se presentan las siguientes características:

   a. Todos los versos tienen ocho sílabas métricas.

   b. En cada estrofa el primer verso rima con el tercero y el segundo con el cuarto; en ambos casos la rima es consonante.

   c. La sinalefa puede ser apreciada en los encuentros silábicos subrayados.

"La primavera besaba	a
suavemente <u>la a</u>rboleda	b
<u>y el</u> verde nuevo brotaba	a
co<u>mo una</u> ver<u>de h</u>umareda	b
Las nubes iban pasando	c
<u>sobre un</u> campo juvenil	d
Yo <u>vi en</u> las hojas temblando	c
las frescas lluvias <u>de abril</u>".	d

Tesis de ensayo

1. El estudiante puede investigar en torno al proceso que llevó a la poesía de Machado del intimismo excesivo a la contemplación del paisaje. Durante la relectura atenta de los poemas "Soledades, II", "Galerías, XXV" y "Proverbios y cantares, XXIX", el estudiante puede separar los elementos del mundo externo de aquello que ocurre en el alma del poeta.

2. Éste es un ejemplo del tipo de ensayo como respuesta a una cita de autor, que se verá en la Pregunta N° 3 del examen de *AP Spanish Literature*.

Prueba de vocabulario

Las respuestas correctas son:

1. d, **2.** a, **3.** d, **4.** b, **5.** c, **6.** a, **7.** d, **8.** b, **9.** a, **10.** c.

Preguntas de opción múltiple

Las respuestas correctas son:

1. b, **2.** c, **3.** d, **4.** b, **5.** c, **6.** c, **7.** a.

Páginas 403–410 del libro de lecturas

Poemas de Pablo Neruda

Antes de leer

Neftalí Ricardo Reyes Basoalto conocido en el mundo entero como Pablo Neruda, nació en Parral, Chile, el 12 de julio de 1904. Su niñez se desenvolvió en permanente contacto con la naturaleza, hecho que influyó notablemente en su concepción de la poesía. Convertido en un poeta consagrado, declaró con humildad en numerosas ocasiones que no tenía una educación libresca, que sus primeros conocimientos no fueron adquiridos en bibliotecas, sino en los libros abiertos del paisaje natural de su pueblo de origen. De su primer libro de versos, *Veinte poemas de amor y una canción desesperada*, Neruda ha dicho: ". . . son un libro doloroso y pastoril que contiene mis más atormentadas pasiones adolescentes, mezcladas con la naturaleza arrolladora del sur de mi patria. Es un libro que amo porque a pesar de su aguda melancolía está presente en él el goce de la existencia . . . las calles estudiantiles, la universidad y el olor a madreselva del amor compartido."[1] De ahí, su "Poema 15".

Siendo cónsul en Rangún, con obligaciones sólo esporádicas, el joven poeta chileno se pasea por un ambiente que le parece "un subproducto de la inquietud, de la neurosis, de la desorientación y del oportunismo occidentales".[2] De ahí surge "Walking around".

Y por último, "Oda a la alcachofa" nace cuando el poeta se propone "redescribir muchas cosas ya cantadas, dichas y redichas. Mi punto de partida deliberado . . . el del niño . . ."[3] *Odas elementales* es un retorno a la sencillez y revela, con un notable sentido del humor, el compromiso de Neruda con todos esos elementos de su entorno que pasan desapercibidos ante la mayoría de los seres humanos.

Vocabulario

sastrería—local donde un sastre hace trajes a la medida, típicamente para hombres.

peluquería—local donde el peluquero, o barbero, corta el pelo o la barba a sus clientes.

bodega—tienda de vinos, o lugar donde se guardan; en América, tienda de comestibles.

grieta—rajadura; ruptura en la superficie.

azufre (m.)—elemento químico, amarillo, combustible; arde con llama azul, y produce un olor acre característico.

impermeable—que no deja pasar el agua.

sarmiento—tallo largo y grueso de la vid.

bruñir—pulir; dar brillo.

mimbre (amb.)—mimbrera, árbol con ramas flexibles que se emplean en la fabricación de canastas y otras cosas.

repollo—col.

Al leer

Consulte la **Guía de estudio** como herramienta para comprender mejor esta obra.

---

[1] Pablo Neruda, *Confieso que he vivido*. Editorial Seix Barral, S.A., Barcelona, 1984, pág. 65.

[2] *Ibid.*, pág. 109.

[3] *Ibid.*, págs. 370–371.

Después de leer

Conviene saber que la poesía de Pablo Neruda ha seguido un largo camino que va desde el posmodernismo hasta el posvanguardismo. En sus versos juveniles se siente la influencia de Rubén Darío, pero no del que escribió versos floridos y exóticos en *Azul*, sino del que ahondó en las verdades del alma en sus *Cantos de vida y esperanza*. Después vendrá la revolución vanguardista, cuyas características esenciales son: 1).— la creencia de que la poesía capta la realidad por medios que a la ciencia le resultan ajenos; 2).— la tendencia a concebir la poesía como un juego; y 3).— la actitud irreverente hacia la poesía tradicional y el rompimiento con sus normas de belleza, ritmo y musicalidad. La poesía de Neruda evoluciona al calor de la fiebre vanguardista, pero logra su independencia y originalidad renunciando a la pureza predicada por poetas como Paul Valéry. El mismo Neruda, sentenciando que los poetas que huyen del mal gusto tarde o temprano caen en el hielo, afirma lo siguiente: "Así sea la poesía que buscamos, gastada como por un ácido por los deberes de la mano, penetrada por el sudor y el humo, oliente a orina y a azucena salpicada por las diversas profesiones que se ejercen dentro y fuera de la ley".

Conviene saber que, según el crítico Amado Alonso, la poesía de Pablo Neruda se caracteriza por un proceso gradual de ensimismamiento. El poeta se sumerge cada vez más en los dominios de su alma y perfecciona un lenguaje poético para expresar de modo cabal la naturaleza de sus sentimientos. En un principio, este ensimismamiento, esta fijación con todo aquello que compete a los vaivenes emocionales del alma, tiene un tinte de serena melancolía. Después, conforme el poeta se acerca a la madurez, esa melancolía se va convirtiendo en angustia. El "Poema 15", donde todavía no reina la desesperación, se caracteriza por su suave tono melancólico; como si el poeta, al escribir esos versos, alcanzara cierta felicidad proveniente de su goce estético. Lo más resaltante de este poema es el continuo énfasis que pone en el valor del silencio como lenguaje idóneo del amor; como si la poesía reconociese sus propias

limitaciones y aceptara que el amor trascendental sabe callar, conectando a los amantes en un nivel superior al de la palabra y la rutina. El poema entero es una aspiración al silencio y este hecho le proporciona su originalidad al romanticismo de Neruda, que en lugar de deshacerse en patéticas quejas, se entrega a un amor callado y transparente. En la última estrofa, el poeta evoca a la muerte; pero esa evocación es melancólica y triste, no está impregnada de angustia; por eso la lectura del poema genera una sensación de sosiego, de tranquila aceptación del dolor del que se nutre la poesía.

Conviene saber que la mariposa es un símbolo que recorre gran parte de la poesía de Neruda. En el "Poema 15", la mariposa alude a la mujer amada, que aparece como un ser inasible y fugaz, perdida en un mundo de silencio al cual la voz del poeta no llega. La efectividad de la metáfora tiene su justificación en el vuelo huidizo de la mariposa, que siempre parece escapar de entre las manos de los que pretenden cazarla. La mujer amada, vista cual mariposa, se nos presenta a un mismo tiempo como realidad y como sueño; y frente a la incertidumbre que esta doble condición crea, las palabras se revelan inútiles, cediéndole al silencio la misión sublime de expresar el amor.

Conviene saber que el poema "Walking around" pertenece al poemario *Residencia en la tierra*, donde la melancolía ha cedido el paso al lamento y a la angustia. Como afirma el crítico Amado Alonso: "En *Residencia en la tierra* [el poeta] ya no encuentra dónde refugiarse de la angustia, porque la angustia lo llena todo". En "Walking around", la angustia proviene de la vida rutinaria y automatizada de la gran ciudad, con toda la hipocresía de sus convenciones, su corrupción latente y patente, su materialismo excesivo, su burocracia, su frenético culto de las responsabilidades ficticias, su negación descarada de la poesía y sus verdades. "Walking around" es caminar alrededor de este mundo citadino que se hunde, que ha olvidado la espontaneidad de la naturaleza y la expresión desnuda de los sentimientos y emociones. El poeta está cansado de las máscaras, de los trajes, de todo aquello que significa cubrir, ocultar y mentir; y clama luego por el retorno a las verdades sencillas de la naturaleza al desnudo, a la sinceridad de la tierra y de la piedra, a la generosa entrega de los árboles y las flores, a la emoción con que los ríos se desprenden de su cauce. En "Walking around" el poeta se distancia del tono suave que caracteriza, por ejemplo, al "Poema 15"; y se entrega a un verso impetuoso y radical que incluso cae en el "feísmo" cuando se refiere a los "hospitales donde los huesos salen por la ventana", "las zapaterías con olor a vinagre", "las calles espantosas como grietas", etc. En "Walking around" Neruda ha encontrado en un lenguaje grotesco, el medio perfecto para describir un mundo saturado de instituciones y establecimientos comerciales.

Conviene saber que la "Oda a la alcachofa" es un modo poético de agradecer la generosidad del entorno natural y sus frutos. Aquí Neruda emplea mayormente versos de arte menor, ya que el tema de la oda es aparentemente menor e insignificante. Sin embargo, por una milagrosa revelación poética, descubrimos que esa modesta alcachofa, aparentemente marcial y belicosa, es la viva imagen de la naturaleza, que esconde tras su agresividad una benevolencia que garantiza la permanencia del ser humano sobre la faz de la tierra. Gracias a la poesía, esos elementos de la vida que por lo general pasan desapercibidos, adquieren un valor inusitado y trascendental.

Preguntas

1. ¿Qué métrica sigue el "Poema 15"? ¿Hay un esquema de rima y de ritmo? ¿Qué efecto tiene esto y cómo se enlaza esta estructura con el sentimiento que Neruda evoca?

2. ¿Qué problema se expone en "Walking around"? ¿Qué estructura métrica tiene este poema? ¿En qué sentido le conviene al poeta esta forma en su afán de expresar un estado de ánimo?

3. ¿Cuáles son los atributos específicamente marciales, o sea, propios de la vida militar, que Neruda superpone a la simple alcachofa de mercado en "Oda a la alcachofa"?

4. Analiza la estructura métrica de "Oda a la alcachofa". La oda, ¿tiene regularidades métricas o de rima? Describe brevemente la estructura de esta oda y el efecto que produce en la expresión poética.

5. Compara y contrasta, en cuanto forma y fondo, "Walking around" de Pablo Neruda con "He andado muchos caminos" de Antonio Machado. Describe y comenta tanto las ideas centrales como el tono de los dos poemas, y extrae ejemplos de las técnicas empleadas en cada caso para lograr la expresión poética.

Bibliografía

Alazraki, Jaime. *Poética y poesía de Pablo Neruda.* (1965)

Alonso, Amado. *Poesía y estilo de Pablo Neruda.* (1979)

Neruda, Pablo. *Para nacer he nacido.* (1978)

Salama, Roberto. *Para una crítica de Pablo Neruda.* (1957)

Nombre

Poemas de Pablo Neruda

Para entender cabalmente la poesía de Pablo Neruda, hay que descifrar sus símbolos, sus metáforas, sus mensajes en clave. A continuación encontrarás la descripción de lo que algunos símbolos representan en los poemas de Neruda. Tu tarea consiste en determinar esos símbolos en el entramado de los versos que componen "Walking around".

He aquí un ejemplo sencillo tomado del "Poema 15":

Representa a la mujer amada, huidiza e inasible, distante como una estrella y próxima como una sombra, perdida en un mundo a donde la palabra del poeta no llega.

(Respuesta: La mariposa.)

a. Representa todos los valores que no cambian, que permanecen siendo los mismos a pesar de las transformaciones que se dan con el transcurso del tiempo.

b. Representa a un mundo burocratizado e insensible que niega la poesía.

c. Representa a la poesía que se subleva contra las convenciones de una sociedad institucionalizada.

d. Representa los valores simples y puros que se oponen a los valores que consagra una sociedad decadente.

e. Representa la hipocresía que oculta la desnudez sincera del alma.

f. Representa el mundo comercial que suplanta los valores espirituales con los valores del materialismo.

g. Representa a la muerte.

h. Representa a las instituciones donde los hombres pierden su dimensión humana y se convierten en cifras estadísticas.

i. Representa la anquilosada moral de las instituciones religiosas.

j. Representa la artificialidad de un mundo que suplanta todo lo natural y espontáneo.

k. Representa los mecanismos que impiden el contacto directo con los elementos básicos de la naturaleza.

Poemas de Pablo Neruda

I. En el discurso pronunciado al recibir el Premio Nobel de Literatura, en 1971, Pablo Neruda expresó, entre muchas otras cosas, lo siguiente:

> *"El poeta no es un 'pequeño dios'. No, no es un 'pequeño dios'. No está signado por un destino cabalístico superior al de quienes ejercen otros menesteres y oficios. A menudo expresé que el mejor poeta es el hombre que nos entrega el pan de cada día: el panadero más próximo, que no se cree Dios. Él cumple con su majestuosa y humilde faena de amasar, meter al horno, dorar y entregar el pan de cada día, con una obligación comunitaria. Y si el poeta llega a alcanzar esa sencilla conciencia, podrá también la sencilla conciencia convertirse en parte de una colosal artesanía, de una construcción simple o complicada, que es la construcción de la sociedad, la transformación de las condiciones que rodean al hombre, la entrega de la mercadería: pan, verdad, vino, sueños".*

Escribe un ensayo coherente explicando hasta qué punto las ideas vertidas en el fragmento citado se aplican al "Poema XV", "Walking around" y "Oda a la alcachofa".

(Tiempo: 40 minutos. Extensión mínima: 200 palabras).

2. La poesía de Pablo Neruda se enfoca en el amor del poeta a las cosas y a los seres de este mundo, por un lado, y por otro, en su desprecio por cualquier cosa que impida la expresión de ese amor. Discute la verdad de esta afirmación con respecto a dos de los siguientes poemas:

Poema 15 ("Me gustas cuando callas porque estás como ausente")
"Walking around"
"Oda a la alcachofa"

(Tiempo: 40 minutos. Extensión mínima: 200 palabras).

3. Refiriéndose al estilo de Pablo Neruda, el crítico Amado Alonso llama su producción poética un "almacén de los recuerdos dormidos". Dice que el poeta ". . . se complace en sacar del arca las cosas olvidadas, como sueltas entre sí y deslavadas, en vez de anclarse en una y reconstruir su ambiente y su historia".[3]

En un ensayo coherente y bien organizado, discute dos de los siguientes poemas de Neruda, con respecto a su forma lírica como "almacenes de recuerdos dormidos":

Poema 15 ("Me gustas cuando callas porque estás como ausente")
"Walking around"
"Oda a la alcachofa"

(Tiempo: 40 minutos. Extensión mínima: 200 palabras).

---

[3] Amado Alonso, *Poesía y estilo de Pablo Neruda.* Editorial Sudamericana, Buenos Aires, 1966, págs. 321–322.

Nombre

Poemas de Pablo Neruda

Lee las frases siguientes y completa el sentido de cada una eligiendo la palabra más apropiada entre las cuatro opciones.

1. Le encomendé un traje a Cachaza hace un mes, pero aún no está hecho; tendré que ir a la ____ a cantarle las cuarenta; te aseguro que voy a poner el grito en el cielo.

   a. sarria

   b. sarnosa

   c. sarcia

   d. sastrería

2. Me alegro de que hayas venido a visitarme, Hirsuto, pero . . . estás melenudo, hombre; ¿no hay ____ en tu pueblo?

   a. pelusa

   b. peluquería

   c. pelambre

   d. pelona

3. ¿No tenemos vino? Voy a comprar un par de botellas ahora mismo; hay una ____ en la esquina.

   a. bodega

   b. bocina

   c. bocera

   d. bogotana

4. La sequía este año ha sido terrible; mira esas ____ en el suelo.

   a. greñas

   b. grescas

   c. grietas

   d. grúas

5. Dicen que el Infierno huele a ____; ¿qué crees tú, Lucifer?

   a. azucena

   b. azufre

   c. azogue

   d. azulejo

6. No seas cabeza dura, Testarudo; si no quieres llevar paraguas, por lo menos ponte el ____; está lloviendo a cántaros.

   a. impermeable

   b. impétigo

   c. impresor

   d. imperio

7. Esta viña dará pocas uvas este año; casi todos los ____ están dañados.

   a. sarnosos

   b. sargentos

   c. sargazos

   d. sarmientos

8. Estando el barco cerca del puerto, el capitán me dio la tarea de ____ todas las superficies metálicas que había a bordo.

   a. bruzar

   b. bruñir

   c. brumar

   d. brujear

9. Hoy en día venden de todo en el supermercado; ayer me compré allí una canasta de ____.

   a. membrete

   b. mímesis

   c. milpa

   d. mimbre

10. ¡Caracoles! ¿Comiste pollo con ____? ¡Qué combinación!

    a. repollo

    b. resoplo

    c. resuello

    d. reposo

Nombre _____

Poemas de Pablo Neruda

Contesta las siguientes preguntas, o completa la idea, eligiendo en cada caso la respuesta más apropiada.

1. ¿Qué figura literaria emplea Neruda cuando en el "Poema 15" le dice a la amada, "Eres como la noche, callada y constelada"?

   a. Metáfora

   b. Tropo

   c. Hipérbaton

   d. Símil

2. El cisne es una imagen recurrente en la poesía modernista, puesto que por lo regular representa la elegancia y la hermosura. En "Walking around", ¿qué imagen representa el cisne de fieltro?

   a. La imagen de un poeta envanecido por la fama.

   b. La imagen de un poeta cansado de vivir en un mundo vertiginoso y artificial que mata el espíritu.

   c. La imagen de un poeta vagabundo que camina sin norte preciso.

   d. La imagen de un poeta que se apresta a morir abandonado.

3. En "Walking around", ¿por qué dice el poeta, "Sucede que me canso de ser hombre"?

   a. Porque en un mundo como el que describe el poema, ser hombre significa renunciar al espíritu original y adaptarse a convenciones sociales.

   b. Porque la condición humana condena a todos los seres a sufrir desde el nacimiento hasta la muerte.

   c. Porque el ser humano está condenado a vivir evocando a la muerte.

   d. Porque el ser humano es por naturaleza pragmático e interesado.

4. En "Walking around", ¿por qué piensas que el poeta escribe: "hay espejos / que debieran haber llorado de verguenza y espanto"?

   a. Porque los espejos adquieren la capacidad humana de llorar gracias a la poesía.

   b. Porque los espejos deberían sentir verguenza y espanto al reflejar una realidad tan horrible como la que describe el poema.

   c. Porque los espejos, en lugar de reflejar lo grotesco, se complacen en reflejar cosas bellas.

   d. Porque los espejos reflejan solamente espejismos.

5. En la "Oda a la alcachofa", cuando el poeta escribe: "la alcachofa/de tierno corazón/se vistió de guerrero"; ¿qué recurso literario emplea?

   a. Hipérbaton, porque no se altera la sintaxis.

   b. Símil, porque se compara a la alcachofa con el corazón humano.

   c. Hipálage, porque el poeta atribuye a un sustantivo una cualidad que conviene a otro, en una combinación sustantivo a adjetivo.

   d. Antítesis, porque a la idea de ternura y suavidad se opone la idea de dureza militar.

6. Con respecto a "Oda a la alcachofa", ¿cuál de las siguientes afirmaciones es cierta?

   a. Está compuesta con versos alejandrinos.

   b. Casi la totalidad de sus versos son de arte menor.

   c. El poeta no utiliza la métrica tradicional, pero emplea la rima consonante.

   d. Los versos más cortos de la oda tienen tres sílabas métricas.

7. En la "Oda a la alcachofa", cuando el poeta escribe: "la col/se dedicó/a probarse las faldas"; ¿qué figura literaria emplea?

   a. Metáfora, por la comparación implícita entre las hojas de la col y las faldas femeninas.

   b. Símil, porque compara explícitamente a la col con la mujer.

   c. Hipérbaton, porque las palabras de los versos están ordenadas de una manera poco usual.

   d. Hipérbole, porque exagera la comparación entre la col la imagen de una mujer.

Guía de respuestas

Poemas de Pablo Neruda

Preguntas

1. El verso empleado en "Poema 15" es el alejandrino, de catorce sílabas: por ejemplo, "Me-gus-tas-cuan-do-ca-llas-por-que es-tás-co-mo au-sen-te"; o bien, "Co-mo-to-das-las-co-sa-s-es-tán-lle-nas-de-mi al-ma".

El poema consta de cinco estrofas, de cuatro versos cada una. Hay rima consonante entre los versos pares de cada estrofa: "toca-boca"; "mía-melancolía"; "arrullo-tuyo"; "anillo-sencillo"; y "muerto-cierto". Los versos impares quedan sueltos, sin rima, ni consonante ni asonante, aunque es de notar que en la segunda estrofa, se repite "alma" como terminación de los dos versos impares.

Las especulaciones de los estudiantes sobre el efecto lírico de la forma de este poema pueden incluir la consideración de que el alejandrino es un verso particularmente elegante, majestuoso. Su lentitud presta al verso una solemnidad especial que se acopla bien con el amor que siente el poeta por la amada. Presente pero distante, ella comparte con él el ocio que se sume en el momento; están solos, y es posible que hayan hecho el amor. Recuérdese que el verso alejandrino es de los más antiguos en las letras españolas.

Los estudiantes podrían pensar también que el primer verso—que parece haber salido de una conversación—pudo llegarle a Neruda, como inspiración del poema, en forma de una simple idea; y, que dándose cuenta el poeta de que era un perfecto alejandrino, construyó su poema a base de él. Una vez más, es importante que las afirmaciones de los estudiantes se basen en el texto del poema.

2. Como se indica en la introducción a los poemas de Neruda, en la página 404 del libro de lecturas, el poema "Walking around" evoca el asco que siente el poeta ante las escenas que se le presentan al deambular por las calles de Rangún, Myanmar. Myanmar era, en 1927, un país colonial, que antes de independizarse, se llamaba Birmania. El poeta era cónsul de Chile en Rangún. Inmerso en una gran soledad, Neruda se llenó de una especie de repugnancia existencial. Dice el poeta en sus memorias: "Mi vida oficial funcionaba una sola vez cada tres meses, cuando arribaba un barco de Calcuta que transportaba parafina sólida y grandes cajas de té para Chile . . . Luego vendrían otros tres meses de inacción, de contemplación ermitaña de mercados y templos. Ésta es la época más dolorosa de mi poesía . . . La calle era mi religión. . . Todo eso me absorbía y me iba sumergiendo poco a poco en el sortilegio de la vida real."

En "Walking around", el poeta se llena de hastío viendo lo que las calles de Rangún ofrecen a la vista: el abismo entre el mundo occidental y el oriental, entre colonizados y colonizadores, entre pobres y pudientes. El escenario le presenta lo más atroz de la vida humana.

Neruda, en sus memorias, habla del estado de ánimo que lo llevó a escribir "Walking around", y toda su *Residencia en la tierra*; dice que su poesía refleja "la soledad de un forastero trasplantado a un mundo violento y extraño." Algunos estudiantes se interesarán en el título del poema, puesto en inglés por el poeta. Se les puede hacer saber que Myanmar era entonces una colonia británica. Según las memorias del poeta: "Estos dos mundos no se tocaban. La gente del país no podía entrar a los sitios destinados a los ingleses, y los ingleses vivían ausentes de la palpitación del país." Esto formaba parte de la marginación y distanciamiento que sentía Neruda en Rangún. Por negarse a participar en la separación obligatoria entre estos dos mundos, Neruda sufrió una especie de boicot social de sus amigos ingleses en Rangún.

Se debe aclarar que algunos han interpretado los sentimientos expuestos en "Walking around" como existencialistas (actitud filosófica caracterizada por la absoluta negación del ser; Miguel de Unamuno la trata en su ensayo filosófico *Del sentimiento trágico de la vida*). Pero el hecho es que "Walking around" es más bien un poema iracundo, escrito por un poeta cansado del tedio de vivir como ente solitario en una sociedad que le repugna. No se puede poner de lado lo que representaría para el poeta el simple acto de asustar a un notario con un lirio cortado: sería una deliciosa victoria sobre la pobreza de la vida humana; pobreza que, en "Walking around", suscita la furia del poeta.

El poema está construido en nueve estrofas, pero el número de versos por estrofa varía. Cuatro estrofas tienen cuatro versos cada una, y éstas están agrupadas; dos ocurren al principio del poema, y dos más o menos a la mitad del poema. Estas dos últimas empiezan con las palabras, "No quiero . . ." Las demás estrofas del poema varían de extensión. Aunque hay tres estrofas de seis versos cada una, puesto que ocurren de forma irregular, es aconsejable que el estudiante no pierda tiempo en el empeño de distinguir un significado en ello.

En cuanto a los versos, hay también gran variedad. El primer verso del poema es un endecasílabo: "Su-ce-de-que-me-can-so-de-ser-hom-bre." Pero hay versos más largos aún; uno de ellos tiene 17 sílabas. Recordando que Neruda vivía en Rangún al escribir este poema, algunos estudiantes tal vez quieran trazar una conexión con los poemas de 17 sílabas, llamados *haiku*, la forma de la poesía japonesa más conocida en Occidente. Sin embargo, un *haiku* se distribuye en tres versos, 5-7-5, y el verso de Neruda no se presta para tal distribución. Para los estudiantes que tienen particular afición al análisis, la tentación de sobreanalizar un texto está siempre presente, pero debe evitarse.

Hay algunos versos muy cortos, de 7 sílabas, de 5, y aun de 4.

No hay rima, ni consonante ni asonante. Aunque los estudiantes encuentren asonancia entre dos palabras del poema, no se considera asonancia la presencia de rima en versos apartados entre sí. El hecho de que dos palabras como "tinieblas" y "tierra" guardan asonancia, y ocurren al final de versos en este poema, no tiene significado, por la distancia que hay entre ellos.

La falta de regularidad a través del poema indica que el poeta no se propuso construir su poema a base de una forma métrica tradicional. Al contrario, el tono de improvisación que exhibe el poema concuerda perfectamente con el deambular del poeta por la ciudad, al azar; poetiza lo que observa, que es precisamente lo que le depara la suerte, es decir, el azar.

Esta forma sin forma se acopla perfectamente, también, con la aversión que siente el poeta. Las imágenes están pintadas más que con manchas caóticas con brochazos, vistas a través de su hostilidad y odio: "dar muerte a una monja con un golpe de oreja" se mezcla con la "cara de cárcel" del poeta; los "horribles intestinos / colgando de las puertas" se mezclan con las "ropas colgadas de un alambre: / calzoncillos, toallas y camisas que lloran / lentas lágrimas sucias".

Tratándose del verso libre, vale la pena hacer notar a los estudiantes que el insigne poeta modernista Rubén Darío nos dice, en el prefacio a su libro *Prosas profanas*: "¿Y la cuestión métrica? ¿Y el ritmo? Como cada palabra tiene un alma, hay en cada verso, además de la armonía verbal, una melodía ideal. La música es sólo de la idea, muchas veces."

3. Los estudiantes podrán distinguir los siguientes: "se vistió de guerrero" (después "vestida de guerrero"); "erecta"; "cúpula" (en los buques de guerra, torre giratoria de hierro que lleva cañones dentro); "bruñida como una granada"; "su sueño: la milicia"; "en hileras" (en sí, no es término militar, pero sugiere las "filas" que se nombran después); "marcial"; "mariscales"; "voces de comando"; "detonación". Algunos verán una gradación que asciende, en el orden de presentación de estos vocablos, desde el vestirse de guerrero—como niñita que se disfraza—, a través del proceso de entrenamiento militar, hasta librada la batalla—con la detonación de la caja que cae. No es casual que, justo en el momento de nuestro asombro ante el estampido, entre, con paso pausado y seguro, María, la que de veras manda, y la que no se deja engatusar por las ilusiones de grandeza de la fantasiosa alcachofa: al final, "termina / en paz / esta carrera / del vegetal armado . . ."

4. A primera vista, tratar de analizar la estructura métrica de este poema parece una tarea imposible. Todos los versos son bastante cortos—el más largo tiene once sílabas—pero el número de sílabas varía mucho. Hay varios versos que consisten en una sola palabra de dos sílabas: "bajo", "eran", "pero", "viene", y "hasta", por ejemplo. Hay versos de tres sílabas, de cuatro y de cinco. Dadas estas circunstancias, buscar "rima" o "ritmo" es buscar la forma que existía en el concepto de Neruda. Se percibe, de hecho, un ritmo militar, como el toque de un tambor, en los versos cortos; y esto—en la llegada de la prepotente María—obliga al lector a hacer una pausa y darse cuenta de que las ilusiones de la alcachofa, su presunción de ser guerrero, ahora están fuera de su control. María se saldrá con la suya, y la alcachofa perderá su tierno y pacífico corazón. Todo termina según el destino de una alcachofa, fantasiosa o no.

5. Como hemos visto, la idea central de "Walking around" es el hastío que siente el poeta al pasear por las calles de la ciudad, solitario, asaltado por la vista de objetos que le recuerdan lo más ruin de la condición humana en sociedad. Está "cansado de ser hombre". El tono es iracundo. Comparable es el tono del poema de Machado, cuando de la gente "mala" se trata. Sin embargo, lejos de la repugnancia que siente Neruda al deambular, Machado, en "He andado muchos caminos", siente una quieta tranquilidad que nace de haber aprendido en su caminar que hay gente mala en el mundo, pero que también hay gente buena. Es cierto que le inspira desprecio aquella parte de la humanidad a quien él ha visto presuntuosa y mala. Las palabras del poeta son duras; los llama "soberbios y melancólicos / borrachos de sombra negra", y dice que sus pisadas apestan la tierra. Pero Machado elogia, en términos sencillos y equilibrados, a la gente humilde que vive su vida en paz, sin pedir nada a nadie, que trabaja, danza, y sueña, hasta descansar en la muerte. Neruda, en "Walking around", no percibe sino fealdades, y no siente sino rabia.

Guía de estudio

Las respuestas correctas son:

- **a.** La piedra
- **b.** El notario.
- **c.** El lirio cortado.
- **d.** La lana.
- **e.** La ropa.
- **f.** Las mercaderías
- **g.** La ceniza.
- **h.** Los hospitales
- **i.** La monja.
- **j.** La dentadura postiza.
- **k.** El paraguas.

Tesis de ensayo

1. El estudiante puede recurrir al libro *Para nacer he nacido*, donde figura el discurso que Pablo Neruda pronunció al recibir el Premio Nobel de Literatura. Consciente de las ideas expresadas por el poeta en aquel memorable discurso, el estudiante puede iniciar una relectura del "Poema 15", "Walking around" y "Oda a la alcachofa". En el primero, puede enfocarse en el compromiso poético con el amor; en el segundo, puede concentrarse en el compromiso con la poesía como instrumento de rebelión; y en el tercero, puede reconocer el compromiso poético con la naturaleza. En el libro *Para nacer he nacido*, el estudiante puede encontrar además algunas prosas que Neruda dedica a su concepción de la poesía. Todo este material será de mucha utilidad a la hora de escribir el ensayo sobre la resonancia del fragmento citado en los versos del "Poema 15", "Walking around" y "Oda a la alcachofa".

2. Éste es un ejemplo del tipo de Pregunta N° 2, de análisis temático, que se verá en el examen de *AP Spanish Literature*.

3. Éste es un ejemplo del tipo de respuesta a una cita crítica, que se verá en la Pregunta N° 3, en el examen de *AP Spanish Literature*.

Prueba de vocabulario

Las respuestas correctas son:

1. d, **2.** b, **3.** a, **4.** c, **5.** b, **6.** a, **7.** d, **8.** b, **9.** d, **10.** a.

Preguntas de opción múltiple

Las respuestas correctas son:

1. d, **2.** b, **3.** a, **4.** b, **5.** d, **6.** b, **7.** a.

Sección 2:

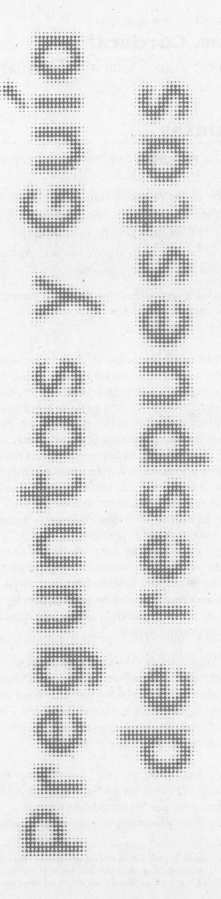

Páginas 54–68 del libro de lecturas

¡Adiós, Cordera!
Leopoldo Alas, "Clarín" (España)

Preguntas

Contesta las **Preguntas** en el libro para comprender mejor el significado de la selección.

1. Describe en tus propias palabras la relación que existe entre los dos hermanos gemelos, Rosa y Pinín, y *la Cordera,* y la vida que comparten en el prado. ¿Cómo es cada uno de los tres? Apoya tus conceptos con detalles específicos.

Los estudiantes responderán de distintas maneras, pero sus descripciones deben tomar nota de los siguientes detalles:

Pinín y Rosa no sólo son hermanos, son gemelos; se aman "como dos mitades de un fruto verde, unidos por la misma vida". Recordaremos esta imagen cuando a Pinín se lo lleva el rey; la mitad de un fruto no puede ser cortada, sin cortar el fruto entero. Pinín es atrevido y posee una gran imaginación creadora; nótese que el niño ve el palo del telégrafo como "tranquilo, inofensivo, campechano, con ganas, sin duda, de aclimatarse en la aldea y parecerse todo lo posible a un árbol seco . . ." Es lícito suponer que el nombre por el que Pinín conoce las tacitas de porcelana que sostienen los alambres del telégrafo—jícaras[2]—sugiere una metáfora inventada por su fértil imaginación, pues, viéndolas, Pinín recuerda las jícaras que ha visto en la mesa de la casa rectoral. Su atrevimiento le impulsa a intimar con el palo del telégrafo, trepando hasta cerca de las jícaras. Nunca llega a tocarlas, sin embargo, pues le inspiran un "pánico de respeto" y por eso siguen siendo, para él, un "misterio sagrado".

Muchos años después, veremos al niño ya hecho hombre: "Pinín, . . . por ser, era como un roble". Pinín es el diminutivo de "pino", el árbol; y el autor juega con la relación que existe entre el nombre del gemelo y la salud y robustez de un roble, cuyas connotaciones incluyen lo fornido, lo fuerte y lo duradero.

Rosa es "menos audaz, pero más enamorada de lo desconocido". Ella crea sus propias metáforas, inspiradas en su fascinación por "los formidables rumores metálicos" y las "vibraciones, a veces intensas como diapasón"; estas vibraciones "eran para ella los papeles que pasaban, las cartas que se escribían por los hilos, el lenguaje incomprensible que lo ignorado hablaba con lo ignorado". Su interés en "el ruido, por el ruido mismo, por su timbre y su misterio" sugiere una analogía con el concepto modernista de "el arte por el arte."

Encargados de cuidar a la Cordera, Pinín y Rosa son, más bien, los "compañeros" de "la vaca abuela"; ella es, también, la "salvación" de la familia, y "el amor de los hijos" de Antón de Chinta. La Cordera es "mucho más formal" y "más madura" que los niños, aunque los juegos de éstos no sean "nunca muy estrepitosos". La imagen de la vaca es la de abuela, madre amante que sosiega y reconforta. Su testuz "parecía una cuna" y los niños, después de muerta su madre, encuentran al calor de la vaca el regazo maternal que les falta y que el padre no sabe reemplazar. Los gemelos, por su lado, en los días de hambre antes de tener el prado, hacían a la Cordera "mil industrias que la hacían más suave la miseria" mientras daba la leche de sus crías al sustento familiar. Igual que la Chinta, la Cordera se convertirá en víctima de la vida circunscrita del prado Somonte.

No se puede agotar el tema de la relación entre los gemelos y la Cordera sin tomar nota de que también para su padre, Antón de Chinta, la Cordera es un "pedazo de sus entrañas".

En cuanto a los sentimientos de la Cordera por Rosa y Pinín, el narrador nos dice algo ingenuamente que "hasta donde es posible adivinar estas cosas, puede decirse que también quería a los gemelos encargados de apacentarla". Con paciencia tolera que la usen como almohada, escondite, montura y otras cosas que les sugiere su imaginación infantil.

Vieja ya la Cordera para tener crías ("Ya no recordaba cuándo le había picado la mosca. 'El xatu (el toro), los saltos locos por las praderas adelante . . . ¡Todo eso

---

[2] A través del cuento, cuando Clarín emplea una palabra figuradamente, la pone en cursiva; ejemplo es la referencia a *papeles* y *cartas* escritas por los *hilos* del telégrafo. El ejemplo más saliente es el nombre de la vaca; aunque ella no sea cordera, es *la Cordera* por las connotaciones del nombre: docilidad, humildad, paciencia y pureza. Recuérdese que uno de los sobrenombres de Jesucristo es "Cordero de Dios".

estaba tan lejos!'"), y, por lo mismo, sin leche que dar para mantener a la familia, ahora medita (el narrador se refiere a su "alma, que también tienen los brutos") y goza "del placer de vivir en paz, bajo el cielo gris y tranquilo de su tierra ..."; sus pensamientos son tan sosegados como los de Horacio[2] en sus odas. Es irónico que una de sus metas ahora sea "gozar el deleite del no padecer, del dejarse existir". La analogía que traza Clarín entre la Cordera y la zavala de la Ramayana va bien explicada dentro del texto mismo, pero los estudiantes tal vez necesiten una explicación de la referencia: "la Cordera tenía la mejor pasta[3] de vaca sufrida del mundo".

La vida en el prado se caracteriza por su serenidad, su silencio y su soledad; de hecho el prado Somonte existe en un "mar de soledad. Desde allí no se veía vivienda humana; allí no llegaban ruidos del mundo más que al pasar el tren." No se oye sino el zumbar de los insectos. El autor se refiere a una "dulce tristeza silenciosa" y al alma de los niños "teñida ... de la dulce serenidad soñadora de la solemne y seria Naturaleza", en medio de aquel "augusto silencio". Después de vendida la Cordera, el augusto silencio se vuelve un "silencio fúnebre", y la soledad del prado "no había sido nunca para ellos triste; aquel día, el Somonte sin la Cordera parecía el desierto".

2. ¿Quién es Antón de Chinta? ¿Cómo es? ¿Quién era Chinta? ¿Por qué se ve obligado Antón a vender *la Cordera*?

Antón de Chinta es el padre de los gemelos. Según Clarín, Antón ha comprendido que nació para pobre, a pesar de su sueño dorado de tener algún día un corral y un par de yuntas. En toda una vida de labor, sufriendo "mares de sudor y purgatorios de privaciones", Antón sólo ha logrado comprar la Cordera. Dos años después, su esposa, la Chinta, muere, "extenuada de hambre y de trabajo", señalando a la vaca como la salvación de la familia. Sin embargo, muerta la Chinta, Antón se ve obligado a llevar a la Cordera al mercado a venderla, para pagar el alquiler atrasado que debe al dueño de la casería.[4]

Desganado, pide un precio—"lo que vale"—que nadie quiere pagar, y vuelve del mercado, sintiéndose, "si no satisfecho con cierto consuelo". A los pocos días llega al corral el mayordomo, irónicamente otro aldeano, "de malas pulgas, cruel con los caseros atrasados"; amenaza con echarlos de la casería. Antón vende la vaca el sábado siguiente. Pinín, habiendo visto en el mercado a los contratistas de carnes, tiene los ojos "como puños", y Antón tiene el alma destrozada. El narrador concluye compasivamente: "Ella será en raza bestia, pero sus hijos no tenían otra madre ni otra abuela." Ellos están "desolados".

3. ¿Qué efecto tiene la novedad del ferrocarril y la presencia del palo del telégrafo en la vida y en el estado de ánimo de los tres? ¿Qué llegan a representar el ferrocarril y el telégrafo? Analiza cómo evolucionan como símbolos dentro del cuento.

Los intrusos del "ancho mundo desconocido", presentes en el prado Somonte, son dos: el ferrocarril, que cruza por uno de los ángulos del prado, es "el camino de hierro de Oviedo a Gijón." El segundo intruso es el palo del telégrafo, "plantado allí como pendón de conquista", símil que sugiere que una batalla se ha librado en aquel lugar y que la victoria ha caído en manos del que plantó el pendón de conquista: el mundo "misterioso, temible, eternamente ignorado". Esta imagen cobra mayor fuerza al llegar el lector al desenlace del cuento.

Cuando el tren era nuevo para los hermanos, "era una alegría loca, algo mezclada de miedo supersticioso, una excitación nerviosa ..." Después se hizo un recreo que intervenía pacíficamente en sus juegos varias veces al día. "Tardó mucho en gastarse aquella emoción de contemplar la marcha vertiginosa, acompañada del viento, de la gran culebra de hierro que llevaba dentro de sí tanto ruido y tantas castas de gentes desconocidas, extrañas."

La Cordera era siempre más formal, particularmente ante el palo del telégrafo. Lo veía de lejos "como una cosa muerta, inútil, que no le servía ni siquiera para rascarse." "La primera vez que la Cordera vio pasar el tren se volvió loca"; ese día, fuera de sí, saltó la cerca y huyó, y "el terror le duró muchos días." Dándose cuenta de que el peligro previsto no se realiza, reacciona cada vez menos y termina por no prestarle ninguna atención.

En los días de espera hasta el viernes, cuando vendrá a llevarse a la Cordera el que la ha comprado, los niños "miraban con rencor los trenes que pasaban y los alambres del telégrafo. Era aquel mundo desconocido,

---

[2] Horacio fue el modelo de las virtudes clásicas de equilibrio y mesura para los humanistas del renacimiento.

[3] *tener buena pasta; ser de buena pasta*—tener carácter apacible; ser bondadoso

[4] *casería*—casa aislada en el campo, con terreno destinado a fines agrícolas.

tan lejos de ellos por un lado y por otro, el que les llevaba su Cordera."A la mañana siguiente, los niños, deshechos, se despiden de la Cordera al pasar el tren por el prado; no ven sino "cabezas de vacas, que, pasmadas, miraban por aquellos tragaluces."

El ferrocarril y el telégrafo son ahora los símbolos de aquel mundo enemigo que convertirá a la Cordera en "manjares de ricos glotones". Pero se harán infinitamente más horripilantes, cuando Rosa, parada en el prado, "esperaba el paso del tren correo de Gijón que le llevaba a sus únicos amores, su hermano".

Para más sobre este tema, véase la respuesta a la Pregunta N° 4.

4. Compara y contrasta la partida de *la Cordera* con la de Pinín. ¿Qué reacción te produce este desenlace?

En lo que se refiere a la reacción de los estudiantes al desenlace del cuento, las respuestas serán varias y personales. Dependerán en gran manera de lo que ellos determinen como puntos de comparación y contraste entre la partida de la Cordera y la de Pinín; algunos posibles constan a continuación: a) Al llegar el encargado del rematante de Castilla, Antón, excitado por la botella de vino que ha tomado, le sale al encuentro. Para el comprador, Antón es impertinente, y sus desmañadas alabanzas de la Cordera son inútiles, pues dentro de poco la vaca estará "reducida a chuletas". Entre la tosca y borracha incapacidad del padre y la congoja de los niños, la separación es horrenda, atroz.

Es importante fijarse en el hecho de que hemos dado una serie de pasos deliberados hacia el momento de esta separación: primero, una conciencia de "la venta necesaria"; luego, una venta frustrada por el apego de Antón a la vaca; la venta misma al rematante de Castilla, obligada por el mayordomo "de malas pulgas"; los días ominosos de espera hasta que vengan por la vaca; y por fin, el paso del tren que lleva a la Cordera, entre los adioses de los niños, al matadero.

En cambio, la partida de Pinín es abrupta e inesperada. Tan pronto como vemos al niño hecho un mozo lozano, cruza el prado el tren que lo lleva al servicio del rey; va camino al matadero de la guerra.

b) En la partida de la Cordera, Pinín clama a voces su adiós, "enseñando los puños al tren …" Los estudiantes podrán ver la ironía encerrada en las palabras del muchacho; encierran su propio sino: "… llorando, repetía el rapaz, más enterado que su hermana de las picardías del mundo: —La llevan al matadero … Carne de vaca para comer los señores, los curas, los indianos."

La mañana en que Pinín se va en el tren, Rosa lo espía entre todos los reclutas que gritan, gesticulan y saludan, despidiéndose de la patria chica para ir a morir "al servicio de un rey y de unas ideas que no conocían"; Pinín, "con medio cuerpo fuera de una ventanilla", casi logra tocar a su gemela, y Rosa lo oye entre sollozos gritar, "como inspirado por un recuerdo de dolor lejano: —¡Adiós, Rosa! … ¡Adiós, Cordera! …"

Pinín va al matadero de la guerra, y él, como la Cordera, será "reducido a chuletas". Clarín labra meticulosamente la analogía. Los estudiantes notarán el manifiesto patetismo de "¡Adiós, Cordera!": conmueve con auténticos sentimientos vehementes del ultraje que representa la trampa de una guerra ajena a la experiencia de los reclutas inocentes e ignorantes, guerra que los desarraiga del sosiego y silencio de una comarca lejos de las querellas del gobierno, para satisfacer las necesidades de miembros desconocidos de una familia real fratricida.

Los estudiantes deberán fijarse también en el naturalismo del cuento, tendencia literaria cuya base ideológica es el determinismo: Antón nació para pobre; la Cordera nació para ser reducida a chuletas; y Pinín nació para ser atrapado en las garras de una guerra ajena a todo lo que él conoce. Nada depende de la voluntad humana. La libertad es una vana ilusión. Recuérdese que Clarín apoyó esta tendencia en las letras, y, por igual, a su coetánea, Emilia Pardo Bazán, ante la fuerte oposición de otros autores españoles de su época.

Páginas 69–74 del libro de lecturas

Las medias rojas
Emilia Pardo Bazán (España)

Preguntas

Contesta las **Preguntas** en el libro para comprender mejor el significado de la selección.

I. Compara y contrasta los móviles de Ildara con los del tío Clodio.

Ildara sueña con una vida mejor. Como otros de la comarca gallega donde vive, la muchacha piensa escapar de su situación actual al zarpar el barco "en cuyas entrañas tantos de su parroquia y de las parroquias circunvecinas se habían ido hacia la suerte, hacia lo desconocido . . ."

Ildara es joven y de espíritu independiente. Su independencia se hace patente en su reacción airada a las objeciones del padre al divisar las medias: "—Gasto medias, gasto medias —repitió, sin amilanarse.—Y si las gasto, no se las debo a ninguén." El futuro que piensa forjarse la niña exige que se libre de la autoridad paterna. (El tío Clodio, a todas luces, es padre de Ildara; al enojarse con lo que toma por presunción en la muchacha, le pregunta, "¿Llevó medias alguna vez tu madre?" Si no lo es, ciertamente hace las veces del padre, y es el que ejerce la autoridad paterna.) El tío Clodio la tiene agobiada de quehaceres domésticos. Lo que es ella, sólo espera la mayoría de edad para lograr huir.

El tío Clodio, en cambio, vigila por su propia vejez, que él ve venírsele encima. Está "cansado de una vida de labor"; "indiferente a la esperanza tardía" de buscarse una nueva vida lejos del hogar, no piensa emigrar. La partida de Ildara lo dejaría solo ante la vejez, "viudo, casi imposibilitado de cultivar la tierra que llevaba en arriendo, que fecundó con sudores tantos años, a la cual profesaba un cariño maquinal, absurdo", sin nadie que le cuidara, ni quién fuera a buscarle la leña en el monte, ni quién le preparara la comida.

El tío Clodio piensa también forjarse su porvenir, y el lector concluirá que planta los golpes muy intencionadamente, donde el daño que se haga le dé el resultado que desea. ¿Sabe que la partida de Ildara depende de su perfección física? El lector intuye que la violencia del cuento es la realización de un plan deliberado del padre. Aunque leamos que "sin escrúpulo la hubiese matado, antes que verla marchar," sabemos que el tío Clodio no se beneficiaría de la muerte de Ildara. Se limita a imposibilitar su huida.

2. Resume los requisitos que tiene que cumplir Ildara para poder forjarse el futuro que desea, lejos de su vida actual.

Ildara es una joven de espíritu fuerte, y sin experiencia del mundo. Es bella, de "cara redonda, bonita, de facciones pequeñas, de boca apetecible, de pupilas claras, golosas de vivir". Sabemos que se cuida la apariencia; lleva el pelo "peinado a la moda 'de las señoritas' ". El padre, rabioso, acusándola de presunción, le pregunta si su madre se peinó alguna vez "como tú, que siempre estás dale que tienes con el cacho de espejo?" Y por lo visto, Ildara no pudo resistir el encanto de las medias rojas, pues se arriesga llevándolas en presencia del padre abusador. "Era siempre su temor de mociña guapa y requebrada, que el padre la mancase . . ." Pero ahora su belleza se ha hecho decisiva porque se acerca "el momento de fundar en ella un sueño de porvenir".

El dinero para las medias es un adelanto recibido del gancho. Entiéndase bien que, sin nada explícito de la autora sobre el papel del gancho, el oficio en sí connota una vida ruin: los ganchos suelen ser intermediarios, o alcahuetes, que engatusan a las mujeres a entrar a la prostitución. La intención del adelanto es fijar un contrato entre él e Ildara: ella irá en el barco, podemos suponer, a algún puerto americano, a trabajar; no sabemos de qué, ni sabemos si Ildara lo sabe. A fines del siglo XIX y comienzos del siglo XX, los barcos partían de Galicia para La Habana, Buenos Aires y otros lugares que prometían que "el oro rueda por las calles y no hay sino bajarse para cogerlo". Si Ildara se da cuenta de las intenciones del gancho, no leemos nada al respecto en el cuento. Pero le consta al fin que, tuerta y faltándole un diente, "nunca más el barco la recibió en sus concavidades para llevarla hacia nuevos horizontes de holganza y lujo. Los que allá vayan, han de ir sanos, válidos, y las mujeres, con sus ojos alumbrando y su dentadura completa . . ."

3. Analiza la técnica estilística mediante la cual Pardo Bazán crea la tensión que culmina en el desenlace trágico del cuento.

La genialidad de la técnica estilística del cuento reside en su capacidad de lograr que el lector capte instantáneamente conceptos de más alcance las pocas y vívidas palabras que los encierran. El naturalismo es patente. Unos ejemplos siguen:

a. *"Cesó al fin de pegar; Ildara, aturdida de espanto, ya no chillaba siquiera".*

Respiramos con alivio al ver acabada la paliza, horror que el lector experimenta mediante los gráficos pormenores que aporta el narrador omnisciente. Siguiendo los detallados movimientos de las manos del padre, y viendo dónde van a caer sus golpes, el lector no piensa siquiera en los chillidos. La autora se los guarda para después, para ese momento de alivio, invadido súbitamente por todos los gritos de la niña, uno sobrepuesto a otro, como si ocurrieran en un solo instante; por lo mismo, son más horripilantes. ¡Qué brutos!, nos decimos, ¿cómo no los habíamos oído antes?

b. *"Vendí al abade unos huevos, que no dirá menos él . . ."*

Puestas las medias nuevas, Ildara no se amilana ante la ira de su padre. Respondiendo con la excusa del dinero de la venta de huevos, nos parece que es un engaño elaborado desde antes. Imposible no pensar que ella y el abad han coincidido en la mentira. Si el padre interroga al abad, éste secundará la historia de Ildara. Entendemos que, teniéndoles lástima a los jóvenes de la aldea, por las pocas posibilidades que les ofrece la vida allí, el abad los ayuda a salir a buscarse un futuro en lugares más prometedores; seguramente él lo percibe como una de sus funciones en el pueblo. Esta frase es admirable por lograr su cometido no sólo escuetamente, sino también en perfecta habla campesina.

c. *"El padre no quería emigrar . . ."*

Esta frase muy sencilla nos informa que Ildara y su padre lo han hablado. Tal vez la emigración ha sido motivo de discusiones entre los dos. Aunque este padre "ladino, sagaz, adivinador o sabedor", no sabe lo que va tramando Ildara, se da cuenta cabal de sus deseos de partir, y no se le escapará la posibilidad de que ella piense lo que sabemos: ". . . que se quedase él . . . Ella iría sin falta."

d. *". . . su temor de mociña guapa y requebrada, que el padre la mancase, como le había sucedido a la Mariola, su prima, señalada por su propia madre en la frente con el aro de la criba, que le desgarró los tejidos".*

Es frase reveladora: con emoción apagada, se nos da a saber que el abuso doméstico de las niñas en la comarca no es nada inaudito; más allá del supuesto permiso que la sociedad anteriormente concedía a los padres, de castigar sádicamente a las hijas y de dejar daños permanentes y visibles en ellas, indica que tanto el padre de Ildara como la madre de Mariola tienen plena intención de destruir la belleza lozana de sus hijas. Sólo podemos especular sobre los móviles de esta madre, pero no podemos dudar que el tío Clodio está enterado del incidente con Mariola. Sabrá bien que acabar con una cara bonita e íntegra significará acabar con la amenaza que representa para él la independencia de Ildara, y su partida para otra tierra, otra vida. Pardo Bazán no nos dilucida el cabal significado de la paliza hasta la última frase del cuento, otra vez, al momento preciso en que el lector se cree fuera del alcance de mayor horror.

Los estudiantes seguramente encontrarán otros ejemplos.

Páginas 75–133 del libro de lecturas

Las ataduras
Carmen Martín Gaite (España)

Preguntas

Contesta las **Preguntas** en el libro para comprender mejor el significado de la selección.

1. Este cuento se compone de una serie de retrospecciones para llegar al fin al momento presente establecido al comienzo. Primero, define tú el momento presente y luego traza el paso del tiempo que toma la narración.

   El tiempo presente del cuento se compone de la vida del maestro Benjamín, ya mayor, a solas ahora con su esposa después de años de vivir ilusionado y dedicado a la crianza de su adorada hija, en el rústico pueblo gallego de cuya comarca no ha salido, salvo en un reciente y decisivo viaje. Antes vivía con la familia el padre de la esposa, el abuelo Santiago, muerto poco tiempo atrás. También en el presente, la hija, Adelaida—llamada Alina—vive, casada ahora, con un artista francés, Philippe, y el matrimonio tiene dos hijos tiernos. Los padres de Alina acaban de volver de París, donde visitaron a la hija y al yerno, y conocieron a los nietos por primera vez. Tanto el padre, Benjamín, como la hija, Alina, están deshechos por las emociones que ha removido la visita.

   Las retrospecciones son dos: una repentina, surgida en la mente del padre cuando cierra los ojos y le acuden a la memoria escenas de la infancia de su hija; y la otra, la que se dibuja en la mente de Alina, sentada al lado del río Sena. Esta última consiste en recuerdos infancia que se van desfilando ante su conciencia adulta.

   Mediante estas retrospecciones volvemos a la niñez de Alina en la casa familiar, y vemos crecer a la muchacha en un medio ambiente risueño, idílico. Alina es graciosa, inteligente, maja e imaginativa. Vive con toda la libertad y con todos los sentimientos de bienestar que la naturaleza pueda brindar, entre el cariño y el aprecio de todos—familia y aldeanos— por sus éxitos académicos, por su gracia y por su simpatía.

   Su formación es intachable, hasta un momento determinado en que ocurren dos eventos simultáneos. El abuelo materno querido, alma afín a la de Alina, se desmejora y muere. Y se va de su vida Eloy, el compañero de su niñez, a buscarse la fortuna en América. A partir de aquel momento, Alina se siente decepcionada, desarraigada y melancólica. Se ensimisma cada vez más, hasta que le toca partir para la universidad en Santiago de Compostela. La dedicación de la muchacha a los estudios hasta este momento le ha prometido un brillante porvenir, con la probabilidad, una vez terminada la carrera, de una oposición y un puesto de profesora.

   No obstante, antes de terminar su primer año universitario, Alina conoce a Philippe, los dos se enamoran, y Alina queda embarazada. Alina y Philippe se casan y van a vivir a París, en un pequeño apartamento atestado, donde, en el momento presente, los padres la acaban de visitar. La inquietante semana ha dejado a Alina en un estado de nerviosismo insólito, y al padre, otra vez en casa, atormentado por la pérdida de su hija. Piensa ahora sólo en la vejez y en la muerte.

   Siendo niña todavía Alina, el abuelo Santiago se reía del maestro Benjamín, diciéndole, "No sirve que tú quieras o no quieras."

   Algunos estudiantes se interesarán en comentar el hecho de que es el río Sena lo que evoca los recuerdos de la niñez idílica de Alina. Los ríos salvan la brecha que ahora existe entre aquel pasado y el presente que el padre acongojado encuentra intolerable. Es el recurso de que se vale Martín Gaite: la imagen de las aguas grises del Sena, el "río de ahora" de Alina, y la imagen del río Miño, en Galicia, tan querido para la niñita; ríos cuyos cursos son análogos al fluido transcurso del tiempo. La imagen del río es la más persistente del cuento, y los estudiantes se fijarán en que, al bajar el padre a casa al fin, el río Miño se percibe también gris, como el nuevo río de Alina en París.

2. De niña, ¿cómo es Alina? ¿En qué consiste su carácter y su vida en esta etapa de su desarrollo? ¿Cómo describirías la relación que tiene la niña Alina con su padre? Defiende tu análisis con detalles textuales.

Ella y su vida eran desde siempre risueñas. La primera impresión que la autora presenta de Alina es de la niña sacudiéndose el cabello mojado, riendo, imagen surgida en la mente del padre, entre los matices rojos de sus recuerdos.

Es la más lista de todos los niños de la escuela donde su padre es maestro. Los ríos la han atraído desde su más temprana edad, e, instruida por el padre en los nombres de las hierbas y los insectos, crece "andarina y salvaje". Benjamín defiende su creciente independencia, aun a solas en el monte: "No es malo lo que hace; es una hermosura," le dice a la mujer. A Alina no le da miedo nada en la naturaleza. Aventurera, "le gustaba el miedo que sentía algunas veces, de tanta soledad". Curiosa, "Alina no podía estar mucho rato parada en el mismo sitio."

La muchacha es valiente como su madre Herminia, y también independiente—"independiente por completo" al ir ya al Ingreso,[1] cosa que no le desconcierta al padre, pues el Instituto no queda lejos. Alina es emprendedora, descubridora y feliz dentro de un medio ambiente en todo sentido paradisíaco. En determinado momento, a la niña "se le hacía un mundo anchísimo, lleno de tesoros, el que tenía al alcance de la vista." Tampoco es una santa; puede ser desobediente, por ejemplo, cuando siente "una excitación incomparable" al escaparse a solas a lo más alto del monte, "sobre todo pensando en que a lo mejor la buscaban o la iban a reñir".

En cuanto a la relación que existe entre Alina y su padre, éste ha invertido en su hija todas las ilusiones de su vida; para el final del cuento, parece que le ha entregado todo su ser. Afligido el viejo maestro al volver de París, le dice su esposa: "Ella, Benjamín, no era para morirse entre estas cuatro paredes." Igual sentimiento le expresó el abuelo Santiago años atrás: "Lo trae en la cara escrito lo de querer explorar mundo y escaparse".

Vale la pena recordar la canción gallega que canta el maestro a su hija, "una canción de la tierra, que cantaba muy a menudo" que le aconseja que no se case, que aproveche la buena vida, para que no se arrepienta después. El padre remata la canción diciendo, "Tú siempre con tu padre, bonita, . . . siempre con tu padre." Alina, durante la niñez, no se da cuenta de nada dañino en la fuerza de los sentimientos que constituyen la relación entre padre e hija.

Para más sobre este tema, véase la respuesta a la Pregunta N° 3.

3. Hay una serie de momentos en que lo que siente y dice el padre se repite en lo que siente y dice Alina. Busca algunos de estos momentos y analiza cómo y por qué ocurren.

El momento más notable ocurre al empezar el cuento. En los siguientes fragmentos se intercalan algunos vivencias y diálogos de Benjamín y su esposa, a la mañana siguiente de volver de París; con algunas vivencias y diálogos de Alina y Philippe en esa ciudad. Los estudiantes pueden señalar los paralelos cotejando las vivencias de los personajes:

"—No puedo dormir, no puedo. Da la luz, Herminia . . ."; habiendo dicho Benjamín que no quiere darle más vueltas al asunto del viaje, prosigue: "¿Y qué adelanto con no querer? Me rebulle".

Viéndolo cruzar el dormitorio, la esposa "le hizo volverse en la puerta.

—¿Adónde vas?

—Por ahí, qué más da. Donde sea. No puedo estar en la cama".

El maestro ahora pasa a la cocina, toma agua, fuma y observa los objetos familiares que lo rodean. Sale de la casa.

Subiendo hacia la cumbre del monte, desde donde se divisa el río Miño (recuérdese que Alina, de niña, se aficiona a trepar con él), murmura "Alina, . . . Alina. Le caían lágrimas por la cara".

Simultáneamente, en París:

"—Quita, bruto. Que apagues, te he dicho. El niño está medio despierto.

—Quiero saber lo que te pasa. Lo que te rebulle en la cabeza para no dejarte dormir.

Luego, "la siente él cómo coge a tientas una bata y abre la puerta que da al estudio. —¿Qué vas a buscar? ¡Alina! —llama con voz contenida.

Alina cierra la puerta detrás de sí . . ."

---

[1] *Ingreso—aquí, examen que se hace para entrar en el Instituto.*

Una vez en la sala, observa los objetos atiborrados allí, pasa a la cocina, toma leche, y fuma.

Después, discutiendo la visita con Philippe, "sobre las manos inmóviles le han empezado a caer lágrimas".

Llega un momento en que Philippe reacciona:

"—¿Cómo?, ¿te vas? No me dejes así, no te vayas enfadada. Dime algo, mujer."

Alina ya ha abierto la puerta. "Que ya no aguanto más aquí encerrada. Hasta luego".

Busca la ribera del río Sena, donde se sienta, "abrazándose las rodillas, y los ojos se le van apaciguando, descansando en las aguas grises del río".

Se notan a través del cuento otros paralelos que existen en los gustos y actividades de padre e hija, pero tal vez no más que los debidos a la herencia y a la crianza: él es maestro, y ella, una vez que aprende a leer, enseña a Eloy a leer también: "—Te va a salir maestra como tú, Benjamín —decían los amigos del padre, mirándola".

Pero el padre, que se fija más que otros en las semejanzas, declara a la esposa, "Sale a mí clavada, Herminia." Y en otro momento: "Ella se quedará en su tierra, como el padre . . ." Ni la madre ni el abuelo están de acuerdo; pero, ahora y más tarde, el padre no se apercibe.

Los análisis de los estudiantes seguramente incluirán una discusión del juicio de Philippe, quien cree que el padre de Alina sufre de un complejo de Edipo: "—. . . tu padre está enamorado de ti . . . Te quiere guardar para él".

Philippe sabe que desde que la hija entró en la universidad, el padre "tenía celos de toda la gente . . ." La aloja en la pensión de un íntimo amigo para tenerla bajo cierta vigilancia; al partir de Santiago, se derrumba sollozando en brazos de su hija, quien tiene que empujarlo para subir al tren.

Discutiendo con motivo de la visita, Alina acusa a Philippe de hostilidad hacia sus padres. Philippe responde: "La hostilidad la ponían ellos también, tu padre sobre todo. ¡Cómo me miraba!" Alina admite: ". . . tú a mi padre se lo has quitado todo . . ."

No obstante, para cuando la protagonista escribe sus líneas cariñosas y conciliadoras a los padres, ha comprendido que su futuro consiste ahora en abrazar plenamente las ataduras que ella misma escogió, e incorporarlas a su ser. Tiene muchas ganas de volver a casa a ver a Philippe.

No coincidirán todos los estudiantes en sus juicios sobre la relación que existe entre Benjamín y Alina.

4. ¿Quién es Eloy? ¿Cómo es? ¿Cómo lo vemos al partir él para América? ¿Crees tú que Eloy habría sido mejor marido para Alina que Philippe? ¿Por qué? ¿Por qué no?

Eloy es el hijo del vaquero. No tiene tiempo para ir a la escuela y por eso Alina le enseña a leer. Es mayor que ella y tiene mayor experiencia con el río Miño. La muchacha va a buscarlo muchas tardes al prado, donde él cuida las dos vacas del padre de ella. La fascinación de Alina con la promesa de los ríos la comparte Eloy. Para la niña aventurera, "El río era como una brecha, como una ventana para salir . . ."; se admira del plan de Eloy de ir a América, confidencia compartida sólo entre los dos amigos. Las historias que el abuelo Santiago ha contado a los niños han inspirado a Eloy, y ahora el joven se va a trabajar a unas canteras cercanas para ganar dinero para el pasaje. Ya no se ven tan a menudo los dos.

Serán varias las reacciones de los estudiantes ante la pregunta de cuál hombre—Eloy o Philippe—hubiera sido preferible como marido de Alina. Philippe ciertamente no está en condiciones ahora para mantener bien a Alina y a los niños. (Nótense las mentirillas que leerán los padres en la carta que les pone, del apartamento más grande, de la tos de Santiago, de la nueva exposición de Philippe.) Muchos verán un contraste brutal entre la niñez paradisíaca de Alina y la que les espera a sus hijos, en una metrópoli; no tendrán allí la vida libre, en medio de la naturaleza, de que gozó Alina al crecer.

Otros no estarán de acuerdo con que Eloy, ya esté en América o de vuelta a Galicia otra vez, pueda haberle ofrecido mayor comprensión o cariño que Philippe. Hay que prestar oídos a las palabras del joven esposo, que ve el nerviosismo de que sufre Alina como un fenómeno inusitado: "Antes de venir tus padres no estabas así nunca." Sería difícil no defender la urgencia de sus ruegos de que Alina le abra el corazón, de que no lo deje aparte; y difícil, por igual, juzgarlo culpable de la reacción del padre cuando éste ve de nuevo a Alina, sabiendo ya su historia. Los estudiantes notarán la vivencia de Alina, estando en el bar, pareciéndole un mensaje de Eloy lo dicho por el camarero de la carta que le ha visto escribir (recuérdese que Eloy pensaba trabajar como camarero en Buenos Aires); acompaña su nombre el epíteto "amigo". La renovación que ha obrado en Alina la recapacitación sobre su niñez, el amor que existe entre los dos esposos, y la sabiduría compartida entre el abuelo Santiago y Philippe, auguran un nuevo régimen, una nueva relación entre Alina y su padre, una que será más saludable para los dos.)

5. En determinado momento el narrador nos dice: "A partir de la muerte del abuelo y de la marcha de Eloy, los recuerdos de Alina toman otra vertiente más cercana, y todos desembocan en Philippe". Describe la relación entre Alina y su abuelo materno. ¿Cómo es que la muerte de éste resulta ser un hito en la vida de la muchacha? ¿Crees tú que Alina cambia en el fondo?

Los elementos del día en que Alina simultáneamente pierde a Eloy y al abuelo, se enredan para Alina como en una pesadilla: sólo han pasado unos pocos días desde la noche en que se desveló con el abuelo. Eloy la cita al monte Ervedelo. Queriendo estar a solas con él, la muchacha se molesta por la inesperada presencia, en el prado, del abuelo. Da al viejo su promesa de no tardar, pero, una vez en el lugar citado, la ilusión de que Eloy le dé un beso de amor, se desvanece. Eloy la citó para decirle que ya se va a América; para colmo de males, sugiere que otro, y no él, la quiere. Afligida y desorientada, Alina baja la montaña y encuentra al abuelo muerto en el prado. Estos dos hilos van tan enmarañados en la narración como en el corazón de la protagonista.

La pérdida del abuelo significa para Alina la desaparición de quien la comprende más. Lo primero que sabemos de él es que no estaba nunca preocupado por la nieta. Al contrario del padre, el abuelo percibe que Alina se parece más a él que a Benjamín. Cuando niña, ella ya se da cuenta de que "su abuelo y su padre parecían querer disputársela para causas contradictorias, aunque los detalles y razones de aquella sorda rivalidad se le escapasen."

En el notable decaimiento del abuelo después de acabado el quinto curso[2] de Alina, el abuelo comparte con ella su terror a la muerte, particularmente una muerte de noche; y Alina es la única persona que acude a consolarlo. En una larga noche que pasa desvelada con él, Alina le escucha hablar de "lo terrible que es que se muera todo con uno, toda la memoria de las cosas que se han hecho y se han visto . . ." Alina se ofrece a guardar la llave de los recuerdos del abuelo, comprendiendo "que quería legársela a ella aquella sed de vida . . ."

Confiesa al abuelo aquella noche que Benjamín le ha dicho que no se case, "que yo he nacido para estar libre." Responde el abuelo: "—Nunca está uno libre; el que no está atado a algo, no vive. Y tu padre lo sabe. Quiere ser él tu atadura, eso es lo que pasa, pero no lo conseguirá." Prosigue: "Las verdaderas ataduras son las que uno escoge, las que se busca y se pone uno solo, pudiendo no tenerlas." Philippe, muchos meses más tarde en París, secundará la sabiduría del abuelo: "Tú tienes que llevar adelante tu vida y la de tus hijos."

Sin el abuelo en casa, sin la presencia de Eloy, ya no le queda a Alina sino la larga espera de su partida para la universidad. Cambia de carácter: "Se hizo huraña y estaba siempre ausente"; le empiezan a llamar orgullosa en el pueblo, y la madre sospecha que puede meterse de monja. Esconde su melancolía, tarea particularmente dura en la fiesta con que le agasaja Benjamín; "Benjamín perdió a su hija en aquellas fiestas, a pesar de que Philippe, el rival de carne y hueso, no hubiese aparecido todavía." El padre, ciego todavía, dice a unos amigos: ". . . lo que más me gusta es que baila con todos. No está en edad de atarse a nadie." Los amigos le responden, "—Se atará, Benjamín, se atará." Pero el viejo maestro es terco, y no cae en la cuenta de lo que aguarda en el futuro.

En cuanto a la permanencia del cambio en Alina, las respuestas de los estudiantes serán varias. Notamos todavía en su vida presente la melancolía sufrida al perder al abuelo y a Eloy. La trayectoria que sigue su vida ahora no es la que creíamos vislumbrar para ella cuando era niña. Sin embargo, es difícil pensar que una mujer tan independiente y tan bien encaminada en la vida se suma en una melancolía incontrolable; y ahora nos consta que ella abrazará con energía y optimismo las ataduras que ella misma escogió con Philippe. Recuérdese que el abuelo le legó su sed de vida. La figura que parece desatada, desligada, y dispuesta a envejecer y a morir es Benjamín. Y sin embargo, en la valentía y tranquilidad de la esposa —atadura que él alguna vez escogió—, se percibe una esperanza aun para él.

Nótese que el primogénito de Alina y de Philippe se llama Santiago, reflejo del lugar donde se conocen los dos esposos, y también el nombre del abuelo.

---

[2] *quinto curso*—quinto año de la escuela secundaria.

Páginas 134–142 del libro de lecturas

El alacrán de fray Gómez
Ricardo Palma (Perú)

Preguntas

Contesta las **Preguntas** en el libro para comprender mejor el significado de la selección.

1. ¿Quién es fray Gómez? ¿Cómo es él? Extrae elementos del texto para justificar tu descripción.

Palma nos dice que fray Gómez "desempeñaba en Lima, en el convento de los padres seráficos,[1] las funciones de refitolero en la enfermería u hospital de los devotos frailes". Nos informa que existe en Roma un expediente para su beatificación y canonización. Sus "milagros a mantas" los realiza "sin darse cuenta de ellos y como quien no quiere la cosa", y nos damos cuenta de que es un hombre de Dios, sencillo, devoto y humilde; no busca ni gloria ni fortuna al hacer sus milagros, sino todo lo contrario; rehúye de ellas. Llegamos a conocer su "humildísima celda", aunque no conocemos ningún detalle del aspecto físico del santo varón.

Más allá de esto, los pormenores de la biografía de fray Gómez se encuentran en la tradición, al acabarse la primera sección, la introductoria. Por verosímiles que parezcan estos datos tan específicos, el estudiante ha de recordar que el interés de Ricardo Palma está en dejar constancia de una tradición. Con sus Tradiciones le importa, más que hacer historia propiamente dicha, embellecer e idealizar el pasado históricocultural de la época colonial del Perú, con sus usos, sus decires, sus aspiraciones y su voz criolla. El autor pone el toque personal a la vida de los limeños de "aquellos tiempos", los de los virreyes españoles, y retrata los pequeños dramas, creencias, tipos y costumbres del pueblo.

El culto a la tradición y al pasado es testimonio del romanticismo tardío de Palma. No rinde fruto que el estudioso indague la verdad histórica de fray Gómez; lo que encierre esta tradición de verdadero, se deja a la discreción del lector. Es análogo a lo que Palma mismo comenta a su amigo Prieto, al referirse a uno de los prodigios de fray Gómez: "Yo ni lo niego ni lo afirmo. Puede que sí y puede que no. Tratándose de maravillas, no gasto tinta en defenderlas ni en refutarlas".

2. Resume el trasfondo histórico de este cuento según lo llegamos a conocer del narrador. ¿Dónde y cuándo tiene lugar el cuento?

Tiene lugar en Lima, Perú, en tiempos de la Colonia. Se podría calcular una fecha más exacta solamente sabiendo que son los tiempos de San Francisco Solano. Este padre franciscano, español de nacimiento, vivió y trabajó en Lima a fines del siglo XVI y comienzos del siglo XVII; tuvo fama de realizar muchos milagros, ganándose el sobrenombre de "el taumaturgo[2] del nuevo mundo". Fray Gómez, según Palma, era su contemporáneo. Aun más, el buen fraile hace un milagro para el mismo San Francisco Solano: el de los pejerreyes que el fraile saca, como por arte de magia, de su manga izquierda para despertarle el apetito al santo, quien se encuentra enfermo. Fray Gómez es, por ende, milagrero de milagreros.[3]

Lima era la capital del virreinato del Perú, centro de gran actividad artística y arquitectónica en la Edad Barroca, época en que tiene lugar el relato. Lima, en aquel entonces, era la sede de una rica aristocracia criolla. También, para los franceses especialmente, era un lugar exótico, de gran fascinación, retratado, por ejemplo, en Cándido, de Voltaire.

Algunos estudiantes notarán, más bien, lo que le falta al trasfondo histórico del cuento; no se ve en sus páginas rastro alguno de la población indígena ni de otras razas o culturas peruanas; lo que experimentamos con Palma es lo que se podría llamar la clase media criolla, la de los hijos de españoles nacidos en las Américas, de vida acomodada, y, si bien de categoría social inferior a los españoles, superior a los demás.

---

[1] *seráficos*—aquí, franciscanos.

[2] *taumaturgo*—uno que tiene la facultad de realizar prodigios, es decir, sucesos sobrenaturales, milagros.

[3] La misión franciscana en Sonoma, California, lleva el nombre de San Francisco Solano.

3. ¿Se trata aquí de un narrador omnisciente?
¿Queda alguna duda al final del cuento en cuanto
a la realidad de los hechos ocurridos?

*No se trata de un narrador omnisciente. La voz narrativa
es, a todas luces, la de Palma mismo, cronista de estilo
muy personalizado. Nos introduce al cuento diciendo,
"Cuando yo era muchacho, oía con frecuencia a las viejas
exclamar . . .", y nos confiesa que "he bautizado, en mi
paternal chochera, con el mote de alacrancito de fray
Gómez" a Angélica, su hija. La tradición empieza siendo
una especie de carta dirigida a su "amigo y camarada"
Casimiro Prieto Valdés, a quien va dedicada. Con ello, el
autor pretende satisfacer una deuda literaria contraída
con Prieto, y es éste el pretexto de que se vale Palma
para explicar al lector el origen del piropo popular, "Esto
vale tanto como el alacrán de fray Gómez."*

*Nos acostumbramos pronto, en la primera sección—
la introductoria—, a oír los apartes y reflexiones
personales del autor. Esmerado lingüista y dueño de
una técnica narrativa reluciente, Palma pone en su
relato un tono leve, gracioso, irónico y socarrón. Al contar
uno de los "milagritos" de fray Gómez, narra lo que
tiene que hacer el buen fraile cuando la gente se da
cuenta del milagro: "para sustraerse a la popular
ovación, echó a correr camino de su convento y se
encerró en su celda", como si fuera un artista de cine
perseguido por aficionados. El autor no deja de agregar,
sin embargo, que "la crónica franciscana cuenta esto
último de manera distinta," afirmando que el buen
hombre se elevó en los aires y voló al convento.*

*No obstante, dentro de la tradición misma, en la parte
que va para explicar el decir del pueblo limeño, se
suspende toda socarronería, se desvanece el son de
burla, y Palma, empeñado en reproducir el hecho
conforme a la creencia popular, cuenta el cuento del
alacrán vuelto joya por obra de Dios, con absoluta
seriedad. Al final, el lector queda satisfecho de que, para
el pueblo limeño al menos, no queda ninguna duda de
la autenticidad del milagro, y el relato de Palma cae
dentro del campo de lo maravilloso. Trata hechos
sobrenaturales, sí, pero tanto narrador como lector
encuentran la explicación de los prodigios dentro de las
creencias culturales de su pueblo de origen. No hay, al
final, sombra alguna de la actitud de la que el autor dejó
constancia en la primera parte: "Yo ni lo niego ni lo
afirmo. Puede que sí y puede que no."*

Páginas 314–316 del libro de lecturas

Romance del conde Arnaldos
Anónimo (España)

Preguntas

Contesta las **Preguntas** en el libro para comprender mejor el significado de la selección.

1. ¿Por qué se encuentra el conde Arnaldos al lado del mar, la mañana en que ve el barco?

Falcón en mano, el conde Arnaldos ha salido de mañana a cazar. En el Medioevo, en Europa, los halcones peregrinos, aves rapaces, o de presa, eran amaestrados para ser usados en la caza de otras aves y de animales pequeños del monte. El halconero se ponía guante como protección contra las garras, y colocaba una capucha sobre los ojos del halcón, para mejor controlar la caza. Esto llegó a ser un deporte para la nobleza, algo análogo a la caza de zorros en Inglaterra.

2. ¿Qué efecto produce la canción del marinero sobre los elementos y sobre los animales del mar?

Los versos claves para poder contestar esta pregunta son: "que la mar facía en calma,/los vientos face amainar;/los peces que andan n'el hondo/arriba los face andar,/las aves que andan volando/n'el mastel las faz posar." La canción del marinero calma las aguas del mar y apacigua los vientos. Los peces, aun de lo más hondo del mar, suben hasta el barco del marinero en la superficie, y las aves que vuelan llegan a posarse sobre su mástil. La canción embelesa de tal forma los elementos del mar que, al parecer, dejan todos sus quehaceres cotidianos para acercarse al marinero, a escuchar su canción.

3. ¿Se niega el marinero a hacer lo que el conde Arnaldos le pide? ¿Cómo interpretas tú la respuesta que le da el marinero?

El conde Arnaldos le pide al marinero que cante para él la canción maravillosa que viene cantando. El marinero no se niega, pero pone una condición: que si quiere oír la canción, el conde tendrá que partir con él en el barco. Cantando su canción, el marinero cautiva al conde, igual que al viento, a la olas, a los peces y a las aves del mar.

Los estudiantes aportarán sus propios conceptos sobre el porqué y el cómo del hechizo de la canción del marinero. Los versos en sí nos revelan poco, y el misterio que encierran hechiza al lector, tal como hechiza la canción del marinero al conde.

4. Los sucesos de este romance tienen lugar en la mañana de San Juan. Investiga las tradiciones que en el mundo hispánico se relacionan con este día muy especial, el 24 de junio, y discute una posible conexión entre los hechos insólitos narrados en el poema y el día en que éstos ocurren.

La noche de San Juan—en la época del año de días largos y noches cortas en el hemisferio norte—, es la fiesta de San Juan Bautista (Lucas 3:1–22). Coincide aproximadamente con el solsticio estival, el 21 de junio. Antiguamente, en todos los pueblos europeos, se celebraba esta ocasión con ritos asociados con la vida agrícola. Entre otras tradiciones populares, se dedicaban las fuentes de agua a San Juan Bautista, creyendo que las aguas así dedicadas producían efectos curativos. Se creían particularmente eficaces durante la noche de San Juan, con la virtud curativa de las aguas del río Jordán. En Inglaterra, se celebraba como Midsummer Night, móvil para una gran comedia, poblada de hadas y duendes, duques y enamorados, de la pluma de William Shakespeare.

Es la ocasión en España y en otros lugares de Europa e Iberoamérica, para encender sobre los montes e iglesias grandes fogatas, que con su humo alejan los maleficios. Junto a ellas se cena, se canta y se baila girando en derredor. También hay que saltar sobre ellas. En un lugar de la provincia de Soria, en España, hay un rito particular: cuando los tizones ya no arden, pero están en brasa, algunos vecinos se descalzan y caminan por encima de los todavía calientes tizones.

En la comedia de Lope de Vega, Amigos enojados y verdadera amistad, Manfredo narra su enamoramiento: "En la noche de San Juan, / cuando todos se alborotan / por gozar de aquel rocío / que a veces sirve de aljófar, / fuimos a una huerta mía / los dos en una carroza, / y en ella vimos ¡ay triste! / un bello escuadrón de hermosas, / coronadas las cabezas / de claveles y de rosas".

Los estudiantes verán, al leer San Manuel bueno, mártir, de Miguel de Unamuno, que en las noches de San Juan, don Manuel suele realizar lo que el pueblo toma por milagros, valiéndose del agua del lago. Unamuno nos informa que la mayoría de sus "milagros" los efectúa por el poder de sugestión nacido de su atrayente personalidad.

Sabiendo estas cosas, y más, los estudiantes podrán aportar sus propias ideas sobre una posible conexión con la aparición del marinero en la mañana de San Juan.

5. Primero, repasa las características fundamentales de un romance, que se detallan en las preguntas al final del "Romance del rey moro que perdió Alhama". Luego, determina cuáles son los elementos que comparten el "Romance del conde Arnaldos" y el "Romance del rey moro que perdió Alhama". ¿Se diferencian en algún respecto? Cita detalles específicos de los dos poemas para justificar tu respuesta.

En cuanto a su estructura, las características fundamentales de un romance son: versos de ocho sílabas, con rima asonante en los versos pares, quedando sueltos los impares. Relata un suceso dramático, muchas veces con diálogo, y es musical y fragmentario. Como se verá, el "Romance del conde Arnaldos" cumple con todas estas condiciones.

La diferencia más fácil de percibir entre estos dos romances es que aquí no hay estribillo. En "Romance del rey moro que perdió Alhama", el estribillo se intercalaba cada cuatro versos, separando el poema en estrofas de cuatro versos cada una. (Véase la respuesta a la Pregunta N° 1, del "Romance del rey moro que perdió Alhama".) El "Romance del conde Arnaldos" no se divide en estrofas. Recuérdese que la forma del romance permite un número indefinido de versos, con tal que la suma total sea un número par. No suele tener forma estrófica de ninguna clase.

La segunda diferencia estriba en la asonancia que se nota en este romance. Mientras que en el romance anterior, notamos asonancia en "a-a", en éste es sólo "a", es decir, asonancia de una sola sílaba, puesto que la sílaba final de cada verso par de este romance es sílaba tónica; carga la fuerza de la voz. Dicho de otro modo, todos los versos pares aquí terminan en palabras agudas. Este tipo de verso se conoce como verso agudo.

En el cómputo silábico de un verso agudo, quien cuenta las sílabas agrega una cuenta más al número de sílabas que constan en el poema, ya que al final de un verso poético, las palabras agudas suenan con mayor intensidad; su enunciación requiere más tiempo. Esto, en la música, es análogo a un silencio. Es por eso que, contando las sílabas de cada uno de los versos pares del "Romance del conde Arnaldos", los estudiantes encontrarán que el saldo es siempre siete. La realidad poética de este resultado, ya que se trata de versos agudos, es que el cómputo debe tenerse por siete más uno, que vienen a ser las ocho sílabas por verso que exige la forma del romance.

Así que tenemos "mar-Juan"; "cazar-llegar"; "cendal-cantar"; "amainar-andar"; "posar-dirá" y hasta "dar-va", al final. Nótese que las palabras que consisten en una sola sílaba se consideran agudas, pues cargan la fuerza de la voz.

No sólo hay diferencias formales entre este romance y el anterior. Hay diferencias también de fondo. Como se ve en la introducción al poema, en la página 314 del libro de lecturas, éste no es un romance fronterizo; no tiene contenido histórico. Se trata de un romance lírico o novelesco. El relato es ficticio, y, además, es fantástico: la canción del marinero, capaz de hechizar los elementos del aire y del mar, no corresponde a nuestra realidad, ni hay en nuestros conceptos culturales explicación de su presencia.

El fin abrupto del poema nos deja con sed de saber quién es el marinero, de dónde viene y en qué consiste su hechizo. El conde Arnaldos, ¿dejará todo atrás para ir con él en el barco? El momento dialogado del romance es tan fugaz y tan tenue, que, ni bien empezado, se desvanece. Lo que queda es el misterio, y más de un lector, conmovido, ha caído bajo su encanto. El carácter fragmentario del romance no nos permite saber más.

Páginas 337–339 del libro de lecturas

Soneto CLXVI
("Mientras por competir con tu cabello")
Luis de Góngora y Argote (España)

Preguntas

Contesta las **Preguntas** en el libro para comprender mejor el significado de la selección.

1. Resume en tus propias palabras la idea central del poema.

La idea central de este soneto es carpe diem: la esencial brevedad de la vida y el paso veloz del tiempo que lo arrasa todo. El primer terceto enuncia esta idea central, al amonestar a la mujer del soneto—de cuello, boca, frente y cabello jóvenes y lozanos—que goce de su belleza y juventud mientras éstas triunfan todavía sobre la competencia que reciben del sol, del lilio, del clavel y del cristal. Inevitablemente, el tiempo convertirá su hermosura en "nada".

2. Repasa las características necesarias para que un poema sea un *soneto al estilo italiano*, y describe en detalle cómo este poema cumple con todas ellas. Justifica tus afirmaciones con ejemplos específicos del texto. Di por qué la forma de soneto se acopla bien con la idea central del poema.

Este poema cumple con todos los requisitos de un soneto al estilo italiano: consiste en catorce versos, divididos en cuatro estrofas, dos cuartetos y dos tercetos. Cada verso tiene once sílabas, por ejemplo: "Mien-tras-por-com-pe-tir-con-tu-ca-be-llo"; y "o-ro-bru-ñi-do al-Sol-re-lum-bra en-va-no". Hay rima consonante: por ejemplo, "cabello-bello"; "vano-llano". El esquema de la rima es ABBA ABBA en los cuartetos, y CDC DCD en los tercetos.

La forma se acopla perfectamente con la idea central: se trata de una sola idea, que encaja bien en catorce versos; encuentra su planteamiento y desarrollo en los cuartetos, y su resolución en los tercetos (a partir del mandato "goza"). Además, siendo la idea central la brevedad de la vida y la rapidez con que pasa, la forma del soneto también ofrece la brevedad a sus lectores; su lectura, poco dura.

3. ¿Cuáles son algunos de los recursos poéticos que emplea Góngora para evocar lo efímero de la belleza y de la juventud? Di cómo estos recursos le sirven para la expresión poética.

Para comenzar, Góngora se vale del recurso llamado anáfora. Como Garcilaso con su anáfora "en tanto que", Góngora repite la palabra "mientras"[1], evocando otra vez lo efímero de la vida humana. Después de pasada la edad lozana, el sol ya no tendrá que competir con el cabello dorado de la mujer del soneto; tampoco el lilio[2] con su blanca frente, ni el clavel (se supone rojo) con su boca ("labio"), ni el cristal luciente (que refleja la luz) con su hermoso cuello.

En el verso 7, el poeta agrega la palabra "triunfa" al concepto ya establecido de "competencia", y vemos de pronto que lo que pudo parecer una serie de símiles implícitos (cabello-sol; frente-lirio, etc.) viene a ser una comparación de desigualdades: cabello, frente, labio, cuello—todos triunfan sobre la competencia que tratan de hacerles el sol, el lirio, el clavel y el cristal. No estamos frente a metáforas ("esto es lo que no es") ni frente a símiles (comparaciones entre iguales; "una cosa es como otra cosa diferente"). En este soneto de Góngora, sol, lirio, clavel y cristal jamás triunfarán sobre las dotes de la amada, mientras—la repetición subraya la palabra—dure la juventud.

Otro notable recurso técnico de Góngora en este poema es el que se denomina clímax o gradación. La secuencia de los elementos presentes en el verso 14 desciende por un curso que va de lo sólido y material hasta parar en la nada—tierra (cosa inerte; la componen los restos de la vida; sugiere nuestro entierro), humo (no sólido; lo despedido de un incendio), polvo (carece de forma; según la Biblia, es nuestro origen y nuestro destino), sombra (intangible; un mero reflejo de lo tangible), y,

---

[1] Nótese que la anáfora de los dos poetas se encuentra no sólo al comienzo de sus versos, sino al comienzo de sus cuartetos.

[2] lilio—palabra cuya forma actual es lirio; Sebastián de Covarrubias, en su Tesoro de la lengua castellana o española (1611), nota que lilio es la planta que da la azucena, "símbolo de la castidad por su blancura y de la buena fama por su olor". Covarrubias y Góngora eran coetáneos.

finalmente, nada. Además, el poeta se vale del asíndeton—la eliminación de lazos esperados entre palabras—, en los versos 11 y 14, aligerándonos el paso hacia la decadencia representada en su soneto.

Los estudiantes podrán distinguir otras cosas más allá de lo que aquí se expone.

4. Compara y contrasta la idea elaborada en este soneto con la del "Soneto XXIII" ("En tanto que de rosa y azucena"), de Garcilaso de la Vega. Justifica tus afirmaciones con ejemplos de los dos textos.

En casi todos sus aspectos—en lo temático, lo léxico, lo estructural, entre otros—, este soneto es análogo al soneto de Garcilaso. Sin embargo, hay una diferencia importante en el segundo terceto: mientras Garcilaso advierte que el paso del tiempo convertirá la lozanía de la juventud en la decrepitud de la vejez, Góngora presenta, brutalmente, la fatalidad de la muerte, y sin el consuelo de un más allá; lo que nos espera es la nada, nada más. (Nótese que Góngora era sacerdote de la Iglesia Católica.) Para más, véase, arriba, la respuesta a la Pregunta N° 3, y también lo referente al soneto de Garcilaso, en las respuestas a las preguntas que corresponden al mismo.

Se puede llamar la atención de los estudiantes al hecho de que el soneto de Garcilaso antecedió al de Góngora; el de Garcilaso data de 1543 y el de Góngora, de 1612. Garcilaso era un poeta del Renacimiento; el nombre de Góngora es el que más se asocia con el culteranismo, llamado también, por lo mismo, gongorismo.

Páginas 341–343 del libro de lecturas

Salmo XVII ("Miré los muros de la patria mía")
Francisco de Quevedo y Villegas (España)

Preguntas

Contesta las **Preguntas** en el libro para comprender mejor el significado de la selección.

1. Comenta, utilizando ejemplos específicos del texto, cómo se sirve Quevedo de la estructura del soneto y de recursos poéticos, para exponer su tema central y para crear el tono que busca. ¿Cuál es su tema central? ¿Cuál es el tono del poema?

El tema central del soneto refleja el tema tradicional memento mori, *frase latina que significa "recuerda que has de morir"; ésta fue una meditación de los ascetas cristianos en sus celdas, mientras contemplaban una calavera; la calavera, como signo artístico, se puso especialmente de moda en el Barroco. De hecho, hasta hoy día, la locución* memento mori *se usa en inglés para nombrar cualquier objeto que sirve como recuerdo de la muerte.*

Quevedo se sirve de la forma del soneto para desarrollar su idea central: la de la omnipresencia de imágenes de la muerte en todo lo que ve en derredor suyo. Plantea y desarrolla esta idea en los cuartetos—poblados de imágenes de un mundo gastado o caduco más allá de su hogar—, y la resuelve en los tercetos, mediante imágenes cada vez más íntimas, hasta incluir a su propia persona. El decaimiento de todas las cosas lo lleva a pensar sólo en la muerte.

Como en muchos poemas barrocos, encontramos aquí el uso del hipérbaton, recurso estilístico mediante el cual el poeta invierte el orden natural de las frases. Esto resulta en cierta dificultad de comprensión para los estudiantes. Característica del Barroco (correspondiente al siglo XVII), en lo que escribía Quevedo, era buscar el ingenio y la sutileza en la expresión. Esta búsqueda daba lugar, muchas veces, a un lenguaje retorcido.

Los elementos de este soneto vienen a ser metáforas de la decadencia, de la pérdida de fuerzas y del desgaste de las cosas como indicios de la muerte. Todas son

cosas presentes en el mundo del poeta, y su decadencia es resultado del paso del tiempo; por ejemplo, muros antes fuertes y ya desmoronados; y un sol que bebe los arroyos desatados del hielo (secándolos en su curso).

El tono, sin embargo, es distinto en las dos versiones. El de la primera versión, "Salmo XVII", publicada en 1613—cuando el poeta no había cumplido aún los 34 años de edad—, es un tono de resignación ante las premoniciones de muerte que ve en los estragos sufridos por las cosas de su mundo a causa del transcurso del tiempo. Para más sobre este tema, véase la respuesta a la Pregunta N° 3.

2. Describe el efecto casi cinematográfico que logra el poeta al enfocar el ojo del lector primero sobre imágenes de su patria desmoronada—los campos de su hogar—, después sobre su casa en despojos, hasta parar por fin en imágenes de su ya gastada persona.

El efecto produce la impresión de una cámara enfocada, en círculos concéntricos, desde amplio y general al principio, hacia adentro, hasta ofrecer la imagen nítida del cuerpo desgastado del poeta, al final. La circunferencia más grande abarca la patria del poeta: la del primer soneto, su patria chica, su comarca, y la del segundo, la nación española. (Véase la respuesta a la Pregunta N° 3.) En el segundo cuarteto, se ajusta la lente para concentrarse ahora en la casa y los campos del poeta. El tercer ajuste del enfoque de nuestra lente nos lleva al interior de su casa, donde la cámara ahora recoge la imagen de objetos de su uso personal—su espada, en ambas versiones, y, en el segundo soneto, su báculo corvo. Por último, la vista descansa, en la primera versión al menos, en la vestidura desgastada del poeta.

3. Analiza las diferencias específicas que existen entre las dos versiones de este poema. ¿Cómo cambia la idea central en la versión póstuma? ¿Cómo cambia el tono?

Tanto en el primer soneto como en el segundo, el poeta no encuentra en qué poner los ojos donde no halle imagen—o recuerdo—de la muerte. En la primera versión, se trata de su propia muerte personal ("mi muerte" en el verso 14); en la segunda, se trata más bien de una muerte y de un arrasamiento más generalizados ("la muerte" en el verso 14). Se verá que este juicio se apoya cotejando las imágenes de las dos versiones. El primer soneto, "Salmo XVII", sugiere sumisión ante la muerte; el poeta se rinde al fin a la consecuencia de los años. El segundo soneto manifiesta un hondo sentido de derrota y pérdida; va implicado en éstas el inexorable curso de los eventos nacionales que el poeta ha presenciado en su vida, los cuales han traído el fin de la hegemonía española en el mundo. El tono es de vencimiento y de falta.

La primera versión del soneto de Quevedo, escrita antes de 1613, evoca la larga lucha de la vida, lucha que cansa ("Entré en mi casa, y vi que, de cansada/se entregaba a los años . . ."; la espada del poeta se entrega "de la misma suerte".), y que desgasta (los muros ". . . desmoronados,/de larga edad y de vejez cargados"; su vestidura "gastada".). Las imágenes aquí tienen un carácter militar: por ejemplo, los muros de su patria (referencia a la patria chica, la comarca donde se encuentra la casa y los campos) dan obediencia al tiempo, como el soldado da obediencia a su superior. Cabe recordar que Quevedo era soldado del emperador Carlos V. La muerte aliviará la carga de los años que, en este soneto, desmorona los muros, cansa la casa y la espada y gasta la vestidura. Esta lucha terrenal terminará en el descanso de la muerte.[1]

En el segundo soneto, otras imágenes más impersonales reemplazan las arriba mencionadas, y la vestidura gastada del poeta (verso 12 de la primera versión) desaparece del todo. La espada, antes cansada, ahora está "vencida" de la edad. La transformación de lo personal en lo impersonal y de cansancio en vencimiento, induce a pensar que los muros de este soneto ya no son los muros de la patria chica del poeta, sino los de la nación española. Vienen a ser metáfora de la lamentada decadencia del Imperio español, cuyo apogeo corresponde a los reinados de Carlos V (Carlos I de España) y de su hijo, Felipe II. (Para más

sobre la historia de la prepotencia de España en el siglo XVI, véase la cronología en el libro de lecturas.)

4. Compara y contrasta la idea elaborada en este soneto con la del "Soneto XXIII" ("En tanto que de rosa y azucena"), de Garcilaso de la Vega. Justifica tus afirmaciones con ejemplos de los dos textos.

La idea central del soneto de Garcilaso se puede resumir así: "Aprovecha, joven, tu juventud; goza de ella ahora porque no ha de durar; el tiempo pasa pronto, y no tardará en llegar la vejez." Es el tema de carpe diem. Las imágenes son las de la juventud— la primavera de la vida—, contrastadas con las de la vejez—el invierno de la vida. Nótese que, aparentemente, no hay término medio; no hay ni verano ni otoño. Al principio, el poeta pinta el alegre atractivo de la vida juvenil: los colores de la rosa y la azucena, el mirar ardiente, el corazón encendido, el cabello de oro, el cuello blanco y enhiesto; luego, el paso del tiempo trae la blancura de la nieve (de las canas), y marchita la rosa (del rostro). Pero no se menciona la muerte; el tema del soneto es sólo carpe diem.

En cambio, la idea central del soneto de Quevedo es precisamente la muerte. La muerte se enseñorea de todo, a fuerza del transcurso de los años. Todo lo que el poeta ve en derredor suyo manifiesta la consecuencia del implacable pasar del tiempo: los muros desmoronados, la casa amancillada[2], el báculo corvo y menos fuerte, y la espada cansada o vencida. Todo le recuerda la inevitabilidad de la muerte; no le queda el consuelo de gozar de la juventud, que suponemos ya ida.

Aun la versión póstuma del soneto de Quevedo contiene la idea de la caducidad, aquí la de la hegemonía de España en tiempos de Carlos I—Carlos V del Sacro Imperio Romano Germánico, el más grande sobre la Tierra, que abarcaba España, Austria, los Países Bajos y la Colonia española en América, sus muros, ". . . un tiempo fuertes, ya desmoronados".

El tema del soneto de Quevedo, memento mori, no sugiere necesariamente el tema de carpe diem. Los estudiantes tal vez vean cierta afinidad, sin embargo, entre ellos, porque pueden ver implícito en el afán de gozar de la juventud, la conciencia de su inevitable envejecimiento. Como siempre, lo importante es la consecuencia con que los estudiantes defiendan sus conceptos.

---

[1] Para más sobre este tema, véase Bruce J. Wardropper, *Spanish Poetry of the Golden Age.* Appleton-Century-Crofts, Meredith Corporation, New York, 1971, págs. 30–31.

[2] *amancillada*—lastimada, según Covarrubias (1611); la palabra actual es mancillada. Nótese que es la segunda versión del soneto la que presenta esta palabra.

5. Compara y contrasta la idea elaborada en este soneto con la del "Soneto CLXVI" ("Mientras por competir con tu cabello"), de Luis de Góngora. Justifica tus afirmaciones con ejemplos de los dos textos.

La idea central del soneto de Góngora es carpe diem: "goza, joven, del día presente, pues la vida es breve". (Véase el contraste entre carpe diem y memento mori, en la respuesta a la Pregunta N° 4.) No obstante, el segundo terceto de Góngora brinda imágenes espeluznantes de la mudanza de la lozana belleza en la muerte; es una muerte que lo arruina todo. Esto presenta un punto de comparación entre el poema de Góngora y el de Quevedo, cuya preocupación es la declinación de fuerzas y el rendimiento, o vencimiento, del poeta, ante la muerte.

Páginas 344–348 del libro de lecturas

En una tempestad
José María Heredia (Cuba)

Preguntas

Contesta las **Preguntas** en el libro para comprender mejor el significado de la selección.

1. Describe en tus propias palabras lo que al poeta le inquieta de la tempestad. ¿Qué otra emoción siente al contemplarla? ¿Cuál es el tono del poema? Defiende tus observaciones con ejemplos extraídos del texto.

Los estudiantes pueden valerse de imágenes como la "faz terrible, siniestra, misteriosa" del huracán, "velo de muerte", un sol que tiembla y oculta su propia "faz gloriosa"—dando "luz fúnebre y sombría"—, como fundamento para describir la inquietud del poeta cuando siente venir la tempestad. Las imágenes del principio del poema evocan la terrible fuerza del esperado huracán, cuya llegada tiene a toda la tierra en expectación, y presa de ansiedad y de temor. Sobran ejemplos que pueden ayudarles a describir el pavor que turba al poeta y al resto del mundo animado, e inanimado también.

Nótese que, fuera de "luz fúnebre" y "velo de muerte", faltan del todo imágenes de la muerte con respecto a la tempestad. Ella es grande (enarca los brazos y "¡ . . . abarca/cuanto alcanzo a mirar de monte a monte!"), aterradora ("brota el rayo veloz, se precipita, /hiere y aterra al suelo,"; "horror profundo"), poderosa ("¡Su soplo/levanta en torbellinos/el polvo de los campos agitado! . . ."), sublime ("¡Sublime tempestad!") y majestuosa (los bosques de los montes responden a su voz bramando); pero no es mortífera. Trae temor y esplendor; no trae la muerte.

Se tendrá que tener en cuenta, a la vez, que es doble el estado de ánimo que la llegada del huracán despierta en el poeta. La tempestad desenvuelve su "manto aterrador y majestuoso", y al hacerlo, enardece el ánimo del poeta ante su sublimidad.

El tono del poema es de reverencia transformada en éxtasis: gozo sublime que lleva al poeta a un encuentro inefable con Dios en medio de la tempestad, por inspiración de ella. Se palpa la gratitud del poeta por la emoción que ella libra en su alma, elevándolo a plena conciencia de la majestad de Dios, y del lugar del ser humano en la tierra. ("¡Cómo en tu seno,/de tu solemne inspiración henchido, . . . alzo la frente, de delicia lleno!"; "siento a la tierra/escucharle y temblar")

Solos los dos—poeta y tempestad—y separados del mundo por la intemperie (la lluvia "cae a torrentes, obscurece al mundo"; "la tormenta umbría . . . revuelve un océano que todo lo sepulta . . ."), el poeta, absorto, exclama, "¡Sublime tempestad!" Es una exclamación de contenido mucho más personal que su solemne saludo de antes, cuando, al ver llegar la tempestad, el poeta, emocionado, la alaba: "¡Gigante de los aires, te saludo! . . .") Ella le ha inspirado, ahora, a olvidar a ese "mundo vil y miserable", que antes buscaba ("os busco en vano./Desaparecisteis . . ."). Entonces, el poeta alza la frente y se eleva "al trono del Señor." Por sus mejillas corre un "ferviente lloro" y, estremecido, el poeta adora la majestad de Dios.

Para más sobre esta inefable experiencia de Dios en el alma del poeta, véase la respuesta a la Pregunta N° 3.

2. La tempestad es un móvil del que se vale el poeta para evocar una realidad humana. Comenta la actitud del poeta ante la tempestad, y por consiguiente su actitud ante la realidad humana.

Los estudiantes responderán de distintas maneras, y tal vez de manera bastante personal. En sus comentarios, todos deben reconocer que la realidad humana a que alude el poeta es la conciencia de su pequeñez ante la grandeza de las fuerzas naturales, sentimiento que lleva a Heredia a alzar los ojos, y a sentirse elevado al trono de Dios. Temblando, adora la alta majestad de Dios.

3. Analiza cómo el poeta desarrolla una relación íntima entre él y la tempestad. Comenta por lo menos tres de las imágenes de Heredia mediante las que evoca una analogía entre su estado de ánimo y la tempestad.

A base del texto de Heredia es lícito trazar una analogía entre la relación poeta-tempestad y el éxtasis que causa la amada en el amante. No sólo encontramos la intensidad de la emoción, sino que los pasos del poema siguen un curso análogo al de un enamoramiento apasionado que embarga el alma entera de admiración y alegría.

Los pasos que presenta el poema en la experiencia del poeta con la tempestad son: inquietud, ansiedad y expectación . . . un saludo inicial solemne . . . admiración y alabanza . . . una disminución de relación con el resto del mundo ("¿dó estáis . . . cielo, nubes, colinas, caro bosque?") . . . confusión, ofuscamiento ("Todo es confusión.") . . . un sentimiento pleno de la sublimidad de lo amado, acompañado ahora de un olvido total del mundo . . . delicia ("¡ . . . de delicia lleno!) . . . comprensión cabal de lo amado, ("¿Dó está el alma cobarde/que teme tu rugir? . . ."), y, por fin, se siente elevado a una unión mística con Dios.

4. ¿Cuál es la estructura métrica de este poema? ¿Hay regularidades en cuanto al número de versos por estrofa, al cómputo silábico y a la rima? Identifica este tipo de poema, y analiza el efecto que surte esta estructura en la expresión poética.

Lo primero que notarán los estudiantes es que las estrofas son de distinta extensión; hay un total de siete estrofas en el poema, y la primera tiene sólo cuatro versos; la segunda, once; la tercera, diez; la cuarta, nueve; la quinta, ocho; la sexta, diez; y la séptima, once. Ante una situación como ésta, se puede afirmar simplemente que el poema no tiene forma estrófica regular.

La mayoría de los versos son endecasílabos, pero hay algunos heptasílabos (versos de siete sílabas) intercalados aquí y allá. Si nos fijamos en la primera estrofa, por ejemplo, vemos que el primer verso y el último son endecasílabos, mientras que los dos

intermedios son heptasílabos; pero los otros heptasílabos se encuentran dispersos, de modo irregular, a través del poema. Podemos decir, por eso, que se trata de la forma poética llamada silva, poema formado por versos endecasílabos y heptasílabos distribuidos al capricho del poeta. Una silva puede tener rima consonante o asonante, o bien puede dejar algunos versos sueltos, es decir, sin rima. (Conviene que los estudiantes se acostumbren a determinar, primero, el cómputo silábico de los versos; y si distinguen que son heptasílabos y endecasílabos, es decir, una silva, no deben perder tiempo buscando un orden en su distribución, ya que, en una silva, se distribuyen los versos al arbitrio del poeta.)

"En una tempestad" tiene rima consonante, cuando la hay, por ejemplo, "siento-aliento"; "abrasado-entusiasmado"; "heridos-bramidos"; "levantando-aspirando". No hay asonancia, y muchos versos se dejan libres, es decir, sin consonancia ni asonancia. El esquema de la rima es bastante irregular, lo cual es completamente permitido dentro de la estructura de una silva.

Indagando por qué el poeta se sirve de esta forma para su expresión lírica, los estudiantes tendrán ideas varias; como siempre, es importante que encuentren su justificación en ejemplos extraídos del texto. En términos generales, podrán distinguir el hecho de que hay, dentro de la gran fuerza caótica de la tempestad, orden en la función que cumple en el ánimo del poeta. La tormenta le descubre su sublimidad, y lo eleva a una unión mística con Dios. Al notar parejos el caos y el orden, en lo temático, el estudiante verá, en lo formal, una condición análoga en la silva: es una forma lírica que, más que otras, ofrece libertad al poeta; dicho de otro modo, detrás de la aparente libertad de la silva, obra la forma.

No se debe dejar el tema de la estructura lírica de "En una tempestad" sin tomar nota de su repetido uso del hipérbaton, o sea, de la inversión del orden normal de las frases. El hipérbaton es un fenómeno que, en algunos casos, dificultará la comprensión de los estudiantes.

Recuérdese que Heredia se formó como clasicista, pero la mayoría de sus versos reflejan tendencias románticas. En el poema "En una tempestad" se realza la sensibilidad del poeta, lo cual es característico de los poetas románticos.

Páginas 349–354 del libro de lecturas

Canción del pirata
José de Espronceda (España)

Preguntas

Contesta las **Preguntas** en el libro para comprender mejor el significado de la selección.

1. Describe en tus propias palabras la experiencia de ser pirata que se canta en este poema.

   Este poema de Espronceda nos presenta la vida del pirata como la más libre, la más romántica posible. Trae a la memoria las novelas de aventuras que tanto encantan a los lectores adolescentes. Un libro destacado del género de aventuras de piratas es La isla del tesoro, de Robert Louis Stevenson. Una de las novelas de Rafael Sabatini, Captain Blood, fue llevada a la pantalla; la película, con Errol Flynn, ha sido calificada como la mejor película de piratas de todos los tiempos.

   El pirata de Espronceda—al parecer, una encarnación del ánimo del poeta—es el hombre libre por excelencia: no rinde cuentas a nadie, va a donde le dé la real gana; su única patria es el ancho mar; se ríe de los que lo persiguen; y no sólo no se deja dominar, sino que domina a los demás ("cien naciones/han rendido/sus pendones/a mis pies"). Este pirata es libérrimo, intrépido, alegre, valiente y contento con su vida marítima ("se duerme, sosegado, arrullado por el mar"); el viento es su música. Y si pierde la vida, no le importa. Aceptó el riesgo cuando sacudió el yugo del esclavo (es decir, cuando se decidió a dejar su vida en tierra para vivir la vida libre del mar, "a quien nadie impuso leyes").

2. ¿En qué aspectos se puede afirmar que este poema pertenece a la escuela romántica?

   Pertenece a la escuela romántica tanto, en fondo como en forma. Primero se ve uno de los temas preferidos de los románticos: la libertad. El romántico quiere cortar las ataduras sociales y familiares que limitan sus aspiraciones y sus movimientos. El capitán pirata de Espronceda no está sujeto a ninguna autoridad civil; él mismo es su ley. Su Dios es la libertad; la mar es su

   patria. No hay playa (tierra) en el mundo que no sienta (reconozca) su derecho y que no dé pecho (se someta; se rinda) a su valor. No tiene responsabilidades de familia; no tiene esposa ni hijos. Nada lo refrena. Él afirma su yo sobre toda otra consideración ("¡Sentenciado estoy a muerte!/Yo me río;), y se impone por la fuerza ("al mismo que me condena,/colgaré de alguna entena/quizá en su propio navío"). Como buen romántico, el pirata anhela viajar a lugares remotos y exóticos en busca de aventuras ("Asia a un lado, al otro Europa,/allá a su frente Estambul."). Aunque falta en el poema ese matiz doloroso que típicamente forma parte de los textos románticos, al capitán pirata no le importa morir joven; ha escogido la vida de pirata a sabiendas, consciente de sus peligros; para él, es más importante vivir plenamente, saboreando todo lo que le brinda la vida, que vivir en paz y sosiego, y llegar a la vejez, pero sin haber apurado la copa de la vida ("Y si caigo,/¿qué es la vida?/por perdida/ya la di."). Se lanza a la vida con celo y vive a base de sus pasiones.

   Segundo, vemos la rebeldía del romántico en la forma del poema. El romanticismo surgió como una reacción a la mesura y equilibrio en las formas del neoclasicismo del siglo XVIII. Espronceda abandona las limitaciones clásicas y busca la libertad en sus estrofas y versos, pero sin descartar la rima, que importa para la musicalidad del verso. La forma de su poema no lleva nombre, porque es invención del propio poeta.

   "Canción del pirata" se considera una de las expresiones más importantes del romanticismo en la literatura española. Goza todavía de gran popularidad.

   La actitud romántica fue dominante en toda Europa en la primera mitad del siglo XIX, aunque llegó tardíamente a las letras hispánicas.

3. Explica la relación que se establece entre la experiencia de ser pirata que evoca el poeta y la fórmula métrica de que se vale para evocarla. Por ejemplo, ¿qué función cumple el hecho de que, en los tetrasílabos, versos de cuatro sílabas, particularmente en la última estrofa de tetrasílabos, se alternan sílabas tónicas, las impares, con sílabas atónicas, las pares? ¿Qué función cumple el rematar cada cuarteto octosílabo con un verso agudo? ¿Qué función cumplen encabalgamientos como, por ejemplo, "cómo vira y se previene / a todo trapo a escapar", o "dé pecho / a mi valor"?

Las respuestas de los estudiantes serán varias. En términos generales, la aparente irregularidad de la estructura del poema—la variedad de versos empleados—corresponde a la irregularidad de la vida del pirata. La consigna del pirata es la libertad; no se ajusta a reglas, a horarios, ni a deberes, sino que va y viene cuando le place; rechaza la disciplina de una vida ordenada. El poeta, aunque no quiere liberarse del todo de las limitaciones impuestas por la estructura del lenguaje y de las formas poéticas, se da licencia para utilizarlas, dentro de su propia forma individual, a su antojo.

El mejor ejemplo es el que presenta la pregunta. Espronceda se vale de la estructura métrica descrita, a fin de lograr una cadencia muy especial, una que impulsa el movimiento del poema. La cadencia que logra es poco común en la lírica en castellano, pues el pie con que se acostumbra medir el verso en inglés no desempeña un papel en nuestra métrica. El compás creado por la distribución de los tetrasílabos de la forma descrita, junto con los encabalgamientos, tiene el efecto de llevar al lector adelante, siempre adelante, con voz acompasada, como si se sintiera el movimiento del barco en su avance sobre las olas del mar. La voz aligera el paso por los tetrasílabos, ayudada por los versos pares agudos, y al llegar a los octosílabos, se le ofrece un paso más sosegado. No es de poco interés que hacia el final del poema, el pirata mismo—cuya música es el viento— ". . . se duerme / sosegado / arrullado / por el mar". Se pudiera agregar: por el mar que se escucha.

Páginas 383–388 del libro de lecturas

Poemas de Alfonsina Storni
Alfonsina Storni (Argentina)

Preguntas

Contesta las **Preguntas** en el libro para comprender mejor el significado de la selección.

1. ¿Cuál es el tono de "Tú me quieres blanca"? ¿Qué idea se expresa en este poema? Justifica tus observaciones con citas directas del texto.

   El tono de este poema es de indignación, pues una persona acusa a otra de hipocresía. Es el tono que adoptamos cuando decimos a alguien: ¿Quién eres tú para reprocharme mi conducta? ¡Tú has hecho lo mismo, o peor! (versos 15 a 30) Como dice Alfonsina Storni a los hombres, "Dios te lo perdone"; es decir, que te perdone tu hipocresía al exigirme que sea blanca, pura, cuando tú, el hombre, has pecado mil veces. Le dice al hombre que vaya a la montaña, y que viva allá como monje, en fin, que se purifique (versos 36 a 55), y que sólo entonces le pida a ella que sea pura (versos 56 a 60).

   En resumidas cuentas, el tono es el de una mujer indignada, con toda justicia, ante la hipocresía de los hombres. La idea expresada en el poema es la expuesta arriba: que los hombres no tienen derecho a pedirles a las mujeres que sean castas, porque los hombres no lo son; y si quieren exigir a las mujeres ese recato, tienen que practicarlo ellos también. No cae en el tono burlón ni en la sátira, refleja sincera indignación.

2. Busca y enumera las muchas imágenes con que la poeta sugiere el color blanco en "Tú me quieres blanca". ¿Qué otras connotaciones, además de las del color blanco, se desprenden de estas imágenes?

   La poeta enumera una serie de cosas que, o son blancas por naturaleza, o sugieren el color blanco por asociación cultural. Notamos "alba", "espumas", "nácar", "azucena", "margarita" y "nívea". También "corola", si es de una flor blanca, y "casta", que significa "pura"; la pureza se asocia con la blancura en nuestra cultura. (Véase la nota de Sebastián de Covarrubias (1611) en la respuesta a la pregunta N° 3 del "Soneto CLXVI" de Luis de Góngora.)

   Por extensión, lo blanco connota lo limpio por no tocado, no usado; y por lo mismo, lo no marcado y no ensuciado. Muchas imágenes del poema son de flores del jardín. Otras sugieren delicadeza: "azucena", "corola", "perfume tenue". Otra connotación es la de alto valor: el "nácar" es una sustancia que se emplea en la fabricación de joyas. Por otra parte, el color blanco connota también ausencia de color: lo desabrido; la frialdad; la falta de brío y de ánimo que asociamos, por ejemplo, con el color rojo (la sangre), o el verde (la pasión). Algunos estudiantes tal vez quieran señalar que la ciencia nos enseña que el color blanco resulta de la combinación de todos los colores del espectro solar. Los que quieran podrán argüir la conexión de este concepto con la idea del poema, pero, como siempre, ésta debe ser una conexión concorde con el texto.

3. Se ha dicho de Storni que posee un dominio de la técnica del verso. ¿Qué estructuras técnicas distingues en estos poemas? ¿De qué manera sirven estas estructuras a la poeta para expresar su pensamiento?

   En "Tú me quieres blanca", el verso es de seis sílabas; es el hexasílabo, que es poco usado en la poesía hispánica. Hay cinco estrofas en el poema, de extensión irregular. En cuanto a la rima, hay asonancia en los versos impares de la primera estrofa: "alba-nácar-casta-cerrada". La misma asonancia, en a-a, existe en los versos pares de la segunda estrofa, aunque es de notar que el último verso de la estrofa también guarda la asonancia: "haya-hermana-blanca-alba". En la tercera estrofa, la asonancia es a-o: "mayo-morados-pámpanos-Baco-Engaño-Estrago".

   Los estudiantes, en su esfuerzo por distinguir de qué manera sirve esta estructura al propósito lírico de la poeta, podrán tal vez notar que, mucho más que el verso libre en sí, este poema contraviene las reglas técnicas; es lícito intuir en su estructura una versificación rebelde. Los hexasílabos son extraordinarios para la poesía hispánica. La asonancia en los versos impares— sin asonancia en los pares— es inusitada. Guardar una asonancia determinada en una parte de un poema, y cambiar de asonancia a medio camino, es otro fenómeno insólito. Se podrá inferir de la estructura misma del poema, un afán de rebelarse contra las reglas y contra lo que pide la normalidad.

En cuanto a "Peso ancestral", consta de tres estrofas, de cuatro versos cada una. Los tres primeros versos de cada estrofa son endecasílabos, mientras que el último verso de cada estrofa tiene sólo cinco sílabas; son pentasílabos. Se discierne rima asonante en los versos pares: "abuelo-acero-veneno-pequeño-beberlo-peso". Nótese que la asonancia, en e-o, se mantiene a través del poema. El poema tiene sólo doce versos. Como se ve en otros poemas, como "Rima IV", de Gustavo Adolfo Bécquer, un verso corto que remata cada una de una serie de estrofas, hace que el lector se detenga un momento antes de seguir su camino. Son un punto de enfoque.

4. ¿Cuál es el tono de "Peso ancestral"? Compara y contrasta el tono de este poema con el tono de la redondilla "Hombres necios que acusáis . . ." de Sor Juana Inés de la Cruz. ¿En qué se asemejan las ideas expuestas en los dos poemas? ¿En qué se diferencian?

El tono de "Peso ancestral" es de tristeza, de dolor, de pesar, ante la lágrima derramada por un hombre, que parece ser, aunque no lo llegamos a saber, un hombre querido por Storni—su amante, su hermano, su marido tal vez. La lágrima le cae en la boca de ella, y le sabe amarga, a "veneno": de hecho, para ampliar la imagen, la poeta dice hiperbólicamente: "más veneno/yo no he bebido nunca en otro vaso/así pequeño"; por lo mismo, Storni sugiere que ha bebido otros venenos en su vida.

Pero no es la lágrima en sí lo que le da tristeza; es un "dolor de siglos" (los estudiantes podrán querer debatir si ésta es otra hipérbole o no), el dolor de todos los hombres que no han llorado, que se aguantaban las lágrimas, que se privaban de ese desahogo, porque "eran de acero"; según la sociedad, los hombres no lloran. Storni siente ese dolor acumulado, apresado, en su propia alma—sorbida por la lágrima—porque el hombre que ha dejado caer la lágrima es un ser querido. Las últimas palabras ("Oh, el alma mía soportar no puede/todo su peso.") expresan la compasión de la mujer, que ha probado en su propia lengua cuánto les ha costado a los hombres el no llorar. El peso de la lágrima es el "peso ancestral" del título.

El poema de Storni podría interpretarse como un reproche a los hombres por no llorar, por no permitirse el alivio o el desahogo del llanto. Pero a la vez, podría ser una acusación en contra de toda la sociedad que obliga a los hombres a no llorar; no llorar sería afín, en este sentido, a las obligaciones impuestas a las mujeres en el poema de Julia de Burgos, "A Julia de Burgos". A fin de cuentas, en Storni, se escucha menos un tono de regaño que uno de lamento, y una repentina y terrible empatía, nacida en ella al sentir la amargura, el "dolor de siglos" de la lágrima.

En cambio, el poema de Sor Juana, "Hombres necios que acusáis . . .", es un claro y agudo reproche. No tiene el tono de tristeza y aflicción que manifiesta "Peso ancestral"; su tono es más bien satírico. Ciertamente, Sor Juana regaña a los hombres, pero no por su incapacidad de llorar, sino por su falta de consecuencia en su actitud hacia la mujer. En una palabra, la hipocresía de los hombres es lo que censura Sor Juana, y en esto, "Hombres necios que acusáis . . ." es más afín al otro poema de Storni, "Tú me quieres blanca", cuyo tema es también la hipocresía de los hombres en lo que se refiere a su trato con las mujeres.

Páginas 389–392 del libro de lecturas

A Julia de Burgos
Julia de Burgos (Puerto Rico)

Preguntas

Contesta las **Preguntas** en el libro para comprender mejor el significado de la selección.

1. Resume y define la diferencia entre "tú, Julia de Burgos", a quien canta la voz poética, y el "yo" del poema. ¿Crees tú que pudieran coexistir este tú y este yo de la poeta, los dos rostros de su modo de ser? ¿Cómo?

"Tú, Julia de Burgos" es una máscara. No cabe llamarla persona; la máscara disimula el verdadero yo de la poeta ("Tú eres fría muñeca de mentira social", verso 7). El yo poeta es "viril destello de la humana verdad" (del verso 8). "Tú, Julia de Burgos" es la mujer que ven los demás, desde fuera; es una mujer que acata reglas ajenas y que refleja en su apariencia lo que la sociedad espera de una mujer. Es la falsa, peinada y maquillada. La otra, el yo—la mujer que Julia de Burgos es en realidad, en su interior, en su esencia—es rebelde, y ansía imponerse sobre la otra. Ella se cree fuerte, independiente e indómita ("en mí manda mi solo corazón", primer verso de la estrofa 11); se nos presenta sincera y motivada por una sed de justicia. Aquella sed se saciará pronto. La poeta entonces se rebelará contra la máscara, porque esta Julia de Burgos, la auténtica, milita en las filas revolucionarias de las multitudes justicieras, y un día correrá en medio de ellas, con la tea en la mano, en pos del triunfo de la virtud y la verdad sobre el mal y la hipocresía; sobre todo, la de "tú, Julia de Burgos" (véase la última estrofa).

Sería difícil, por lo tanto, defender la idea de una coexistencia feliz entre estos dos rostros. El yo poeta de Julia de Burgos anhela la destrucción de la cara hipócrita, "la flor de aristocracia; y yo, la flor del pueblo" (primer verso de la antepenúltima estrofa); "y el más profundo abismo se tiende entre las dos" (último verso de la segunda estrofa). El yo poeta habla tajantemente: "somos el duelo a muerte que se acerca fatal" (último verso de la penúltima estrofa). Si los estudiantes perciben una posibilidad de tregua, o amalgama, entre las dos, será necesario que justifiquen sus ideas, como siempre, con una defensa basada en el texto del poema.

2. Describe, defendiendo tus afirmaciones con citas específicas del texto, la métrica y la rima de este poema. Trata la manera en que cada una de tus observaciones le sirve a la poeta para evocar una imagen de sí misma.

La estructura de este poema ofrece una rima que no sigue consecuentemente a través del poema; cambia. El poema está dividido en catorce estrofas, pero de muy desigual y corta extensión. La más larga, la última, tiene seis versos, y siete estrofas tienen sólo dos versos. Es de notar que la estrofa más larga presenta la soñada rebeldía del "yo" justiciero contra el "tú" injusto.

El verso empleado a través del poema es el alejandrino, de catorce sílabas, como el usado por Rubén Darío en su poema "Lo fatal" y por Pablo Neruda en el suyo, "Poema 15". El verso alejandrino es muy antiguo en las letras españolas; data de comienzos del siglo XIII. Un ejemplo, tomado de "Yo, Julia de Burgos": "Cuan-do-las-mul-ti-tu-des-co-rran-al-bo-ro-ta-das". El alejandrino da una solemne lentitud a la expresión lírica; aquí crea un tono grave adecuado a los sentimientos que el poema evoca.

A veces hay rima y a veces no. En la primera estrofa, no hay. En la segunda estrofa, a primera vista hay una apariencia de rima consonante, según se mire: "Burgos-voz-yo-dos". La tercera estrofa, de sólo dos versos agudos, guarda la asonancia en los dos: "social-verdad". En la cuarta, hay asonancia: "no-corazón". En la quinta, consonancia: "no-yo". En la sexta, ninguna de las dos. En la séptima, asonancia: "no-todos-doy". Y así, continúa presentándose una promesa de esquema de rima que no se llega a cumplir. Es notable que las vocales que más prometen la rima son "o" y "a", vocales tradicionalmente asociadas con el dolor.

Sigue el curso del poema, de estrofa en estrofa, con aparencia de rima que no es rima, hasta la decimotercera estrofa, la penúltima. En esa estrofa, de tres versos agudos, encontramos rima asonante en "a": "ancestral-social-fatal". En la décimocuarta, y última, estrofa, se ostenta rima consonante en pareados: "alborotadas-quemadas", "virtudes-multitudes", "inhumano-mano".

Los juicios de los estudiantes sobre la rima que parece rima, sin serlo, serán varios. Una cosa está clara: el poema no se ajusta ni al verso libre, entendido como desatención a la rima, ni tampoco a ningún esquema tradicional de la poesía hispánica, que se fundamenta en una regularidad previsible. Algunos estudiantes verán tal vez en este hecho un reflejo de promesas no cumplidas en la vida de la poeta; otros, de la revolución que ella prevé.

Algunos estudiantes notarán algunas repeticiones que no se asocian con la rima; una es la repetición de la palabra "Tú" al comienzo de 10 de las 14 estrofas, y de la locución "yo no" al final del primer verso de cuatro de las 10. Esta repetición se presta a la expresión del encono que empapa el poema. La relación se asemeja a un matrimonio mal llevado. El lector está convencido de que pronto habrá una acometida contra la máscara. La Julia interior librará la batalla contra la Julia pública, contra esposo, padres, parientes, cura, modista, teatro, casino, auto, alhajas, banquete, champán, cielo, infierno, y el qué dirán. Por lo pronto, ataca sólo con acusaciones y gritos. Parece impotente. "Tú, Julia de Burgos", está callada. No responde. Claro, ella no es poeta, y además es hipócrita. Concluimos que ella es la dominante en esta relación, y que la poeta no es el espíritu independiente que se declara ser. Si el yo poeta de veras mandara en sí como ella piensa, desaparecería la máscara.

Por otro lado, se puede afirmar que el yo poeta usa a la otra, su máscara, como "ropaje" (verso 5). Dos preguntas adicionales podrán provocar una animada discusión en clase: ¿Quién se aprovecha de quién aquí? Y, ¿es posible que el poema sea una velada confesión del yo poeta, consciente de su participación en la falsedad de la otra? No cabe duda de que es una penetrante autocrítica.

3. ¿Cuál es el tono de este poema? Compara y contrasta su tono y su idea central con los del soneto de Sor Juana Inés de la Cruz, "En perseguirme, Mundo, ¿qué interesas?"

La manera en que cada quien contestará esta pregunta dependerá de su comprensión del espíritu del poema "A Julia de Burgos". Seguramente no todos concordarán en el significado de la lucha entre los dos rostros de la poeta y de la doble vida que conllevan. Esto los llevará a distintas conclusiones. Un posible desarrollo de la pregunta figura a continuación:

"A Julia de Burgos" presenta un tono indignado y amargo. Como dice el yo poeta, el duelo a muerte es inminente. El poema detalla una confrontación entre las dos Julias que cohabitan el mismo cuerpo. La primera es la mujer imagen de las expectativas de otros, la que vive a merced de los caprichos de la sociedad ("tú en ti misma no mandas; a ti todos te mandan"). Esa sociedad busca que se encubra la otra Julia, el "yo", la "esencia" que escribe poesía ("las gentes murmuran que soy tu enemiga porque dicen que en verso doy al mundo tu yo"). Es la rebelde, la indómita, la franca, y, sobre todo, la justa.

Oímos sólo alabanza de sí misma y escarnio para la otra. La verdadera Julia de Burgos se siente infinitamente superior a su rostro conformista, materialista, y egoísta. Más aún, da a entender que ocupa un plano moral mucho más alto que el del común de las gentes. El desprecio con que el yo ve a la otra, a la superficial, sugiere, en el fondo, una inconsecuencia. ¿Cómo veremos el hecho de que ella achaca a la "otra" su propia vida de odiosa conformidad con las normas de la sociedad en que vive? (Véase la respuesta a la Pregunta N° 2.)

En el soneto de Sor Juana, percibimos otra voz, más templada y más dueña de sí. Sor Juana no aspira a correr con las multitudes en pos de la justicia; al contrario, busca la justicia en sus propias razones. Su afán es poner bellezas en su entendimiento, y no se permite máscara que las esconda. Protesta en voz alta las restricciones perjudiciales a las mujeres de su sociedad, y requiere a aquella sociedad su independencia para vivir y obrar según su propio criterio. No se alaba a sí misma, no se presenta como una figura heroica, y no divide su persona en dos para poder justificar su conformismo. Julia de Burgos jura a su máscara que habrá revolución, en el futuro, no hoy. Hoy la disputa sigue siendo personal y encubierta; sigue siendo una lucha no resuelta entre la poeta y la Julia pública. Sor Juana no lucha consigo misma. Se enfrenta íntegra a su mundo.

Páginas 393–397 del libro de lecturas

Autorretrato
Rosario Castellanos (México)

Preguntas

Contesta las **Preguntas** en el libro para comprender mejor el significado de la selección.

1. Comenta tú el lenguaje de que se vale la poeta para evocar en "Autorretrato" un estado de ánimo. ¿Crees tú que el lenguaje prosaico, aquel lenguaje de la conversación que ha notado el Premio Nobel mexicano Octavio Paz en casi todos los poetas contemporáneos, puede considerarse lenguaje poético? ¿Cómo?

Las respuestas de los estudiantes serán varias. No cabe duda de que el lenguaje de que se vale Castellanos para la expresión poética en "Autorretrato" se puede describir como lenguaje prosaico, lenguaje de la conversación ("Soy madre de Gabriel: ya usted sabe, ese niño"; "Escribo. Este poema. Y otros. Y otros.") Muchos poetas del siglo XX se permitieron una libertad absoluta en su creación poética, suprimiendo los elementos que normalmente se ven en la poesía. En "Autorretrato", aunque hay versos distribuidos por estrofas, faltan los otros elementos técnicos: rima, metáforas, símiles, imágenes, etc.

Recordaremos lo dicho por Jorge Luis Borges: que es mucho más fácil escribir dentro de las limitaciones que impone una estructura determinada de antemano, prevista no sólo por el poeta sino también por el lector. El poema de versos libres tiene que imponerse con su propia forma. Al leer "Autorretrato", estamos completamente convencidos de que, si se suprimieran las estrofas y los versos se distribuyeran sin orden en ellas, tendríamos simples párrafos, una carta tal vez, o lo que es más, un monólogo hablado; es decir, parece que obraba la poeta no sólo con independencia de las formas escritas, sino aplicando las normas de la conversación. Castellanos responde a la forma conversacional que exige su poema, y la inspiración poética que dicta la forma, en este caso, es oral.

Para la discusión, valdría la pena comparar y contrastar "Autorretrato" con poemas de tema y de tono comparables—reflexiones sobre el transcurso de la vida y las lecciones y experiencias que guardamos—, como "A Julia de Burgos" y "Versos sencillos" de José Martí.

2. ¿Qué aspectos formales presenta el poema "Autorretrato"? ¿Se puede hablar aquí de rima? ¿de métrica? ¿Qué recursos poéticos puedes distinguir? Defiende la conexión entre estos fenómenos y la temática del poema.

"Autorretrato" consiste en una serie de meditaciones, en lenguaje prosaico, pero dispuesto en el papel en estrofas como poesía. Los elementos tradicionales de la poesía están ausentes. No hay rima, ni consonante ni asonante, ni apariencia de la misma como se ve en "A Julia de Burgos", ni rebeldía contra las reglas de la misma, como se ve en "Tú me quieres blanca" de Alfonsina Storni. Los versos son de extensión muy variada. Algunos parecen ser endecasílabos, pero no parece ser más que por casualidad. El poema carece de imágenes; no hay metáforas, ni símiles, ni anáforas. La poeta no se vale de los recursos técnicos tradicionales.

La forma del poema, y su tono, sugieren una entrevista concedida a un periodista por una persona que ha salido de pronto a la luz pública; parece que el periodista le ha pedido que cuente algo de su vida para un público interesado, que desconoce su historia.

3. Compara y contrasta en cuanto fondo y forma, el poema "Autorretrato" de Rosario Castellanos, con "A Julia de Burgos": primero, describe y comenta sus respectivas ideas centrales y su tono, y, segundo, aporta ejemplos de la técnica de cada poeta para lograr la expresión poética que quiere.

En cuanto a semejanzas: los dos poemas tienen como tema la autora del poema. El asunto que interesa a la poeta, en cada caso, es su propia persona: su modo de ser, su personalidad, su situación en la vida, su papel en la sociedad, su apariencia (nótese la referencia al maquillaje), sus actividades y su vida interior. Un aspecto fundamental de ésta es la reacción de cada poeta ante la realidad de ser mujer. Están de acuerdo en una cosa: no son felices. Rosario Castellanos no sabe exactamente por qué no es feliz; dice que sufre "más bien por hábito", y que sería feliz si supiera cómo. Julia de Burgos sabe perfectamente bien por qué no es feliz, y aquí llegamos a la diferencia primaria entre los dos poemas autobiográficos: Julia de Burgos distingue dos Julias: la mujer visible, que vive en conformidad con la sociedad que la rodea; y la otra, ella, la Julia auténtica, la invisible, la que es independiente, viril, revolucionaria, capaz de actuar, de desempeñar un papel decisivo en la transformación de la sociedad. Rosario Castellanos, aunque se queja (el tono del poema parece quejumbroso) de llevar una vida rutinaria, no considera que ella sea en realidad dos personas.

Páginas 411–417 del libro de lecturas

Poemas de Nicolás Guillén
Nicolás Guillén (Cuba)

Preguntas

Contesta las **Preguntas** en el libro para comprender mejor el signifcado de la selección.

1. Analiza la métrica de "Balada de los dos abuelos", con especial atención a su ritmicidad. ¿Por qué optaría el poeta por esta forma? ¿Qué efecto tiene este aspecto formal sobre el fondo poético, o sea, sobre la idea que se expone?

El verso que predomina es de ocho sílabas métricas: "Som-bras-que-só-lo-yo-ve-o". No obstante, hay versos más cortos que van intercalados: "Mi a-bue-lo-ne-gro" (de 5); "¡Qué de negros!" (de 4); "Y andan, andan." (de 4); "—¡Me-mue-ro!" (de 3); "—¡Me-can-so!" (de 3).

En cuanto a la rima, se ve asonancia, algo irregular. La primera estrofa, de ocho versos, tiene asonancia en los tres primeros: "veo-abuelos-hueso". En el resto hay puntos de comparación en la rima, pero no de forma regular ni sistemática. Además, las estrofas son desiguales en extensión, reflejo tal vez de la desigualdad de la rima asonante.

Recuérdese que el poema de versos libres permite no tener sistema previsible; lo gobierna el arbitrio del poeta. Para poner en claro este tema, Jorge Luis Borges nos dice que cuando un poeta intenta escribir un soneto, por ejemplo, tiene una ventaja, aun antes de empezar: tanto él como el lector saben qué pueden esperar de la forma, la forma ya existe antes de que el poeta escriba una palabra. El verso libre, dice Borges, no carece de forma; tiene la suya propia. La dificultad está en que la forma—toda ella, desde sus raíces—tiene que nacer de la fuerza o inspiración interior del poeta. El poeta tiene que ser digno del verso libre, y mucho más hábil, técnicamente, para intentarlo.[1] Este punto de vista, compartido con los estudiantes, puede ayudarlos a entender más a fondo lo que es el verso libre. Esto es recomendable en el caso de todo poema de versos libres, pero tiene un particular interés tocante a la inspiración interior de Guillén: inspiración a la que el poeta debe su lírica extraordinaria. Las formas que palpitan dentro de la poesía de Guillén se imponen con fuerza. Se puede afirmar correctamente que su poesía

no cuadra con las formas tradicionales de la poesía en español—sus versos, del libro de lecturas, no forman ni sonetos, ni romances, ni silvas, ni ninguna otra forma que lleve nombre en la versificación castellana. No obstante, el lector está perfectamente consciente de la forma propia que poseen. Con su labor de poeta, Nicolás Guillén dejó amplio testimonio de que es digno del verso libre.

2. ¿Intuyes tú alguna preferencia en "Balada de los dos abuelos" por las cualidades del abuelo negro o por las del abuelo blanco? ¿Crees tú que Guillén condena de alguna forma a cualquiera de sus dos linajes? Defiende tus observaciones con detalles del poema.

No se percibe ninguna preferencia; el poeta estima a sus dos abuelos por igual. Se escucha esto en sus versos: "me escoltan mis dos abuelos./Don Federico me grita/y Taita Facundo calla;/los dos en la noche sueñan/y andan, andan./Yo los junto. . ." Suspira el uno, con todos los cansados de la tierra: "—¡Me canso!" Y el otro, de igual manera: "¡—Me muero!"

3. Describe los aspectos formales del poema "Sensemayá", y discute el efecto que su arte produce en el ánimo del lector. ¿Crees tú que si Guillén se hubiera valido de una métrica clásica, podría haber afectado al lector de la misma manera? ¿Por qué?

En "Sensemayá", el ritmo y la repetición llaman la atención más que los otros elementos formales. El verso eneasílabo (verso de nueve sílabas, aquí a fuerza de agregar una sílaba más por ser verso agudo), "Ma-yom-be-bom-be-ma-yom-bé", se repite diez veces en un poema de bastante corta extensión. Primero, al comienzo del poema, se repite tres veces consecutivas, formando una estrofa de

---

[1] Norman Thomas de Giovanni, et al., Eds., *Borges on Writing*. E.P. Dutton & Co., Inc., New York, 1973, págs. 70–72.

tres versos. Luego, después de una estrofa de ocho versos, se repite la estrofa inicial. Reaparece en la última estrofa del poema, alternando con versos cuya primera palabra es "Sensemayá". "Sensemayá" no aparece hasta la quinta estrofa del poema, pero entonces se repite ocho veces, siempre como la primera palabra del verso, y en cuatro ocasiones en esta estrofa "sensemayá" constituye el verso entero (pentasílabo, de cinco sílabas, a fuerza de agregar una sílaba más por ser verso agudo).

Volviendo a la segunda estrofa del poema, ésta consta de ocho versos, de un número irregular de sílabas. En esta estrofa no sólo hay consonancia, hay correspondencia exacta en las palabras: "vidrio-palo-palo-vidrio"; "patas-hierba-hierba-patas". Más adelante, después del estribillo "Mayombe-bombe-mayombé", hay una estrofa de cuatro versos, con rima consonante (no perfecta, por la presencia de la "d" en "muerde"): "muere-ya-muerde-va". Sin embargo, tres de los versos tienen diez sílabas, mientras el corto, "dale ya" sólo tiene cuatro. Luego, después de la estrofa "Sensemayá", aludida arriba, hay otra estrofa de ocho versos, de los cuales cuatro tienen doce sílabas y cuatro tienen siete. En cambio, los versos intercalados entre "Sensemayá" en la quinta estrofa, y entre "Mayombe-bombe-mayombé" en la séptima—y última—estrofa, son octosílabos. Por ejemplo: "Sensemayá, la culebra". El efecto es el del compás de la música afrocubana. Los versos piden ser leídos en voz alta, o cantados. En cuanto a la rima, en la sexta estrofa hay rima consonante: "comer-silbar-caminar-correr" (ABba); y "mirar-beber-respirar-morder" (BAba).

En resumidas cuentas, este poema es bastante irregular en cuanto a la métrica, con versos de diversa rima, pero con rima consonante en algunas estrofas. Como ya se ha visto, lo más notable de este poema es su ritmo musical y el efecto de los sonidos exóticos como "mayombe" y "sensemayá".

4. Comenta el efecto artístico del léxico de Guillén, o sea, de las palabras que utiliza en sus poemas. Comenta el efecto artístico de la repetición de palabras y sonidos.

Lo que más efecto produce es su uso de palabras o sonidos ajenos al castellano, notablemente "sensemayá" y la serie "mayombe-bombe-mayombé". Estas palabras, evidentemente de origen africano, prestan al poema un aire exótico, y la repetición, para el oído del hispanohablante, se asemeja al de un canto africano, o el son caribeño, elementos musicales que actualmente gozan de difusión mundial.

5. Escoge uno de los romances que hayas leído de Federico García Lorca, y compara y contrasta su estructura lírica con la estructura lírica de uno de los poemas de Guillén. Analiza la relación que existe entre el fondo y la forma de cada uno de los dos poemas. ¿Por qué crees que se valieron Guillén y Lorca de la estructura de sus respectivos poemas para lograr la expresión poética?

Los estudiantes desarrollarán sus propios conceptos al responder a esta pregunta. A continuación sigue una sola posibilidad, tomando como ejemplos, "La monja gitana" y "Sensemayá":

"La monja gitana" es un romance—antigua forma popular que debe su forma lírica propia al hecho de que servía para conservar y transmitir las noticias de hechos heroicos o humanos, de pueblo en pueblo en la Edad Media; es una forma que facilitaba su recitación de memoria o su cante. Los versos son octosílabos, y se guarda la asonancia "i-a" en los versos pares, quedando sueltos, o sin rima, los versos impares. Los romances suelen ser dramáticos, conmovedores y líricos, y son, al menos en parte, dialogados. Tienden a empezar en medias res, es decir, a medio camino, ya empezada la acción; de allí proviene, en gran manera, su aire de misterio.

"La monja gitana" manifiesta todas las características del romance: el octosílabo "Si-len-cio-de-cal-y-mir-to" se empareja con el siguiente, "Mal-vas-en-las-hier-bas-fi-nas.", para poner en juego la asonancia "i-a"; y sigue la misma asonancia a través del poema. El poeta no nos prepara de antemano para el momento conmovedor que relata el poema, de una monja que, bordando alhelíes en el mantel de la misa (¡Qué bien borda! ¡Con qué gracia!), quisiera bordar su pasión frustrada, convirtiéndola en las flores de su fantasía—girasoles y magnolias, con cintas. Apenas ocurre un pequeño suceso—ínfimo y conmovedor: turba el silencio del aposento el galopar de dos jinetes. A continuación, sigue un rumor sordo que a la monja le despega la camisa. La solitaria monja guarda silencio, y por eso la única voz que escuchamos es la del poeta que alaba su artesanía ("¡Qué girasol! ¡Qué magnolia/de lentejuelas y cintas!/¡Qué azafranes y qué lunas, en el mantel de la misa!" . . . ¡Qué ríos puestos de pie/vislumbra su fantasía!"). Fiel a la forma del romance, Lorca nos deja en medio camino, al volver la monja, después de la fantasía que interrumpió su labor, a bordar sus flores en el mantel de la misa. Ha sido un fugaz momento de pasión, muy por dentro de su corazón. El único testimonio que queda del suceso es la camisa despegada. El tono es pesaroso, y tenemos

lástima a la monja por sus oportunidades perdidas, y sus sueños no realizados.

Comparar este poema, con su fondo y forma tradicionales y antiguos, con "Sensemayá", es contrastar polos opuestos. "Sensemayá" tiene una forma original propia. Manifiesta ritmos internos por las palabras de que se vale el poeta, palabras que desconoce su público lector. La rítmica repetición de las jitanjáforas de Guillén[2]—que es la esencia misma de este poema—no se encuentra en el romance de Lorca. El léxico del romance es lírico en extremo, pero las palabras que Lorca emplea son palabras del léxico castellano. El tema de Guillén a todas luces parece ser la imitación de una lección para niños destinada a enseñar a matar una culebra. El brío y el movimiento, la energía del poema de Guillén, no admiten punto de comparación con la quietud del romance de Lorca. El texto de Guillén es de sonidos y de ritmos, de cadencias que nos recuerdan lejanos ritmos de música africana, diferente del depurado lirismo del romance de Lorca.

[2] Sería conveniente hacerles saber a los estudiantes que la palabra *jitanjáfora* no la originó Nicolás Guillén. La inventó Alfonso Reyes, insigne literato mexicano, y después Juan Ramón Jiménez, premio Nobel español, la empleó como recurso técnico en sus páginas.